C000175282

r

Janine Fries-Knoblach

Die Kelten

3000 Jahre europäischer Kultur
und Geschichte

Verlag W. Kohlhammer

Die Deutsche Bibliothek – CIP-Einheitsaufnahme

Fries-Knoblach, Janine:
Die Kelten / Janine Fries-Knoblach. – Stuttgart : Kohlhammer, 2002
    (Kohlhammer-Taschenbücher ; 576)
    ISBN 3-17-015921-6

*Umschlag: Eberdarstellung aus dem Oppidum von Jœuvres,
        1. Jh. v. Chr. (Musée Joseph Déchelette, Roanne)*

Alle Rechte vorbehalten
© 2002 W. Kohlhammer GmbH Stuttgart
Umschlag: Data Images GmbH
Gesamtherstellung:
W. Kohlhammer Druckerei GmbH + Co. Stuttgart
Printed in Germany

Inhalt

Vorwort

Die Anfrage des Verlages, ob ich ein kleines Überblickswerk für allgemein Interessierte über die Kelten verfassen wolle, das Geschichte, Kultur, Religion, Sprache und Literatur von der schriftlosen Vorzeit bis zur Gegenwart und von Irland bis Kleinasien einschließe, nahm ich gern an. Bald folgte die Ernüchterung angesichts der unendlichen Fülle des Materials, der offenbaren Unmöglichkeit, sich in alle Fragen gleich gründlich einzuarbeiten, und der nahezu unlösbaren Aufgabe, die Masse wiederum auf eine lesbare Seitenzahl zu reduzieren, ohne fortwährend die dünne Grenze zwischen Vereinfachung und Verfälschung zu überschreiten. Es ist klar, dass man sich damit zur Zielscheibe von Kritik macht, da jeder Fachmann in seinem Spezialgebiet Lücken finden wird. Der eilige Leser wird sie hoffentlich verzeihen, der akribische ihnen nachgehen und ein besseres Buch schreiben. Auch könnten andere neue Überblickswerke aus renommierter Hand (Birkhan 1997; 1999; Kruta 2000; Maier 2000 b; Rieckhoff/Biel 2001 etc.) den Eindruck erwecken, es sei überhaupt bereits alles Wissens- und Sagenswerte zu der Frage zu Papier gebracht. Dies mag so sein, doch muss man es auch finden, wobei dieses Buch hoffentlich helfen kann. Außerdem stellt sich dem Prähistoriker manches anders dar als dem Philologen oder Althistoriker, und jeder Autor setzt seine eigenen Schwerpunkte je nach Ausbildung und Interessen. Die ausführlichen Zitate und Literaturhinweise umfassen Allgemeines und Spezielles zur weiteren Beschäftigung mit den Kelten in Vergangenheit und Gegenwart. Ausgewählte Internetlinks erschließen ein Medium, das bei einer gepflegten Homepage den Vorteil hat, stets aktuell zu bleiben.

Mein Dank gilt Herrn Prof. Dr. Kai Brodersen, Mannheim, für den Anstoß des Unternehmens und viele Ratschläge, Frau Monica Wejwar für die Initiierung und Redaktion des Manuskripts und Frau Prof. Dr. Amei Lang, München, für Hinweise zur Chronologie. Gewidmet sei das Buch meinem Sohn Cornelius, der in seine Entstehungszeit hinein geboren wurde, und meinem lieben Mann Jürgen, ohne dessen praktische und ideelle Unterstützung die zum Schreiben nötige Freizeit neben der Arbeit nicht zu gewinnen gewesen wäre.

München, im Januar 2002   Janine Fries-Knoblach

1 Zeugnisse der Kelten

Die Vorstellungen davon, was Kelten eigentlich seien, gehen weit auseinander. Der englische Archäologe Renfrew kam auf mindestens acht verschiedene Definitionen der Begriffe „Kelten" und „keltisch", andere auf noch mehr[1]. Nach Renfrew versteht man darunter erstens Völkerschaften, welche die Römer so bezeichneten. Zweitens können Gruppen damit gemeint sein, die sich selbst so nannten oder nennen. Drittens subsumiert die Linguistik die Sprecher einer bestimmten Sprachgruppe darunter. Viertens heißen gewisse eisenzeitliche archäologische Fundkomplexe in Mitteleuropa so. Fünftens wird ein bestimmter eisenzeitlicher Kunststil als keltisch tituliert. Sechstens wird aufgrund der antiken Beschreibungen eine kriegerische, nach Unabhängigkeit strebende Lebenseinstellung keltisch genannt. Siebtens werden die irische Kunst und Kirche des 1. Jt. n. Chr. als keltisch angesehen. Und achtens werden im modernen Sprachgebrauch tatsächliche oder vermeintliche Nachwirkungen der sieben vorigen Aspekte als „keltisches Erbe" zusammengefasst. Angesichts dieser babylonischen Sprachverwirrung ist es nicht verwunderlich, dass eine Reihe britischer Autoren dafür plädiert, die Begriffe überhaupt außer Gebrauch zu nehmen[2]. Das ist leichter gesagt als getan, weil es keinen adäquaten Ersatz gibt und sich unter Kelten immerhin fast jeder etwas vorstellen kann. So wurde der inkriminierte Begriff auch in diesem Buch beibehalten.

Aufs Ganze gesehen waren für die Definition von „keltisch" linguistische Argumente immer dominierend, schon bei antiken griechischen und römischen Autoren[3], aber auch in Neuzeit und Gegenwart. Dabei muss man sich stets vor Augen halten, dass keineswegs Übereinstimmung zwischen dem besteht, was aus linguistischer, onomastischer oder archäologischer Sicht* „keltisch" ist, schon deshalb nicht, weil für die Vor- und Frühgeschichte die Sprach- und Schriftzeugnisse definitionsgemäß fehlen oder rar sind. Exemplarisch wurden diese Schwierigkeiten für die Iberische Halb-

---

* D. h. zwischen den Belegen der Sprache, der Eigennamensforschung und der Sachkultur.

insel dargelegt: Während die deutsche Forschung[4] vorsichtig nur Elemente der späten Hallstatt- und der Latènekultur (s. S. 13 f.) als Belege für Kelten im Norden, Zentrum und Westen, nicht aber in Portugal gelten lässt, fasst die spanische Forschung den Begriff sehr viel weiter, so dass Funde von der späten Bronzezeit bis in die römische Zeit auf der ganzen Halbinsel darunter fallen können[5]. Auf den britischen Inseln ist man in der Bredouille, dass zwar die archäologisch erforschte Sachkultur räumlich und zeitlich begrenzte Bezüge zum Kontinent aufweist, die Bewohner in antiken oder eigenen Quellen jedoch niemals als „Kelten" bezeichnet werden und sich wohl auch nicht bewusst waren, einer gemeinsamen Sprachfamilie anzugehören[6]. Die Zusammengehörigkeit der insel- und festlandskeltischen Sprachen wurde nämlich erst 1582 von dem schottischen Humanisten George Buchanan (1506–1582) festgestellt. Umfassendere Untersuchungen darüber publizierte 1707 der am Ashmolean Museum in Oxford tätige und weit gereiste walisische Natur- und Sprachforscher Edward Lhuyd (um 1660–1709)[7]. Die anthropologische Beschreibung und Unterscheidung der Völkerschaften, die sich hinter dem einen oder anderen Keltenbegriff verbergen, aufgrund von Skelettmaterial stehen noch ganz am Anfang, bestätigen bisher allenfalls eine gewisse Kontinuität bei großer Vielfalt und werden auch grundsätzlich in Frage gestellt[8]. Man hat so oder so mit in vieler Hinsicht unterschiedlichen Gruppen zu tun, die man „aufgrund ihres gemeinsamen sprachlichen Bandes in Ausweitung eines antiken Namens als Kelten" zusammenfasst[9]. So springt denn auch die Darstellung in diesem Buch von der eisenzeitlichen Hallstatt- und Latènekultur auf die linguistisch „konstruierten" Inselkelten über und fragt nach beider Fort- und Nachleben bis heute. Dabei ist das Keltische niemals separierbar, sondern immer von Kultur und Geschichte seiner Nachbarvölker beeinflusst wie es auch umgekehrt auf diese ausstrahlte und es dies noch tut.

Wie die Ausweitung des Keltenbegriffs in der Archäologie gehandhabt wurde, stellte einer der Altmeister der kontinentalen Keltenforschung, Wolfgang Kimmig, dar. Ausgehend von den Berichten des römischen Politikers und Feldherrn C. I. Caesar über stadtartige Siedlungen, die er vor 50 v. Chr. in Gallien antraf und Oppida nannte, betrachtete Kimmig die sog. spätlatènezeitliche Oppida-Kultur des 2./1. Jh. v. Chr. und ihr über weite Räume hin vergleichbares Fundinventar, z. B. die bemalte Keramik, als „gallisch-keltisch". Aus der davor liegenden Mittellatènezeit des 4.–2. Jh. stammen über große Teile Europas ähnlich ausgestattete Flachgräber, deren Vorkommen auch in Oberitalien mit römischen Berichten über gallische Invasionen nach Italien bis hin zur Hauptstadt

Rom in Zusammenhang gebracht und daher ebenfalls als keltisch angesehen werden. Unsicherer wird die Sachlage mit einem weiteren Schritt zurück in die Späthallstatt- und Frühlatènezeit (7.–4. Jh.), in denen die materiellen Relikte nicht mehr über annähernd so weite Strecken vergleichbar sind*. Anhand von sog. Fürstengräbern (s. S. 188 f.) mit mediterranem Import, ersten Flachgräbern ohne Grabhügel und einer als „Latènestil" bezeichneten Dekorationsweise zeichnet sich ein Kerngebiet ab. Dieses ist insbesondere über durchgehend belegte Gräberfelder und den immer weiter veränderten Latène-Kunststil mit der nachfolgenden Zeit verknüpft und wird daher schon als frühkeltisch angesehen, zumal auch die ältesten griechischen Quellen für Mitteleuropa gerade noch bis in die Frühlatènezeit zurückreichen[10]. Weil vieles an der Hallstattkultur (9.–5. Jh.) aus der ihr vorangehenden Urnenfelderzeit (12.–9. Jh.) ableitbar ist, werden die Anfänge der archäologisch verstandenen „Kelten" bisweilen an den Anfang des 1. Jt. v. Chr. zurückverlegt[11], womit man dann bis zur Gegenwart bei den im Untertitel angedeuteten drei Jahrtausenden wäre. Die Darstellung folgt hier in den meisten Fällen der von Kimmig gesetzten zeitlichen Obergrenze.

---

* Die Benennung als Kelten ist im wesentlichen nur für die westliche Hallstattkultur üblich, während mit der östlichen andere Völkerschaften wie Veneter, Illyrer etc. verbunden werden.

2 Grundlagen der Keltenforschung

2.1 Forschungsgeschichte und Terminologie

Die keltische Archäologie Europas und Kleinasiens ist wesentlich von den bereits erwähnten Fundorten Hallstatt und Latène bestimmt, nach denen die ältere und jüngere Eisenzeit benannt sind. Sie wurden im 19. Jh. entdeckt, aber erst sehr viel später publiziert[12]. Im Hallstätter Salzbergtal in Österreich wurden von 1846–1863 von Bergrat Johann Georg Ramsauer fast 1.000 Gräber untersucht, die von ihm selbst in einem detaillierten Grabungstagebuch und von seinem Mitarbeiter Isidor Engel in aquarellierten Grabskizzen und Fundzeichnungen in für die damalige Zeit vorbildlicher Weise dokumentiert wurden. Dennoch stimmen die erhaltenen Kopien der Erstdokumentation nicht immer überein, und bei der 1888–1895 erfolgten Inventarisation im Naturhistorischen Museum Wien, wohin die meisten Funde gelangten, kam es bisweilen zu Verwechslungen. Daher ist der Wert der Hallstätter Grabinventare für die archäologische Auswertung begrenzt und nur eine grobe zeitliche Gliederung oder eine statistische Auswertung möglich[13]. Nach ungewöhnlich trockenen Sommern Mitte des 19. Jhs. hatte man in der Schweiz viele prähistorische Seeufersiedlungen entdeckt. Die Suche nach weiteren führte 1856/57 zur Entdeckung einer Untiefe am Nordende des Neuenburger Sees durch den archäologiebegeisterten Oberst Schwab, die von den Anwohnern „La-Tène" genannt wurde und wo bei den folgenden Nachforschungen und Ausgrabungen (seit 1907) über 2.500 Gegenstände geborgen wurden*. Die z. T. undokumentierte Hebung erlaubt keine genaue Aus-

---

* Darunter Waffen (ca. 100 Schwerter, ca. 200 Lanzen, Pfeilspitzen, Schwertgehänge, Gürtel, Kettenhemd, Schilde, Helme), Tracht-, Schmuck- und Toiletteartikel (Fibeln, Armringe, Torques, Nadeln, Perlen, Pinzetten, Rasiermesser, Scheren), Geräte und Werkzeuge (Angelhaken, Sicheln, Sensen, Mahlsteine, Kessel, Messer, Äxte, Beile, Meißel, Feilen, Sägen, Metallbarren, Nadeln, Würfel etc.), Wagenteile, Pferdegeschirr, Holzgerät, Geflechte, Amulette, Tierfiguren, Münzen sowie Tier- und Menschenknochen.

wertung der Funde, so dass erst Vergleichsstücke aus französischen Ausgrabungen unter Napoleon III. eine Datierung in vorrömische Zeit ermöglichten, wobei die Mittellatènezeit überwiegt, aber auch Früh- und Spätlatène vertreten sind[14].

Die heute weithin gebräuchliche Gliederung der Eisenzeit durch Paul Reinecke[15] erfolgte nicht auf der Basis der namengebenden Fundorte, sondern auf einem breiteren Materialbestand aus Süddeutschland. Er betrachtete Urnenfelder- und Hallstattzeit als zusammengehörig und gliederte sie daher in die bronzezeitlichen Stufen Ha A–B und die hier interessanten eisenzeitlichen Ha C–D. Die Latènezeit konnte er in Lt A–D ebenfalls vierteilen, wobei Lt A–B die frühe (nach O. Tischler auch I genannt), C die mittlere (auch II) und D die späte Latènezeit (auch III) beschreibt. Sein Grundgerüst hat bis heute Bestand, wurde jedoch immer feiner unterteilt. So entstand aus der älteren Hallstattzeit vor allem über bayerische Grabfunde Ha C1 und C2[16]. Die Stufe Ha D konnte anhand von Fibeln und Keramik aus Gräbern und von der Heuneburg (s. S. 107) in die Stufen D1a, D1b, D1c, D2 und D3 unterteilt werden[17]. Bedingt durch die verwickelte Entstehungsgeschichte der Begriffe[18] blieb vor allem der Übergang von Ha D3 zu Lt A problematisch. Um den West- und Osthallstattkreis in eine feinchronologische Beziehung setzten zu können, unternahm H. Parzinger eine Gliederung in zehn Zeithorizonte, von denen 1–4 in der Stufe Ha C, 5–8a in der Stufe Ha D und 8b–10 in der Stufe Lt A liegen. Außerdem zeigte sich, dass sich Ha C von Südosten nach Nordwesten, Lt A hingegen von Nordwesten nach Südosten ausbreitete, es also in Überlappung mit Ha D3 bestand[19]. Lt A wurde mittels des Gräberfeldes von Münsingen-Rain bei Bern in Lt Ia–c unterteilt[20]. Die Latènestufen B–C ließen sich über Flachgräberfelder und Funde aus dem Oppidum von Manching (s. S. 111 f.) in B1, B2, C1a, C1b und C2 teilen[21]. Umstritten ist wiederum die Gliederung der Spätlatènezeit Lt D. Diese wird nach dem Vorkommen bzw. Fehlen von Fibeln aus dem Oppidum von Manching in D1a, D1b und D2 gegliedert[22], bzw. anhand von Befunden aus dem Hunsrück-Nahe-Raum und Mitteldeutschland in D1, D2a und D2b[23]. In der nachfolgenden frühen Römischen Kaiserzeit finden sich keltische Relikte, die als Lt D3 bezeichnet werden[24]. Nachdem die Sachkultur insbesondere in der Latènezeit über weite Gebiete sehr ähnlich ist[25], ließen sich fast europaweit vergleichbare relativ-chronologische Gliederungen herstellen, die in England wegen der späten römischen Eroberung bis um die Mitte des 1. Jhs. n. Chr. verlängert sind[26]. In Großbritannien wurde die Latènezeit bis 1931 auf kontinentale Weise gegliedert, danach wurde die von Ch. Hawkes an Siedlungsmaterial entwickelte Teilung in Iron Age A (= Ha C/D), B (= Lt I, II) und C (Lt III) üblich[27].

Die absolute Datierung der Materialkomplexe nach Jahren vor Christi Geburt erfolgte traditionell für die Zeit von ca. 700–300 v. Chr. (Ha C bis Lt B1) und für das 1. Jh. v. Chr. (Lt D) über datierbare Importfunde aus dem Mittelmeerraum, daneben – soweit möglich – mittels antiker Berichte über historische Ereignisse, z. B. die keltischen Einfälle in Südosteuropa oder die römische Eroberung Galliens. Beide Verfahren sind nicht unproblematisch, die Importdatierung wegen der unbekannten Umlaufzeit der Stücke, bevor sie in den Boden kamen[28], die historischen Berichte wegen der lückenhaften Überlieferung und der Gefahr von Zirkelschlüssen[*]. Von den naturwissenschaftlichen Datierungsverfahren[29] spielen für die Eisenzeit vor allem Jahrringkurven von Bäumen (Dendrochronologie) eine Rolle, weniger die für diesen Zeitraum ungenaue C14-Messung (Radiokarbondatierung). Nach dendrochronologischen Daten zum Ende späturnenfelderzeitlicher Seeufersiedlungen und aus frühhallstattzeitlichen Gräbern beginnt Ha C bereits kurz nach 800 v. Chr.[30] und endet im der zweiten Hälfte des 7. Jhs. v. Chr.[31]. Der älteste Beleg für Ha D1 stammt aus dem Großgrabhügel Magdalenenberg bei Villingen-Schwenningen, dessen zentrale Grabkammer dendrochronologisch auf 616 v. Chr. datiert ist. Nach Importfunden währte Ha D bis ins frühe 5. Jh. Das ab etwa 470 v. Chr. anschließende Lt A dauert bis kurz nach 400 v. Chr. Danach folgt die unruhige Zeit der großen Keltenzüge (Lt B) bis etwa 270/250 v. Chr., dann die Mittellatènezeit (Lt C), die bis in die zweite Hälfte des 2. Jhs. v. Chr. reichte, und die Stufe Lt D, die mit der römischen Eroberung endete[32]. Insbesondere der mit dem Ende der bayerischen Oppida verbundene Übergang Lt D1 b/D2 a ist umstritten. Er wird von Rieckhoff[33] auf der Grundlage der „südostbayerischen Gruppe Traunstein-Uttenhofen-Kronwinkl" und germanischen Großromstedter Kultur Mitteldeutschlands, der Stratigraphie des Oppidums von Basel-Münsterhügel und der Chronologie des Mittelrheingebietes um 80 v. Chr. angesetzt, von Gebhard anhand der Manchinger Fibeln jedoch erst um 50–30 v. Chr. Der späte Ansatz wird auch von Völling aufgrund von Fibelkombinationen in Gräbern und von Demetz wegen

---

[*] Darunter versteht man Argumentationsketten, bei denen durch ein historisch überliefertes Ereignis archäologische Befunde oder Funde datiert werden, die dann ihrerseits zum Datieren anderer Befunde und Funde verwendet werden, die dann (vermeintlich) das historische Wissen bereichern, mit dem sich dann wiederum andere Befunde und Funde datieren lassen etc.

späthellenistischer und römischer Keramik bzw. Münzen in oberitalienischen und slowenischen Gräbern vertreten[34].

Die Chronologie der von der Latènekultur und den Römern nicht direkt geprägten Gebiete Schottlands und Irlands ist erheblich problematischer, nicht zuletzt, weil die agressiven Böden der Highlands die Erhaltung mancher archäologischer Fundgattungen, z. B. Metallobjekte, erheblich einschränken und Keramik über weite Zeiten und Gebiete rar ist. Die Chronologie beruht im wesentlichen auf Importfunden von Latènecharakter oder römischer Keramik und Metallobjekten. Keltische Keramik der nachrömischen und frühmittelalterlichen Zeit ist auf den britischen Inseln ebenso spärlich und von eher grober Natur, so dass eigenständige Feinchronologien kaum möglich sind. Charakteristisch für die sog. „sub-römische Zeit" des 5.–8. Jh. war handgemachte grasgemagerte Keramik, die sich z. B. in Hampshire, Cornwall, Nord- und Nordostirland findet. Vom späten 5. bis 7. Jh. n. Chr. helfen in römischhellenistischer Tradition stehende Glanztonwaren, z. B. aus Nordafrika oder Kleinasien, ostmediterrane Wein- und Ölamphoren und westgallische Drehscheibenkeramik bei der Datierung von Siedlungen auf den britischen Inseln[35].

Die Grundlagen für eine historische Betrachtung keltischer Sprachen schuf der Indogermanist Franz Bopp (1791–1867), der ihre Zugehörigkeit zur indogermanischen Sprachfamilie nachwies. Die Keltologie im Sinne keltischer Sprach- und Literaturwissenschaft wurde von dem Oberfranken Johann Kaspar Zeuss begründet (1806–1856), der als Professor in Speyer, München und Bamberg wirkte. In „Die Deutschen und die Nachbarstämme" (1837) legte er eine umfassende Sammlung und Interpretation der antiken Quellen über Mitteleuropa vor, bei seiner „Grammatica Celtica" (1853) handelt es sich um die erste Gesamtdarstellung ihrer Art. Sein Schaffen beeinflusste u. a. den Dichter und Oxforder Professor Matthew Arnold (1822–1888), der 1865/66, gestützt auf englische und französische Übersetzungen, vier Vorlesungen über das Studium der keltischen Literaturen hielt. Zusammen mit seinem französischen Freund Ernest Renan (s. S. 198) wurde er prägend für das populäre Bild von den Kelten und seine nationalistischen und ideologischen Auswüchse, besonders im Frankreich und Irland des 19. Jhs. Ein wissenschaftliches Fundament erhielt die Keltologie in England mit der Einrichtung eines Lehrstuhles 1877 in Oxford, den zuerst John Rhŷs (1840–1915) bekleidete. Frankreich folgte mit der Schaffung eines Lehrstuhles für keltische Sprach- und Literaturwissenschaft 1882 am Collège de France in Paris, den zuerst Henri d'Arbois de Jubainville (1827–1910) innehatte. Deutschland zog

1901 mit einem Lehrstuhl an der Humboldt-Universität in Berlin unter Heinrich Zimmer (1851–1910) nach. Am Anfang der irischen Keltologie stehen die Paläographen Eugene O'Curry (1796–1862) und John O'Donovan (1809–1861), die mit Übersetzungen, Kopien, Katalogen und Editionen irischer Handschriften den Grundstein für künftige Forschungen legten. John Gwenogvryn Evans (1852–1930), ein Schüler Rhŷs', erstellte einen Katalog der fast 900 erhaltenen walisischen Manuskripte. Auf John Morris-Jones (1864–1929), ebenfalls ein Schüler Rhŷs', gehen Untersuchungen der walisischen Grammatik und Metren zurück. Alfred Holder (1840–1916) verdankt die Wissenschaft das Werk „Alt-celtischer Sprachschatz", das eine alphabetische Zusammenstellung des in antiken Inschriften und Texten enthaltenen keltischen Sprachguts darstellt. Kenneth Hurlstone Jackson (1909–1991) untersuchte in „Language and History in Early Britain" 1953 die Frühgeschichte der britannischen, bretonischen, kornischen, kumbrischen und kymrischen Sprache. Generell steht die Keltologie des europäischen Festlandes der Vergleichenden Indogermanischen Sprachwissenschaft näher, während auf den britischen Inseln die irische und kymrische Philologie den Schwerpunkt der Forschung bildet[36]. Die große Rolle deutschsprachiger Forscher in der Keltologie wurde im 19./20. Jh. für propagandistisch-ideologische Zwecke gegen England und Frankreich benutzt[37].

2.2 Quellen

Textquellen

Nachdem die Kelten der Eisenzeit noch keine eigene Geschichtsschreibung besaßen und die erhaltenen Textzeugnisse inhaltlich wenig ergiebig sind, ist man auf historische und geographisch-ethnographische Berichte von Griechen und Römern angewiesen, die häufig voneinander abschrieben und von unterschiedlicher Zuverlässigkeit sind[38]. Die ältesten erhaltenen Erwähnungen der Kelten finden sich bei Hekataios von Milet und Herodot aus Halikarnassos, zwei weitgereisten Griechen, die vom späten 6. bis in die zweite Hälfte des 5. Jhs. v. Chr. lebten und schrieben. Im weltoffenen Umfeld Kleinasiens, von dem seit dem 8. Jh. v. Chr. wesentliche Teile der griechischen Kolonisation ausgegangen waren, trafen Berichte über weit entfernte Völkerschaften und Gebiete ein. So nahm Hekataios (Fr. 54 ff.) in seine Erdbeschreibung Nachrichten über einzelne keltische Siedlungen auf, darunter eine Stadt Nyrax, die heute mit Noreia/Magdalensberg in Kärnten gleichgesetzt wird. Herodot (2, 33, 3; 4, 48, 1; 4, 49, 3) berichtet in seinem Geschichtswerk einerseits vom Istros/Donau, der bei der Stadt Pyrene, vielleicht dem „Fürstensitz" auf der Heuneburg (s. S. 107), im Keltenland entspringe und durch ganz Europa fließe, und andererseits – vermutlich gestützt auf eine Küstenbeschreibung aus der Zeit vor 530 v. Chr. – von Kelten im Hinterland der Algarve jenseits von Gibraltar[39]. Im 4. Jh. verbinden Platon (leg. 1, 637 d–e) und Aristoteles (pol. 7, 7 p. 1327 b; eth. Nic. 3, 10 p. 1115 b; eth. Eud. 3, 1 p. 1229 b) die Kelten mit Trunkenheit und furchtlosem Kriegertum, in antiken Keltenberichten stereotyp wiederkehrende Merkmale. Wenig später bereiste Pytheas aus Marseille Britannien, wovon nur Fragmente der Reiseberichte überdauert haben[40]. Wichtig ist der stoische Philosoph und Historiker Polybios (M. 2. Jh. v. Chr.), der in Rom lebte und dessen Werk einen längeren Bericht (2, 17–35) über die oberitalischen Keltenkriege von ca. 400–222 v. Chr. enthält. Der Historiker und Ethnograph Poseidonios aus Apamea berichtete im 23. Buch seiner Historien über das römische Ausgreifen nach Gallien, wohin er nach 100 v. Chr. selbst reiste und wo er erstmals genauere Informationen über politische, soziale, wirtschaftliche und kulturelle Gegebenheiten im keltischen Mitteleuropa erhielt. Diese reiche Quelle ist zitatweise u. a. im Keltenexkurs der Universalgeschichte Diodors (5, 24–33) aus dem 1. Jh. v. Chr. und bei dem noch zu erwähnenden Strabon überliefert. Sie gibt erstmals tiefere Einblicke in die Welt der Festlandskelten, wenn auch Klischees vorkommen.

Eine der ergiebigsten antiken Quellen für die keltische Geschichte sind die Berichte des römischen Staatsmannes Caius Iulius Caesar über seine Eroberung Galliens 58–52 v. Chr., die „Commentarii de Bello Gallico". Buch 6, 11–28 enthält einen umfangreichen Exkurs über Sitten und Gebräuche der Gallier und Germanen, der z. B. Details über Druiden (6, 13–14), Opfer (6, 16) und Götter der Gallier (6, 17–18) überliefert. Nachdem der Text u. a. der politischen Rechtfertigung des Verfassers diente, ist seine Zuverlässigkeit im einzelnen strittig[41]. Die meisten ethnographischen Details liefert Caesar zu den nordgallischen Belgen, über die vor ihm kein antiker Autor berichtet hatte. Unter Kaiser Augustus sind als wichtige Quellen zu den Kelten Livius und Strabon zu nennen. Der römische Historiker Livius beschreibt in seiner Geschichte seit Gründung der Stadt Rom (5, 33 ff.) unter Heranziehung älterer Quellen die italischen Keltenkriege. Der griechische Geograph Strabon (1, 2, 1; 4,1–5,1) behandelt u. a. Geographie und Ethnographie Galliens, wofür er fast alle erwähnten älteren griechischen Quellen heranzieht und diese um neue Erkenntnisse ergänzt, die durch die römische Expansion hinzugekommen waren[42]. Schließlich ist Tacitus zu nennen, dessen Ende des 1. Jhs. n. Chr. entstandene Germania auch auf die keltischen Nachbarn der Germanen (Kap. 28 f.) eingeht. Außer diesen Quellen existieren zahlreiche weitere, in denen Kelten kursorisch vorkommen[43].

Mit dem Frühmittelalter beginnt die keltische Geschichtsschreibung, so dass man durch den Vergleich mit angelsächsischen Quellen erstmals zwei Sichtweisen für die Erschließung der historischen Wahrheit zur Verfügung hat. Wesentliche Zeugnisse für die keltische Geschichte des Frühmittelalters sind Gildas, Beda und Nennius. Gildas/Gweltas war ein um die Mitte des 6. Jhs. lateinisch schreibender britannischer Mönch, dessen „De excidio (et conquestu) Britanniae" (Über den Untergang (und die Eroberung) Britanniens) die Hauptquelle für die Geschichte Britanniens nach dem Ende der römischen Provinz darstellt[44]. Der angelsächsische Benediktiner Beda Venerabilis (672/4–735) verfasste u. a. eine bis 731 reichende „Historica ecclesiastica gentis Anglorum" (Kirchengeschichte der Angelsachsen), die immer wieder auch Nachrichten zu den Kelten Britanniens enthält. Von dem Kelten Nennius stammt eine um 830/840 ebenfalls in Latein verfasste „Historia Brit(t)onum", deren historischer Wert umstritten ist, die jedoch die Hauptquelle zu König Arthur darstellt[45]. An Quellen aus dem frühmittelalterlichen Irland sind ca. 50 Gesetzestexte und weitere Fragmente des 7.–8. Jh. zu nennen, die in Handschriften des 12.–16. Jh. erhalten und im sog. CIH publiziert sind. Sie regeln viele Belange des Alltags und sind daher auch für nicht-juristische Fragestellungen wertvoll. Die Handschriften tragen zudem häufig zugehörige Glossen am Rand und zwischen den Zeilen sowie Kommentare am Seitenende, meist des 12.–14. Jh., die nicht minder nützlich sein können. Annalen wie die von Ulster (bis 1588), Inisfallen (bis 1321 und sporadisch bis 1450), Connacht (1224–1544) oder Clonmacnoise (bis 1408, nur in englischer Übersetzung von 1627 überliefert) enthalten für die Frühzeit viel Legendäres und Antikes, stellen ab dem 6. Jh. jedoch relevante Quellen für die Zeitgeschichte dar. Heiligenviten in Irisch und Latein reichen vom 7.–16. Jh. und illustrieren Wunder häufig durch informative Alltagsgeschichten. Hinzu kommen Texte zu kanonischem Recht (Cáin), Bußbücher (Pönitentialien), Ordensregeln, Spruchweisheiten mit Aussagen über Natur, Mensch, Königtum, Etikette, Gesundheit, Wetter usw. sowie die literarischen Gattungen der Sagenliteratur und Dichtung, die nur bedingt als Quellen für die historische Realität und das Alltagsleben zu gebrauchen sind. Aus dem frühmittelalterlichen Wales sind z. B. die Annales Cambriae für das 5.–10. Jh. wichtig, während in angelsächsischen Chroniken meist nur Siege über die Kelten vorkommen. Rechtstexte sind aus Wales seit dem 10. Jh. überliefert[46]. Sofern es sich um Quellen handelt, die in keltischen Sprachen geschrieben sind, werden einige im Kapitel zu den Landesliteraturen genauer behandelt. Mit dem Voranschreiten des Mittelalters nehmen Anzahl, Umfang und Qualität von Schriftzeugnissen jeder Art in einem Umfang zu, der es – zumindest dem Nichthistoriker – verbietet, in diesem Rahmen einen Überblick zu versuchen. Für die Darstellung wurde das Gerüst der historischen Fakten aus allgemeinen Darstellungen und Nachschlagewerken übernommen und um bestimmte Aspekte wie zitiert erweitert. Von diesen ausgehend muss bei Bedarf im Einzelfall das Quellenmaterial aufgesucht werden.

Materielle Quellen / Realienkunde

Die dinglichen Hinterlassenschaften der Kelten umfassen Zeugnisse der unterschiedlichsten Lebensbereiche aus vielfältigsten Materialien. Sie werden im wesentlichen von zwei Fachdisziplinen untersucht, nämlich der vor- und frühgeschichtlichen, mittelalterlichen oder neuzeitlichen Archäologie, wenn es sich um Bodenfunde handelt, und der Volkskunde, wenn Stücke jüngerer Zeit nach ihrem Gebrauch in Sammlungen oder Museen gelangten und so erhalten geblieben sind. Beiden gemeinsam ist als erster Schritt das antiquarische Gliedern, Beschreiben und Vergleichen der Funde und Befunde, um so zu einer Aussage über ihre Verbreitung und Datierung zu gelangen. Daneben werden technische und handwerkliche Untersuchungen angestellt, um z. B. Details über Herstellung oder Zweck von Gegenständen zu erfahren. Die Volkskunde bemüht sich darüber hinaus stark um Fragen, die Formen und Normen des menschlichen Zusammenlebens, Verhaltens und Wirtschaftens betreffen, wofür sie vor allem Ergebnisse der Kultur-, Wirtschafts- und Sozialwissenschaften zu Vergleichen heranzieht. Nachdem in der Neuzeit alle keltischen Sprachgruppen Teil anderer Staaten waren und bis auf Irland noch heute sind, unterscheidet sich die jüngere Sachkultur in vieler Hinsicht nicht von denen nicht-keltischer Nachbargebiete. Insofern wird sie im folgenden nur in ausgewählten, besonders charakteristischen Fällen erwähnt. In der Vor- und Frühgeschichte stellen hingegen verschiedene Naturwissenschaften die wichtigsten Hilfswissenschaften dar. So werden Tier- und Menschenknochen von Paläozoologen, Anthropologen und neuerdings Genetikern untersucht. Pflanzenreste werden von Paläoethnobotanikern für Aussagen zur Umwelt und ihrem

19

Wandel, zur Klimageschichte oder zur Landwirtschaft herangezogen. Physiker helfen wie erwähnt beim Datieren, Chemiker analysieren die Zusammensetzung einstiger Gefäßinhalte oder von Farbstoffen usw. Daneben spielen für die Interpretation der Befunde Analogien aus historischen und kulturanthropologischen Fächern die Hauptrolle[47].

Der Vergleich von Textquellen und Realien liefert nicht immer ein übereinstimmendes Bild. Dies muss nicht verwundern, weil beide Quellenarten im Laufe der Jahrhunderte drastische Verluste erlitten haben und uns heute nur geringe Reste des ehemals Vorhandenen vorliegen, das Bild also einstens viel mehr Überlappung aufgewiesen haben kann. Zudem werden Schriftquellen immer mit bestimmten Absichten verfasst, die der Philologe nach oft eher subjektiven Kriterien abschätzen muss, um beurteilen zu können, wie verlässlich die Angaben eines Autors sind, insbesondere wenn keine andere Quelle ihn bestätigt. Archäologen hingegen laufen Gefahr, durch die nötige zusammenfassende Klassifikation des Vorhandenen Unterschiede im Detail zu übersehen, aber auch durch zu große Aufgliederung im Kleinen erst Unterschiede zu schaffen, die von Zeitgenossen gar nicht wahrgenommen wurden.

2.3 Abgrenzung zu anderen Völkerschaften

Im Lauf ihrer langen Geschichte waren und wurden die Kelten Nachbarn von vielerlei Völkerschaften (Karte 1), deren Abgrenzung von den Kelten nicht immer leicht fällt und mit denen unterschiedliche Arten von Interaktion stattfanden. Im Süden grenzten als Kelten bezeichnete Stämme an alpine Völkerschaften, die als Raeter bezeichnet werden. Diese lassen sich mit fünf archäologischen Fundgruppen, darunter die seit etwa 500 v. Chr. fassbare sog. Fritzens-Sanzeno-Gruppe im Nordosten und die keltisch sprechenden Lepontier im Südwesten, verbinden und gaben der nicht deckungsgleichen römischen Provinz Raetien den Namen. Während die Räter anfangs unter etruskisch-mediterranem Einfluss standen, gewannen nach der keltischen Ansiedlung in Oberitalien im 4. Jh. v. Chr. keltische Elemente die Oberhand, vor allem in großen Teilen der Schweiz und Oberösterreichs. Nachdem aus den antiken Quellen kein Stamm oder Stammesbund von Rätern zu erschließen ist, handelte es sich vielleicht um eine Kultgemeinschaft der in Este verehrten Göttin „Reitia"[48]. Durch die Ansiedlung in Italien wurden keltische Stämme zu südlichen Nachbarn der Veneter in Nordostitalien und Pannonien, die archäologisch mit der sog. Estekultur zusammenhängen. Ebenso trafen Kelten dort auf Nordetrusker. Zum Teil siedelten sie sich in verlassenen Etruskerstädten wie Marzabotto an, wovon vor allem Bestattungen des 3. Jh. zeugen. Andererseits bestanden gemeinsame Siedlungen, z. B. auf dem Monte Bibele im Südosten Bolognas, wo sich im 4./3. Jh. auf Keramikgefäßen eingeritzte etruskische Personennamen fanden und zudem auch Hinweise auf Umbrer und Ligurer vorliegen[49]. Mit der Expansion Roms wurden die Römer zu Nachfolgern der Etrusker als Nachbarn der Kelten. Die langwierigen Auseinandersetzungen zwischen den beiden Völkern füllen weite Passagen der historischen Abschnitte (s. S. 23 ff.).

In Südosteuropa waren die Kelten während der Hallstattzeit Nachbarn der Illyrer, die zwischen Ostalpen und Makedonien sowie in Gestalt der Pannonier bis hinein nach Ungarn siedelten. Seit der zweiten Hälfte des 5. Jhs. gelangten keltische Importe in ihre Gebiete. Durch die keltischen Wanderungen des 4./3. Jh. kam es zu einer teilweisen Überlagerung und Vermischung mit keltischer Bevölkerung und Kultur. Noch weiter im Osten lebten von Süd nach Nord gesehen die Thraker Bulgariens, die Geten Nordostbulgariens und die Daker der Ostslowakei und Rumäniens[50]. An der Westküste des Schwarzen Meeres befanden sich seit der Kolonisation des 8.–6. Jh. v. Chr. griechische Kolonien.

Die östlichen und nordöstlichen Nachbarn der Festlandskelten waren Germanenstämme, von denen sie schon antike Autoren nicht immer klar unterscheiden konnten. So hielt etwa Poseidonios die germanischen Kimbern für ein keltisches Volk. Möglicherweise entdeckte überhaupt erst Caesar durch engeren Umgang mit beiden Völkergruppen die Unterschiede[51]. Umso schwerer, aber auch wichtiger ist es, im Kontaktbereich mit gegenseitiger Beeinflussung wenigstens im archäologischen Befund- und Fundgut Keltisches und Germanisches zu unterscheiden, so dass umfangreiche Forschungsarbeiten in diesem Bereich durchgeführt wurden und werden[52]. Die nördlichen Nachbarn der Britannier waren eisenzeitliche Völkerschaften Schottlands, die keine indoeuropäische Sprache sprachen, von denen jedoch auch keine Namen überliefert sind. Erst im Jahr 297 erwähnt eine anonyme Lobrede auf Kaiser Constantius (Panegyr. 8, 11, 4) hier die Pikten (lat. picti = Bemalte), die sich selbst als Pretani/Priteni (Britannier) bezeichneten und deren Sprache Keltisches und Nichtindogermanisches enthielt, so dass sie teils als Kelten gelten, teils nicht. Im Früh- und Hochmittelalter waren zudem Germanen wie Jüten, Angelsachsen, dänische und norwegische Wikinger oder französische Normannen die Nachbarn keltischer Bevölkerungsgruppen[53].

Im äußersten Westen stießen die Kelten u. a. an Vaskonen/Basken, deren vorgeschichtliches Alter daraus erschlossen wird, dass sie die Sprecher der einzigen nicht-indoeuropäischen lebenden Sprache Westeuropas sind. Ihre Selbstbezeichnung als „Euskaldunak" und die ihrer Sprache als „Euskera/Euskara" ist jedoch von dem keltiberischen Stamm der Auscier abgeleitet, und ihre Sachkultur war keltisch geprägt. Außerdem grenzten die Kelten „jenseits von Gibraltar" im Südwesten an die Tartesser, bei denen ein König mit dem vielleicht keltischen Namen Arganthonios bezeugt ist. Weitere Nachbarn waren die Iberer, die phönizischen Karthager und wiederum griechische Kolonien im Osten und Süden Iberiens[54]. An ihrem südwestlichen Rand lebten Kelten benachbart den Ligurern in Nordwestitalien, z. B. um Genua[55], und in Südostfrankreich, wo es auch zu Mischpopulationen wie bei den Salluvii um Entremont oder den Taurinern in den Westalpen kam. Hier stießen sie zudem abermals an Griechen, deren Kolonien wie das um 600 v. Chr. gegründete Massalia/Marseille ein beträchtliches Hinterland haben konnten[56]. Ausdrücklich heißt es in einem spätantiken Ortsnamenslexikon des Stephanus Byzantinus, dass Massalia „unterhalb des Keltenlandes" liege[57]. Die bretonischen Kelten des Mittelalters und der Neuzeit waren Nachbarn der Franken, bzw. später der Franzosen, und zeitweilig der skandinavischen Normannen.

Eine junge Besonderheit stellen keltische Sprachenklaven in Nord- und Südamerika dar. Dies betrifft Schotten in Kanada vor allem in der Provinz Nova Scotia, aber auch in Ontario, Alberta, British Columbia, Saskatchewan und Manitoba, Bretonen in den USA und auf der Insel Laval bei Montreal, Waliser in Y Wladfa im argentinischen Patagonien sowie Iren in Manitoba, die in einem englisch-, französisch- bzw. spanischsprachigen Umfeld liegen. Daneben sprechen angeblich im Großraum London 35.000 Menschen Kymrisch und 30.000 Irisch-Gälisch[58].

3 Geschichte

3.1 Mitteleuropa

Während archäologische Zeugnisse der Hallstatt- und Latènekultur zahlreich sind, bleibt die politische Geschichte des keltischen Kernlandes nahezu unbekannt. Die erste Gruppe mitteleuropäischer Kelten, die ins Licht der Geschichte trat, waren verschiedene Alpenvölker. Bereits im Jahre 143 v. Chr. führte der Konsul Ap. Claudius Pulcher einen Feldzug gegen die Salasser in den Westalpen, die A. Terentius Varro Murena 25 v. Chr. unterwarf (Strab. 4, 6, 7), versklaven ließ und mit der Kolonie Augusta Praetoria/Aosta dauerhaft unter Kontrolle brachte. Im Jahre 115 v. Chr. bekriegte der Konsul M. Aemilius Scaurus die Bewohner der Ostalpen und schloss Verträge mit Norikern und Karnern in Kärnten zur Sicherung des Handels, u. a. mit dem am Magdalensberg/Virunum erzeugten Eisen. Das sog. „Regnum Noricum" wurde 10 v. Chr. schließlich römischer Provinzialherrschaft unterstellt[59]. Zwischenzeitlich waren die noch freien Alpenstämme durch Augustus' Stiefsöhne Drusus und Tiberius im Alpenfeldzug von 15 v. Chr. unterworfen worden. Davon zeugen ein „Tropaeum Augusti" oder „Tropaeum Alpinum" genanntes Siegesmonument von 6 v. Chr. in Turbia/La Turbie bei Monaco, dessen Inschrift bei Plinius (Nat. 3, 136 f.) überliefert ist und die „Befriedung" von 46 Volksstämmen meldet, ebenso wie Augustus' Tatenbericht „Res Gestae" (26, 3) und weitere antike Quellen (z. B. Vell. 2, 95; Cass. Dio 54, 22).

Ein weiteres Zusammentreffen zwischen Römern und mitteleuropäischen Kelten ereignete sich 58 v. Chr. unter Caesar mit den Helvetiern (Gall. 1, 2–29). Diese hatten ihre Siedlungen zwischen Schweizer Jura, Rhein und Alpen abgebrannt und ihre Wohnsitze verlassen, um sich weiter westlich anzusiedeln, wofür wahrscheinlich die fortgesetzte Bedrohung durch Germanen ein Grund war. Am 28.3.58 trafen sie am Rhoneufer ein, um unter ihrem Anführer Divico gemeinsam nach Süden zu ziehen, was Caesar durch die Besetzung der römischen Stadt Genava/Genf auf dem Gebiet der Gallia Narbonensis und die Verschanzung der Flussufer zu verhindern wusste. Ausweichend über Jura und Saône wurden die Helvetier von Caesar bei Bibracte gestellt, besiegt und – vielleicht nach Abschluss eines Bündnisses (Cass. Dio 38, 33, 6) – an ihre alten Wohnsitze zurückgeschickt. Der Nachweis der abgebrannten Wohnstätten scheiterte bisher an der genauen Datierung durchaus zu beobachtender Brandschichten, z. B. auf dem Mont Vully am Murtensee, das Schanzwerk entlang der Rhone entzieht sich bislang der Auffindung. Allein die römische Stellung von Montmort bei Bibracte konnte wahrscheinlich identifiziert werden[60]. Ob auch die Rauriker am südlichen Oberrhein, die mit den Helvetiern abwanderten, in ihre Heimat zurückkehrten, ist unsicher, besitzt jedoch Relevanz für die Frage des Übergangs von der offenen Siedlung Basel-Gasfabrik hin zum Oppidum von Basel-Münsterhügel, der um diese Zeit stattfand[61].

Ihre Wohnsitze in der Schweiz waren jedoch nicht das ursprüngliche Siedelgebiet der Helvetier. Nach Tacitus (Germ. 28, 2) siedelten sie zuvor zwischen Rhein, Main und Bayerisch-Böhmischem Wald. Mit diesem Gebiet stimmen Maßangaben bei Caesar (Gall. 1, 2, 5) sehr gut überein, die für die schweizerischen Wohnsitze der Helvetier seiner Zeit viel zu groß sind. Aus Poseidonios-Fragmenten geht hervor, dass die Helvetier reich an Flussgold waren, woraus sich spätestens für die Zeit seiner Reise nach 100 v. Chr. ein Ausgreifen in die goldreiche Nordschweiz ergibt. Durch Abwanderung aus Süddeutschland entstand die sog. „Helvetiereinöde" des Ptolemaeus (geogr. 2, 11, 6), die er im Süden an der Schwäbischen Alb enden lässt, sei es weil südlich davon das Römische Reich begann oder das Gebiet tatsächlich nicht entvölkert war[62]. Umstritten sind Beginn und Ende dieser „Einöde". Dies ergibt sich einerseits daraus, dass Caesar (Gall. 1, 1, 3; 1, 2, 3 etc.) von Germanen östlich des Rheins berichtet und Strabon (4, 6, 8 f.) im Voralpenland zwischen Bodensee und Inn die Vindeliker nennt, die im Alpenfeldzug unterworfen wurden. Andererseits sind das hinsichtlich Ursache und Datierung strittige Ende der süd-, mitteldeutschen und böhmischen Oppida und danach weitgehende Fundleere zwischen Schwarzwald und Inn festzustellen. Der allmähliche Beginn der Verödung wird frühestens im 3./2. Jh. v. Chr. angesetzt. Dobesch favorisiert einen Anfang erst nach Poseidonius Reise ab ca. 95/90 und ein Ende kurz vor Caesars Zeit. Rieckhoff geht hingegen davon aus, dass nach einer Entvölkerung vielleicht um 100 v. Chr., sicher aber vor 58 v. Chr., in Lt D 2b weitgehende Siedlungsleere bestand und die Ansiedlung der Vindeliker erst nach der römischen Eroberung stattfand. Als Belege führt sie die das Fehlen keltischer Funde, die geringe römische Militärpräsenz nach der Eroberung und die Nennung der Vindeliker auf dem Tropaeum Alpinum als Alpenstamm an. Auch Von Schnurbein sieht zwischen Schwarzwald und Inn trotz der rasch etablierten römischen Zivil- und Militärverwaltung eine tiefe Unterbrechung zwischen keltischer und römischer Besiedlung, während z. B. um Salzburg, westlich des Schwarzwaldes, am Oberrhein und in der Nordschweiz das Fortleben keltischer Populationen archäologisch nachweisbar sei. Er hält jedoch für wahrscheinlich, dass die Siedlungsleere durch kurzlebige Siedlungen, die wenig Spuren im Boden hinterließen, nur vorgetäuscht sei. Dafür sprechen auch Neufunde, Pollendiagramme, die kontinuierliche Land- und Waldwirtschaft bezeugen, sowie das Fortleben einheimischer, den Römern fremder Getreidearten wie Dinkel in römische Zeit hinein[63].

Archäologisch bringt Rieckhoff die Vindeliker mit der sog. Heimstättener Gruppe in Verbindung. Dabei handelt es sich um eine Bevölkerungsgruppe, die sich in Körpergräbern zwischen Iller und Isar aus der Zeit von ca. 30–60 n. Chr. an ihrer Sachkultur mit zentralalpinen und elbgermanischen Elementen zu erkennen gibt. Mit ihrem Ende verlieren sich eisenzeitliche Spuren im bayerischen Alpenvorland, von keltischen, aber auch germanischen Elementen in römischer Keramik und Eigennamen abgesehen. Nicht einmal romanisierte Gottheiten lokaler keltischer Herkunft sind nachzuweisen[64]. In Baden-Württemberg zwischen Rhein und Donau liegt innerhalb der vormaligen „Helvetiereinöde" das bei Tacitus (Germ. 29, 3) genannte und in der Forschung nicht minder heftig umstrittene Dekumatenland (Decumates agri), von dem es heißt, sein Besitz sei strittig gewesen, bevor u. a. Gallier und bald darauf – seit etwa 70 n. Chr. – die Römer es besetzt hätten. Reste keltischer Bevölkerung wären hier gut vereinbar mit dem Fortleben spätkeltischer Keramiktraditionen in römischer Grobkeramik sicher ins 1., vielleicht sogar 2./3. Jh. n. Chr.[65].

Böhmen (Boiohaemum) verdankt der Überlieferung nach (Tac. Germ. 28) seinen Namen den keltischen Boiern, die dort Ende des 5. Jhs. v. Chr. eingewandert sein sollen und sich nach Osten sowie nach Süden bis jenseits der Donau ausbreiteten[66]. Die ältesten keltischen Funde in Böhmen und Mähren stammen aus Flachgräberfeldern mit Kriegerbestattungen der Stufe Lt B aus der Zeit um und nach 400 v. Chr., Ende des 4. Jhs. v. Chr. war die Slowakei erreicht[67]. Das Ende der keltischen Besiedlung und der Oppida Böhmens wird aus archäologischen und numismatischen Gründen im letzten Viertel des 1. Jhs. v. Chr. angesetzt[68]. Dies korrespondiert mit der historischen Überlieferung wonach ein Teil der Boier um 40 v. Chr. unter dem Druck der Daker unter Burebista abwanderte, während die verbliebenen 8 v. Chr. von den germanischen Markomannen unter Marbod bzw. in Westungarn 12–9 v. Chr. von Tiberius besiegt und der neuen Provinz Pannonien zugeschlagen wurden[69]. Ähnlich wie bei den Helvetiern wurde das Abwandern eines Teiles der Boier als Ursache für eine spätlatènezeitliche „Boiereinöde" im Burgenland und in Westungarn angesehen, bis sich 1982 ein neuer Typ ländlicher Spätlatènesiedlungen nachweisen ließ, der die vermeintliche Lücke schloss. Dies warnt vor der Überschätzung von Lücken im archäologischen Bestand[70].

Die nordöstliche Grenze des keltischen Territoriums lag im heutigen Polen. Die ältesten archäologischen Funde stammen aus Flachgräbern der Zeit um 400 v. Chr. in Mittel- und Oberschlesien und werden mit der von Livius (5, 34) für das 6./5. Jh. historisch überlieferten Einwanderung von Kelten unter Segovesus in Verbindung gebracht. Ihre Deutung als Angehörige der Stämme der Boier oder Lugii ist nicht beweisbar. Auch keltische Siedlungen, Höhenbefestigungen und ein mögliches Heiligtum in Niederschlesien sind bekannt. Die keltische Besiedlung Mittelschlesiens wurde Ende des 3. Jhs./Anfang des 2. Jhs. durch die frühgermanische Przeworsk-Kultur der Vandalen abgelöst, die oberschlesische brach wohl Ende des 2. Jhs. ab, vielleicht in Zusammenhang mit dem Zug der Kimbern und Teutonen nach Süden. Diese kämpften nämlich der historischen Überlieferung nach auch gegen die Boier[71]. Eine dritte keltische Siedelkammer in Kleinpolen zwischen Krakau, Nida und Dunajec begann Anfang des 3. Jhs. v. Chr. mit Gräbern und Siedlungen. Ihre Bewohner prägten im 1. Jh. v. Chr. eigene Münzen. In Verbindung mit Elementen der Przeworsk-Kultur und der Puchov-Kultur in der Slowakei war ihr als sog. Tyniec-Gruppe ein erstaunlich langer Fortbestand beschieden, was bemalte Latènekeramik bezeugt, die hier bis Anfang des 1. Jhs. n. Chr. fortdauerte. Die vierte keltische Enklave fand sich am oberen San in Südostpolen. Sie wurde erst kürzlich entdeckt und ist (noch) sehr fundarm, jedoch ist eine im 3. Jh. v. Chr. von der Ostslowakei her erfolgte Besiedlung wahrscheinlich[72].

3.2 Gallien

Während Funde der Hallstatt- und Frühlatènezeit in Frankreich nur bis in die Champagne und die Ardennen reichen, breitete sich mit der keltischen Wanderung die Latènekultur über den gesamten Norden bis hin zum Ärmelkanal aus, wo die antiken Schriftsteller den Stamm der Belgen bezeugen[73], dessen Name im Land Belgien fortlebt und der später erheblichen Einfluss auf Südbritannien gewann. Für das 5. Jh. v. Chr. sind durch Abschriften in der Weltgeschichte Justins (43, 5, 5) aus dem 3. Jh. n. Chr. Berichte des gallischen Historikers Pompeius Trogus (1. Jh. v. Chr.) über Angriffe keltischer

Stämme unter einem König Catuma(ra)ndus gegen die griechische Kolonie Massalia/Marseille überliefert[74]. Ins direkte Licht der römischen Geschichte rückte Gallien relativ spät (Karte 2). Im Jahr 154 v. Chr. drangen römische Truppen in Südfrankreich ein und eroberten das Gebiet der Volker im Westen um Narbo/Narbonne und das der Allobroger östlich der Rhone im Hinterland des griechischen Massalia/Marseille[75]. Im Jahre 122 v. Chr. erreichte Rom ein Hilfsgesuch der Stadt Massalia/Marseille, die von den keltischen Allobrogern bedroht wurde. Der zu Hilfe kommende Konsul Cn. Domitius Ahenobarbus besiegte sie bei Vindalium. Im Folgejahr 121 unterwarf er zusammen mit Konsul Q. Fabius Maximus Allobrogicus die Allobroger und Arverner unter Bituitus erneut und schloss ein Bündnis mit den Häduern am Arar/Saône. Außerdem vereinigte er die beiden von Rom kontrollierten Bereiche Südgalliens zur Provinz Gallia Narbonensis an der französischen Mittelmeerküste und ihrem Hinterland. Von Massalia/Marseille aus entstand die Via Domitia als Landverbindung nach Spanien. Im Jahr 118 wurde an dem keltischen Ort Narbo/Narbonne eine Kolonie gegründet. Dennoch herrschte keineswegs Ruhe in Südgallien. Während der römischen Kämpfe mit den Kimbern, Teutonen und Ambronen (113–101) kam es auch mit Kelten immer wieder zu Konflikten. So wurde im Jahre 107 der Konsul L. Cassius Longinus von keltischen Tigurinern an der Garumna/Garonne geschlagen und fiel. Im Folgejahr war der Konsul Q. Servilius Caepio gegen die aufständischen Tektosagen vom Stamm der Volker in Tolosa/Toulouse erfolgreicher und raubte ihren Kultschatz, das aurum Tolosanum, das der Legende zufolge ein Rest der Beute von der noch zu erwähnenden Plünderung Delphis gewesen sein soll[76]. In den Wirren des Bundesgenossenkrieges (91–88 v. Chr.), der Kriege im Osten (89–64 v. Chr.) und der Bürgerkriege (ab 88 v. Chr.) ruhten die römischen Ambitionen in Gallien weitgehend. Handlungsbedarf entstand 61 v. Chr. durch einen Aufstand der Allobroger in der Narbonensis und eine Niederlage der mit Rom verbündeten Häduer gegen die Sequaner und germanische Sueben unter Ariovist. Rom reagierte 59 v. Chr. mit der auf fünf Jahre terminierten Entsendung Caesars und dem Abschluss eines Freundschaftsvertrages mit Ariovist[77].

Die Häduer unter Divitiacus besiedelten als nordöstliche Nachbarn der Gallia Narbonensis die Gebiete Burgund und Morvan und waren ihrerseits mit den nördlich davon wohnenden Bellovaci, Parisii, Senones, Bituriges, Ambarri und Segusiavi verbündet. Im Jahr 58 v. Chr. richteten die Häduer ein Hilfsgesuch an Rom, weil sie sich von zwei Seiten bedroht fühlten, von den Sueben Ariovists, die seit 71 v. Chr. als Verbündete der Sequaner den Oberrhein sowie

Teile von Elsass und Franche-Comté besetzt hielten, und nunmehr auch von den aus dem Schweizer Mittelland einwandernden Helvetiern. Caesar intervenierte und schlug noch im selben Jahr an der Saône und beim Oppidum von Bibracte bei Augustodunum/Autun die Helvetier sowie bei Mulhouse im Elsass die Germanen, die er über den Rhein zurückdrängte[78]. Es folgten Siege 57 v. Chr. über die nordgallischen Belgen sowie 56 v. Chr. in Aquitanien und entlang der Kanalküste bis zur Bretagne, so dass Ende des dritten Kriegsjahres Gallien weitgehend besetzt war. Überfahrten über den Rhein und nach Britannien erfolgten 55 und 54 v. Chr. Obwohl Caesars militärischer Auftrag spätestens 54 v. Chr. erfüllt war, blieb er in Gallien, kämpfte unter z. T. beträchtlichen Verlusten an mehreren Unruheherden zugleich, überschritt 53 noch einmal den Rhein und mischte in gallischen Angelegenheiten mit, wo er konnte[79]. Dies rief neuen Widerstand seitens romfeindlicher, aber auch mit Rom verbündeter Stämme hervor, der 54 v. Chr. zum Eburonenaufstand unter Ambiorix und Catuvolcus führte und sich 52 v. Ch. in einem letzten großen Aufstand formierte. Dieser ging von den Carnutes aus und wurde von dem unter Caesar ausgebildeten Arverner Vercingetorix angeführt. Dies versetzte Caesar in die ungünstige Lage, erstmals ohne Verbündete und ohne Nachschub mit 11 Legionen in einem feindlichen Land zu stehen[80]. Prompt war er bei der Belagerung von Vercingetorix' Heimatstadt Gergovia zum Rückzug gezwungen. Wenig später glückte es ihm jedoch, Vercingetorix und seine Truppen im häduischen Oppidum von Alesia einzuschließen und durch einen aufwändigen Belagerungsring zu internieren. Bald darauf marschierte unter dem 57 v. Chr. von Caesar selbst eingesetzten Atrebatenkönig Commius eine Entsatzarmee aus 44 Keltenstämmen vor Alesia auf, gegen die sich die Römer vorsorglich mit einem zweiten Befestigungsring nach außen geschützt hatten. Dieses doppelte Befestigungswerk aus Gräben, Wällen, Türmen und Lagern wird von Caesar detailliert beschrieben und konnte inzwischen durch Luftbilder, Begehungen und Ausgrabungen genau dokumentiert und untersucht werden. Nachdem der Entsatzversuch fehlgeschlagen war, ergaben sich Vercingetorix und seine Truppen[81]. Im Jahr 46 wurde er von Caesar im Triumph durch Rom geführt und später hingerichtet. Commius zog sich mit Gefolgschaft nach Germanien, später Britannien zurück. Als Freiheitskämpfer wurden beide, besonders Vercingetorix, zum beliebten Thema neuzeitlicher Künstler. Caesar hinterließ ein, nach allem was man weiß, zur Gänze erobertes Land – entgegen anderslautender Behauptungen über ein „von unbeugsamen Galliern bevölkertes Dorf" namens Kleinbonum im äußersten Nordwesten, von dem aus zwei bekannte Comic-Figuren ihr Unwesen treiben. Im Jahre 27 v. Chr. begann unter Kaiser Augustus eine Neuordnung der Verwaltung Galliens, wurden die drei kaiserlichen Provinzen Lugdunensis, Belgica und Aquitania neu eingerichtet und die Narbonensis senatorischer Verwaltung unterstellt. Zum Abschluss der Reform wurde 12 v. Chr. in Lugdunum/Lyon als Kultmittelpunkt der gallischen Provinzen ein Altar der Roma und des Augustus geweiht und ein erster Provinziallandtag abgehalten. In der Folge verlief die Provinzgeschichte ruhig, Aufstände waren im Gegensatz zu Britannien selten[82]. In den Jahrhunderten der römischen Herrschaft wurde die materielle Kultur Galliens zunehmend und weitgehend romanisiert, wobei sich jedoch vor allem in Sprache, Tracht und Religion bis weit in die Kaiserzeit keltische Reste hielten, auf die noch einzugehen sein wird.

Will man dem spätantiken Historiker Zosimos (6, 5, 2 f.) glauben, verjagten u. a. die Armoricani der **Bretagne** (bretonisch: Breizh) unter Ausnutzung der schwachen römischen Zentralgewalt um 410 n. Chr. die machtlos gewordenen römischen Beamten und errichteten einen unabhängigen Staat, vermutlich bevor die keltische Sprache und Kultur erloschen waren[83]. In der Folge kam es zu einer Wiederbelebung des keltischen Elements, weil viele Briten vor den expandierenden Angelsachsen nach Irland und Armorica flohen, das dieser Tatsache seinen Namen „kleines Britannien" verdankt. Zeitpunkt und Umstände der Einwanderung sind unklar, möglicherweise handelte es sich um mehrere Wellen im 4.–6. Jh. Dabei spielten mindestens 35 britannische und irische Kleriker eine Rolle, von denen die Heiligen Brieg/Brieuc, Corentin, Ildut, Maklow, Paulus Aurelius, Samson und Tugdual als Gründer der Bretagne gelten[84]. Später missionierten umgekehrt auch Bretonen in Cornwall, wo sie bis ins 16. Jh. urkundlich nachweisbar blieben. Enge Verbindungen über den Ärmelkanal existierten seit der vorrömischen Eisenzeit, wie Funde von Keramik und Münzen, die Verwandtschaft der Sprachen und die Bewegung von Truppen und Asylanten (Caes. Gall. 2, 14, 4; 3, 9, 10; 4, 20, 1) zeigen. Auch dynastische Verbindungen sind bezeugt, etwa des Atrebaten Commius, des Diviciacus/Divitiacus von den belgischen Suessionen (Caes. Gall. 2, 4, 6–7) oder später unter dem sagenhaften Cunomorus/Mark von Kernow/Kernev bzw. Cornwall/Cornouaille. Die engen Kontakte endeten im Zeitalter der Reformation[85].

Im 6. Jh. bestanden in Armorica drei Königreiche, Domnonia im Norden, Cornouaille im Südosten und Bro Érech im S, die unter dem Herrscher Waroc'h II. (577–94) vereint worden sein sollen. Im Jahr 635 wurde zwischen den Königen Judicael und Dagobert I. die

Grenze zum Frankenreich hin festgelegt. Nach weiteren Kämpfen wurde die bretonische Halbinsel durch die bretonische Mark um Nantes, Rennes und Vannes unter dem sagenhaften Markgrafen Roland († 778) gegen das Festland hin abgeriegelt, eine Sperre, die 786 und 799 mit der Eroberung der Bretagne unter Karl dem Großen obsolet wurde[86]. Turbulent war der Beginn des 9. Jhs., als die Bretagne 818 unter Morvan mitsamt der Mark unabhängig, dann wieder unterworfen, 822 unter Wihomarc/Wiomarc'h erneut unabhängig und 825 von Ludwig dem Frommen wiederum besiegt wurde. Dem bretonischen Herzog Nominoë war es vorbehalten, durch den Sieg von Ballon bei Redon am 22.11.845 die Freiheit dauerhaft zu sichern[87]. Trotz erfolgreicher Expansion nach Osten ließ die nächste Bedrohung nicht lange auf sich warten, fingen doch norwegische Wikinger ab 850 an, die Küsten des Ärmelkanals zu überfallen. Trotz eines wichtigen Sieges von Alain/Alan I. dem Großen (888–907) bei Questembert (888) und der Unterstützung Alfreds des Großen von Wessex (871–899) geriet die Bretagne 919–936 unter normannische Herrschaft, wodurch z. B. ihre blühende Buchmalerei zum Erliegen kam und woran auch ein Aufstand 931 nichts ändern konnte. Dem im englischen Exil aufgewachsenen Alain/Alan II. Barbetorte (936–952) gelang es mit Hilfe des englischen Königs Aethelstan in die Bretagne zurückzukehren und durch bei St. Brieuc (936), Nantes (937) und Trans (939) errungene Siege Thron und Unabhängigkeit wiederzugewinnen, während Frankreich die Normandie erheblich länger verlor[88]. Im Jahr 1166 kam die Bretagne an das englische Königshaus Plantagenet, 1213 an eine Seitenlinie der Kapetinger, 1297 wurde sie als französisches Herzogtum bestätigt. Der Bretonische Erbfolgekrieg (1341–65), in dem die Bretagne als Kriegsschauplatz von Kämpfen zwischen England und Frankreich viel Schaden litt, endete mit dem Sieg des Hauses Montfort. Ihrem letzten Herzog François II. (1458–1488) verdankte die Bretagne die Einrichtung eines Parlamentes 1485 in Vannes. Das Ende der Eigenständigkeit nahte, als François 1488 bei Saint-Aubin-du-Cormier gegen Frankreich fiel. Durch die von Frankreich erzwungene Heirat der Thronerbin Anna von Bretagne mit Charles VIII. kam die Bretagne 1491 unter französische Herrschaft und wurde 1532 von König François I. (1515–1547) durch den Vertrag von Vannes und seine Heirat mit Annas Tochter Claude der Krondomäne einverleibt[89].

Um die Entstehung der Bretagne ranken sich viele Mythen. Frühe Historiographen ersonnen im 9. Jh. – nach römischem Vorbild – eine Abstammung von den Trojanern, dergestalt, dass Brutus, ein Urenkel des Äneas, mit Gefolge Britannien und die Bretagne besiedelt habe. Texte des 11. Jhs. verlängern diese Geschichte um das Zwischenglied des – trojanischen – Britanniers Conan Mériadec, der die Bretagne im 4. Jh. in Begleitung des Usurpators Maximus eroberte und ein katholisches Königreich gründete, durch das die Herzöge und der ritterliche Adel der Bretagne sich legitimiert sahen. Im 12.–13. Jh. wurde schließlich die Bretagne mit Avalon (s. S. 56) gleichgesetzt, wo König Arthur aber nicht mehr starb, sondern nur schlief, um eines Tages wiederzukehren. Auf Bildern wurde Arthur als bretonischer Herzog dargestellt, weil die Herzöge sich nunmehr von ihm ableiteten. Nach dem Erbfolgekrieg des 14. Jhs., der England in schlechtes Ansehen gebracht hatte, und erst recht, nachdem die Bretagne im 15. Jh. zu einem Teil Frankreichs geworden war, wurden die alten Mythen obsolet. Bertrand d'Argentré schuf mit seiner 1588 in Paris erschienen „Histoire de Bretagne" einen neuen Mythos, der die wahren Vorfahren der Bretonen in den Galliern erkannte[*], die seit Jahrtausenden in der Bretagne gesiedelt und die alte Sprache bewahrt hätten. Im 18. Jh. kamen romantische Vorstellungen von der Sprache der Druiden und Barden sowie „edlen Wilden" nach Rousseau'schem Vorbild hinzu. Erst im 19./20. Jh. wurde dieses Bild durch historische, linguistische und archäologische Forschungen einerseits geläutert, andererseits durch ultrarechte und später ultralinke Ideologien transformiert, worauf noch einzugehen sein wird[90].

Unter Louis XIV. wurde die Bretagne seit etwa 1670 mit Festungen zum Schutz gegen Flottenangriffe Spaniens und später Englands bestückt und mit Streitkräften von bis zu 100.000 Mann geradezu militarisiert. Dies schuf mit Einquartierungen, straffälligen Soldaten und marodierenden Deserteuren erhebliche Probleme bei der inneren Sicherheit[91]. Aus der Zeit vor der Angliederung an Frankreich blieben einige Autonomierechte erhalten, die sich bis 1790 z. B. in einem eigenen Parlament manifestierten[92]. Ihre Aufhebung und weitere unerwünschte Maßnahmen nach der Revolution von 1789 waren mit ein Grund, dass die französischen Royalisten – neben der Vendée – in der Bretagne ihren stärksten Rückhalt fanden. Sie führten unter der Bezeichnung „Chouans"[**] von 1792–96 einen Bürger- und Kleinkrieg („chouannerie") gegen die Republik, der von General L. Hoche gewaltsam beendet wurde. Dennoch

---

[*] Zeitlich wäre ein Einfluss durch Buchanan (s. S. 10) denkbar, ein entsprechender Hinweis war aber nicht zu finden.

[**] Von chat-huant = Waldkauz, dessen Ruf das Erkennungszeichen ihres ersten Anführers war.

ging 1799–80 unter G. Kadoudal (1771–1804) von der Bretagne ein neuer Aufstand aus, der ebenso scheiterte. Nach der Aufdeckung eines zusammen mit General C. Pichegru und England geplanten Anschlages 1803 auf Napoleon Bonaparte wurde Kadoudal in Paris hingerichtet. Die letzten Erhebungen der Chouans 1815 gegen die Rückkehr Napoleons von Elba wurden von den Bourbonen unterstützt und belohnt[93]. Dennoch wurde die Bretagne im Hinblick auf eine mögliche Konspiration mit England und wegen ihres im frühen 19. Jh. vergleichsweise hohen Bevölkerungszuwachses von manchen Franzosen weiter beargwöhnt[94].

Zeitgleich mit Irland (s. S. 75) herrschte in der Bretagne wegen Kartoffelfäule und harter Winter 1845–47 große Hungersnot, der Tausende Menschen zum Opfer fielen. Im Zuge der Industrialisierung erfuhr die Bretagne im späten 19. Jh. weitere Bevölkerungsverluste durch Abwanderung innerhalb Frankreichs[95]. Im und nach dem Deutsch-Französischen Krieg 1870/71 bis 1873 sowie im Ersten Weltkrieg 1914–1918 blieb die Bretagne zwar von Kampfhandlungen und Besetzung verschont, jedoch führten die Kriegsteilnahme, Lazarette und Landungsbasen der USA in Brest und Saint-Nazaire zu einer indirekten Militarisierung und Brutalisierung der Gesellschaft. Zugleich wandelten sich Sozial- und Wirtschaftsstruktur durch teilweise Verarmung auf dem Lande und Stärkung der Industrie erheblich[96]. Unter diesen Vorzeichen wurde im Jahr 1919 die nationalistische Zeitschrift „Breiz Atao" (Bretagne für immer) gegründet, die 1939 verboten und durch „L'Heure Bretonne" (Die Stunde der Bretagne) ersetzt wurde. Sie waren offizielle Parteiorgane einer militanten bretonischen Nationalbewegung, die sich in den 1930er Jahren als Parti National Breton (PNB) formierte und faschistische Züge annahm. Aufrufe ergingen z. B. schon 1927 an das bretonische Volk, sich aus Unfreiheit, Demut und Selbstentfremdung zu erheben, um in Bräuchen und Sprache der Vorfahren Stolz und Ehre wiederzugewinnen. An anderer Stelle wurde der Märtyrertod nach dem Vorbild der Chouans und des irischen Osteraufstandes als größte patriotische Tat gepriesen. In bretonischen Publikationen und später Radiosendungen fanden Antisemitismus und Rassismus mancher bretonischer Nationalisten unverhohlenen Ausdruck nach dem Motto „La Bretagne aux Bretons" (die Bretagne den Bretonen). Sogar die Idee von den Bretonen als nordisch-arischer Rasse kam auf[97]. Seit 1923 hat die Bretagne eine eigene Flagge, die „Gwen ha Du" (Schwarz und Weiß), die vom Architekten Morvan Marchal (1900–1963) für den bretonischen Pavillon auf der Ausstellung der dekorativen Künste 1925 in Paris geschaffen wurde. Sie trägt fünf schwarze und vier weiße waagrechte Streifen und ein weißes Rechteck mit elf stilisierten Hermelinen in der oberen linken Ecke. Die schwarzen Steifen stehen für die fünf Bistümer der Haute-Bretagne (Dol, Nantes, Rennes, Saint-Brieuc und Saint-Malo), die vier weißen für die der Basse-Bretagne (Cornouaille, Léon, Trégor, Vannetais), die Hermeline sind das heraldische Symbol der Bretagne, das sich in vielen Stadtwappen wiederfindet[98]. Auch eine bretonische Hymne mit dem Titel „Bro gozh ma zadou" existiert.

Die deutsche Besetzung der Bretagne von 1940 war die erste seit dem Mittelalter und wurde entsprechend traumatisch wahrgenommen. Maßnahmen wie Sperrstunde, deutsche Ausweise und Beschilderung, Reisebeschränkung, Requisition, Einquartierung, Sperrung der Küsten und teilweise Zwangsumsiedlung ihrer Bewohner, Verhaftungen, Geiselnahmen, bald auch Hinrichtungen und Übergriffe gegen die Bevölkerung waren der Anfang einer langen Reihe von Repressalien und Gewalt[99]. Bald nach dem deutschen Einmarsch wurden Verbindungen mit kollaborationsbereiten bretonischen Nationalisten geknüpft. Der Literat R. Hemon (s. S. 162) sah die Kollaboration als Mittel zur nationalen Befreiung an, was er literarisch z. B. 1944 in dem Hörspiel „Robert Emmet" über einen irischen Revolutionär von 1803 zum Ausdruck brachte. Die Tatsache, dass R. Hemon heute trotz seiner Verdienste um die bretonische Sprache in der Bretagne wenig bekannt ist, wird darauf zurückgeführt, dass seinen Bekenntnissen keine politischen Taten folgten[100].

Handlanger der Vichy-Regierung des besetzten Frankreich beteiligten sich in der Bretagne an der Verfolgung von z. B. Zigeunern, Freimaurern, Juden und Kommunisten mit Inhaftierung, Deportation und Exekution. Die bretonische Résistance wurde etwa seit 1942/43 mit Propaganda, Sabotageakten und Einzelschlägen aus dem Hinterhalt oder gegen Kollaborateure aktiv, die deutscherseits mit weiteren Geiselnahmen, Verhaftungen, Folter und Exekutionen beantwortet wurden, denen insbesondere in den letzten Tagen der Besetzung noch viele Menschen zum Opfer fielen[101]. Nach dem Einmarsch der Amerikaner im Sommer 1944 übernahmen Politiker aus dem freien Frankreich und der Résistance mit alliierter Zustimmung die lokale und regionale Regierung. Im Laufe des nächsten Jahres erfolgte die Verurteilung von Kollaborateuren und Profiteuren der Besatzungszeit, die abermals so viele Menschenleben kostete und gelegentlich so übers Ziel hinausschoss, dass Protest in der Bevölkerung laut wurde, obwohl ein breiter Konsens über die Notwendigkeit von Strafmaßnahmen bestand. Von diesen waren auch Vergehen der Résistance nicht ausgenommen, deren Ausmaß von Autonomen und Konservativen jedoch übertrieben dargestellt wurde. Erst allmählich kehrten bis 1945 demokratische Zustände zurück[102].

Bis heute hat Frankreich als multinationaler Staat mit acht Sprachminoritäten* zum Teil erhebliche Probleme mit Autonomiebestebungen. In der Bretagne sind damit z. B. die Front pour la Libération de la Bretagne (FLB) oder die Partie pour l'organisation d'une Bretagne libre (POBL) verbunden. Sie warfen dem französischen Staat die politische und soziale Benachteiligung der Bretonen und z. B. die 1941 erfolgte administrative Abtrennung des Departements Loire-Atlantique von der Bretagne vor**. Heute hat sich die Lage in der Bretagne gegenüber den gewalttätigen 1970er Jahren mit ihren links-autonomen und anarchischen Bestrebungen sehr entschärft***. Dies ist nicht zuletzt das Verdienst weitsichtiger französischer Politik. Zum einen wurde und wird die kulturelle Vielfalt innerhalb Frankreichs überwiegend nicht mehr als Bedrohung, sondern als Bereicherung wahrgenommen und dargestellt[103]. Zum anderen folgten seit 1982 im Rahmen der europäischen Integration Gesetze zur politischen Regionalisierung und Dezentralisierung[104]. Im Bildungswesen wurden mit der Charta für Regional- und Minoritätensprachen 1999 weitere wichtige Konzessionen gemacht. Es bleibt zu hoffen, dass damit Organisationen wie der FLB oder der „Armée revolutionaire bretonne" (ARB), die etliche Sprengstoffanschläge auf öffentliche Einrichtungen verübten[105], für die Zukunft das Wasser abgegraben ist.

3.3 Italien

Für die Einwanderung von Kelten nach Oberitalien liegen bereits früh ausführliche antike Quellen vor. Alles in allem sind es mindestens acht, die in den Angaben zu Marschroute, Stammesnamen, Siedelgebieten, Zeitpunkt, Ursachen und Folgen erheblich divergieren[106]. Am ausführlichsten berichtet Livius (5, 34), nach dem zur Zeit des Königs Tarquinius Priscus (6. Jh.) der gallische Biturigenkönig Am-

---

* Bretonen, Flamen, Elsässer, Korsen, Katalanen, Basken, Okzitanier und Kreolen.
** Die vier anderen Departements sind Côtes-du-Nord, Finistère, Ille-et-Vilaine und Morbihan.
*** Dies zeigt auch, dass sie in Zusammenstellungen über Konflikte wie http://www.interconflict.de fehlt.

bigatus/Ambicatus wegen Überbevölkerung seine beiden Neffen auf Landsuche schickte. Dabei sprach das Los dem Segovesus wie erwähnt die zentraleuropäischen Mittelgebirge, dem Bellovesus Italien zu, wohin dieser mit sieben Stämmen zog. Ähnliches geht aus Polybios (2, 17, 3 ff. und 3, 48, 6) hervor. Die Nordetrusker konnten die Besetzung nicht verhindern und verloren achtzehn Städte. Bellovesus gründete Mediolanum/Mailand, dessen Umgebung von Biturigen und Insubrern besiedelt wurde, während die Cenomanen das Umland von Brixia/Brescia und Verona, die Boier und Lingonen die Gegend von Bononia/Bologna und die Senonen die Küste um Ariminum/Rimini besetzten. Nach der Weltgeschichte Justins (24, 4) berichtete andererseits Pompeius Trogus von 300.000 Kelten, die aus Landnot in die Poebene und nach Pannonien zogen. Dazu passt der Bericht des Livius (5, 35, 2 f.) über die Züge der Boier, Lingonen und Senonen[107]. Nach der Ankunft der Gallier hieß Norditalien bei den Römern „Gallia Cisalpina", Gallien diesseits der Alpen, oder auch „Gallia Togata", was bezeugt, dass die Kelten römische Kleidung annahmen. Im Gegensatz dazu war das Gallien jenseits der Alpen „Gallia Transalpina", oder auch „Gallia Comata" (coma = langes Haar) und „Gallia Bracata" (bracae = lange Hosen)[108].

Ausgehend von den antiken Berichten wurden bereits 1871 Funde aus der von Kelten wiederbesiedelten Etruskerstadt Marzabotto bei Bologna mit Waffen und Fibeln aus der Champagne verglichen und zutreffend als keltisch identifiziert. Die Verbreitung von Latèneschwertern zeigt, dass keltische Stämme das Gebiet zwischen Lombardei, Emilia-Romagna und Picenum besiedelten, aber auch jenseits davon bis Ligurien solche Waffen benutzt wurden[109]. Zweifel bestehen über den tatsächlichen Zeitpunkt der Einwanderung. Für den Bellovesus-Bericht des Livius kommt das 7./6. Jh. v. Chr. in Frage, für Polybios und Livius (5, 35, 2 f.) das 5./4. Jh. v. Chr., wobei evtl. jeweils zwei Phasen zu unterscheiden sind[110]. Auch mehrere Wellen von Einwanderern im 5. Jh. v. Chr. oder eine Aufsiedlung erst im 4. Jh. werden erwogen[111]. Die sog. lepontischen Inschriften im Bereich der oberitalischen Seen könnten eine frühe Datierung stützen (s. S. 144), weil sie mit einer Zone mittel- und westeuropäischen Hallstatt-/Frühlatènematerials (z. B. Fibeln, Gürtelhaken und -ringe) an den oberitalienischen Seen, im Tessin, in Venetiens und um Bologna in Verbindung gebracht werden, wo damals die Golaseccakultur, respektive die Estekultur, Etrusker und Umbrer existierten. Diese älteren Funde kommen jedoch nur sporadisch vor und belegen vielleicht eher Handel als Einwanderung, während für das 5./4. Jh. mit Bevölkerungsbewegungen gerechnet wird. Dies erweisen Gräberfelder und Siedlungen, die durch andere Beigabensitten und Lt B1-Funde (Anf. 4. Jh.) auffallen, z. B. um Brescia oder Bologna und im Picenum[112]. Dabei lassen sich z. B. typologische Verbindungen bestimmter Fibeln und Armspangen der Stufe Lt B1 zwischen italischen Gräbern und Funden des Schweizer Mittellandes nachweisen[113]. Anfangs waren die zugehörigen Siedlungen in Italien dorfartig, im späten 3./frühen 2. Jh. bei der römischen Eroberung der Poebene besaßen die Kelten befestigte Städte, die belagert werden mussten. Dies zeigt z. B. die um die Mitte des 4. Jh. von Etruskern in Stein erbaute Stadt auf der Pianella di Monte Savino von Monte Bibele, die Ende des 4. Jhs. von Kelten durchdrungen wurde und Ende 3./Anf. 2. Jh. ein gewaltsames Ende fand. Den Kelten Oberitaliens kam möglicherweise eine Vermittlerrolle bei der Entstehung des sog. Waldalgesheim-Stiles (s. S. 139) und der Oppidakultur nördlich der Alpen zu[114].

Bevor die Römer den Kelten gefährlich werden konnten, behielten diese noch lange Zeit die militärische Oberhand. Nach der bei Livius (5, 34 ff.) erhaltenen alten Überlieferung griffen 387 v. Chr. gallische Senonen unter Brennus die zwischen Florenz und Rom gelegene Etruskerstadt Clusium/Chiusi an. Auf ein Hilfsgesuch der Bewohner hin versuchten drei römische Gesandte, Frieden zu stiften, was jedoch an den Landforderungen der Kelten scheiterte. Beim folgenden Kampf tötete einer der Römer einen Keltenanführer, wofür Brennus vergeblich Genugtuung von Rom verlangte. Statt dessen kam es am 18.7.387, dem „dies ater Alliensis" (schwarzer Tag an der Allia), zur Schlacht am Flüßchen Allia, 20 km nördlich von Rom, in der die Römer vernichtend geschlagen wurden[115]. Die Sieger besetzten Rom, wobei nach der Überlieferung des Ennius (ann. 7, 14) aus dem 2. Jh. v. Chr. auch das Kapitol fiel, nach jüngeren annalistischen Quellen dieses allein widerstand – trotz eines nächtlichen Eroberungsversuches der Kelten, den das Schnattern der heiligen Gänse der Juno vereitelte. Nach siebenmonatiger Belagerung erkauften die nach Veji geflohenen Römer den Abzug der Kelten mit 1.000 Pfund Gold. Nach Livius (5, 48, 9) kam es beim Abwiegen zu Streitigkeiten, in deren Verlauf Brennus mit dem Kommentar „Vae victis" (Wehe den Besiegten) noch sein Schwert mit wiegen ließ[116]. Ob die Kelten mit ihrer Beute nach Hause gelangten, ist umstritten. Nach der älteren, wohl zuverlässigeren Überlieferung des Polybios (2, 18) war es so, Livius (5, 49, 6) zufolge konnte der Römer Camillus durch einen Sieg Ehre und Wohlstand Roms wiederherstellen. Der Tag der Niederlage an der Allia blieb bis in die Spätantike Staatstrauertag. Einige Keltengruppen zogen laut Xenophon (hell. 7, 1, 20) nach dem Erfolg von Rom weiter in den Süden Italiens, wo sie von Dionysios I., dem Tyrannen von Syrakus, als Söldner angeworben und 369/8 v. Chr. den Spartanern gegen Epameinondas zu Hilfe gesandt wurden. Andere Kelten marodierten bis hinab nach Apulien. Erst um 360 v. Chr. besiegte T. Manlius Imperiosus sie an der Brücke über den Anio/Aniene im Osten Roms[117].

Von 225–222 währte der erste Keltenkrieg, zu dessen Beginn Insubrer, Boier, Tauriner und Gäsaten („Speermänner", wohl nordalpine Söldner) unter Konkolitanos und Aneroestos nach Etrurien vorstießen (Pol. 2, 22, 1–6). Sie besiegten die Römer bei Clusium/Chiusi, unterlagen dann aber dem Konsul L. Aemilius Papus in der Schlacht von Telamon/Talamone (Pol. 2, 29 ff.). Im Jahr 224 wurden die Boier unterworfen. 223 besiegte der Konsul M. Claudius Marcellus die Insubrer unter Virdumarus/Viridomarus bei Clastidium südlich des Po. Über diesen Kampf verfasste der Römer Naevius ein nicht erhaltenes Schauspiel. Der Konsul Cn. Cornelius Scipio Calvus eroberte anschließend ihre Hauptstadt Mediolanum/Mailand[118]. Abermals gefährlich wurden die Kelten Rom zur Zeit des Zweiten Punischen Krieges (218–201 v. Chr.), als der karthagische Feldherr Hannibal nach seiner legendären Alpenüberquerung 218 v. Chr. in Oberitalien zum Kampf gegen Rom aufrief (z. B. Pol. 3, 34.40.44). Die Insubrer und Boier vertrieben daraufhin die unter ihnen wohnenden Römer. Auch Hannibals 208/207 zu Hilfe eilender Bruder Hasdrubal fand bei norditalischen Kelten Unterstützung. Die Rache der Römer folgte mit dem zweiten Keltenkrieg 200–190 v. Chr. Mit den Insubrern und Cenomanen wurde 196 nach der Unterwerfung Frieden geschlossen, die Boier unterlagen 193 und 191 und wurden großenteils vertrieben oder getötet. Die Istrer und ihr Hauptort Nesactium unterlagen den Römern unter Konsul C. Claudius Pulcher 178–177. Im Jahre 89 v. Chr. wurde den transpadanischen Kelten Oberitaliens das latinische Bürgerrecht zuerkannt. L. Cornelius Sulla machte die Gallia Cisalpina zur römischen Provinz, in der später Caesar seine Truppen zum Kampf gegen die gallischen Kelten rekrutierte[119]. Im Jahre 73 v. Chr. traten Kelten in Italien noch einmal auf besondere Weise in Erscheinung, nämlich als Beteiligte am capuanischen Sklavenaufstand des Spartacus. Von diesem trennten sie sich unter ihrem Anführer Krixos jedoch bald und wurden im Folgejahr am Monte Gargano in Apulien von dem Konsul L. Gellius Poplicola aufgerieben. Im Jahre 41 v. Chr. wurde der Provinzstatus des cisalpinen Gallien aufgehoben und das Gebiet damit zu einem Teil des italischen Mutterlandes[120].

3.4 Südosteuropa und Kleinasien

Die ältesten archäologischen Zeugnisse einer Ausbreitung von Trägern der Latènekultur nach Südosteuropa sind Lt A-Funde aus dem späten 5. Jh. v. Chr. im Osten Österreichs und im Norden der Ungarischen Tiefebene, die sich als jüngste Belegungsphase von Hallstatt-Gräberfeldern ausmachen lassen. Die Weltgeschichte des Justin (24, 4, 1) bestätigt wie erwähnt unter Berufung auf Pompeius Trogus die Einwanderung von Kelten nach Pannonien. Diese ist auch archäologisch zu belegen, z. B. durch Scheibenhalsringe in der ungarischen Tiefebene, deren Hauptverbreitungsgebiet am Oberrhein liegt[121]. Italische Merkmale wie Masken und anthropomorphe Henkel an pannonischer Keramik lassen sich vielleicht ebenfalls mit der historisch überlieferten Abwanderung von Boiern aus der Poebene nach Pannonien erklären. Anfang des 4. Jhs. in der Stufe Lt B kam es zur Aufsiedlung des westlichen Karpatenbeckens, wie Flachgräberfelder erweisen. Die Anwesenheit keltischer Truppen auf dem Balkan ist für die Mitte des 4. Jhs. durch Theopomp überliefert und durch archäologische Funde bezeugt. Ende des 4. Jhs. wurden Latène-Gräberfelder in Nordost- und Südwestungarn, Nordserbien und Thrakien angelegt[122]. Seit dem 4. Jh. waren Kelten Verbündete der Makedonen gegen die Illyrer, eine Verbindung, die 335 vor Alexander dem Großen mit einem Treueid beschworen wurde, an dessen Hof in Babylon erneut 324/323 keltische Gesandte weilten, wie Arrian (an. 1, 4, 6 und 7, 15, 4), Diodor (17, 113, 2) und Strabon (7, 3, 8) berichten[123]. 309 v. Chr. kam es nach Pausanias (10, 19, 5), Seneca (nat. 3, 11, 3) und Plinius (Nat. 31, 53) am Haimos/Balkangebirge zu Kämpfen zwischen Kelten unter Ka(m)baules und dem späteren Makedonenkönig Kassandros[124].

Im Jahr 280 v. Chr. zogen drei große Keltenheere, vermutlich aus dem Karpatenbecken, nach Südosten aus, d. h. gegen Illyrien, Thrakien und Makedonien. Nach Diodor (22, 9, 1) gehörte zu ihnen ein Tross von 2.000 Fahrzeugen. Anfang 279 besiegte und tötete das erste Heer unter Belgios oder Brennus den Makedonenkönig Ptolemaios Keraunos. Unter Ausnutzung dieses Vorteils fiel das zweite Heer unter Brennus und Akichorios plündernd in Makedonien und Thessalien ein und unternahm 278 nach dem Umgehen der griechischen Verteidiger an den Thermopylen einen von den Aitolern vereitelten Angriff auf das Heiligtum von Delphi. Dabei wurde Brennus verletzt und beging auf dem Rückzug Selbstmord. Die dritte Kriegerschar unter Kerethrios wurde Ende 278 oder Anfang 277 bei Lysimacheia am Hellespont vom kleinasiatischen Diadochenkönig Antigonos Gonatas vernichtend geschlagen[125]. Die Anwesenheit von Kelten in Griechenland wird durch archäologische Funde wie einen Hohlbuckelring von Isthmia bei Korinth bestätigt[126]. Sie werden als durch die historische Überlieferung datiert angesehen und erlauben so die Datierung vergleichbarer, ansonsten nicht absolut datierter Fundstücke in Mitteleuropa.

Im Zuge der Wanderung nach Südosten ließen sich die Taurisker um 300 v. Chr. als südöstliche Nachbarn der Noriker, Karner und Istrer im heutigen Slowenien und Westkroatien nieder. Hier lösten sie eine bis Lt B retardierende Hallstattkultur ab. Polybios (34, 10, 10) berichtet von reichen Goldvorkommen in ihrem Land. Sie wurden 16 v. Chr. im römischen Ostalpenfeldzug unterworfen[127]. Die Sachkultur der Taurisker wurde bereits 1885 durch die Entdeckung der Grabfunde von Mokronog bekannt. Heute wird sie in die Phase Mokronog eingeteilt, die von der Frühlatène- bis zur frühen Spätlatènezeit reicht, und in die Phase Novo mesto-Beletov Vrt, welche die restliche Spätlatène- und frühe Römerzeit umfasst, bis sich die eigenständige Sachkultur weitgehend verliert[128]. Der Stamm der Skordisker, darunter angeblich Überlebende der Kämpfe um Delphi, etablierte sich nach archäologischen Funden seit etwa 300 in der Gegend um Save und Donau. Dort gründete er seinen Hauptort Singidunum/Belgrad und gelangte im weiteren Verlauf des 3./2. Jh. zu beträchtlichem Einfluss jenseits des Flusses Morava in Richtung Südosten und Thrakien[129]. In den Jahren 157–155, 135, 119–117, 114–112, 109 und 88–85 wurde er von Rom bekriegt und schließlich von L. Cornelius Scipio Asiagenus besiegt. Daraufhin zog der Ostteil des Stammes, die sog. kleinen Skordisker, ins Banat nördlich der Donau, wo er zeitweilig unter dakische Herrschaft geriet. Der Westteil, die sog. großen Skordisker, fielen 82 in Griechenland ein und plünderten erneut Delphi, 78–76 und 75–73 führten sie weitere Kämpfe gegen Rom, die erst Kaiser Tiberius 15 n. Chr. beendete. In der Kaiserzeit sind skordiskische Bürgerschaften in den Provinzen Pannonien, Dalmatien und Mösien nachzuweisen[130]. Vom Fundstoff der Skordisker war anfangs wenig bekannt, er wurde erst seit den 1960er Jahren systematisch erforscht, vor allem von J. Todorović. Zu den wichtigsten Fundstellen gehören Gräberfelder mit Brand- und Körpergräbern wie Belgrad-Karaburma, Rospi Ćuprija und Pečine bei Kostolac, welche die Früh- bis Spätlatènezeit abdecken. Unter den ältesten Gräbern befinden sich solche mit griechischen Keramik- und Bronzegefäßen, die als Relikte des Griechenlandzuges von 279 angesehen werden. In der Folgezeit stand die Sachkultur trotz keltischer Merkmale anders als die der Taurisker unter einem unverkennbar südöstlichen Einfluss[*]. Aus der Spätlatènezeit sind viele Siedlungen bekannt, z. B. Gomolava[131].

Andere Delphiveteranen unter König Kommontorios gründeten 278/277 das Reich von Tylis in Thrakien, das von den antiken Quellen am Südfuße des Balkangebirges bzw. im Hinterland von Byzanz angesiedelt wird, welches ihm wie weitere griechische Küstenstädte tributpflichtig war. Seine Lage im bulgarischen Ort Tulowo ist wegen der widersprüchlichen antiken Quellen und der geringen Menge an Latènefunden zweifelhaft. Im Jahre 213/212 wurde es unter König Kauaros von Thrakern besiegt und erlosch[132]. Die nur teilweise keltisch geprägten Dalmater an der balkanischen Adriaküste und ihrem Hinterland wurden 157–155 von Konsul P. Cornelius Scipio Nasica Corculum besiegt. Dennoch blieben sie ein beständiger Unruheherd an der römischen Nordgrenze mit Aufständen in den Jahren 119, 78, 50, 48/47, 44, 34, 11/10 v. Chr. und 6–9 n. Chr.[133]. Auch am Unterlauf der Donau und an der Nordküste des Schwarzen Meeres traten nach antiken Quellen Kelten in Erscheinung, was durch etliche Latènefunde des 3. Jhs. bestätigt wird. Das rumänische Fundmaterial stammt aus birituellen Gräberfeldern und Siedlungen, wird in sechs Regionalgruppen gegliedert und nach dem Reinecke-Schema datiert. Gut bezeugt ist der Zeitraum von Lt B2–C2 (4. Jh. bis 150 v. Chr.), zuvor und danach finden sich Einzelstücke, bei denen es sich auch um Import handeln kann. Aus dem rumänischen Material stammen mit die ältesten keltischen Münzen, die an drei Orten geprägt wurden[134]. Keltische Funde im bulgarischen Karpatenbecken weisen in der zweiten Hälfte des 3. Jhs. Merkmale auf, die mit eurasischen Steppenkulturen in Verbindung gebracht werden, z. B. bestimmte einhenkelige Tassen und Tierkampfreliefs[135].

Zwei weitere Keltengruppen aus Brennus Truppe von angeblich 20.000 Menschen, davon 10.000 Krieger, setzten nach Anatolien über und verdingten sich unter ihren Anführern Lutarios und L(e)on(n)orios als Söldner bei König Nikomedes von Bithynien. Nach Ende ihres Einsatzes unternahmen sie und eine weitere Keltenschar

---

[*] Unter hellenistischem Einfluss entstanden z. B. neue Keramikformen wie Kantharoi (Doppelhenkeltassen), tiergestaltige Trinkhornbeschläge, die Darstellungen griechischer Meerungeheuer folgen, und erste Münzen; auf thrako-illyrische Vorbilder geht der reichliche Gebrauch von Filigran und Granulation sowie ihre Imitation auf Gussarbeiten zurück (Szabó 1997, 149), auf dakische die Anfertigung bestimmter Silberfibeln (Guštin 1992, 76).

Plünderungszüge, die Trokmer am Hellespont, die Tolistoagier in der Aiolis und Ionien und die Tektosagen im mittleren Kleinasien. Dabei wurde u. a. das Apollonheiligtum von Didyma bei Milet geplündert. Um der „gerufenen Geister" wieder Herr zu werden, bemühten Nikomedes u. a. sich um ihre Ansiedlung, die nach dem Sieg des Seleukidenkönigs Antiochos I. in der „Elefantenschlacht" 269/268* am Mittellauf des Halys im künftigen Galatien gelang, wofür er den Beinamen Soter (Retter) erhielt. Aus den Siedlungen entstanden die galatischen Herrschaftsgebiete der Tolistoagier** im Westen um Pessinus und Gordion, der Tektosagen in der Mitte um Ankyra/Ankara und der Trokmer im Osten auf dem rechten Ufer des Halys um Tavium[136].

Archäologisch sind die Galater in der Türkei durch einschlägige Funde nachgewiesen. Derzeit kennt man in einer ansonsten fibellosen Umgebung 23 Fibeln, von denen eine sicher datiert ist, weil sie mit einer Silbermünze des kappadokischen Königs Ariobarzanes I. (95–63 v. Chr.) gefunden wurde. Die übrigen werden über Vergleiche mit mitteleuropäischen Fibeln in die Stufen Lt C2–D1 datiert, weil ein analoger Formwandel stattfand, der offenbar andauernde Kontakte zur alten Heimat belegt[137]. Die Fibeln gehören drei Typen an, nämlich Fibeln vom Mittellatèneschema in Varianten mit normaler Sehne und mit für Anatolien typischer senkrecht hochgezogener Sehne bzw. Fibeln mit Fußgeschlinge vom sog. Typ Pestrup. Daneben gibt es einen plastisch verzierten Hohlbuckelring aus Finike (erste Hälfte 3. Jh.), drei Warzen- bzw. Knotenringe aus Pergamon, Isparta und ohne Fundort (erste Hälfte 3. Jh.), einen tordierten offenen Goldring aus Bolu, eine südost- oder donaukeltische schüsselförmige Silbermünze aus Boğazköy und möglicherweise keltische Glasarmringe aus Ankara und Boğazköy[138]. Die Funde gliedern sich in drei Verbreitungsgebiete, nämlich in eine älteste Westgruppe von „normalen" Fibeln und Metallarmringen seit dem 3. Jh. an der Mittelmeerküste, eine Südostgruppe vorwiegend von Fibeln mit Fußgeschlinge seit der Mitte des 2. Jhs. um Kayseri und Mersin und eine ins späte 2./1. Jh. datierte Zentralgruppe besonders von Fibeln mit hochgezogener Sehne und galatischer Keramik am Halys. Diese werden als Niederschlag der frühen Plünderungszüge, eines Südostvorstoßes gegen Ariarathes IV. von Kappadokien (220–163) und des eigentlichen Siedelgebietes der Gala-

---

* Das früher angenommene Datum 275 wurde von Wörrle 1975 anhand einer neu gefundenen Inschrift widerlegt.
** Auch Tolistobo(g)ier, Tolostobagi oder Tolistovagi geschrieben.

ter interpretiert. Ein weiteres sicheres Zeugnis für die Anwesenheit von Kelten sind Münzen der galatischen Tetrarchen und keltische Ortsnamen wie Eccobriga. Keltische Waffen liegen abgesehen von einem nur unsicher zuweisbaren Schwert aus Boğazköy nur auf den antiken pergamenischen Reliefs und Standbildern (s. S. 216), einem Terrakottarelief mit Elefantenkampfszene von Myrina und einem pergamenischen Bronzeblech vor. Die Keltenkrieger und die Waffenreliefs tragen – abgesehen von ebenfalls keltischen Jochen und einem Halsring/Torques – ovale und eckige Schilde mit Spindelrippe und Bandschildbuckel, Helme mit verstärkter Kalotte, Knauf und dreinietigen Wangenklappen, Kettenhemden sowie ein großes gebogenes Kriegshorn[139]. Insgesamt ist die Zahl der Waffen sehr gering, was vielleicht damit zu erklären ist, dass die Söldner mit landesüblichen Waffen ausgerüstet wurden und rasch ihre eigene materielle Kultur ablegten. Im Hinblick auf das Ursprungsgebiet der Einwanderer weisen Schilde, Kettenpanzer und Torques allgemein ins keltische Gebiet, die Hohlbuckelringe, Schüsselmünze, Helme und Fibeln hingegen speziell ins ostkeltische[140]. Die galatische Keramik des 3. Jhs. v. bis 1. Jh. n. Chr. galt ursprünglich als Vorbild bemalter Spätlatènekeramik des 2. Jhs. in Mitteleuropa (Lt C2), bis die Abhängigkeit beider von hellenistischer polychromer Keramik nachgewiesen wurde. Inzwischen gilt, dass die galatische Ware trotz phrygischer und ostmediterraner Vorbilder für Formen und Zierweisen in einigen Typen wie Flaschen auf mitteleuropäische Vorbilder zurückgeht[141].

Ihrer Sesshaftigkeit ungeachtet blieben keltische Söldner bis zum frühen 2. Jh. v. Chr. in hellenistischen Diensten tätig, z. B. für Ziaelas von Bithynien, Antiochos II., der für Tribute an Kelten eine Keltensteuer erheben musste, Antiochos Hierax und gar in Ägypten für Ptolemaios III. und IV. Davon zeugt z. B. eine galatische Inschrift in griechischer Schrift in Oberägypten[142]. König Attalos I. von Pergamon verweigerte den Tribut an die Kelten und besiegte sie um 235 v. Chr. am Kaikos bei Pergamon und in weiteren Schlachten, die er mit Reliefs und Statuen verherrlichen ließ. Den Keltenstamm der Aigosagen holte er aus Thrakien herbei und siedelte ihn am Hellespont an, wo er von Prusias I. von Bithynien wegen fortwährender Raubzüge vernichtend besiegt wurde[143]. Nach Livius (37, 18, 6 f.; 38, 12 ff. und 47; 39, 6 f.) kämpften im Jahre 190 v. Chr. 4000 Galater in verschiedenen Schlachten für Antiochos III. gegen die Römer unter L. und P. Cornelius Scipio, weshalb der Konsul Cn. Manlius Vulso 189 einen Straffeldzug gegen sie führte. In dessen Verlauf wurden Bergfesten auf dem Olympos und dem Magab(a) östlich von Ankara erstürmt und 40.000 Gefangene versklavt. Aus dem Aufgebot gegen

Rom von 60.000 Kriegern wird auf eine Bevölkerung von bis zu 400.000 Galatern geschlossen. Der Tolistoagierfürst Ortiagon/Orgiagon versuchte, die drei Stämme unter seiner Herrschaft zu einen, unterlag aber Eumenes II. von Pergamon, der seines Sieges um 180 mit dem berühmten Pergamonaltar gedachte[144].

In der Schlacht von Pydna 168 v. Chr. kämpften keltische Truppen im Heer des Eumenes II. auf römischer Seite erfolgreich gegen Perseus von Makedonien. Zum Dank und als Gegengewicht gegen Pergamon erklärte der römische Senat 166 die Galater für autonom mit der Auflage, sie hätten an ihren Wohnsitzen zu verbleiben. Nach der Umwandlung Pergamons in die römische Provinz Asia im Jahre 129 wurden die Galater von den Königen von Pontos bedroht. Obwohl sie anfangs auf römischer Seite kämpften, erkannten sie schließlich die Herrschaft des Mithridates VI. an und stellten 60 Adelige als Geiseln. Als Mithridates 86 v. Chr. Sulla unterlag, ließ er die Geiseln bis auf drei ermorden, verzichtete aber 85 im Frieden von Dardanos auf Galatien. Mit dem Verlust ihrer Führungsschicht änderte sich die Verwaltung der galatischen Stämme. An die Stelle von je vier Tetrarchien mit je einem Tetrarchen, einem Richter und einem Heermeister pro Stamm trat im Jahr 63 je ein einzelner Tetrarch pro Stamm, Deiotaros für die Tolistoagier, Brogitaros für die Trokmer und Kastor Tarkondarios für die Tektosagen. Deiotaros wurde 44–40 v. Chr. nach Brogitaros' Tod und Kastors Ermordung König aller Galater. Seine Nachfolger waren sein Enkel Kastor und im Jahr 36 der pisidische König Amyntas, der durch geschickten Seitenwechsel zwischen M. Antonius und Augustus das Staatsgebiet zweimal vergrößern konnte. Nach seinem Tod 25 v. Chr. wurde Galatien zu einer römischen Provinz mit der Hauptstadt Ankara/Ancyra[145]. Beim Tode des römischen Kaisers Augustus 14 n. Chr. wurde hier das sog. Monumentum Ancyranum errichtet, eines von drei ähnlichen Denkmälern, die Kopien seines selbst verfaßten „Index Rerum gestarum" trugen. Dies war ein Tatenbericht, dessen Original Augustus' Grabmal in Rom zierte und in dem auch keltische Könige und Gebiete erwähnt werden[146]. Wie stark trotz römischer Herrschaft und Romanisierung das keltische Element fortlebte, bezeugt der Kirchenvater Hieronymus/Jerôme (342/5?–419/20), der in seinem Kommentar zum biblischen Galaterbrief berichtet, dass zu seiner Zeit gebildete Galater untereinander noch Keltisch sprachen, wie er an einem Vergleich mit dem ihm vertrauten Idiom der Treverer von Trier ausmachen konnte.

3.5 Iberien

Die Keltisierung der Iberischen Halbinsel ist aus archäologischer wie linguistischer Sicht im einzelnen strittig. Von einer autochthonen Entstehung des Keltiberischen im 2. Jt. v. Chr. ohne Migration geht der Historiker Strobel aus. Eine einzige komplexe keltische Einwanderungswelle nach dem 8. Jh. v. Chr. vermutet der Archäologe Almagro-Gorbea, mehrere Wellen nahmen Archäologen wie P. Bosch Gimpera und Linguisten wie A. Tovar an[147]. Unbestritten scheint, dass im Endeffekt weite Teile des Zentrums, Nordens und Westens der Iberischen Halbinsel von Sprechern keltischer Dialekte besiedelt waren. Daneben gab es nicht-indoeuropäische Bevölkerungen, zu denen u. a. die Iberer gehörten und von denen heute nur die Basken übrig sind. Im Kontaktbereich zwischen Kelten und den von Südosten ausgreifenden Iberern entstand an den Oberläufen von Duero, Tejo und Ebro das Kerngebiet der sog. Keltiberer mit den historisch bezeugten Stämmen der Arevaci, Lusones, Belli, Titti und Pelendones. Ihr Fundstoff mit charakteristischer Keramik, die mit roten Tier- und Pflanzenmotiven auf hellem Grund verziert war, zoomorph gestalteten Fibeln und häufig silberverzierten Eisenwaffen ist archäologisch seit dem 6. Jh. v. Chr. in Brandgräbern und befestigten Siedlungen nachweisbar. Später traten auch Güter der Latènekultur wie Schwerter, Fibeln, Torques oder Scheren auf, zu der ansonsten durch die iberischen und mediterranen Elemente in der keltiberischen Kultur eine erhebliche inhaltliche Distanz bestand. Unter nicht näher geklärten Umständen, vielleicht u. a. im Zusammenhang mit Migrationen und Söldnern breiteten sich Keltiberisches und Keltisches weiter aus. Noch Caesar (civ. 1, 51; Gall. 3, 23, 3 ff. und 26, 6) berichtet von Bevölkerungs- und Truppenbewegungen hin und her über die Pyrenäen. Als kelt(iber)ische Merkmale in Zentral-, Nord- und Westiberien gelten Funde, Inschriften, Eigennamen von Stämmen, Personen und Orten, ein mit dem Wort Amba(c)tus verbundenes Gefolgschaftswesen, durch pluralische Genitive ausgedrückte Familienverbände, die Sitte von Freundschaftsverträgen und keltische Gottheiten[148]. In Westspanien und Portugal am Unterlauf von Duero und Tejo lebten die Lusitani, die trotz ihres iberischen Namens eine westindoeuropäische Sprache besaßen, die in Eigennamen überliefert ist und als Proto-Keltisch angesehen wird. Ob sie keltisiert wurden, ist umstritten. Sprachliche Indizien sprechen dafür, die Sachkultur eher dagegen[149]. Von der keltischen Welt Spaniens und ihren Bevölkerungsverhältnissen berichten auch antike Autoren wie Strabon (3, 3, 5; 3, 4, 5), Plinius (nat. 3, 13 ff.; 4, 110 ff.), Mela (3, 8), Ptolemaeus (geogr. 2, 4, 11), Appian (Iber. 36 ff.) und Diodor (5, 33 ff.).

Das römische Engagement in Spanien begann im Vorfeld des Zweiten Punischen Krieges (218–201 v. Chr.). Obwohl Rom seit ca. 231 v. Chr. in einem Freundschaftsverhältnis mit der bei Valencia gelegenen iberischen Stadt Saguntum/Sagunto stand, wurde diese 219 v. Chr. von dem Karthager Hannibal belagert und erobert. Als er 218 auch noch den Ebro nach Norden überschritt, kam es zum Krieg, in dem die Römer unter Cn. und P. Cornelius Scipio und dessen gleichnamigem Sohn nach wechselvollem Kampf Hannibals Bruder Hasdrubal und seine Verbündeten in Spanien besiegten. Dadurch kontrollierten sie am Ende einen Landgürtel entlang der gesamten spanischen Ost- und Südküste bis jenseits der Straße von Gibraltar. Diese Gebiete wurden 197 v. Chr. in zwei Provinzen, Nordspanien (Hispania citerior) und Südspanien (Hispania ulterior, Baetica) eingeteilt. Im Jahre 195 v. Chr. setzte Konsul M. Porcius Cato gegen aufständische Lusitaner keltiberische Söldner ein[150]. Die weitere Unterwerfung der iberischen Halbinsel zwischen 181–133 v. Chr. zählt zu den längstwierigen, verlustreichsten und grausamsten Kriegen, die das republikanische Rom führte. Im Verlauf der Kämpfe übernahmen die Römer das Kurzschwert (Gladius) von ihren Gegnern. 180–178 kam es zu Kämpfen und einem Friedensvertrag unter dem Prätor Ti. Sempronius Gracchus mit den Keltiberern. Der zweite keltiberische Krieg mit Feldzügen unter den Römern Nobilior und Marcellus dauerte von 153–151 v. Chr. und sicherte die römische Herrschaft südlich einer Linie San Sebastián-Madrid–Lissabon[151].

Gefährlich war für Rom insbesondere ein Aufstand der Lusitaner seit 154 v. Chr., der mit dem herausragenden Anführer Viriat(h)us (147–139) und dem Beitritt der keltiberischen Belli und Arevaci (143) während des dritten Punischen Krieges (149–146) brisant wurde. Viriatus schlug 146 den Prätor C. Plautius und eroberte große Teile Südspaniens zurück, 140 besiegte er den Prokonsul Q. Fabius Maximus Servilianus. Den Römern glückten nur Teilerfolge, so in den Jahren 143–142, als Q. Caecilius Metellus Macedonicus die Stadt Contrebia der keltiberischen Lusonen zwischen Ebro und Tejo einnahm. Im Jahr 139 wurde Viriatus auf Betreiben des Q. Servilius Caepio ermordet, so dass es den Römern unter dem Konsul D. Iunius Brutus Callaicus 138–136 endlich gelang, die Lusitaner und die nordwestspanischen Galläker zu unterwerfen und feste Städte in Valentia/Valencia und Olisipo/Lissabon zu gründen. Im Zuge der keltiberischen Beteiligung an Viriatus' Aufstand lehnte im Jahr 143 die Stadt Numantia am Durius/Duero bei Soria die Unterwerfung unter Rom ab, was den Numantinischen Krieg 143–133 v. Chr. auslöste. In seinem Verlauf gelang es den Keltiberern gegen die römischen Feldherrn Metellus und Pompeius zu bestehen, 137 den Konsul C. Hostilius Mancinus einzuschließen und zur Kapitulation zu zwingen und 135 den Konsul Q. Calpurnius Piso zu besiegen. Erst P. Cornelius Scipio Aemilianus Numantinus, der 134 den Oberbefehl in Spanien erhielt und das Heer reorganisierte, eroberte im Sommer 133 die Stadt Numantia, nachdem die Verteidiger ihre Familien getötet und Selbstmord begangen hatten, beendete den keltiberischen Aufstand und unterwarf die Halbinsel bis zu einer Linie San Sebastián-Burgos-Zamora-Tejo-Coimbra. 1905 entdeckten die deutschen Archäologen A. Schulten und C. Koenen die Stadt und die sie umgebenden sieben Lager Scipios wieder, deren Reste noch heute im Gelände und im Museum zu besichtigen sind[152]. Im Jahre 104/103 v. Chr. drangen die germanischen Kimbern auf ihrem Wanderzug durch Europa auch in Spanien ein, wo sie von Keltiberern zurückgedrängt wurden[153].

Trotz der römischen Erfolge kam es zu einem weiteren Aufstand der Keltiberer und Lusitaner 98–93 v. Chr. gegen T. Didius und P. Licinius Crassus. Ihren noch immer ungebrochenen Widerstandswillen machte sich der römische Prätor Q. Sertorius im Sertorianischen Krieg 80–72 zu Nutze, als er im spanischen Exil den Kampf der Marianer* gegen L. Cornelius Sulla neu organisierte, 77 eine Gegenregierung mit Senat in Osca/Huesca einrichtete und immer wieder römische Heere schlug. Nach einem Abfall seines Anhängers M. Perperna und der Iberer im Jahre 73 wurde Sertorius im Folgejahr ermordet und die stadtrömische Kontrolle in den spanischen Gebieten wiederhergestellt. Caesar focht als Proprätor erfolgreich gegen die Galläker in NW-Spanien. Ein letztes Mal erhoben sich Lusitaner und Keltiberer 46 v. Chr., als sich C. I. Caesars innenpolitische Gegner unter Cn. und S. Pompeius, T. Labienus und P. Attius Varus in Spanien formierten und dabei auch Einheimische um sich scharten. Nach Caesars Sieg bei Munda nahe Cordoba im Jahre 45 wurden Bürger- und Veteranenkolonien eingerichtet und Spanien weiter romanisiert. 27–25 v. Chr. führte Augustus erfolgreiche Kämpfe gegen die Asturer und Cantabrer im Nordwesten und etablierte als dritte spanische Provinz die Lusitania. Sein Feldherr M. Vipsanius Agrippa eroberte 19. v. Chr. die verbliebenen Gebiete im Nordwesten, und Augustus teilte um 16–13 v. Chr. die gesamte Halbinsel in die drei Provinzen Tarraconensis, Baetica und Lusitania neu ein[154].

Die Romanisierung Iberiens griff so gründlich, dass schon im 2. Jh. n. Chr. keine keltischen Zeugnisse mehr nachweisbar sind. Erst

---

* Anhänger des popularen Politikers C. Marius.

im 5./6. Jh. kam es zu einem Neuanfang. So berichtet Orosius Paulus aus Braga (*etwa 380) von „irischen" Siedlern, die nach ihren Namen, ihrer Sprache und ihren Bräuchen heute als Britannier angesehen werden und die vermutlich wie die in Irland und der Bretagne eintreffenden vor angelsächsischen Eroberern flohen. Sie bildeten im nordwestspanischen Galizien/Gal(l)aecia bzw. Asturien zwischen Lugo und Oviedo eine Enklave mit eigener Kirchenorganisation als Kirche von Britonia/Bretoña, die bis 588 zum Reich der Sueben und später zum Königreich Asturien gehörte. Erst in den Wirren der Maureneinfälle des 9. Jh. zerbrach die kulturelle Einheit mit eigener Sprache und ging in der romanischen Bevölkerung auf, wohingegen die Bezeichnung Bretoña bis 1156 nachweisbar blieb und bis in jüngste Zeit keltische Relikte in Folklore, Musik und Dialekt der Gegend aufzufinden waren[155].

3.6 Britische Inseln

Die Eisenzeitforschung Großbritanniens kreiste immer stark um die Frage, ob, wann und in welchem Umfang Personen- und Güterströme vom Festland her die Insel erreicht hätten und welche Bedeutung ihnen zukomme. Während man früher von Phasen kriegerischer Invasionen in Iron Age A, B und C ausging, stehen inzwischen Handelskontakte und das relativ späte Einsickern gallischer Gruppen und Eliten im Vordergrund der Meinungen[156]. Die ältesten Belege für eisenzeitlichen Gütertausch mit dem Kontinent sind Bronzegegenstände des 8. Jh. (Ha C), z. B. in einem Hortfund von Llyn Fawr in Wales oder in Südostengland. Auch Ha D Funde sind in Form von Waffen, Geräten und Gefäßen sowie Kopien davon vorhanden. Die frühesten Latène-Funde (Lt I) stammen aus Südostengland aus dem 5. Jh. v. Chr. und aus dem Osten Yorkshires aus dem 5./4. Jh., wo sie nach einem 1815 ausgegrabenen Hügelgräberfeld als „Arras-Kultur" bezeichnet werden. Die Funde im Süden werden mit Handelskontakten erklärt, die sich wegen des römischen Vorgehens auf dem Kontinent im Laufe der Zeit von West nach Ost verlagerten[157]. Hingegen wird für diejenigen aus Yorkshire eine Einwanderung aus Frankreich angenommen. Dabei deuten die Art, wie die in den Gräbern enthaltenen Wagen zerlegt wurden, sowie das Fehlen von Waffen und Keramik auf den Stamm der Parisi (Karte 3) aus Burgund, von dem sich ein anderer Teil um Paris niederließ. Mit einem unzerlegten Wagen und rechteckigen Grabeinfriedungen liegen aber auch Verbindungen zur Champagne vor. Die Fremdartigkeit der Arras-Kultur blieb bis ins 1. Jh. v. Chr. erhalten. In Südengland lassen sich verschiedene Keramikstile räumlich voneinander absetzen[158].

Seit ca. 75 v. Chr. (Lt III) findet sich in Südostengland im Gebiet der Cantiaci, Atrebates, Catuvellauni und Trinovantes spätlatènezeitliches Material, das speziell nordfranzösischem gleicht. Dies wird mit der von Caesar (Gall. 5, 12, 2 f.) überlieferten Einwanderung nordgallischer Belgen in Verbindung gebracht, die zudem die alten Stammesnamen und Bauweisen in die neue Heimat mitgebracht hätten. Jedoch war die südenglische „belgische" Kultur weder homogen noch identisch mit dem nordfranzösischen Fundstoff. Allerdings wurden Oppida, Münzprägung und Merkmale der Stammesorganisation übernommen[159]. Zu einem gewissen Grad lassen sich die Verbreitungsgebiete von Keramik- und Grabtypen mit historisch und durch Münzen erschlossenen Stammesgebieten in Verbindung setzen. So scheint es etwa naheliegend, dass die Brandgräber der sog. Aylesford-Swarling-Kultur in Südostengland mit den Trinovantes, Catuvellauni und Cantiaci zusammenhängen. Dabei heben sich in und um Camulodunum/Colchester sog. Gräber vom Typ Welwyn wegen ihres Reichtums an römischen Objekten, z. T. bereichert um Insignien und Grabhügel, noch einmal besonders ab[160]. Weitaus weniger ist über die Bewohner der walisischen und schottischen Highlands mit ihrer bis heute überwiegenden Grünlandwirtschaft bekannt, weil hier wegen geringerer Erosion und selteneren Baumaßnahmen weniger Ausgrabungen nötig sind und zudem durch die Seltenheit von Importen und Keramik die Datierung schwieriger ist. Die hauptsächliche Quelle sind obertägig erhaltene Monumente wie Hillforts oder Brochs, zu denen wir noch kommen. Eine regionale Gliederung ergibt sich vor allem aus der Verbreitung von Bronzeobjekten[161]. In Irland, dem antiken (H)ibernia, sind die Anzeichen für hallstattzeitliche Kontakte mit dem Kontinent noch dürftiger. Ha C Material ist vorhanden, für die Zeit von 500 bis 300/200 v. Chr. fehlen entsprechende Hinweise. Offene Siedlungen sind kaum bekannt, und die befestigten sind noch unzureichend untersucht. Fast alle der wenigen Latène-Funde wie Pferdegeschirr, Waffen oder Schmuck sind Einzelfunde, so dass ihr zeitliches Verhältnis untereinander kaum zu klären ist. Zudem sind sie meist auf den Norden und Westen der Insel beschränkt. Keramik und Münzen sind unbekannt[162].

Die erste militärische Konfrontation der Römer unter Caesar mit den Britanniern 55 und 54 v. Chr. (Gall. 4, 20–38 und 5, 1–23) verlief ohne greifbare Erfolge für die Römer. Probleme mit der noch unbekannten Topographie, den Gezeiten, dem rauen Klima, der Kampfesweise mit Streitwagen und bei der Einschätzung der Britannier machten ihnen zu schaffen. Bei der zweiten Überfahrt organisierte sich britannischer Widerstand unter Cassivellaunus vom Stamm der Catuvellauni um Verulamium/St. Albans, dem ersten namentlich bekannten Britannier. Die Römer setzten den zu Caesar geflohenen Mandubracius als Klientelkönig beim Stamm der Trinovantes um Colchester ein, ließen Geiseln stellen und legten einen jährlichen Tribut für Britannien fest. Archäologische Spuren hinterließen die beiden militärischen „Ausflüge" nicht[163]. Trotz römischen Verbots besiegte Cassivellaunus die Trinovantes unter Mandubracius bald danach, vereinte sie mit seinen Catuvellauni und residierte fortan in Camulodunum/Colchester. Er wurde von dem nur von Münzen bekannten Tasciovanus und dessen Sohn Cunobelinus beerbt, der bis in die erste Hälfte des 1. Jhs. n. Chr. regierte und vielleicht in dem berühmten Grabhügel von Lexden beigesetzt war*. Nach der Niederlage von Alesia fand sich laut Frontin (2, 13, 11) auch der Atrebate Commius in Britannien ein, wurde zum Herrscher der britischen Atrebates und begründete eine Dynastie, die bis zur Eroberung Britanniens unter Kaiser Claudius bestand[164]. In diesen 100 Jahren fand zudem eine generelle Veränderung der Besiedlungs- und Sozialstruktur Südenglands statt, wobei an die Stelle vieler kleiner Stämme mit lokalen Anführern und Befestigungen wenige große Stammesverbände mit Königen und großen Fortifikationen traten. Ihre Expansion und Intrigen boten den Vorwand für ein Eingreifen Roms[165].

Tincommius, ein Sohn des Atrebaten Commius, und Dumnobellaunus/Dubnovellaunos, möglicherweise ein Trinovante, finden sich als Schutzflehende im Tatenbericht des Augustus (res gest. 32). Adminius, ein verbannter Sohn des Cunobelinus, suchte bei Kaiser Caligula Zuflucht (Suet. Caius 44), der möglicherweise eine durch Meuterei vereitelte Überfahrt nach Britannien geplant und mittels Errichtung eines Leuchtturms in Boulogne-sur-Mer vorbereitet hatte. Ernst wurde es für die Britannier, als Berikos/Verica, ein später Sohn oder Enkel des Atrebaten Commius, Hilfe bei Kaiser Claudius gegen die übermächtigen Catuvellauni und Trinovantes suchte und fand. Er ließ 43 v. Chr. Aulus Plautius mit vier Legionen gegen die Insel ausrücken, wovon Cassius Dio (60, 19 ff.), Sueton (Vesp. 4) und zur Topographie Ptolemaeus (geogr. 2, 3) berichten. Dank des Leuchtturms und sicherer Naturhäfen wie Rutupiae/Richborough** glückten Überfahrt und Landung. Erste Siege wurden gegen Caratacus und Togodomnus errungen, zwei Söhne des Cu-

---

* Als weiterer Kandidat dafür gilt Addedomaros (Frere 1991, 31).
** Üblicherweise angenommener Landungshafen – für eine völlig andere Route siehe Hind 1989.

nobelinus, von denen der zweite dabei fiel, wohl am Fluss Medway bei Durobrivae/Rochester in Kent. Die nächste Schlacht gewannen die Römer an der Tamesa/Themse vielleicht auf Höhe des künftigen Londinium/London, nachdem der Kaiser samt Kriegselefanten eingetroffen war. Caratacus und weitere Könige wurden unterworfen – elf, wenn man der Inschrift auf Claudius' Triumphbogen in Rom glauben darf[166]. Auf dem weiteren Vormarsch nach Südwesten 43–45 n. Chr. schlug Sueton (Vesp. 4) zufolge der Feldherr und spätere Kaiser T. Flavius Vespasianus dreißig weitere Schlachten, eroberte über zwanzig Hillforts und unterwarf zwei Stämme, darunter wohl die Durotriges in Dorset.

Auch archäolgische Zeugnisse für die claudische Eroberung sind bekannt, etwa römische Lager am Hafen von Rutupiae/Richborough und im Hillfort von Hod Hill, der sog. „Kriegsfriedhof" am Osttor des Hillforts von Maiden Castle sowie römische Militaria aus anderen Hillforts, bei denen im Einzelfall jedoch umstritten ist, wie und wann sie in den Boden kamen[167]. In Cornwall sind römische Zeugnisse rar und auf küsten- und straßennahe Lagen beschränkt, so dass die Art der römischen Herrschaft unklar ist[168]. Nach Abschluss der Kämpfe wurden die Provinz Britannien eingerichtet, die Kolonie Camulodunum/Colchester und die Stadt Londinium/London gegründet und die Bleiminen der Mendip Hills in Somerset in Betrieb genommen. Die vier Legionen bezogen Lager in Camulodunum/Colchester, Isca Dumnoniorum/Exeter, Lindum/Lincoln und Viroconium/Wroxeter. Mit den Regni unter Cogidubnus und den Briganten wurden Bündnisse geschlossen, wobei vielleicht der Wohnsitz des Cogidubnus in der römischen Palastvilla von Fishbourne bei Chichester erhalten ist[169]. Etwa um 75 n. Chr. endet die Militärpräsenz in Südwestengland, offenbar weil für neue Militäraktionen im Westen und Norden Britanniens Truppen benötigt wurden.

Als nächstes wurden laut Tacitus (ann. 12, 32–36) die Icener und Deceangler besiegt. Dann folgten Kämpfe mit den Briganten Mittelenglands und den Siluren in Wales, zu denen der besiegte Caratacus geflohen war. Nach einer neuerlichen Niederlage gegen die Römer unter P. Ostorius Scapula flüchtete Caratacus nach Norden zu den Briganten, deren pro-römische Königin Cartimandua jedoch Caratacus samt Familie im Jahr 51 nach Rom auslieferte, wo Kaiser Claudius alle begnadigte[170]. Als wenig später Cartimandua sich mit ihrem romfeindlichen Gatten Venutius überwarf, wurde sie zwar von römischen Truppen gerettet, wie Tacitus berichtet (hist. 3, 45; ann. 12, 40), die Herrschaft blieb jedoch Venutius, was das Ende des Klientelkönigtums bedeutete[171]. Als nächstes wurde im Jahr 60 von C. Suetonius Paullinus die Insel Mona/Anglesey erobert, auf der sich viele Überläufer und das Zentrum der insularen Druiden befanden (Tac. ann. 14, 29).

In eine Krise geriet die Provinz nach dem Tod des icenischen Klientelkönigs Prasutagus. Dieser hatte sein Land seinen beiden Töchtern und Kaiser Nero vermacht, was man römischerseits jedoch nicht als Verpflichtung, sondern als Freibrief für eine rücksichtslos vollzogene Besetzung auffasste. Dabei widerfuhr auch Prasutagus Witwe B(o)udicca/Boadicaea/Buduika und den Töchtern Gewalt (Tac. ann. 14, 30, 3–31, 2). Zugleich wurden früher verliehene Gelder eingetrieben (Cass. Dio 62, 2, 1). Der Zorn darüber machte sich im Jahre 61 in einer von den Iceni unter Boudicca und den Trinovantes ausgehenden Erhebung Luft, der sich weitere Stämme anschlossen. Der römische Legat Q. Petilius Cerialis unterlag nahe Camulodunum/Colchester, das samt Kaisertempel geplündert wurde. Auch Verulamium/St. Albans und Londinium/London fielen in keltische Hand (Tac. ann. 14, 32–33)[172]. Die Verwüstungen sind archäologisch durch Brand- und Schuttschichten nachweisbar und als genau datierbare Ereignisse von höchster Bedeutung für die Datierung römischer Keramik, von der auch die Chronologie der unbesetzten keltischen Gebiete abhängt[173]. Erst C. Suetonius Paullinus brachte die Lage mit einer großen Schlacht wieder unter römische Kontrolle (Tac. ann. 14, 36 f.). Die folgenden Jahre standen ganz im Zeichen der Konsolidierung der Provinz[174].

Unter Kaiser Vespasian ab 69 n. Chr. wurden Teile des Gebietes der Brigantes und die Silures in Südwales unterworfen. Die Ausweitung des römischen Gebietes nach Norden und Westen zeigen u. a. die neuen Legionslager in Eburacum/York, Isca Silurum/Caerleon und Deva/Chester[175]. Gewaltige Erfolge gegen die Britannier gelangen dem Provinzstatthalter Cn. I. Agricola, dem Schwiegervater des Historikers Tacitus, von 77 bis 84. Er vernichtete Tacitus zufolge die Ordovices in Nordwales, womit ganz Wales unter Römerherrschaft stand, eroberte Mona/Anglesey erneut (Agr. 18, 1–6) und unternahm große Feldzüge im Norden, die ihn bis weit nach Schottland führten. An Großbritanniens Engstellen zwischen Solway Firth und Tyne-Fluss sowie zwischen Clota/Firth of Clyde und Bodotria/Firth of Forth wurden im Jahr 79 bzw. 80 provisorische Kastelllinien eingerichtet (Agr. 23). Ein möglicher Überfall auf Irland mit vielen Siegen (Agr. 24, 1–3) blieb Episode und die Insel unbesetzt. Unter Kaiser Domitian ab 81 n. Chr. eroberte Agrippa weiter zu Wasser und zu Lande (Agr. 25) die schottische Ostküste, wovon etliche Lager bis hinauf ans Südufer des Moray Firth zeugen, darunter das 83 errichtete Legionslager von Victoria?/Inchtuthil unweit

Perth[176]. Es ist jedoch nicht in jedem Einzelfall zu entscheiden, aus welchen Kriegsjahren welche Anlagen stammen. Im Jahr 83 kam es zu einer großen Entscheidungsschlacht gegen die Caledonier und ihre Verbündeten unter Calgacus am Mons Graupius, der vielleicht mit dem Hillfort Mither Tap O'Bennachie 40 km nordwestlich von Aberdeen gleichzusetzen ist. Die Römer konnten sie unter großem Blutvergießen (Tac. Agr. 35, 2–38,2) für sich entscheiden, und Britannien galt als vollständig erobert (Tac. hist. 1, 2, 1)[177].

Dennoch erfolgte nach wenigen Jahren der Rückzug nach Süden, auch Inchtuthil wurde 86/87 n. Chr. aufgegeben, vermutlich weil nicht genügend Truppen zur Verfügung standen und andere Kriegsschauplätze im Osten des Reiches Vorrang bekamen. Die noch vorhandenen drei Legionen erhielten viel weiter südlich Dauerlager in Isca Silurum/Caerleon, Deva/Chester und Eburacum/York[178]. Der auf Befriedung des Reiches bedachte Kaiser Hadrian (117–138) bereiste 122 n. Chr. die Provinz, erneuerte die Legionslager in Stein und ließ nördlich der „Stanegate" genannten Kastelllinie zwischen Solway und Tyne den sog. Hadrianswall bauen (Hist. Aug. Hadr. 11, 2). Diese 120 km lange, teils aus Stein, teils aus Rasensoden aufgeführte Mauer mit beidseitigem Wall-Graben-System, Wachttürmen, Kleinkastellen und sechzehn Kastellen beschränkte den Personen- und Warenverkehr auf wenige kontrollierbare Durchlässe und war bis 142 n. Chr. besetzt. Unter Kaiser Antoninus Pius (138–161) wurde eine Grenzverlegung nach Norden beschlossen, als deren Resultat der sog. Antoninuswall auf der Höhe von Clyde und Forth entstand (Hist. Aug. Ant. Pius 5, 4). Dabei handelte es sich um eine 60 km lange Rasensodenmauer mit Nordgraben und neunzehn Kastellen, die bis 154/155 belegt blieb[179]. Danach musste die Grenze, abgesehen von einem erneuten Vorstoß zum Antoninuswall ca. 161–163 unter Kaiser Mark Aurel (161–180), zum Hadrianswall zurückgenommen werden. Doch auch hier kam es weiterhin zu Kampfhandlungen mit den Stämmen des Nordens. Kaiser Septimius Severus (193–211) konnte 208 bei der Niederschlagung eines Aufstandes ein drittes Mal den Antoninuswall besetzen (Herodian 3, 14). Sein Sohn Caracalla (211–217) schloss jedoch im Norden Frieden und fiel um 212 wieder auf die Hadrianswall-Linie zurück (Cass. Dio 77, 1, 1; Herodian 3, 15, 6 f.), die – zumindest nominell – bis zum Truppenabzug 407 n. Chr. Nordgrenze blieb[180].

In der Folge wurde Britannien wiederholt von Usurpatoren beansprucht, von Postumus und seinen Nachfolgern (260–273/4), Proculus, Bonosus und einem Britannier (um 280), Carausius (287–293) und Allectus (293–296). Auch Konstantin I. der Große war mindestens zweimal zu Feldzügen in Britannien und führte seit 314 n. Chr. den Titel „Britannicus Maximus", sein Sohn Constans I. organisierte 343 gar einen Winterfeldzug in Britannien. Der Usurpator Flavius Magnus Magnentius fand 350 so viele Anhänger in Britannien, dass Kaiser Constantius II. nach seinem Sieg über ihn im Jahr 353 grausame Strafmaßnahmen durchführen ließ[181]. Seit etwa 360 n. Chr. litt die Provinz unter kriegerischen Einfällen von Skoten und Pikten aus Schottland und Irland, welche die grenznahen Gebiete verwüsteten. Bald kamen auch noch Angelsachsen als Bedrohung hinzu. Wegen einer Verschwörung, einer „barbarischen" Erhebung, marodisierenden Räuberbanden und einiger römischer Niederlagen unter Kaiser Valentinian I. wurde 367 der Feldherr Theodosius, der Vater des gleichnamigen Kaisers, entsandt, um Ruhe und Ordnung wiederherzustellen. Dies gelang durch Bestrafung der Aufwiegler, Erneuerung von Städten und Befestigungen am Hadrianswall, Sicherung der Ostküste sowie die Einrichtung der Provinz Valentia[182]. Unter der Herrschaft von Gratian und Theodosius, dem Sohn, wurde 383 der in Britannien gegen Pikten und Skoten eingesetzte Magnus Maximus zum Kaiser ausgerufen und zog erhebliche Truppenkontingente ab, trotz derer er 388 von Theodosius besiegt wurde. Die nur mehr schlecht verteidigte Insel fiel wiederum Skoten und Pikten anheim, wurde jedoch mit einer Legion notdürftig gesichert (Gildas 14 f.). Unter Kaiser Honorius gelang es 398 dem Heermeister Flavius Stilicho letztmals, die Invasoren zurückzudrängen und Britannien erneut zu stabilisieren. Bereits 401/402 wurden für andere Feldzüge die meisten Truppen wieder abgezogen. Das Jahr 407 sah drei weitere Gegenkaiser in Britannien, von denen der dritte, Konstantin III., mit den letzten römischen Truppen nach Gallien abzog[183].

Die folgende Völkerwanderungszeit und das Frühmittelalter der Britischen Inseln galt lange als ein „dunkles Zeitalter" (dark age). Diese Bezeichnung ist im Hinblick auf die unsichere Überlieferung, Datierung und Lokalisierung vieler Ereignisse verständlich[*]. Durch die erhaltenen Schriftquellen und die materiellen Zeugnisse der Zeit wird jedoch klar, dass keineswegs kulturell „finstere" Zei-

---

[*] Die Datierungsvorschläge weichen wegen der unsicheren Überlieferung von Autor zu Autor erheblich ab, worauf hier nicht im Detail eingegangen werden kann. Ellis 1993 ist einer der wenigen, der wagt, eine für den Überblick hilfreiche Abfolge der Fakten zu rekonstruieren, weshalb ihm hier in manchem gefolgt wird, und zugleich im Anhang vielfältiges Quellenmaterial anführt. Zuverlässiger wird die Datierung erst mit dem Beginn päpstlicher Mission bei den Angelsachsen im Jahr 597 (Thomas 1986, 37).

ten anbrachen. Vielmehr begann mit der Christianisierung eine Zeit reicher keltischer Schriftlichkeit, die in keltischen Sprachen sowie in Lateinisch und Griechisch als Linguae francae ihren Ausdruck fand und mündlich tradierte Genealogien, Geschichte, Mythen, Sagen und wissenschaftliche Kenntnisse schriftlich niederlegte. Dabei wurden zunächst vielleicht auch Rinden- oder Stabbücher in Og(h)am-Schrift (s. S. 155) angefertigt. Aber nicht nur die keltische Literatur begann, vielmehr erblühte auch die für die abendländische Geschichte so bedeutende keltische Kirche. Irische Klöster und Bibliotheken bildeten Horte des Überdauerns für antike hebräische, griechische und lateinische Texte, die sonst vielleicht unwiederbringlich verloren gegangen wären[184].

Nach dem Abzug der römischen Truppen griffen die Provinzbewohner zur Selbsthilfe, besiegten unter Einsatz ihres eigenen Lebens die einfallenden Kriegerscharen, vertrieben die machtlos gewordene römische Obrigkeit und gründeten einen unabhängigen Staat, wenn man Zosimos (6, 5, 2–3) glauben will. Dennoch muss 410 wegen fortgesetzter äußerer oder innerer Bedrohung ein Hilferuf der britannischen Römer an Kaiser Honorius ergangen sein, dessen überlieferter abschlägiger Bescheid mit dem Rat zur Selbsthilfe das bereits faktisch Vollzogene besiegelte[185]. Die romanisierten Bürgerschaften der vormaligen Provinz, nach Gildas 28 Städte, wählten in London einen König, der mit einem Rat von Dreihundert regierte. Parallel dazu entstanden im Norden und Westen Britanniens keltische Gemeinwesen. Im unbesetzten schottischen Westen, nämlich in Argyll einschließlich der Inneren Hebriden, siedelten seit dem 3. Jh. Skoten aus dem nordirischen Antrim und gründeten das die alten und neuen Gebiete einschließende Königreich Dál Riada/Dalriada. Wales mit seinen Hochländern war trotz der frühen Eroberung durch Agricola nicht sehr nachhaltig romanisiert worden. Noch vor Abzug der römischen Truppen konnten ab ca. 400 n. Chr. Skoten aus Irland in Dyfed das Königreich von Dési etablierten. Ein drittes skotisches Zentrum in Gwynedd war von kurzem Bestand[186]. In Cornwall deuten Ähnlichkeiten lokaler Keramik mit irischer Keramik ebenfalls die Möglichkeit irischer Ansiedlung an[187].

Irland war den Römern zwar bekannt und wurde wie erwähnt nach – allerdings umstrittenen – Textquellen (Tac. Agr. 24, 1–2; Iuv. 2, 159 f.), Befunden und Funden[188] auch von ihnen von der Dubliner Gegend aus bekriegt, jedoch weder dabei noch später von Germanen flächig erobert. Es bestand traditionell aus den fünf Königreichen Ulster, Leinster, Munster, Connacht und Meath, die bis auf die Zusammenlegung von Meath und Leinster etwa den heutigen irischen Provinzen entsprechen (Karte 4). Aus diesen wurden im

5. Jh. neun, später rund 150 selbständige Königtümer, die teilweise Ober-, Provinz- und seit 1002 auch gesamtirischen Hochkönigen unterstanden.

Es wird vermutet, dass gallische Bischöfe wie Germanus von Auxerre und Severus von Trier, die 429 und 446/447 Britannien bereisten, an der zunächst erfolgreichen Verteidigung gegen feindliche Einfälle beteiligt waren. Im Jahre 446 richteten britannische Römer ein neuerliches Hilfsgesuch an den römischen Konsul Flavius Aetius, das ebenfalls ungehört blieb, so dass viele flohen. Statt dessen engagierte um 450 der oberste Befehlshaber (kelt. Vawr-tighern, bei Nennius 31 f. „Vortigern") im südlichen Britannien zur Verteidigung gegen Überfälle germanische Söldner unter Hengist und Horsa, denen weitere folgten[189]. Bald regte sich auf keltischer Seite Widerstand gegen die Söldner, der sich unter Ambrosius Aurelianus/Emrys*, Nachfahre einer im spätrömischen Britannien prominenten Familie, formierte und angeblich in der Schlacht von Guoloph erfolgreich gegen Vortigern und seine Söldner bestand. Nach einem Söldneraufstand errichteten Jüten ab etwa 465 ein Königreich in Kent. Später konnten die „Englischen"** die als „Fremde"*** bezeichneten Britannier immer weiter nach Osten, Westen und Norden zurückdrängen. Bei dieser Eroberung kam es zu so wenig Austausch der Kulturen und Sprachen, dass das Altenglische nur ein Dutzend keltischer Lehnwörter aufweist, während es im Altfranzösischen gut 500 sind, und das obwohl z. B. in den ostenglischen Fenlands noch um 700 n. Chr. Kelten angenommen werden[190].

Die für die britannischen Kelten kritische Lage verschärfte sich durch anhaltende Einfälle plündernder Skoten und Pikten, so dass Ende des 5. Jhs. ein neuer Retter nötig wurde, der sich in Gestalt des sagenhaften Feldherrn Artus/Artorius/Arthur fand, der nach Geoffrey von Monmouth ein Neffe des Ambrosius Aurelianus gewesen sein soll. Nennius (Kap. 56) zufolge erfocht er zwölf Siege, davon vermutlich die ersten sechs, den elften und zwölften gegen Germanen, die übrigen gegen Pikten und Skoten. Mit dem zwölften am Berg Bad(d)on(icus) (516/18)****, der auch von Gildas (Kap.

---

* Die Datierung seines Wirkens schwankt ebenfalls erheblich. Dumville (1984a, 83) setzt ihn z. B. erst um 490 n. Chr. an.

** Aenglisc von Angeln, bald als Sammelbegriff für Angeln, Sachsen, Jüten, später auch für Dänen, Wikinger und Normannen gebraucht.

*** Weilsc, Wealhas, Welsh.

**** Nach Dumville 1984a, 83 kurz nach 500, nach Thomas 1986, 43 zwischen 490 und 510, nach Richter 1996, 37 um 500.

26) und den Annales Cambriae (Abs. 72) erwähnt wird, stoppte er nach drei Tagen Kampf die Germanen für gut 20 Jahre, bevor er selbst wohl 537/39 ebenso wie sein später als Gegner gedeuteter Neffe Medraut/Medrawd/Mordred in der Schlacht von Camluan/ Camlan(n) (Ann. Cambriae 93) tödlich verwundet wurde und auf der sagenumwobenen Insel Avalon starb. Bald vermischte sich die mündliche, dann auch schriftliche Überlieferung mit Mythen und Sagen, wurde im 12. Jh. von Geoffrey von Monmouth in die allgemein bekannte Form gebracht und fand von hier ihren Weg in die Weltliteratur, wobei Arthur – Ironie des Schicksals – zu einem englischen König wurde[191].

Bereits Mitte des 6. Jhs. n. Chr. wurden die Kelten erneut von Angelsachsen bedrängt, die mittlerweile zehn Königreiche etabliert hatten, darunter Kent, Sussex, Essex, Wessex, East Anglia, Mercia und Northumbria (Karte 5) mit den Teilen Bernicia und Deira, die aber flächenmäßig dem keltischen Gebiet noch unterlegen waren. Auf keltischer Seite werden ca. ein Dutzend Königtümer vermutet, nämlich Dumnonia mit oder ohne Cornwall, Gwent, Demetia/ Dyfed, Powys, Venedotia/Gwynedd, Elmet, Rheged, Strathclyde sowie das Gebiet der Gododdin und der Pikten, die teilweise erst später besser fassbar werden und intern weiter unterteilt gewesen sein können[192]. In den nächsten Jahrzehnten folgten weitere keltische Niederlagen, die u. a. Gildas zur Flucht in die Bretagne zwangen. Hier gründete er vielleicht St. Gildas-de-Rhuys, das spätere Kloster Abelards, und verfasste dort oder in Britannien sein Geschichtswerk. Um 630 behaupteten Angelsachsen bereits die ganze Osthälfte Großbritanniens. Den nächsten bedeutenden Sieg errang Aethelfrith von Northumbria, der 613/16 gegen Powys und Chester zog und siegte, so dass die Waliser vom keltischen Norden abgeschnitten wurden. Elmet ging wenig später an Aethelfriths Sohn Edwin von Northumbria verloren, dessen Expansion 633/34 bei Hatfield Chase durch eine keltisch-sächsische Koalition unter Cadwallon/Cadwallawn von Gwynedd (um 625–635) und Penda von Mercia gestoppt wurde[193]. In der nächsten Generation wiederholte sich die Geschichte, als 642 Edwins Nachfolger Oswald (634–642) in Maserfield/Oswestry Cadwallons Thronerben Cadwaladr und wiederum Penda unterlag. Im Jahre 655 war das Schlachtenglück auf northumbrischer Seite, als Oswalds Erbe Oswiu (642–670) Penda besiegte, die Könige von Gwynedd und Deira zum Rückzug zwang, Rheged verwüstete und Ost-Powys besetzte[194].

Auf Oswiu folgten seine Söhne Ecgfrith (670–685) und Aldfrith (685–705) auf den northumbrischen Thron, unter denen das Land bis zur Eroberung Yorks durch die Wikinger im Jahre 867 eine

Blütezeit erlebte, in der u. a. der erwähnte Beda (*672/4) wirkte. Unter der Herrschaft Aldfriths und dem Bischof Eadfrith (698–721) entstand das keltisch inspirierte Evangelium von Lindisfarne und das Stabreimepos „Beowulf", in das vielleicht Vorbilder der irischen Dichtung einflossen[195].

Unterdessen schritt die Eroberung der keltischen Rückzugsgebiete fort. Im Südwesten traf es 710/711 Geraint von Dumnonia, dessen Festhalten an der keltischen Liturgie Ine von Wessex und Northelm von Sussex als Vorwand zu einer Invasion nutzten, im Zuge derer Dumnonia zunächst seine Osthälfte einbüßte und bis Ende des 8. Jhs. ganz unterworfen war. Allein Cornwall vermochte durch einen Sieg über Ine im Jahre 721/722 seine Unabhängigkeit für weitere zwei Jahrhunderte zu behaupten, wobei zeitweise eine Allianz mit dänischen Wikingern bestand und man durch Schenkungen an die Kirche von Wessex Sicherheit zu „kaufen" suchte. Im Gebiet des heutigen Wales wurden die Westbriten trotz eines Sieges 760 bei Hereford zunehmend von Offa von Mercia (757–796) bedrängt, dem 778, 784 und 796 Einfälle bis nach Dyfed gelangen. Ab 784 errichtete Offa eine massive Wall-Graben-Anlage von fast 200 km Länge, den berühmten Offa's Dyke zwischen den Mündungen des Dee im Norden und des Severn im Süden, dessen Reste noch heute im Gelände an vielen Stellen zu besichtigen sind. Er diente dazu, die walisischen Briten einzuschließen und, was den Landweg angeht, von den Kelten in Cornwall und Schottland abzuschneiden. Auch Rheged im Norden hatte seit 642 den Verlust von Gebieten südlich des Solway Firth und in Galloway an Northumbria zu beklagen, so dass schließlich fast nur Cumbria übrig blieb[196].

Allein der piktische Norden konnte sich trotz einiger Erfolge Oswius und Ecgfriths weiter unter König Bruide Mac Bili († 693) gegen die Angelsachsen behaupten. Dieser erfocht bei Dunnichen Moss/Nechtansmere in Angus im Jahr 685 den wohl wichtigsten keltischen Sieg seit Mount Badon. Er sicherte die Unabhängigkeit und bildete die Voraussetzung für die spätere Vereinigung des gälischen Dál Riada mit dem britannischen Strathclyde und dem Piktengebiet zum Königreich von Schottland/Alba(n). Unterdessen drohte im Norden weitere Gefahr von plündernden Wikingern. Ihre Scharen machten keinen Unterschied zwischen Angelsachsen und Kelten und suchten z. B. 793 Lindisfarne, ab 794 die Schottischen Inseln, 795 Irland und 802 Iona heim, um bald auch dauerhafte Siedlungen und Herrschaftsbereiche einzurichten, z. B. auf den Orkneys, den Hebriden, um Dublin und in England nördlich einer Linie London-Chester, dem sog. Danelaw[197]. Im Jahre 839 erlitten die Pikten eine verheerende Niederlage gegen die Wikinger, die Kenneth MacAlpin/Cináech oder Cináed Mac A(i)lpín (843–858) im Verbund mit den Norwegern für eigene dynastische Ambitionen zu nutzen verstand, indem er sich 843 als König eines geeinten Alba aus Dalriada und dem Piktenland etablierte. Sein Nachfolger Donald I./Domnall (860–63) gab dem Land Gesetze nach irischem Vorbild, und Constantine II. MacBeth (900–942/43) gewann Strathclyde und die Reste von Rheged hinzu, von denen Cumbria bereits 1092 an England verloren ging und im 12.–14. Jh. mit der britannischen Sprache seine keltischen Züge einbüßte. Im Spätmittelalter wurde die Bezeichnung Schottland, die bis dahin Irland meinte, auf Alba übertragen[198].

Die walisischen Königreiche wurden unter Merfyn Frych ap Gwriad (825–855) und seinem Sohn Rhodri ap Merfyn (856–878) größtenteils geeint und vorläufig erfolglos von Norwegern, Wessex und Mercia militärisch bedrängt. In Irland dämmten Siege des ersten gesamtirischen Hochkönigs Brian Boru/Brían Bóramha Mac Cennétig (1002–1014), besonders 1014 bei Clontarf, die Ausbreitung norwegischer Wikinger ein. Cornwall wurde in Feldzügen um 835/838 unterworfen, behielt jedoch mindestens bis ins 10. Jh. eigene Könige[199].

England selbst wurde nach der Eroberung Londons 886 von Alfred dem Großen von Wessex (871–899) geeint, bis auf die Gebiete des Danelaw, die erst 954 hinzu kamen. Alfred erließ für sein Reich ein Gesetzeswerk, das unter dem Einfluss seines walisischen Beraters Asser Züge keltischen Rechts trägt[200]. Alfreds Enkel Aethelstan (925–939) drängte im Norden die Wikinger zurück und erzwang Bündnisse mit Constantine II. von Schottland und Hywel von Wales, für das der Wye als Grenze festgelegt wurde. So gesichert ging er ab 931 gegen Cornwall und die Reste Dumnonias vor, wobei die Kelten hinter den Fluss Tamar zurückgedrängt wurden und der kornische König Howell/Hoel die angelsächsische Oberhoheit anerkannte. Dennoch behielt Cornwall einen administrativen und rechtlichen Sonderstatus, so dass Edmund I. (939–946) sich 944 „King of England and this British province" nannte und Gesetze bis in die Tudorzeit für „Anglia et Cornubia" erlassen wurden[201].

Im 10. Jh. formierte sich eine wikingisch-keltische Allianz um Olaf Gothfrithson von Dublin, Constantine II. von Schottland und Owain Mac Domhnuil von Strathclyde und Cumbria, die 937 bei Brunanburh gegen England unter Führung Aethelstans unterlag, wobei fünf Könige den Tod fanden. Dennoch konnte die anti-englische Koalition 939/40 beim Tode Aethelstans und der Nachfolge seines Bruders Edmund I. noch einmal Erfolge verzeichnen[202]. Trotz einer literarischen Vision, des um 930–950 entstandenen und im sog. „Buch Taliesins" überlieferten Gedichtes „Armes Prydein Vawr" (Prophezeihung Großbritanniens), das eine siegreiche britannisch-wikingische Allianz vorhersagt[203], kam es in der Folge zu keinen nennenswerten Aktionen mehr. Vielmehr endeten keltischerseits offenbar die politischen und militärischen Ambitionen, Britannien als Gesamtheit wiederzugewinnen. Dies zeigt vielleicht auch das Aufkommen der keltischen Selbstbezeichnung als Cymry (britannisch: com-brogi = „Leute mit derselben Grenze", „Landsleute"), die sich in den Bezeichnungen Cumbria, Cumberland und Cymru/Wales erhalten hat. Ellis deutet sie so, dass man sich im 10. Jh. als Landsleute der Germanen zu fühlen begonnen habe, während Thomas die Bezeichnung als innerkeltisch auffasst. So oder so blieben für die Angelsachsen Wales das „Land der Fremden" (Weahlas)* und Cornwall das „Land der Fremden von Kern" (Kernweahlas)[204].

Der erwähnte Sonderstatus **Cornwalls** (kornisch: Kernow) dauerte fort, als es 1337 in ein Herzogtum umgewandelt wurde, das nur der englische Thronprinz innehaben konnte. Seit alters existierte das sog. Stannary Parliament, das ursprünglich aus Bergleuten der Zinnminen bestand, die mit ihren Familien von englischen Steuern und Gesetzen befreit waren, eigene Beamte, Steuern und das Münzrecht hatten. Diese Rechte erhielten sie 1198 vom englischen König verbrieft. Parlamentsbeschlüsse bedurften seit 1337 der Bestätigung durch den Herzog oder die Krone. Unter Henry VII. (1485–1509), der mit kornischer, walisischer und sogar bretonischer Unterstützung 1485 bei Bosworth Richard III. besiegt und die Tudor-Dynastie begründet hatte, wurde 1508 dem Parlament gar ein Vetorecht gegen Beschlüsse des englischen Parlaments eingeräumt. Trotz dieser Vergünstigungen und der walisischen Abstammung eines Vorfahren Henrys VII. bekam Cornwall wie die übrigen keltischen Gebiete das Streben der Tudor-Dynastie nach Zentralisierung und Anglisierung zu spüren. Dies führte 1497, 1546 und 1549 zu Aufständen, zuletzt, weil Cornwall im Zuge der Reformation Englisch als Liturgiesprache auferlegt bekam. Ihre Niederwerfung und nach-

---

* Auf dem Kontinent erfuhr die frühgermanische Bezeichnung für Fremde, die vom Namen der keltischen Volcae abgeleitet war (Fischer 1997, 132), eine Bedeutungsverschiebung hin zu „Romane", so dass die Bezeichnung „Welsche" (ahd. Wal(a)h) je nach Sachlage Römer, Italiener, Franzosen, Belgier oder Rumänen meinen konnte. Davon zeugen noch viele Walchen-Ortsnamen und z. B. die Bezeichnungen Wallis, Welschschweizer, Wallonien, Wallonen, Walachei und Walachen.

folgende Strafgerichte „befriedeten" Cornwall, wobei Henry VIII. (1509–47) es verstand, sich durch Vergabe konfiszierter Kirchengüter der Loyalität führender kornischer Familien zu versichern. Nichtsdestoweniger blieben die Vorrechte des Stannary Parlamentes bestehen und wurden zuletzt 1753 bestätigt. Erst mit dem Gesetz zur Einrichtung von Grafschaftsräten (County Councils Act) von 1888 wurde Cornwall als Grafschaft behandelt und im Folgejahr mit einem entsprechenden Rat ausgestattet. Insgesamt verlief die früh erfolgte Angliederung Cornwalls an England relativ reibungslos, was dem wirtschaftlichen Wohlstand des Landes und dem Unterlassen von Diskriminierung zugeschrieben wird. Nennenswerte Unabhängigkeitsbewegungen gab es erst in den 1930er Jahren (Tyr ha Tavas – Land und Sprache) und in den 1950er Jahren (Mebyon Kernow – Söhne Cornwalls), eine Kornische Nationalpartei existiert seit 1969. Im Mai 1974 konstituierten sich Bürger Cornwalls erneut als Stannary Parlament, dem jedoch die Anerkennung durch London und den Herzog von Cornwall versagt blieb. Im Jahre 1975 wurde die Kornische Nationalpartei in Nationalistische Partei umbenannt, aber von einigen Sitzen in der Countyvertretung abgesehen, war allen Bewegungen wenig Erfolg beschieden[205].

Auch **Wales** (kymrisch: Cymru) kam trotz der Festlegung der Wye-Grenze im 10. Jh. nicht zur Ruhe[206]. Unter Wilhelm I. dem Eroberer wurden weite Teile des Grenzgebietes zu Wales, die sog. Marken, von meist normannischen Adligen erobert, die sie als relativ unabhängige „Marcher lords" regierten, befestigten und aufsiedelten. Im 13. Jh. errangen die Könige von Gwynedd eine Vorrangstellung innerhalb von Wales, so dass Dafydd ap Llywel(l)yn 1244/45 erstmals den Titel eines Prinzen von Wales führte, den sein Neffe und Nachfolger Llywel(l)yn ap Gruffudd/Gruffyd († 1282) im Jahre 1267 von Henry III. (1216–72) anerkannt erhielt. Als er dessen Sohn und Thronerben Edward I. (1272–1307) jedoch Gefolgschaft und Tribut verweigerte, eroberte dieser Wales in mehreren Feldzügen und teilte es nach englischem Vorbild in Grafschaften ein. Mit dem Vertrag von Aberconwy wurde der Verlust der Unabhängigkeit besiegelt. Im Jahre 1301 wurde der englische Kronprinz Edward II. (1307–27) zum „Prinzen von Wales" gemacht, ein Titel den der jeweilige Thronfolger bis heute trägt. Nach zahlreichen Aufständen im 14. Jh. konnte Owen Glendower/Owain Glyn Dwr (*um 1354–1416)* von Powys die Unabhängigkeit im Jahre 1400 für

---

* Seinem Andenken ist eine eigene Gesellschaft gewidmet: http://www.owain-glyndwr-soc.org.uk/.

kurze Zeit wiederherstellen und im Parlament von Machynlleth manifestieren, das jedoch nur bis zur endgültigen Eroberung von 1408/09 unter König Henry IV. (1399–1413) Bestand hatte. Dieser erließ 1410 Strafgesetze gegen Waliser, die bis 1510 bestanden und das Recht auf Eigentum, Landerwerb, Waffentragen, befestigte Gebäude, Ämter, Eheschließung und Versammlung einschränkten. Bezeichnend für die ungünstige Lage der damaligen Waliser ist die Tatsache, dass Wales vom 13. bis 15. Jh. europaweit eines der wichtigsten Herkunftsgebiete für Söldner darstellte[207].

Henry VIII. Tudor klärte die komplizierte Rechtslage, indem er Wales durch das Vereinigungsgesetz („Act of Union") von 1536 und eine Verwaltungsverordnung von 1543 zu einem Teil Englands machte. Walisische Gesetze, z. B. die Realteilung von Höfen, Justiz, Verwaltung, Kirchenverfassung und Bräuche wurden zugunsten englischer außer Kraft gesetzt, Zölle beseitigt und Englisch zur alleinigen Amtssprache erhoben. Zugleich wurden die Macht der katholischen „Marcher Lords" und Kirchenbesitz zerschlagen und vielfach an Waliser vergeben, deren Gefolgschaft der Krone damit sicher war. Motive dafür waren der Wunsch nach juristischer und politischer Assimilation, innenpolitischer Sicherheit und Zugewinn an Nahrungs- und Rohstoffressourcen[208]. Wales wurde erneut in dreizehn Grafschaften eingeteilt, von denen Monmouthshire seit Charles II. (1660–1685) zu England zählte. Im Londoner Unterhaus waren die Waliser mit 24 Abgeordneten vertreten. Henrys Tochter Elizabeth I. wurde unbeabsichtigt zur vermutlichen Retterin der kymrischen Sprache, weil sie 1563 die Bibel (von William Morgan, publiziert 1588) und das Gebetbuch der Anglikanischen Kirche ins Walisische übersetzen ließ, um die Loyalität ihrer walisischen Untertanen zu sichern und sie von Sekten wie den kalvinistischen Methodisten fern zu halten, bei denen Messe und Unterricht in Kymrisch stattfanden[209]. Mit dem „Wales and Berwick Act" wurden 1746 alle englischen Parlamentsbeschlüsse der Vergangenheit und Zukunft für Wales bindend gemacht. Unabhängige Institutionen außer der walisischen Gerichtsbarkeit bis 1830 existierten nicht mehr, so dass der walisische Nationalismus allein auf Land, Sprache, Religion und Kultur gründen konnte, deren Bedeutung zunehmend schwand[210].

1866 formierte sich in Wales, einem traditionell von den Liberalen und seit 1922 von Labour bestimmten Gebiet, die Bewegung „Wales der Zukunft" (Cymru Fydd), die zunächst kulturelle, seit 1880 auch politische Ziele verfolgte, die jedoch nicht Separation von sondern Gleichberechtigung mit England meinten. Erst unter dem Eindruck der irischen Autonomiebestrebungen, zunehmender

Industrialisierung und ihren negativen Folgen kam es auch zu separatistischen Bewegungen, die jedoch erfolglos blieben. Zur Lösung der Probleme wurden einerseits 1889 gewählte Grafschaftsräte eingerichtet, welche die Stellung des Landadels schwächten und Verbesserungen für die Landbevölkerung brachten[211]. Andererseits wurden Reformen im religiös-kulturellen Bereich realisiert, etwa 1889 der „Intermediate Education Act", der den Grafschaftsräten das Bildungswesen zusprach. 1893 wurden zudem die Rechte der University of Wales verbrieft, 1896 ein Central Welsh Board für Examina eingerichtet, sowie 1907 eine walisische Abteilung im Bildungswesen, deren greifbarer Erfolg binnen Zweijahresfrist die Aufnahme des Kymrischen in die Lehrpläne der Schulen und Colleges war. Im Jahre 1920 trat die bereits vor dem Ersten Weltkrieg beschlossene „Welsh Disestablishment Bill" in Kraft, welche die zahlreichen Mitglieder nonkonformistischer Kongregationen von der Oberhoheit der Welsh Church, der Anglikanischen Kirche von Wales, und ihren Abgaben befreite[212]. Weitere Eigenständigkeit wurde 1911 bei der Sozialversicherung und 1912 in der Landwirtschaft errungen. Eine 1922 einberufene Konferenz zur Autonomie in Wales verlief ergebnislos, u. a. weil die Grafschaften Glamorgan und Monmouth keine Vertreter entsandten. Bereits hier zeigte sich ein inhärentes Problem für alle weitergehenden Reformen, nämlich die unausgewogene Bevölkerungsverteilung mit einer Konzentration im anglisierten und industrialisierten Süden (Glamorgan und Monmouth) gegenüber dem mehr kymrisch-sprechenden und agrarisch strukturierten Rest des Landes, so dass eine Repräsentation nach Einwohnern oder nach Grafschaften vom einen oder anderen Landesteil abgelehnt wurde. Somit war der walisische Nationalismus anders als der schottische ein teilendes Moment, kein einigendes, was sich bei den Referenda 1979 und 1997 klar zeigen sollte[213].

So ist auch zu verstehen, dass 1896 die Cymru Fydd Bewegung erlosch. Zwar wurden in den 1920er Jahren die Autonomiebestrebungen wiederbelebt und mit der Gründung der Plaid Cymru/Welsh National Party 1925 manifestiert, die eine Stärkung kommunaler und dezentraler Strukturen verfolgte. Wegen ihrer zentralen Forderung, Kymrisch zur einzigen Landessprache zu machen, fand sie außer bei Muttersprachlern wenig Anhänger. Im Jahre 1948 wurde mit der Errichtung eines walisischen Beirates (Advisory Council of Wales and Monmouthshire) die Eigenständigkeit von Wales bedingt anerkannt. 1951 wurde ein Staatssekretär (Minister for Wales) berufen, der 1964 zum Minister (Secretary of State) mit eigenem „Welsh Office" aufgewertet wurde[214]. Nachdem Wales im 20. Jh. jedoch niemals konservative Wählermehrheiten aufwies, hatte dieser unter konservativen britischen Regierungen (1959–64, 70–74, 79–97) eine schwierige Position, zumal nur der Amtsinhaber 1979–1987 tatsächlich einen walisischen Wahlkreis vertrat. Von 1950–56 betrieb Plaid Cymru mit anderen Parteien eine Kampagne zur Einrichtung eines walisischen Parlamentes, die trotz einer Petition von 14 % der walisischen Wählerschaft ungehört blieb. Seit 1966 ist die Nationalpartei im Unterhaus vertreten, wobei sie 1970 mit 11,5 % ihr bestes Wahlergebnis erzielte, das sie nicht zuletzt der Unzufriedenheit über eine Wirtschaftskrise verdankte. Sie trat seither u. a. weiter für die Einrichtung eines walisischen Parlamentes und für ein zweisprachiges Wales ein und wurde 1998 in „Party of Wales" umbenannt. Die Dezentralisierung wurde in Wales zunächst auch von der Labour Party mitgetragen, die jedoch in der Frage gespalten wurde, als durch die Erfolge von Plaid Cymru die Bemühungen eine separatistische Richtung nahmen. Mit der Gebietsreform von 1974 erhielt Wales anstelle der Grafschaften eine Gliederung nach den modifizierten alten Königreichen. Aus Anglesey, Caernarvon und Merioneth wurde Gwynedd, aus Flint und Denbigh wurde Clwyd, aus Montgomery, Radnor und Brecon wurde Powys, aus Cardigan, Carmarthen und Pembroke wurde Dyfed, das bevölkerungsreiche Glamorgan wurde dreigeteilt und Monmouth in Gwent zurückbenannt. Die dadurch entstandene zweischichtige Verwaltung mit acht Grafschaften und Untereinheiten erwies sich als Hindernis für eine gesamtwalisische Vertretung als dritte Verwaltungsebene, die erst mit dem „Government of Wales Act" 1998 realisiert wurde[215].

Bisher übergangen wurde die **Isle of Man** (gälisch: Mannin), die seit dem 10. Jh. ein eigenes Parlament und Landrecht hatte. Der letzte Wikingerkönig Magnus III. vererbte sie mit den westlichen Inselgruppen 1265 an Schottland, wobei Man jedoch von England beansprucht wurde, das ein Jahrhundert lang mit Schottland darum kämpfte. 1456 misslang ein letzter Versuch Schottlands, die Insel zurückzuerlangen. Unter Henry IV. wurde 1405 John Stanley König von Man, blieb jedoch dem englischen Herrscher untertan. Einer seiner Nachfahren verkaufte Man 1765 an England unter Georg III., der das Inselparlament bestehen ließ, das 1866 nach einer Wahlreform als autonom (home rule parliament) anerkannt wurde. Mit dem Jahre 1959 erhielt die Isle of Man den Status eines Kronlandes außerhalb des Vereinigten Königreiches (crown dependency outside of the United Kingdom), das fast nur in Sachen der nationalen Verteidigung London untersteht. Es wird durch sein „Tynwald" genanntes Parlament, bestehend aus „Legislative Council" und „House of Keys", vertreten und von einem „Executive

Council" verwaltet. Das Inselwappen ziert in gut keltischer Tradition eine Triskele, ein Gebilde aus drei in der Mitte verbundenen gebeugten Beinen[216].

In **Schottland** (gälisch: Alba) starb bald nach der Vereinigung das Piktische aus und wurde nördlich des Forth durch Schottisch-Gälisch ersetzt, während in Strathclyde Britannisch und in Lothian Angelsächsisch vorherrschten. Kelten und Nichtkelten waren innerhalb der schottischen Monarchie gleichgestellt[217]. Schottlands Grenze zu England konnte Malcolm II. (1005–34) durch einen Sieg über die Angeln von Lothian bei Carham 1018 vom Forth zum Tweed vorschieben, so dass damit auf der Hauptinsel fast die modernen Landesgrenzen (Karte 6) hergestellt waren. Sein Enkel Duncan I. (1034–40) erbte erneut Strathclyde und fiel dem von Shakespeare verewigten Macbeth (1040–57) zum Opfer, der seinerseits Thron und Leben an Duncans Sohn Malcolm III. (1057–93) verlor, unter dessen englischer Gattin, der späteren Heiligen Margaret, das Leben in den Lowlands erste englische Züge annahm. Er musste 1071 Wilhelm dem Eroberer in Abernethy huldigen. Im 12. Jh. kamen unter ihren in England erzogenen Söhnen Edgar (1097–1107), Alexander I. (1107–1124) und David I. (1124–53) viele anglo-normannische, bretonische und flämische Familien nach Südschottland, die zudem das kontinentale Lehnssystem und Elemente englischer Verwaltung mitbrachten und von denen das Haus de Brus/Bruce später zur Königswürde aufstieg. Zu welchem Grad angelsächsische und anglo-normannische Schotten der Anglisierung des Landes zum Erfolg verhalfen, ist in der Forschung umstritten. Durch den Vertrag von Falaise (1174) wurde der englische König Henry II. (1154–89) Lehnsherr Schottlands, durch einen Vertrag mit Richard I. Löwenherz (1189–99) im Jahre 1189 die Unabhängigkeit gegen Geldzahlungen jedoch wiederhergestellt. Durch das Abkommen von York wurden 1237 die Grenzkriege mit England beigelegt, so dass unter Alexander III. (1249–86) ein „goldenes Zeitalter" einkehrte. Im Jahre 1265 gewann Schottland zudem wie erwähnt die Isle of Man und die westlichen Inseln hinzu[218].

Beim Erlöschen der Dynastie Canmore 1286 wurde die Entscheidung über einen Nachfolger dem englischen König Edward I. (1272–1307) angetragen, der 1292 von seinem Kandidaten John de Bailleul/Balliol den Lehnseid erwartete, wogegen sich dessen und allgemein schottischer Widerstand regte, der 1296 bei Dunbar von Edward I. und der schottischen Gegenpartei um Robert Bruce gebrochen wurde. Balliol dankte ab, ging ins Exil und überließ sein Reich Edward I., der sich nunmehr als schottischen König betrachtete und in der sog. „Ragman's Roll" anerkennen ließ. Dies führte 1297 zu einem erfolglosen Aufstand unter William Wallace, der mit der Niederlage von Falkirk 1298 die entscheidende Wende erfuhr und mit Wallaces Hinrichtung 1305 endete. Robert I. Bruce (1306–1329) ließ sich nach der Ermordung eines Konkurrenten 1306 zum König krönen. Ihm gelang es schließlich, Edward I. und Edward II. in mehreren Schlachten, insbesondere 1314 am Bannock Burn nahe Stirling, zu schlagen, Schottlands Unabhängigkeit zu sichern und im Frieden von Northampton von 1328 zu besiegeln[219]. Seinem mit fünf Jahren zur Herrschaft gelangten Sohn David II. (1329–71) wurde diese 1333 durch England streitig gemacht, jedoch durch seinen siebzehnjährigen Neffen und Regenten Robert mit französischer Hilfe gesichert. Mit Robert II. (1371–90) kam das letzte schottische Herrscherhaus der Stuarts an die Macht. Der in England aufgewachsene James I. (1406–37) reformierte Staat und Gesetze, beendete Aufstände in High- und Lowlands und gründete 1411 die erste schottische Universität in St. Andrews. Nach der 1469 erfolgten Heirat James III. (1460–88) mit der norwegischen Prinzessin Margarete kamen die Orkney und Shetland Inseln als Mitgift an Schottland, die mit ihrer eigenen, dem Norwegischen verwandten Sprache Norn bis in jüngste Zeit ein eigenes kulturelles Gepräge behielten. James IV. (1488–1513) gilt als der populärste Stuartkönig, nicht zuletzt, weil er Gälisch sprach und in den Highlands entsprechend viel galt. Mit ihm hielt die Renaissance in Schottland Einzug, während in den Highlands und auf den Inseln das keltische Clansystem unter teils mächtigen Häuptlingen, etwa den Macdonalds, Mackenzies, Macleods oder Macleans, fortbestand. Der König versuchte, die ständigen Kämpfe zwischen Clans und Krone dadurch beizulegen, dass er als erster schottischer Monarch den Nordwesten und die Inseln persönlich bereiste, sich mit den Häuptlingen bekannt machte und wirtschaftliche Verbesserungen anregte, was jedoch wenig fruchtete. Enttäuscht setzte James Gouverneure ein, errichtete Festungen in den Highlands und verstärkte Flotte und Sheriffs. Wegen Schottlands Eintreten für Frankreich kam es 1513 zur Schlacht von Flodden gegen Henry VIII. von England, in der James mit zahllosen schottischen Adligen fiel[220]. Unter der Regentschaft seiner Witwe Margaret Tudor (1513–1515) und dem Duke von Albany (1515–1524) polarisierte Schottland sich in eine „National/ French Party" und eine „English Party". James V. (1526–42) setzte die pro-französische Linie fort, während sich viele schottische Barone England und – trotz Verfolgung – der Reformation zuwandten, die später von J. Knox (1505–1572) nach kalvinistischem Vorbild organisiert wurde. Eine Heirat der Thronfolgerin Maria Stuart mit dem englischen Thronprinzen Edward lehnte das schottische Parlament dennoch als Annexionsversuch ab. Nach der Verwüstung der

Lowlands durch Henry VIII. akzeptierte es vielmehr die 1558 voll-zogene Heirat mit dem französischen Thronfolger und späteren König François II. im Gegenzug für französische Waffenhilfe. Das Jahr 1560 war ein wichtiger Wendepunkt, weil nach dem Tode von James' Witwe Marie de Guise-Lorraine (Regentin 1542–1560) mit dem Vertrag von Edinburgh Elizabeth I. als Königin von England an-erkannt und damit dem Protestantismus in beiden Ländern zum Sieg verholfen wurde. Im selben Jahr starb der Gatte Maria Stuarts (1561–67), die daraufhin nach Schottland zurückkehrte und den Thron bestieg. Sie geriet durch ihren katholischen Glauben und per-sönliche Fehlentscheidungen in Gegensatz zum protestantischen Adel, dessen Truppen ihre eigenen 1568 bei Langside unterlagen, so dass sie nach England fliehen musste. Wegen ihres früheren Anspru-ches, „Königin von England" zu sein, wurde sie von der englischen Throninhaberin, ihrer Kusine Elizabeth I., inhaftiert und 1587 unter der Anklage der Verschwörung hingerichtet[221].

Der Anfang vom Ende kam für das schottische Königreich unter Marias anglikanischem Sohn James VI. Stuart (1567–1625). Unter dem Namen James I. vereinte er 1603 als Nachfolger Elizabeths I. England und Schottland in Personalunion. Er trug den Titel eines „Emperor of the whole Island of Britain", die künftig den „Union Jack" als gemeinsame Fahne führte*. Gesetze und Thronfolgerege-lung blieben in beiden Landesteilen verschieden. James versuchte, die Highlands gewaltsam zu befrieden, indem er verbündeten Clans Vollmachten gegen ihre Nachbarn erteilte und die Statuten von Iona erließ, auf die wir zurückkommen werden[222]. Sein ebenfalls anglikanischer Sohn Charles I. (1625–1649) entfachte das schotti-sche Nationalgefühl aufs heftigste, als er versuchte, die presbyteria-nische schottische Kirche mit der episkopalen anglikanischen auf eine Linie zu bringen. Der Widerstand artikulierte sich 1638 in einer großen Unterschriftensammlung für die „wahre" Religion und gegen die Degradierung Schottlands zu einer englischen Pro-vinz, dem sog. National Covenant. Dieser fand in James Graham, Earl of Montrose, und Archibald Campbell, Earl und später Marquess of Argyll, seine wichtigsten Vorkämpfer, denen Charles militärisch nichts entgegen zu setzten hatte. Er musste daher für Verhandlungen und Geld für Truppen das englische Parlament einberufen, was seine Gegner zum Angriff auf den König nutzten, so dass sich schließlich

---

* Dieser vereint die englische Flagge mit rotem Kreuz auf weißem Grund mit der schottischen mit weißem Andreaskreuz auf blauem Grund (Louda 1972, 64 f.).

Truppen von König und Parlament im Bürgerkrieg gegenüberstanden. Trotz anfänglicher Erfolge unterlag Charles 1644–45 den Truppen eines feierlichen Bündnisses (Solemn League and Covenant) des mehrheitlich puritanischen englischen Parlamentes und der presbyterianischen Schotten, die ihrerseits 1648–51 von Oliver Cromwell viermal besiegt wurden, wobei ganze Highland-Clans wie die Macleans den Tod fanden. Danach gehörte Schottland bis 1660 unter der Militärherrschaft der Republik und des Protektorates der Cromwells offiziell zu England und entsandte Parlamentsabgeordnete nach Westminster. Es folgten neuerliche Personalunionen unter Charles II. (1660–1685) und seinem Bruder James VII./II. (1685–1688), der sich wegen seines Katholizismus in England und Schottland gleichermaßen Gegner schuf und 1688 in der unblutigen „Glorious Revolution" abgesetzt wurde. Mit der Berufung seines protestantischen Neffen und Schwiegersohnes, des niederländischen Statthalters Wilhelm von Oranien, auf den Thron und die Umwandlung Englands in eine konstitutionelle Monarchie wurde 1690 auch in Schottland ein eigenes Parlament ins Leben gerufen[223]. Außerdem wurde mit einer Toleranzakte die presbyterianische Kirche offiziell zugelassen. Das Haus Stuart fand danach nur noch bei den Jakobiten in den Highlands Rückhalt, die u. a. 1715/16 für James Edward und 1745/46 für Charles Edward erfolglose Aufstände wagten, die mit der Niederlage von Culloden Moor/Muir endeten. Anschließend wurden die schottische Regierung und Flachlandmagnaten selbst aktiv, um die keltisch geprägten Highlands durch Straßen und Schulen zu „zivilisieren" und für eine in Frieden geeinte Nation englisches Kapital anzuziehen. Zugleich wurden viele Schaffarmen eingerichtet, was oft mit der Vertreibung von Kleinbauern einherging, von denen viele in die entstehenden Industriegebiete oder nach Übersee auswanderten[224].

Mit der Einrichtung der konstitutionellen Monarchie 1689 unter William III. traten verfassungsrechtliche Probleme auf. Während eine Personalunion unter einem absolutistischen Herrscher keine Schwierigkeiten bereitete, stellte sich nunmehr die Frage, wie der König zwei unabhängig und möglicherweise gegensätzlich agierenden Parlamenten zugleich verantwortlich sein könne. Zudem war der König wegen der andauernden Kriege gegen Louis XIV. von Frankreich auf ein regelmäßig tagendes Parlament zur Bewilligung von Steuern angewiesen, was durch Zugeständnisse die Rolle Westminsters im selben Maße stärkte wie sie die von Edinburgh schwächte. Falls die Schotten nicht unter Verlust ihrer Unabhängigkeit von der englischen Regierung mitregiert werden wollten, blieb nur die Wahl, die Monarchien zu trennen oder die Parlamente zu vereinen[225].

1701 trat in England ein „Act of Settlement" in Kraft, der die Thronfolge zugunsten des protestantischen Hauses Hannover änderte, was von Schottland abgelehnt wurde. Als Reaktion auf diese Weigerung und außenpolitische Alleingänge Schottlands beschloss man englischerseits 1705 den „Aliens Act", der Schotten in England zu Ausländern erklärte und schottische Importe von Vieh, Leinen und Kohle verbot. Angesichts dieser Nachteile schien die Realunion der beiden Kronen im Hinblick auf neue Märkte in England und seinen Kolonien sowie Sicherheit vor dem Hause Stuart und einer katholischen Restauration vielen Schotten wünschenswert. Die Aufgabe des nicht einmal zwanzig Jahre alten Parlamentes war dabei ein notwendiges Übel, das die Zeitgenossen wenig bewegte und erst viel später die Gemüter erhitzte. Während Nationalisten darin einen englischen Willkürakt sehen, der durch Bestechung und Ämterschacher das schottische Volk seiner rechtmäßigen Vertretung beraubte, behaupten Unionisten, Schottland sei problemlos wie eine große Grafschaft in England integriert worden. Die Wahrheit wird heute in der Mitte vermutet, dahingehend dass die schottischen Unterhändler nach einer realistischen Einschätzung der Lage in einer Garantie des schottischen Zivilrechts die besten Möglichkeiten zur Wahrung schottischer Nationalität und Interessen sahen. Die nachweislich erfolgte Bestechung mit Geld, Ämtern und Titeln wird als allgemeines Zeitphänomen eingeschätzt. Föderale Lösungen standen nicht zur Disposition, da die erste föderale Verfassung der Welt erst 1787 unter ganz anderen Voraussetzungen in den Vereinigten Staaten entstand, während eine lose Konföderation nach niederländischem oder schweizerischem Vorbild nach dem Sieg Frankreichs über die Niederlande nicht sehr erstrebenswert erschien und überdies womöglich eine Aufspaltung Englands und Schottlands in Regionen erfordert hätte. Englische Motive für die Union waren wirtschaftliche Interessen und das Bestreben, eine denkbare Allianz von Schottland mit Frankreich und sonstige außenpolitische und koloniale Ambitionen des Nachbarlandes vorab zu unterbinden[226].

Die Vereinigung wurde also 1707 mit einem „Treaty of Union" beschlossen und mit dem 1.5.1707 rechtskräftig, wobei Artikel 1 den immerwährenden Zusammenschluss, Artikel 2 die gemeinsame Thronfolge und Artikel 3 die Einrichtung eines einzigen Parlamentes regelten. Artikel 18 und 19 sicherten die Unabhängigkeit des Zivilrechtes. Vierzehn weitere der insgesamt 25 Artikel regelten wirtschaftliche Belange wie die Abschaffung von Zöllen. Die Verwaltung oblag dem „Scottish Office" unter einem „Scottish Secretary". Zudem sicherte ein schon 1706 verabschiedeter „Scottish Act of Security" die protestantische Religion und Presbyterianische Kirche in Schottland ab, eine notwendige Voraussetzung für den Zusammenschluss[227]. Auch das schottische Bildungssystem blieb als weiteres Zugeständnis an die pro-englischen Kräfte in Schottland separat. Anders als von vielen erhofft, wurde Englisch die einzige Amtssprache, selbst schottischer Akzent galt als Makel. Auch nahm das gemeinsame Parlament allein englische Züge an, ohne dass die mit 16 Peers im Oberhaus und 45 von 500 Unterhaussitzen repräsentierten Schotten auf seine Einrichtung oder die Entscheidungsfindung maßgeblich hätten einwirken können. Außerdem wurde es als Unrecht empfunden, dass bei besonderen Anlässen wie dem Aufstand von 1820 englisches Recht zur Anwendung kam und bis 1828 für englische Verwaltungs- und Militärposten nur Angehörige der anglikanischen Kirche zugelassen waren[228]. Überdies waren Referendum, Konferenzen und Verfassungsschutz als Werkzeuge der Einflussnahme und des Widerspruchs noch unbekannt. In der Praxis erwies sich, dass kein englisches Gericht dem Parlament Einhalt gebot, wenn der Einheitsvertrag mit Schottland oder später Irland gebrochen oder geändert wurde. Als Nachteil stellte sich für Schottland auch der freie Wettbewerb heraus, dem seine Woll- und Leinenindustrie nicht standhielten und der eine einseitige Spezialisierung auf Schwerindustrie zur Folge hatte[229].

Angesichts der aus schottischer Sicht unzulänglichen Umsetzung der Unionsgrundlagen folgten ein erster vergeblicher Aufstand 1708, ein Autonomiegesuch 1714 und danach weitere erfolglose Erhebungen aristokratischer oder republikanischer Couleur, von denen die letzte große 1820 nach amerikanischem und französischem Vorbild zugleich sozialreformerische Ziele verfolgte. Der „Scottish Secretary" wurde 1782–1885 durch den britischen Innenminister abgelöst, 1885 jedoch erneut eingesetzt, 1892 zum Kabinettsmitglied und 1926 zum Minister (Secretary of State) erhoben. Im Jahr 1939 wurde das Ministerium von London nach Edinburgh verlegt, wodurch sich die Präsenz Schottlands im politischen Tagesgeschäft verminderte. Zudem wurden infolge seiner breiten Zuständigkeit für alle schottischen Belange viele Entscheidungen auf Verwaltungs- statt auf Ministerebene gefällt und somit der Kontrolle des Parlamentes entzogen[230].

Im Jahre 1886 formierte sich unter dem Eindruck von Gladstones Reformen (s. S. 76) für Irland eine schottische Autonomiebewegung, die „Scottish Home Rule Association", die bessere Integration und Gleichheit mit England anstrebte. Allein von 1890–1914 wurden dreizehn Autonomieanträge im Unterhaus eingereicht, jedoch nur halbherzig verfolgt, so dass keiner zu greifbaren Ergebnissen führte. Auch die 1888 gegründete schottische Labour Party war bis 1924 für die Selbstbestimmung, bis sie sich unter dem Eindruck der Weltwirtschaftskrise für Zentralismus zu engagieren begann. 1934 entstand die Schottische Nationalpartei SNP, die seit dem Zweiten Weltkrieg die Separation als Personalunion unabhängiger Staaten wie vor 1707 anstrebte. Obwohl Autonomie seit dem 19. Jh. immer ein Thema der Liberalen Partei gewesen war, stieg nicht sie, sondern die SNP in den 1970er Jahren zur zweitstärksten Partei Schottlands auf, wodurch die Labour-Mehrheit in Schottland und damit in ganz Großbritannien gefährdet war, allzumal im Falle einer Separation[231]. Die Unzufriedenheit erwuchs einerseits aus einer Krise der Schwerindustrie und andererseits daraus, dass Schottland zwar, wie erwähnt, eine eigene Judikative und besondere Vereinbarungen für die Exekutive hatte, jedoch keine eigene Legislative, welche die Exekutive verantwortlich machen konnte. Dies war bei der Union im 18. Jh. kein Problem, weil mit Kirche und Judikative die bestimmenden Institutionen gesichert waren. Im 20. Jh. jedoch war deren zentrale Bedeutung längst durch eine wachsende Zahl von Regierungseinrichtungen ersetzt, auf die Schotten wenig Einfluss nehmen konnten. Die Lage verschärfte sich nach 1959, weil Schottland seither eine Labour-Mehrheit besaß. Die Folge davon war, dass schottische Parlamentskommittees wie die walisischen in Zeiten konservativer Regierungen (1959–64, 70–74, 79–97) wenig Handlungsspielraum hatten und der Staatssekretär für Schottland als Kabinettsmitglied und damit Konservativer keine Mehrheit der Schotten hinter sich wusste. Dieses Problem erkannten selbst die Konservativen 1968 mit der „Deklaration von Perth" an, welche die Einrichtung einer direkt gewählten schottischen Volksvertretung („Convention") vorschlug. Die schottische Labour Party wurde damit zur einzigen großen Partei, die Reformen hin zu mehr Autonomie ablehnte[232].

Anfang der 1970er Jahre stärkten Erdölfunde vor der schottischen Küste die wirtschaftliche Position Schottlands und führten zum Streit über Umfang und Zeitpunkt der Ausbeutung, Verwendung der Erlöse und Umweltfolgen. Andererseits rückte mit dem Eintritt Großbritanniens in die Europäische Gemeinschaft Schottland subjektiv weiter von den Macht- und Wirtschaftszentren weg und wurde unabhängiger vom englischen Markt. Unter dem Eindruck all dieser Veränderungen griff auch die um ihre Mehrheit besorgte Labour Partei 1974 den Autonomiegedanken auf, während die Konservativen 1975 unter M. Thatcher wieder davon abkamen. Im Jahr

1977 wurde ein Autonomiegesetz der Labour-Regierung schließlich vom Unterhaus beschlossen, scheiterte aber 1979 knapp in einem Plebiszit[233]. Nichtsdestotrotz wurde immer klarer, dass Schottland eine direkt gewählte Legislative benötigte, um schottische Besonderheiten gegen den Standardisierungsdruck aus London behaupten zu können. Im Jahre 1989 wurde eine verfassungsgebende Versammlung („Scottish Constitutional Convention") aus Vertretern von Politik, Gewerkschaften, Kirchen und anderen gesellschaftlichen Gruppen gebildet, die in einem Rechtsanspruch („Claim of Right") erklärte, dass die Souveränität in Schottland beim schottischen Volk liege. Sie verabschiedete 1990 und 1995 Berichte mit einem Dezentralisierungsprogramm zur Einrichtung eines Parlamentes mit Verhältniswahlrecht, die von Labour und den Liberalen getragen wurden und 1998 in die Gesetzgebung einflossen[234].

Die englische Herrschaft in **Irland** (gälisch: Éire) begann im Jahre 1169 mit Billigung des Herrscherhauses Anjou-Plantagenet auf das 1166 erfolgte Hilfsgesuch des verbannten Königs Dermot Mac Murrough von Leinster hin. Er gewann walisische Adlige wie Richard FitzGilbert de Clare, genannt Strongbow, Robert FitzStephen, Robert de Barry oder Maurice de Prendergast, die beträchtliche militärische Erfolge errangen. Um sie und andere nicht zu stark werden zu lassen und nach der Ermordung Thomas Beckets von Canterbury außer Reichweite zu verschwinden, griff Henry II. von 1171–72 persönlich ein und machte Hugh de Lacy zu seinem Stellvertreter. Im Vertrag von Windsor leistete 1175 der letzte irische Hochkönig Rory O'Connor/Ruairí Ó Conchobhar dem englischen König Gefolgschaft, ohne dass das Land flächig von England beherrscht worden wäre. Insbesondere das später „Pale" genannte Umland von Dublin wurde von den neuen Herren bestimmt. Diese besaßen anfangs meist noch familiäre Bindungen und Besitz in England und/oder Wales. Erst im 13. Jh. kamen Anglo-Iren ohne ein „zweites Bein" auf der Nachbarinsel auf, von denen der Spruch ging, die Engländer hielten sie für Iren, die Iren für Engländer[235]. Im Jahre 1297 wurde in Dublin ein Parlament der Anglo-Iren eingerichtet. Eine gravierende Krise führte Edward Bruce, der Bruder des schottischen Königs Robert I. herbei, der nach dessen Siegen in Schottland die Engländer auch in Irland angriff, das seine Truppen 1315–18 verwüsteten, bis er im Kampfe gegen Anglo-Iren fiel. Bald danach wurde die englische Herrschaft jedoch durch Gebietsverluste und Assimilierung der Anglo-Iren so geschwächt, dass unter Rückgriff auf frühere Anordnungen 1366 mit den Statuten von Kilkenny die englische Position und die kulturelle Zweiteilung der Insel gesichert werden sollten. Sie enthielten Regelungen wie Verbote von Heirat und Handel mit Iren, der irischen Sprache, Kleidung und Rechtsnormen, des Reitens ohne Sattel nach irischer Art usw., ließen sich jedoch nicht durchsetzen. Das politische Geschehen wurde weitgehend von den anglo-normannischen Grafenfamilien der FitzGeralds von Desmond, den Butlers von Ormond und den FitzGeralds von Kildare bestimmt. Im 15. Jh. war Irland in viele kleine Herrschaften zersplittert, von denen fast nur noch ein ca. 30–40 × 50–60 km großes Gebiet in Dublin, Kildare, Meath und Louth, der sog. „Pale of Dublin", englisch war. Die Gesetzgebung des Dubliner Parlamentes wurde 1494 durch Henry VII. mit dem nach seinem Statthalter benannten „Poynings' Law" von englischer Zustimmung abhängig gemacht, nachdem 1487 und 1491 in Dublin englische Thronprätendenten regen Zulauf gefunden hatten[236].

Die Entscheidung, die anglo-irische Regierung durch eine zentralistisch-englische zu ersetzten und damit die eigentliche Eroberung Irlands zu beginnen, traf 1534 Henry VIII. Tudor (1509–1547) mit der Absetzung des Grafen von Kildare als königlichem Statthalter. Dessen Sohn, Thomas Lord Offaly, rief zum Aufstand auf, der von England niedergeschlagen und mit der Exekution mehrerer FitzGeralds beantwortet wurde. Im Jahre 1536 ließ Henry VIII. sich nach Ausschluss der niederen Geistlichkeit vom Dubliner Parlament zum Oberhaupt der irischen Kirche machen, um dem misslichen Umstand abzuhelfen, dass er nur in England legal mit Anne Boleyn verheiratet war. 1541 kam der Titel eines „King of Ireland" hinzu[237]. Er setzte englische Verwaltungsbeamte und ihm ergebene Barone, die „New English", ein und machte alteingesessene Lords, die „Old English", und irische Adlige zu auf ihrem Land autonomen Lehnsleuten mit englischen Titeln. Die Einführung der Reformation in Irland scheiterte jedoch. Aufstände 1559, 1568–83 und 1594–1603 wurden trotz spanischer Hilfe blutig unterdrückt, und das konfiszierte Land der Aufständischen wurde an englische und schottische Siedler protestantischer Konfession vergeben*. Diese Maßnahmen sollten zugleich einer weiteren Unterstützung Irlands durch Spanien vorbeugen, die englische Überbevölkerung und Nahrungsknappheit reduzieren und die Position der Krone stärken. Im Jahre 1585 erfolgte die Gliederung des Landes in Grafschaften. Beim Tode Elizabeths 1603 war Irland England konstitutionell untertan, 1607 flohen die letzten irischen Earls aus dem Lande und 1613 wurde erstmals ein Dubliner Parlament mit Abgeordneten aller 32 Grafschaften be-

---

* Z. B. „plantation" von Munster 1583 oder Londonderry 1608.

setzt[238]. Trotz allem war die irische Kultur mit eigener Sprache, Bräuchen und Recht im 17. Jh. noch weitgehend erhalten[239].

In Ulster kam es 1641 zu einem gravierenden Aufstand enteigneter katholischer Landbesitzer und königstreuer „Old English", die 1642 die „Konföderation von Kilkenny" gründeten, eine Exekutive und Legislative einrichteten und dem englischen König Charles I. Gefolgschaft im Gegenzug von relativer Autonomie und Glaubensfreiheit zusicherten. Ohne dass etwas erreicht war, zerstritt man sich 1648 über die Frage der Loyalität zum König, die mit dessen Enthauptung im Folgejahr hinfällig wurde. In einem Rachefeldzug für die 1641 an Protestanten verübten Gewalttaten wurde 1649–51 von O. Cromwell und H. Ireton der Aufstand niedergeschlagen. Tausende von Katholiken fanden den Tod, Frauen, Kinder und andere Unbewaffnete nicht ausgenommen, irische und anglo-irische katholische Landbesitzer wurden enteignet, die irische Bevölkerung bei Todesstrafe auf bestimmte Gebiete, z. B. westlich des Flusses Shannon, beschränkt und in großer Zahl in Kolonien deportiert, während die enteigneten Gebiete an englische Siedler und Veteranen vergeben wurden. Diese und ähnliche Gewalttaten gelten als eine Hauptursache dafür, dass sich der irische Nationalismus früher, beständiger und separatistischer entwickelte als in den übrigen keltischen Teilen der britischen Inseln. Seit Charles II. (1660–1685) folgten Außenhandelsbeschränkungen, insbesondere von 1681–1758 und seit 1776 ein Einfuhrverbot für irische Rinder nach England, 1699 für Wollstoffe und farbiges Leinen sowie 1746 für Glas. Ab 1710 durfte Hopfen nur noch aus England importiert werden, im späten 18. Jh. wurde der Handel mit dem Kontinent durch Embargos begrenzt[240].

Der katholische König James II. fand nach seinem Sturz 1688 in Irland Zuflucht und Unterstützung, so dass sein protestantischer Nachfolger Wilhelm/William III. von Oranien die Insel mit dem Sieg am Boyne 1690 zurückerobern musste, dessen noch heute in den umstrittenen jährlichen Paraden des Oranierordens („Orange Order") in Ulster gedacht wird[241]. Rechtsreformen von 1692–1727 schlossen Angehörige der katholischen Kirche und verschiedener protestantischer Kongregationen vom Parlament aus und entzogen ihnen die Kontrolle über den Handel und mittels Strafgesetzen viele Bürgerrechte, die nur für Mitglieder der Kirche von England galten. Zu nennen wären etwa Verbote des Waffentragens, des Besitzes guter Pferde, bestimmter Berufe (z. B. Waffenschmied, Jurist, Bischof, Unternehmer), höherer Bildung, des Landerwerbs von Protestanten, des Anerbenrechtes sowie des aktiven und passiven Wahlrechtes, die bis 1829 bestehen blieben. Zudem fehlten in Irland dynastische Bindungen zur englischen Krone, die für Wales mit den Tudors und Schottland mit den Stuarts gegeben waren und ein gewisses Zugehörigkeitsgefühl herstellten[242].

Waren im Jahr 1641 „nur" 60 % Irlands in anglo-irischem Besitz, befanden sich 1688 bereits fast 80 %, 1699 schon 86 % und im 18. Jh. über 90 % des Grundbesitzes in anglo-irischer, englischer und schottischer Hand. Weitere Spannungen entstanden aus der Deklarationsakte von 1719, mit der das britische Parlament die Gesetzgebung und Budgethoheit über Irland beanspruchte, sowie aus bis 1779 andauernden Handelsbeschränkungen. Zeitweilige Verbesserungen (1782–1801), die politischer Souveränität nahe kamen, erwirkten die irischen Politiker Henry Flood (1732–1791) und Henry Grattan (1746–1820). Auf ihr Betreiben wurden mit der sog. „Verfassung von 1782" die Deklarationsakte aufgehoben und das Poynings' Law zugunsten des Irischen Parlamentes abgeschwächt, doch Hungersnöte (1727–29, 1740–41) und die rechtlose Lage der Katholiken, die bis 1793 generell nicht wählen konnten, verhinderten einen dauerhaften Frieden[243]. Unter dem Eindruck der französischen Revolution von 1789 kam es 1798 zu einem neuerlichen Aufstand, im Zuge dessen Protestanten und Katholiken, die „United Irishmen" unter Th. W. Tone, mit französischer Hilfe eine Irische Republik ausriefen. Diese wurde von England blutig unterdrückt, um Ruhe und Ordnung wiederherzustellen und eine denkbare Allianz mit Napoleon vorab zu verhindern. Mit Wirkung vom 1.1.1801 wurde ein „Act of Union" mit Irland in Kraft gesetzt, wobei Bestechungsgelder allein nicht ausreichten, um eine Billigung durch Dublin zu erreichen, sondern auch kleinere inhaltliche Konzessionen gemacht wurden. Während in Aussicht gestellte, aber in der Folge nicht umgesetzte Zugeständnisse Befürworter unter den Katholiken gewannen, lehnten manche protestantische Abgeordnete die Einheit gerade aus Furcht davor ab. Der Einigungsvertrag ersetzte das rein protestantisch besetzte Irische Parlament durch 32 Peers und 100 Unterhaussitze in Westminster, wohin bis zur Aufhebung der sog. „Testakte" von 1673 im Jahre 1829 ebenfalls nur protestantische Abgeordnete entsandt werden durften[244]. Jedoch schützte er, anders als in Schottland, nicht die in diesem Fall katholische Landeskirche, sondern die anglikanische „Church of Ireland". Mit einem Staatsrat (privy council) unter einem Lord Lieutenant als Vertreter des Königs und einem Chief Secretary, einem Mitglied des britischen Kabinetts, sowie eigener Richterschaft hatte Irland eine eigene Exekutive und Judikative, jedoch keine Legislative. Zudem wurden von der irischen Mehrheit die englischen Amtsinhaber und die repressiv gehandhabte Gesetzgebung als Ausdruck der Fremdherrschaft empfunden. Die junge Industrie Irlands konnte überdies nach Abschaffung aller Zölle dem freien Wettbewerb mit England nicht standhalten, so dass neben der Landwirtschaft nur wenige spezialisierte Gewerbe wie die Leinenerzeugung übrig blieben. Durch die Union entstand das „United Kingdom of Great Britain and Ireland"[245].

Aufstände folgten auf dem Fuß, der erste 1803 unter dem erwähnten Robert Emmet und den „United Irishmen". Dies zwang England zu Zugeständnissen, so dass verschiedenen Protestantengruppen, insbesondere den Presbytern in Ulster, das Bürgerrecht gewährt wurde, um sie für die Realunion zu gewinnen. Seit 1823 trat die von Daniel O'Connell gegründete „Catholic Association" für die Aufhebung der Realunion, Abschaffung des Zehnten an die anglikanischen Pfarrer und überhöhter Pachtzinsen ein. Ein erster Erfolg war 1829 der „Catholic Emancipation Act", der u. a. begüterten Katholiken das Wahlrecht einräumte. Ein großes Problem stellte die Besitzstruktur auf dem Lande dar, wo zumeist abwesende und mit den Gegebenheiten vor Ort wenig vertraute englische Landbesitzer ihren Grund über irische Großpächter in kleinen Parzellen an Kleinbauern vergaben. Diese verpflichteten sich aus Landnot zu überzogenen Abgaben und waren zudem für Investitionen in Drainage, Zäune, Gebäude etc. selbst zuständig. Auch mit dem Verbot der Unterverpachtung 1826 blieb die Lage der Landbevölkerung prekär und ihr Überleben weitgehend abhängig von den Erträgen ihrer Kartoffeläcker. Ernteausfälle und dennoch fortgesetzte Lebensmittelexporte führten zur großen Hungersnot von 1845–49. Ihr fielen mindestens eine Million Menschen zum Opfer, und ebenso viele Iren sahen sich zur Auswanderung nach Übersee gezwungen, so dass die Bevölkerung insgesamt um ein Viertel schwand. Währenddessen unternahmen die radikalen „Young Irelanders" unter J. F. Lalor und J. Mitchel 1848 den nächsten erfolglosen Aufstand. Ein Lichtblick war die Gründung der Katholischen Universität von Dublin 1855. Im Jahre 1858 wurde von Emigranten in den USA die revolutionäre Geheimorganisation der „Fenians" (gälisch: Fianna = Kriegerschar) gegründet, deren Ziel der Sturz der englischen Herrschaft über Irland war, den sie mit einer Erhebung im März 1867 vergeblich zu erreichen suchten[246].

Im Jahr 1870 wurde eine reformerische Autonomiebewegung gegründet, deren stärkste Kraft im Londoner Parlament für die nächsten Jahrzehnte die Irish Party war. 1879 formierte sich unter Ch. St. Parnell die sog. „Irish Land League" zur Lösung der wirtschaftlichen Probleme der Landbevölkerung durch sichere und angemessene Pachten und Umverteilung von Landbesitz. Seit 1869 kam es in der

Tat unter dem liberalen Premierminister W. E. Gladstone* zu Reformen, etwa hinsichtlich der Stellung der anglikanischen Kirche, durch Landgesetze und im Erziehungswesen. Im dritten „Reform Act" von 1884 wurde auch Landarbeitern das Wahlrecht gewährt, so dass erstmals ein breites, wenn auch kein allgemeines Wahlrecht bestand. Diese Ausweitung und der unvollkommene Stand der Reformen hatten zur Folge, dass 1885 bei den ersten allgemeinen Wahlen 85 von 103 Parlamentssitzen an Nationalisten fielen, die im Londoner Parlament als Minderheit wenig erreichen konnten. Diese Herausforderung griff Gladstone in Form weitergehender Reformvorhaben zur Autonomie („Home Rule Bills") auf, die jedoch 1886 im Unter- und 1893 im Oberhaus scheiterten[247]. Schuld daran waren Komplexität und Schwächen der Gesetzesanträge, die föderale und koloniale Verfassungselemente so verbanden, dass Irland de facto weiter Steuern an Großbritannien abgeführt hätte, jedoch nach der Fassung von 1886 nicht mehr im Londoner Parlament vertreten gewesen wäre, wodurch eine Einflussmöglichkeit auf die Verwendung des Geldes fehlte und der Supremat des britischen Parlaments ungenügend zum Ausdruck kam. Die veränderte Fassung von 1893 (und später 1912, s. u.) sah daher eine numerisch reduzierte** Repräsentation vor, die neue Probleme schuf, nämlich dass zwar Iren die englische, schottische und walisische Innenpolitik mitbestimmt hätten, jedoch nicht mehr umgekehrt, eine irische Sperrminorität für Abstimmungen ausschlaggebend sein konnte und die „irische Frage" ein Dauerthema in Westminster geblieben wäre. Weitere Gründe für das Scheitern lagen in Vorurteilen und der Furcht vor einem Zerfall ganz Großbritanniens[248].

Eine Reaktion auf die Misserfolge war die Gründung der irischen Partei Sinn Féin („Wir selbst", PSF) im Jahre 1905, deren Ziel ursprünglich die Einrichtung einer Doppelmonarchie mit irischem Parlament und englischem König nach österreichisch-ungarischem Vorbild war. Erst mit den Wahlen von 1910 hatte die Irish Party als „Zünglein an der Waage" zwischen den beiden großen Parlaments-

---

* Dieser amtierte 1868-1874, 1880-1885, 1886 und 1892-1894.
** Die dritte Möglichkeit einer „inhaltlichen Reduzierung" hätte bedeutet, dass irische Abgeordnete nur nach Bedarf bei gesamtbritischen Fragen zur Abstimmung hinzugezogen worden wären (sog. „in and out" Vorschlag), was jedoch impraktikabel war, weil die Grenze spätestens mit Finanzierungsfragen immer überschritten worden wäre, andererseits dadurch die Mehrheitsverhältnisse zwischen Liberalen und Konservativen hätten kippen können, so dass keine kollektive Verantwortung der Regierung für alle Beschlüsse mehr bestanden hätte (Bogdanor 1999, 31).

fraktionen der Liberalen und der Konservativen wieder eine Möglichkeit zu aktivem politischen Handeln. Dies waren gute Voraussetzung für einen weiteren Autonomieantrag der Liberalen im Jahre 1912, der die Abtretung der irischen Innenpolitik an eine Irische Volksvertretung zum Ziel hatte, ohne die Souveränität von Westminster anzutasten, jedoch abermals vom Oberhaus abgelehnt wurde. Dieses konnte seit einer Reform von 1911 nur noch eine Aufschiebung um bis zu drei Sitzungsperioden bewirken, so dass das Gesetz 1914 in Kraft trat. Mit Großbritanniens Eintritt in den Ersten Weltkrieg wurde es jedoch suspendiert und kam niemals zur Ausführung. Seine Verabschiedung wurde zudem seitens der Ulster Unionisten und Konservativen von so massiven Protesten begleitet, dass die Gefahr eines Bürgerkriegs gegeben schien[249].

Wieder mit ausländischer – diesmal deutscher – Unterstützung kam es am 24.04.1916 zum sog. irischen Osteraufstand der „Irish Republican Brotherhood" und der Ausrufung der Republik, der nach sechs Tagen mit der Hinrichtung von fünfzehn Anführern wie Patrick Pearse und John Connolly endete. Seine Bezeichnung in der englischen Presse als „Sinn Féin Rebellion" trug er zu unrecht, weil z. B. auch die „Fenians" maßgeblich Anteil daran hatten. Der folgende Aufschwung an Popularität wurde zu einer Umformung von Sinn Féin zu einer republikanischen Separatistenpartei mit dem Ziel eines eigenen Parlamentes in Dublin genutzt. Ihr fielen im Dezember 1918 bei den Wahlen 72 der damals 103 irischen Sitze in Westminster zu, die sie aber aus Protest nicht einnahm. Damit waren alle Versuche einer Regulierung der „irischen Frage" auf dem Wege der Dezentralisierung hinfällig. Im Januar 1919 formierten sich in Dublin die Abgeordneten der Sinn Féin zu einer Nationalversammlung/Dáil Éireann, erklärten die Unabhängigkeit und bildeten eine Regierung unter E. de Valera, die von England nicht anerkannt und mit Repressalien quittiert wurde[250]. Die Folge war der Unabhängigkeitskrieg 1919–1921, dem England 1920 mit einer vierten „Home Rule Bill", dem sog. „Government of Ireland Act" zu begegnen suchte, der, obwohl für ganz Irland gedacht, nur in Nordirland in Kraft trat. Er sah vor die befristete Teilung des Landes, ein Nordirland aus sechs Counties, religiöse Freiheit und Gleichheit und ein Verbot von Exekutivmaßnahmen gegen diese, ein eigenes nordirisches Parlament mit zwei Kammern in Belfast-Stormont, beschränkter Legislative und Steuerhoheit, eine auf 13 bzw. seit 1948 auf 12 Sitze reduzierte Vertretung Nordirlands in Westminster sowie ein Council of Ireland zur Erarbeitung der Wiedervereinigung. Mit Abschnitten 6, 12 und 75 des Gesetzes waren ein Vetorecht des Königs, die Unveränderlichkeit des Gesetzes durch

Nordirland und die Oberhoheit von Westminster festgeschrieben. Ein Novum für Großbritannien war die Benennung von Gerichten, Oberhaus und Justizausschuss des Staatsrates als Berufungsinstanzen gegen Parlamentsbeschlüsse. In der Praxis hielt sich das Londoner Parlament bis in die 1960er Jahre aus nordirischen Fragen demonstrativ heraus. Die von den Katholiken als „protestantisch" beargwöhnten Gerichte wurden nur in einem Diskriminierungsfall angerufen. Dass außer den mehrheitlich protestantischen Grafschaften Antrim, Armagh, Down und (London)derry auch Fermanagh und Tyrone mit einer knappen katholischen bzw. national-republikanischen Mehrheit dem künftigen Nordirland zugeschlagen wurden, sollte die Zustimmung Nordirlands zu einer gesamtirischen Lösung erleichtern, erwies sich aber in der Folge als fatal[251].

Mitte 1921 kam es zu einem Waffenstillstand, im Dezember 1921 zu einem Vertrag mit dem moderaten Flügel der irischen Unabhängigkeitsbewegung. Dieser „Anglo-Irish Treaty" regelte die Teilung des Landes in den beim Vereinigten Königreich verbleibenden Norden („United Kingdom of Great Britain and Northern Ireland") und den unabhängigen Süden, der als Freistaat („Free State") weiter dem British Empire bzw. später dem Commonwealth angehörte. Er wurde Anfang 1922 vom irischen Parlament ratifiziert und trat am 6.12.1922 in Kraft. Die Vertragsannahme löste einen bürgerkriegsartigen Aufstand von 1922–1923 unter der Führung De Valeras aus, den die Anhänger der Teilung mit englischer Unterstützung für sich entscheiden konnten. In seinem Verlauf wurde tragischerweise das irische Staatsarchiv mit unschätzbaren Dokumenten vernichtet. Im Jahre 1926 entstand die national-republikanische Fianna Fáil Partei („Krieger Irlands"), die 1927 unter De Valera ins irische Parlament einzog und 1932 die Regierung übernahm. Ihr Ziel war die Loslösung vom Commonwealth und die Aufhebung des anglo-irischen Vertrages durch eine Wiedervereinigung. Das gegnerische Lager der konservativen Befürworter des anglo-irischen Vertrages formierte sich 1933 unter W. T. Cosgrave und E. O'Duffy als Fine Gael („Stamm der Gälen")/United Ireland Party. 1937 erhielt Irland eine von nationalen und katholischen Ideen beeinflusste Verfassung als Demokratie unter einem Präsidenten, ein Amt das als erster bis 1945 der Protestant Douglas Hyde (s. S. 151) inne hatte, und einem Premierminister/Taoiseach als Regierungschef. Im Zweiten Weltkrieg blieb Irland neutral, 1945 wurde seine Verfassung von Großbritannien anerkannt. Im Jahr 1948 endete dann die Zugehörigkeit zum Commonwealth, am 18.4.1949 wurde mit dem „Republic of Ireland Act" die volle Souveränität erlangt. 1973 trat Irland der EG, nicht aber der Nato bei.

Durch das „Anglo-Irish Agreement" von Hillsborough besteht seit 1985 im Gegenzug für die irische Anerkennung der nordirischen Unabhängigkeit ein gewisses Mitspracherecht der irischen Regierung bei der Verwaltung und Justiz Nordirlands. In den 1990er Jahren erlebte Irland das stärkste Wirtschaftswachstum aller europäischen Länder und nach endloser Emigration erstmals wieder Zuwanderung[252].

In Nordirland galt seit 1919/20 für Kommunal- und Parlamentswahlen das Verhältniswahlrecht, um die angemessene Vertretung der katholischen Minderheit sicherzustellen. Dieses wurde 1922 bzw. 1929 von der nordirischen Regierung trotz Protesten aus Irland und Unwillen seitens London durch ein Mehrheitswahlrecht ersetzt. Nachfolgend wurden durch geschickte Verlegung von Wahlbezirksgrenzen, bei der Vergabe öffentlichen Wohnraumes und der Besetzung staatlicher Stellen die Mehrheiten zugunsten der Unionisten manipuliert und Katholiken diskriminiert. Dies sollte zugleich den Konflikt Unionisten-Nationalisten schüren und der überkonfessionellen Labour Party das Wasser abgraben, hatte aber außerdem eine Stagnation des politischen Lebens zur Folge, das sich 1920–1929 hoffnungsvoll angelassen hatte[253]. Zudem wurden die Bürgerrechte katholischer bzw. national gesonnener Gruppen z. B. im Hinblick auf Festnahmen und Internierung beschnitten und in der Verwaltung eine Trennung nach Bevölkerungsgruppen vollzogen, die als eine Form von Apartheid kritisiert wurde[254]. Die Unionisten erkannten rasch den Vorteil eines eigenen Parlamentes, das sie zunächst vehement abgelehnt hatten. Es stellte sich nämlich als die institutionalisierte Gewähr dafür heraus, dass Großbritannien Nordirland nicht mehr ungefragt an die Republik abtreten konnte und eine solche Befragung angesichts der Mehrheiten immer negativ ausgehen musste. In der Praxis machte das Nordirische Parlament von seinen Rechten wenig Gebrauch, sondern kooperierte mit Westminster, um Konflikte zu vermeiden und die Autonomie zu einem Erfolg zu machen, was jedoch hinter dieser Fassade und durch die englische Nichteinmischung die Situation der katholischen Bevölkerung verschärfte. Ein unvorhergesehenes Problem stellten die geringen Einnahmen Nordirlands dar, welche die Finanzhoheit geradezu aufhoben, weil öffentliche Leistungen von Geld und Zustimmung aus London abhingen, an deren Bewilligung weder nordirisches Parlament noch Volk beteiligt waren. Eigene Wege in der Gesetzgebung wurden vor allem im Hinblick auf ethisch-moralische Belange wie Scheidung, Abtreibung, Homosexualität und Todesstrafe beschritten sowie auf Landwirtschaft und Industrie. In der Verwaltung und bei öffentlichen Einrichtungen wurde von Belfast ein hohes Maß an Zentralisierung verwirklicht, das die lokale Selbstverwaltung stark einschränkte[255].

In den 1960er Jahren formierte sich eine katholische Bürgerrechtsbewegung (Northern Ireland Civil Rights Association), die 1967 die englische Regierung zur Einsicht brachte, dass ihre Nichteinmischungspolitik im Hinblick auf Intoleranz gegen und Diskriminierung von Katholiken in Nordirland versagt habe[256]. Im August 1969 entsandte sie britische Truppen zum Schutz der Katholiken vor Übergriffen von Protestanten. Danach kam die Armee aber auch immer wieder gegen Katholiken zum Einsatz, wobei etwa am 30. 1. 1972, dem „Bloody Sunday", dreizehn Zivilisten ihr Leben verloren. Wiederkehrende bürgerkriegsähnliche Unruhen („troubles") schwächten das Wirtschaftsleben, verschlechterten die allgemeinen Lebensumstände und untergruben die bürgerlichen Freiheiten[257]. Im Jahre 1972 löste die britische Regierung das nordirische Parlament auf, u. a. weil es außer Stande war, internationale Rechtsstandards für alle nordirischen Bürger zu gewährleisten. Von 1972–1998 wurde Nordirland bis auf kurze Zeit im Jahr 1974 durch das Northern Ireland Office wieder von London aus direkt regiert, wo es seit 1979 mit 17 bzw. seit 1997 mit 18 Abgeordneten in Westminster wieder voll repräsentiert war. Die Regierung erfolgte zumeist über Regierungserlässe („Orders in Council") ohne ausreichende parlamentarische Kontrolle, die in Nordirland durch ernannte Ausschüsse umgesetzt wurden und die nordirischen Parteien quasi der Verantwortung enthoben. Wegen des anderen Parteiensystems in Nordirland konnte nicht einmal der zuständige Minister (Secretary of State) für Nordirland als Mitglied der Londoner Regierung und damit einer britischen Partei ein Repräsentant seines Zuständigkeitsbereiches sein, wie es bei Schottland oder Wales üblich war[258].

Im „Northern Ireland Constitution Act" von 1973 und im „Belfast" bzw. „Good Friday Agreement" von 1998 wurde u. a. festgelegt, dass weder Nordirland noch ein Teil davon ohne Mehrheitsvotum der Bevölkerung an Irland abgetreten werden kann. Ein Referendum darüber wurde 1973 von den Nationalisten boykottiert und seither nicht wiederholt. Im Jahr 1973 wurde anstelle des Parlamentes von 1920 eine nach Verhältniswahlrecht zu wählende Versammlung („Northern Ireland Assembly") von 78 Abgeordneten eingerichtet, die jedoch 1974 nach knapp 6 Monaten aufgelöst und wie erwähnt durch direkte Regierung von London aus ersetzt wurde, nachdem keine einvernehmliche Regierungsarbeit zustande gekommen war und ein Generalstreik der Unionisten das Leben in Nordirland lahm gelegt hatte. 1982 folgte die Einrichtung einer weiteren Versammlung, die 1986 ohne konstruktive Ergebnisse vorzeitig aufgelöst wurde. Von 1969–1994 wurden in Nordirland bei Kämpfen, Anschlägen und Morden über 3.000 Menschen getötet, darunter über 2.000 Zivilisten. Neues Leben kam in die Verhandlungen erst 1992/93 auf eine Initiative von Gerry Adams (Sinn Féin) und John Hume (Social Democrat and Labour Party, SDLP) und durch einen 1994–1996 von der IRA (Irish Republican Army) eingehaltenen Waffenstillstand, der Allparteiengespräche und nach dem Regierungswechsel von 1997 schließlich die Übereinkunft des Karfreitagsabkommens 1998 ermöglichte, das auch die Freilassung politischer Gefangener regelte. Es wurde am 22. 5. 1998 in einem Referendum bei 81,1 % Wahlbeteiligung mit 71,1 % Zustimmung angenommen und bedeutete das Ende der direkten Regierung Londons. Ein paralleles Referendum in der irischen Republik ergab bei 56 % Wahlbeteiligung eine Zustimmung von 94 %[259]. Der erste First Minister wurde David Trimble von der Ulster Unionist Party (UUP), sein Stellvertreter Seamus Mallon von der SDLP. Für ihren Einsatz erhielten Hume und Trimble 1998 den Friedensnobelpreis. Im Februar 2000 mußte die nordirische Autonomie kurzzeitig suspendiert werden, weil Probleme bei der Entwaffnung der IRA auftraten. Auch seither kam es immer wieder zu Ausschreitungen und Morden[260].

Mit der Dezentralisierung und Teilautonomie (engl. „devolution") von 1998 trat die Geschichte Großbritanniens in ein neues Stadium. Der Zusammenhalt multinationaler Staaten und die angemessene Repräsentation von Minderheiten in Demokratien bzw. konstitutionellen Monarchien, deren Funktionieren definitionsgemäß auf Mehrheiten beruht, sind grundsätzliche Probleme. Sachlich ist festzustellen, dass die nichtenglischen Landesteile Großbritanniens mit mindestens 71 von 635 Unterhaussitzen für Schottland (11,18 %), 35 für Wales (5,51 %) und 18 für Nordirland (2,83 %) bei Bevölkerungsanteilen von 9,02 %, 4,97 % und 2,76 % numerisch angemessen, ja sogar zeitweise bis zu 20 % überrepräsentiert[261] und mit eigenen Ministern und Ministerien bedacht waren. Andererseits ist offensichtlich, dass in diesem und jedem vergleichbaren Fall eines zentralistischen Staates weder eine Minderheit Aussicht auf Durchsetzung ihrer Interessen gegen die Mehrheit hat, noch eine dauerhafte Überstimmung der Mehrheit durch noch überproportional vertretene Minderheiten denkbar wäre. Als weiteres Problem kam neuerdings hinzu, dass die zentralistische Struktur sich als Problem in einem Europa der Regionen und der Subsidiarität erwies, wie es in den Maastrichter Verträgen von 1991 formuliert wurde[262].

Erfolgversprechend zur Lösung all dieser Probleme sind allein Dezentralisierung und (Teil)autonomie der einzelnen Landesteile in allen Fragen, die nicht von essentiell nationaler Bedeutung sind. In Großbritannien war dabei lange umstritten, ob und wie Autonomiezugeständnisse mit dem Suprematsanspruch des Parlamentes und der Aufrechterhaltung des Vereinigten Königreiches vereinbar seien, nachdem diese Konstellation bereits im 18. Jh. bei den amerikanischen Kolonien und im 19. Jh. bei Irland versagt hatte. Der Vorgang der Devolution besteht aus der Einrichtung untergeordneter gewählter Regionalvertretungen und der Übertragung legislativer und/oder exekutiver Funktionen vom nationalen Parlament und nationalen Ministern auf dieselben. Im Gegensatz zum Föderalismus findet keine Teilung der Zuständigkeiten statt, so dass das übergeordnete Parlament die Oberhoheit de iure behält und keine geschriebene Verfassung notwendig wird. Anders als bei einer föderalen Devolution („Home Rule All Around") sind nicht alle Landesteile davon betroffen, sondern nur die nichtenglischen[263].

Solche Schritte weg vom Zentralismus wurden in Großbritannien insbesondere seit den 1960er Jahren diskutiert. Ein von der Labour-Regierung 1977 eingebrachtes und vom Unterhaus zunächst abgelehntes, später doch noch verabschiedetes Gesetz (sog. Scotland and Wales Bill) über wiederum asymmetrische Teilautonomie für Schottland und Wales scheiterte im März 1979 bei einem Referendum an der nötigen Mehrheit. Dabei spielte u. a. ein Labour-Abgeordneter der schottischen Grafschaft West Lothian, Tam Dalyell, eine gewichtige Rolle, der mit der „West Lothian Question" eine Frage stellte, die schon bei den asymmetrischen Lösungen Gladstones virulent gewesen war, nämlich ob es rechtens sein könne, dass nach einer Devolution für Schottland zwar schottische Abgeordnete über Westminster weiter auf die englische Innenpolitik Einfluss nehmen könnten, nicht aber englische auf Belange des ehemals angelsächsischen und keineswegs keltischen Lothian[264]. Diesem Einwand wurde mit einer Wiedervorlageklausel, dem sog. „Ferrers amendment", in Abs. 66 des zweiten Gesetzesentwurfs Rechnung getragen, die wiederum die alten Probleme einer „in and out" Lösung nach sich zog. Eine weitere Klausel, das „Cunningham amendment", machte das Inkrafttreten der Devolution bei Zustimmung von weniger als 40 % der Wahlberechtigten von einem erneuten Parlamentsbeschluss abhängig. Während die Devolution in Wales bei 58,8 % Wahlbeteiligung mit nur 20,2 % Befürwortern (11,9 % der Stimmberechtigten) klar scheiterte, stimmte in Schottland bei 62,9 % Wahlbeteiligung eine absolute Mehrheit von 51,6 % der Wähler (32,5 % der Stimmberechtigten) für die Devolution. Dies unterschritt jedoch die 40 %-Grenze und kam zudem fast ausschließlich durch Stimmen aus den Highlands und von den westlichen Inseln zustande, so dass sich die Regierung außerstande sah, das Referendum als angenommen zu werten, und bei der Wiedervorlage eine Niederlage erlitt, die letztlich zu ihrem Sturz und zum Beginn der Ära Thatcher führte[265]. Das Scheitern des Referendums war nicht so sehr Ausdruck einer grundsätzlichen Ablehnung von Reformen als vielmehr komplizierter Befindlichkeiten und Befürchtungen, die von Politikern über Parteigrenzen hinweg geschürt wurden. Nachdem die Gelegenheit erst einmal vergeben war, nahmen die konservativen Regierungen 1979–1997, die in Schottland und Wales ohnehin keinen Rückhalt hatten, wenig politische Rücksicht auf regionale Belange, wobei insbesondere die Kopfsteuer (poll tax) von 1989–90 die Gemüter erhitzte, zivilen Ungehorsam und den neuerlichen Ruf nach Devolution hervorrief, der zunächst ungehört blieb[266].

Erst unter der neuen Labour-Regierung Blair, die wesentlich durch schottische und walisische Wählerstimmen getragen wird, kam 1997 wieder Leben in die Debatte. Am 11. 09. und 18. 09. 1997 wurden Referenden zur Devolution in Schottland und Wales abgehalten. In Schottland wurden bei 60,2 % Wahlbeteiligung 74,3 % Ja-Stimmen für ein eigenes Parlament (44,7 % der Wählerstimmen) und 63,5 % für dessen Besteuerungsrecht abgegeben (38,1 % der Wählerstimmen). In Wales wurden bei knapp über 50 % Wahlbeteiligung 50,1 % Ja-Stimmen für ein eigenes Parlament (25,1 % der Wählerstimmen) abgegeben, was einer Mehrheit von weniger als 7.000 Stimmen entsprach. Mit den 1998 vom Parlament mit klarer Mehrheit und wenig Widerspruch beschlossenen „Devolution Acts" traten erstmals Dezentralisierungsgesetze für Schottland und Wales in Kraft, nachdem entsprechende Vorhaben Ende der 1970-er Jahre gescheitert waren[267].

Die Gesetzgebung von 1998 regelt die Einrichtung eines „Parliament" von 129 Mitgliedern in Edinburgh, einer „National Assembly" von 60 Abgeordneten in Cardiff und einer „Assembly" von 108 Sitzen in Belfast. Der „Scotland Act" gewährt dem schottischen Parlament eine durch drei Elemente beschränkte Legislative, nämlich durch die Oberhoheit des britischen Parlamentes, eine Einengung auf innenpolitische Themen und Ausschluss bestimmter Aspekte durch eine Negativliste sowie die Begrenzung der Steuerkompetenz auf eine Abweichung von max. 3 % der Einkommenssteuer. Gewählt wird nach direktem Verhältniswahlrecht für eine bei Bedarf vorzeitig beendbare Legislaturperiode von vier Jahren, wobei 73 Sitze über die Wahlkreise, 56 über Listen nach dem Stimmenverhältnis in den regionalen Europawahlkreisen besetzt werden. Durch das Verteilungssystem entsteht eine indirekte 5,7%-Hürde. Die Exekutive untersteht einem vom Parlament gewählten und von der Queen ernannten First Minister, der weitere Minister beruft, die Judikative wird von einem Generalstaatsanwalt (Lord Advocate) und einem zweiten Kronanwalt (Solicitor-General) geleitet. Über die Einhaltung der Kompetenz entscheiden der Parlamentsvorsitzende, die Queen, ggf. Gerichte, der Geheime Staatsrat und britische Minister. Außerdem endet mit der Wahlkreisrevision 2003 die seit 1922 bestehende schottische Überrepräsentation in Westminster durch eine Reduzierung der Abgeordnetenzahl von 72 auf 59[268].

Der „Government of Wales Act" weicht von den quasi-föderalistischen schottischen Regelungen erheblich ab und stellt eine neue Form der Devolution einer Region dar. Er räumt der Nationalversammlung exekutive, nicht jedoch legislative Befugnis ein, ein Unterschied der schon in der Bezeichnung zum Ausdruck kommt. Lediglich Ausführungsbestimmungen (orders, rules, regulations) können kraft einer Zuständigkeitsübertragung des Ministers für Wales verabschiedet werden, wobei eine Positivliste die Themengebiete beschreibt und die Gerichte und der Geheime Staatsrat über die Einhaltung der Kompetenz wachen. Die Wahl der 60 Abgeordneten erfolgt für eine nicht vorzeitig beendbare Amtszeit von vier Jahren nach demselben Wahlrecht wie in Schottland, wobei 40 über die Wahlkreise und 20 über Listen bestimmt werden und eine indirekte 8%-Hürde besteht. Die Nationalversammlung untersteht einem „First Secretary", der eine kabinettartige Exekutive aus „Assembly Secretaries" ernennt, und arbeitet mit proportional besetzten Kommittees. Im Gegensatz zu Schottland bleibt die Überrepräsentation in Westminster bestehen, weil die Nationalversammlung keine echte Legislativfunktion hat[269].

Die komplexesten quasi-föderalistischen Regelungen erfolgten mit dem „Belfast Agreement" für Nordirland, damit die verschiedenen Bevölkerungsgruppen nach ihrem zahlenmäßigen Anteil an der Macht beteiligt sind. Dies wird durch ein „cross-community voting" genanntes Abstimmungssystem erreicht, bei dem alle Abgeordneten als Unionisten, Nationalisten oder Vertreter sonstiger Gruppen registriert sind. Bei Abstimmungen in Schlüsselfragen muss unter Ausschluss der „sonstigen" entweder paralleler Konsens gefunden werden, was bedeutet dass eine Mehrheit der Abstimmenden aus einer Mehrheit von Unionisten und einer Mehrheit von Nationalisten besteht, oder eine gewichtete Mehrheit von 60% der anwesenden und abstimmenden Mitglieder vorliegen, die mindestens 40 % der anwesenden Nationalisten und 40 % der anwesenden Unionisten einschließt. Ebenso müssen der erste Minister und sein Stellvertreter mit einer Mehrheit aus Mehrheiten beider Gruppen gewählt werden, so dass Radikale chancenlos sind. Zudem legen alle Minister einen Amtseid gegen Gewalt und Diskriminierung ab. Ein Nord-Süd Ministerrat dient der Regelung gesamtirischer Belange, ein Britisch-Irischer Rat pflegt die Beziehungen zur Nachbarinsel mit ihren anderen Autonomiegebieten[270].

Obwohl es sich bei den Devolutionen von 1998 wiederum um asymmetrische Lösungen mit den beschriebenen Problemen handelt, besteht angesichts der gebietsspezifischen Lösungen, die gezielt frühere Fehler vermeiden, Aussicht auf Erfolg wie er auch asymmetrischen (Teil)autonomieprogrammen z. B. in Dänemark, Portugal, Frankreich, Italien und Spanien beschieden war und ist. Dennoch ist derzeit nicht abzusehen, wozu die nicht-englischen Landesteile ihre neuen Befugnisse gebrauchen und ob der Supremat Westminsters und das Vereinigte Königreich auf Dauer Bestand haben werden[271].

Immerhin wird das Überdauern eines keltischen Selbstverständnisses in Wales, Schottland und Irland über Jahrhunderte der Benachteiligung und des raschen wirtschaftlichen und sozialen Wandels hinweg auch aus soziologischer Sicht als ein beachtliches Phänomen eingestuft[272]. Als grundlegend wird die Topographie angeführt, die früh zu ökonomischen, sozialen und politischen Unterschieden in High- und Lowlands führte. Diese wurden verschärft durch eine von England lange Zeit verfolgte imperiale Expansionspolitik („internal colonialism"), die mit dem Anspruch kultureller Überlegenheit, zentraler Regierung, ungleicher Arbeitsteilung, übermäßiger wirtschaftlicher Spezialisierung und Gewinnabschöpfung aus Kapital, Landbesitz und Außenhandel sowie bisweilen offenem anti-keltischen Rassismus einherging[273]. Zudem wirkten religiöse, sprachliche, folkloristische und sportliche Besonderheiten identitätsstiftend auf keltischer Seite. Hinzu kamen konfliktträchtige Gegensätze zwischen anglisierter Oberschicht und breitem Volk seit dem 17. Jh., die sich meist konfessionell unterschieden, sowie zwischen industrialisierten und ländlichen Gebieten seit dem 19. Jh., von denen die zweiten bis heute wirtschaftlich und infrastrukturell unterentwickelt sind. Diese Sachlage bereitete dem Nationalismus den Boden, der wie ausgeführt im frühen 20. Jh. und in den späten 1960er Jahren Höhepunkte erreichte. Nur im agrarisch geprägten Irland war der Rückhalt in der Bevölkerung jedoch so breit, dass es tatsächlich zu staatlicher Unabhängigkeit kam[274].

4 Sachkultur

Mit der Sachkultur kehren wir in die keltische Vergangenheit
zurück, wobei vor allem Bekleidung, Waffen, Siedlungsweise, Landwirtschaft, Handwerk, Handel und Verkehr, Münzen und Kunst der
Festlands- und frühen Inselkelten betrachtet werden sollen.

4.1 Kleidung und Textilwesen

Bei keltischer Kleidung denkt mancher vielleicht unwillkürlich an
Schottenröcke und derbe Karostoffe, an denen womöglich die Fa-
milien-, Clan- oder Stammeszugehörigkeit des Trägers zu erkennen
ist. Dieses Klischee ist in mancher Hinsicht gar nicht so falsch, wenn
man die eisenzeitlichen Hinterlassenschaften kennt, die in der Tat
eine Vorliebe für wollene Karostoffe und sonstige lebhafte Webmus-
ter bezeugen. Für die keltische Bekleidung der Eisenzeit gibt es
mehrere Quellengattungen. Das Aussehen der Kleidung als ganzes
erschließt sich aus Berichten antiker Autoren, Bilddarstellungen
sowie Trachtbestandteilen aus haltbarem, meist anorganischem Material, deren Position in Körpergräbern Rückschlüsse auf ihre
Funktion und Tragweise erlaubt. Textilien, darunter auch Gewänder,
finden sich zudem als Abdrücke vergangener Gewebe auf korro-
diertem Metall in Gräbern und Hortfunden sowie als in der Faser
erhaltene Stoffe, die durch die konservierende Wirkung von Salz,
Eis oder unter Luftabschluss in Gräbern und Gewässern vor dem
Zerfall bewahrt wurden.
Die keltische Bekleidung weckte immer wieder das Interesse griechischer und römischer Schriftsteller, weil sie wegen ihrer auffälligen Musterung, eigentümlichen Schnitte und des zugehörigen
Schmucks als befremdlich empfunden wurde. Bereits im 2. Jh.
v. Chr. erwähnt Polybios (2, 28 f.) im Zusammenhang mit der
Schlacht von Telamon unter Berufung auf den römischen Ge-
schichtsschreiber Q. Fabius Pictor (3. Jh. v. Chr.), dass die Kelten in
Hosen und leichten Mänteln oder unbekleidet kämpften und ihre
ersten Abteilungen reichen goldenen Hals- und Armschmuck trugen. Aus Diodor (5, 27 ff.) erfährt man von goldenen Oberarm-,

Arm- und Halsringen bei Männern und Frauen, ja sogar von goldenen Panzern, rasierten und bärtigen Kelten sowie Vornehmen mit langem Schnauzbart. An Bekleidung kommen bunte Hemden, Hosen und Mäntel vor, die auf der Schulter mit einer Fibel gehalten wurden. Sie waren gestreift, bunt kariert oder gar geblümt, im Winter flauschig, im Sommer aber glatt. Dazu trug man silber- oder goldbeschlagene Gürtel sowie eiserne Kettenpanzer. Strabon (4, 4, 3 f.) berichtet, dass die Belger langes Haar, kurze dicke Mäntel, enganliegende Hosen und hüftlange geschlitzte Hemden mit langen Ärmeln trügen. Auch von Goldschmuck an Hals und Armen, bunt gefärbten und goldverzierten Gewändern der Vornehmen sowie dem Kampf gegen die verpönte Fettleibigkeit ist die Rede. Etwa zeitgleich kommen in Vergils Aeneis (8, 660) bei der Eroberung Roms Kelten mit Goldschmuck und bunt gestreiften Mänteln vor. Obwohl diese Mäntel Strabon zufolge (4, 4, 3) nicht nur nach Rom, sondern in die meisten Gegenden Italiens exportiert wurden, erregte 68/69 n. Chr. der römische Feldherr Caecina Aufsehen und Ärgernis, als er in gemustertem Mantel und Hosen in italischen Städten auftrat (Tac. hist. 2, 20). Von Plinius (nat. 8, 192 f.; 19, 17 ff.; 22, 2 f.) erfährt man im 1. Jh. n. Chr., dass die Gallier Stoffe walken, rot (Krapp), blau (Waid) und purpur färben konnten. Möglicherweise benutzten sie auch die von ihm erwähnten feuerfesten Gewebe („asbestion")*. Zudem stammten rauten- oder würfelförmig gemusterte Gewebe aus Gallien. Die Frauen der Britannier setzten Waid sogar zum Blaufärben des Körpers ein. Die mit Waid bemalten Körper der Britannier werden auch von Caesar (Gall. 5, 14, 2) und Mela (3, 51; Mitte 1. Jh. n. Chr.) beschrieben, wobei Herodian (3, 14, 6 f.; 2./3. Jh. n. Chr.) spezifiziert, dass der Farbauftrag in bunten Mustern und Tierdarstellungen erfolgt sei. Dies erscheint angesichts der keltischen Ornamentfreude trotz der zweifelhaften Glaubwürdigkeit des Autors plausibel. Diodor (5, 28) erwähnt zudem das Bleichen und Steifen des Haares mit Kalklauge. Mitte des 1. Jhs. n. Chr. spottete Martial über schmutzige, zottlige Kapuzenmäntel, fettige Wolle, unanständig kurze und bunte Mäntel aus Gallien (1, 53; 6, 11; 14, 128 f.). Weil Informationen zur keltischen

---

* In Tannheim, Kr. Biberach, fanden sich in Grabhügel 6 einige Asbestfäden (Fundber. Schwaben 12, 1904, 36 ff. und 15, 1907, 26 f.), die eine Verwendung des Materials auch für Textilien möglich erscheinen lassen, wie sie in Form von Lampendochten und Totenkleidern für die Römerzeit sicher belegt sind (Plin. Nat. 19, 19 ff. und z. B. Päffgen 1992, 250 f. Abb. 67 zu Köln-St. Severin Grab IV, 102).

Frauentracht selten sind, ist auch Cassius Dio (62, 2, 3) von Interesse, wenn er der britannischen Königin Boudicca nachsagt, dass sie goldenen Halsschmuck, ein bunt gemustertes Gewand und einen dicken Mantel mit Fibel oder Nadel trug, obwohl sich dies rund 200 Jahre vor seiner Zeit zutrug[275].

An Bildquellen sind bedingt die Werke der Situlenkunst (s. S. 138) des 6.–4. Jh. v. Chr., außerdem Menschendarstellungen auf Waffen und Fibeln der Latènezeit, Großplastiken und figürlich verzierte Keramik zu nennen. Die Frauentracht der Situlenkunst besitzt als Hauptmerkmal die Kopfbedeckung, die als kurzes Kopftuch, längeres Umhängetuch oder langer, T-förmiger Umhang vorkam. Darunter trug man ein langes Gewand, das zweiteilig als Bluse und Rock oder als einteiliges Kleid geschnitten war, wobei Ärmel und Gürtel sowie schmale und weite Schnitte vorkamen. Geschwungene Säume und Karomuster werden mit etrurischer Bekleidung in Zusammenhang gebracht. Zusätzlich konnten Pluderhosen unter dem Rock getragen werden. Das Schuhwerk, sofern dargestellt, war häufig schnabelförmig zugespitzt oder besaß umgeschlagene Stulpen. An Schmuck sind vier Arten von Ohrschmuck sowie ein Fußring dargestellt. Nach ihrer Verbreitung lassen sich verschiedene Trachten unterscheiden[276]. Was die Bilder verschweigen, ist die Bedeutung eingliedriger Fibeln, die in Ha D durch südalpine Vermittlung über die Alpen gelangten und mit einem Trachtwandel hin zu drapierten Obergewändern nach Art des mediterranen Peplos einhergingen.

Für die weitere Entwicklung der Frauentracht fehlen zunächst die Bildquellen, Peplostrachten mit zwei Schulterfibeln werden jedoch für die weiblichen Mitglieder vieler jüngereisenzeitlicher Gemeinschaften vermutet[277]. Im 1. Jh. n. Chr. werden in mehreren Gebieten die letzten Ausläufer keltisch-einheimischer Frauentrachten durch Darstellungen auf römisch beeinflussten Grabreliefs und damit übereinstimmende Grabfunde wieder greifbar. Zum einen ist dies der Fall im norisch-pannonischen Raum, wo im 1. Jh. n. Chr. über einem schmalen langärmeligen Untergewand mit Halsfibel ein ärmelloses sackartiges Obergewand mit zwei großen Schulterfibeln getragen wurde, zu dem ein breiter Ledergürtel mit Metallbeschlägen, einige Schmuckstücke, ein capeartiger Umhang und eine Kopfbedeckung gehörten. Die Kopfbedeckung ist das typischste und unrömischste Merkmal, das regional und zeitlich differenziert als Haube, zylidrische Mütze, zweispitziger Pelzhut oder Turban vorkommt[278]. Zum anderen trifft dies auf die Rheinlande mit der sog. Menimane-Tracht zu. Diese besteht aus engem Hemd mit Ärmelmanschetten und kleiner Halsfibel, peplosartigem Übergewand mit zwei Schulterfibeln, einer waagrecht getragenen Brustfibel und

Gürtel, einem auf der Schulter mit einer fünften Fibel verschlossenen Umhang sowie aufwändigem Hals-, Arm- und Ohrschmuck[279]. Im 2. bis 3. Jh. wird die Peplostracht – abermals unter mediterranem Einfluss – von der fibellosen hemdartigen Tunika abgelöst, sowohl im norisch-pannonischen Gebiet, bei moselländischen Kelten als auch niederrheinischen Germanen[280]. Derselbe Vorgang findet später um 400 bei den West- und um 500 bei den Ostgermaninnen statt und beendet damit die letzten Reste eisenzeitlicher Frauentracht in Mitteleuropa.

Die Männerbekleidung besteht in der Situlenkunst meist aus einem tunikaartigen Hemd von Wadenlänge mit halblangen Ärmeln, geradem Saum mit Borte oder Fransen, das einfarbig, kariert oder getupft sein kann. Manchmal wird darüber ein Umhang getragen, der eine Schulter umhüllt, auf der anderen verschlossen wird und bei Wagenlenkern oder Tänzern rückwärts in einem langen Schoß enden kann. Charakteristisch ist die Vielfalt an Kopfbedeckungen, die turbanartig, tellerartig flach, flach mit breiter Krempe, zipfelmützenartig, glockenförmig, halbkugelig, kapuzenartig oder barettartig vorkommen. Sonderformen der Bekleidung sind boleroartige Westen, kurze Hemden und Röcke, Lendenschürze und Bauchbinden. Zur Männerkleidung im weiteren Sinn gehören die Schutzwaffen, von denen sich verschiedene Helme gut mit archäologisch bezeugten Realien vergleichen lassen[281]. Während Männerhosen in der Situlenkunst noch fehlen, stellen sie zusammen mit langärmeligen Hemden und rechteckigen Umhängen mit Schulterfibel auf latènezeitlichen Bildwerken typische Kleidungsstücke dar, etwa in schmaler Form auf einer Schwertscheide von Hallstatt Grab 994, als weite Pluderhosen an einer Figurenfibel aus Grab 134 vom Dürrnberg, als karierte Beinkleider an Goldhalsring 1 von Erstfeld und als fischgrätgemusterte kniekurze Hosen und Overalls auf dem sog. Gundestrup-Kessel[282].

Unter der Großplastik liegen wenige Werke vor, die detailreich genug sind, um Aussagen über die Bekleidung zuzulassen, wenn die Dargestellten nicht überhaupt nackt sind. Am „Krieger von Hirschlanden" (Mitte/zweite Hälfte 6. Jh. v. Chr.), sind immerhin Kegelhelm oder -hut, Halsring, Gürtel mit Dolch und vielleicht eine Maske zu erkennen, von denen der Hut ein Gegenstück aus Birkenrinde im Hochdorfer Grab (s. S. 91) besitzt. Detailreich sind kelto-ligurische Statuen aus Südfrankreich, z. B. aus Roquepertuse bei Velaux oder Glanum bei St. Remy-en-Provence, die ein gefälteltes Untergewand mit Panzer, mantelartigem Rückenteil und Ringschmuck bzw. oberschenkellange Tuniken mit gezacktem Kragenüberwurf und z. T. mehrfarbig gefasster Rauten- und Würfelmusterung tragen[283]. Unter den qualitätvollen iberischen Skulpturen aus dem Heroon von Obulco/Porcuna, Prov. Jaén (zweite Hälfte 5. Jh. v. Chr.), liegen Darstellungen keltiberischer Krieger mit Panzer, Kurzschwert, Rundschild, breitem Gürtel mit Wehrgehänge und Schlangenarmreifen vor. Sog. galläkische Kriegerskulpturen tragen außer Panzer, Breitgürtel und Kurzschwert z. T. einen kurzen karierten Rock[284]. Vertreter keltischer Holzplastik mit Gewanddarstellungen sind z. B. aus überwiegend frührömisch datierten Beständen von der Seinequelle bei Saint-Germain-Source-Seine, Dépt. Côte d'Or, und dem spätkeltischen Hafen von Genf bekannt, wo Tuniken und umhangartige Mäntel dargestellt sind. Eine sitzende Frauenplastik mit verhüllendem Gewand und Halsring stammt aus Vix bei Châtillon-sur-Seine[285].

Menschendarstellungen auf Keramik finden sich z. B. in der älteren Hallstattzeit bei Sopron in Ungarn, wo Frauen in kurzen Kleidern und langen Röcken zu sehen sind, deren Rockteile glockenförmig weit ausgestellt und flächig mit Punktmustern, Karos, Diagonalstreifen und Bogenornamenten verziert sind. Ebenfalls belegt sind Hauben und kragenartige Gebilde. Als Männerkleidung werden engere Gewänder und diagonal gestreifte Beinkleider gedeutet. Auf der figural bemalten Keramik im spanischen Numantia (2./1. Jh. v. Chr.) sind Rüstungen, aber auch kurze, mit gemusterten Zonen verzierte Tuniken dargestellt. Außerdem existieren eisenzeitliche Keramikgefäße in Schuhform[286].

Die Trachtbestandteile aus haltbarem Material lassen sich gliedern in solche verschließender und verzierender Natur, wobei für die Eisenzeit zu den ersten – typologisch am wichtigsten – Fibeln[287], aber auch Gürtelhaken, -bleche, -ketten und Nadeln gehören. Loser Schmuck ohne dingliche Verbindung zum Gewand wäre als Bekleidung im weitesten Sinne hinzuzufügen[288]. Zu den zweiten zählen z. B. Nietenbesätze wie die aus Frauengrab X/2 von Mitterkirchen in Österreich, wo ein Mantel partienweise mit kleinen Metallnieten so dicht besetzt war, dass er sich aus diesen Resten weitgehend rekonstruieren läßt[289]. Es gibt keine Hinweise, dass die Verbreitungsgebiete keltischer Trachtbestandteile generell mit Wohngebieten historisch bezeugter Völkerschaften zusammenfielen[290]. Für ihre Verbreitung kommen eher Werkstattkreise, Kultgemeinschaften, Kommunikationswege u. ä. in Betracht.

Wenn Textilien im unmittelbaren Kontakt mit Bronze- oder Eisenobjekten in den Boden kommen, können die Korrosionsprodukte des Metalls sie so vollständig durchdringen, dass sie als plastisches Gebilde erhalten bleiben, auch wenn längst alle Fasern vergangen sind. Schöne Beispiele stammen aus hallstattzeitlichen Grabhügeln,

z. B. aus dem Grabhügel von Apremont-La Motte aux Fées, Dep. Haute-Saône[291]. Über die Metallobjekte sind diese Textilien im Gegensatz zu Funden aus Mooren oder Salzbergwerken zudem hervorragend zu datieren. Die Abdrücke lassen sich wie ein Stoffstück auf Spinnrichtung, Webtechnik, Fadenstärke, Webdichte etc. untersuchen. Dieses Verfahren wurde insbesondere von der Dänin L. Bender Jørgensen perfektioniert und in Mittel- und Nordeuropa an Tausenden von Fundstücken durchgeführt. Es zeigte sich, dass Textilien der Hallstattzeit hauptsächlich aus Leinwand oder einfachen Köpern bestanden, d. h. aus Stoffen, bei denen entweder je ein Kett- und ein Schussfaden gekreuzt werden bzw. bei denen wie bei Jeans durch diagonale Anordnung der Bindungspunkte der Eindruck schräger Grate erzielt wird[*]. Sie bestanden in mindestens einem Fadensystem aus Zwirn, für gewöhnlich der Kette, die am Gewichtswebstuhl größerer Belastung ausgesetzt war. In Mitteleuropa war dabei fast immer z-Garn (von oben gesehen links herum gesponnen) und S-Zwirn (von oben gesehen rechts herum gezwirnt) in Gebrauch, s-Garn findet sich fast nur in sog. Spinnrichtungsmustern, also einfarbigen Verzierungen, die sich zu Nutze machen, dass s- und z-gesponnene Fäden das Licht unterschiedlich reflektieren. Damit unterscheidet sich das keltische Gebiet deutlich vom nord- und südosteuropäischen sowie mediterranen Raum, wo reine Garngewebe überwiegen. Erhalten haben sich auch sog. Brettchengewebe, schmale Zierbänder, bei denen die Fachbildung durch das serienweise Vor- und Zurückkippen kleiner gelochter Holz- oder Knochenplättchen erfolgte, in deren Löcher die Kettfäden eingefädelt waren. Diese Technik mit ihrer fast beliebig variierbaren Fachbildung erlaubte einen viel größeren Musterreichtum als der Gewichtswebstuhl, auf dem die großen Gewebebahnen angefertigt wurden[292].

Bei günstigeren Bodenbedingungen haben in hallstatt- und latènezeitlichen Gräbern in Verbindung mit konservierenden Metallfunden auch in der Faser erhaltene Gewebe überdauert. Ein 1978–79 vorbildlich gegrabenes Beispiel ist das „Fürstengrab" von Hochdorf, Kr. Ludwigsburg, dessen Textilien inzwischen vollständig bearbeitet und publiziert sind. Es handelt sich um ein reich ausgestattetes ungestörtes Wagengrab eines Mannes unweit des hallstattzeitlichen „Fürstensitzes" auf dem Hohenasperg, das in die Stufe Ha D1/2 datiert. In ihm waren Wände, Boden, Totenliege und alle Beigaben überreich mit Textilien bedeckt, behängt und verhüllt, von

---

[*] Z. B. „über zwei-unter eins" in jeder Reihe um einen Kettfaden seitlich versetzt.

denen mindestens 40 genauer untersucht werden konnten. Ihre Farben waren teils noch mit bloßem Auge zu erkennen, teils wurden sie chemisch nachgewiesen, wobei Blau und Rot dominierten. Teilweise kamen für die Stoffe nach heutigen Vorstellungen ungewöhnliche Materialien zum Einsatz, z. B. Hanfbast und Dachshaare. Besonders reich verziert waren drei Wollstoffe mit breiten, geometrisch gemusterten Brettchenwebkanten, mit denen der große Bronzekessel des Grabes verhüllt war. Erstaunlicherweise fanden sich keine Reste der Kleidung des in vier Lagen von Tüchern eingeschlagenen Toten, obwohl in anderen Gräbern die Beisetzung in Gewändern belegt ist. Die Textilien zeigen Einflüsse aus dem Osten (Brettchengewebe, Karomuster, Hanf, Indigo) und dem Mittelmeerraum (rote Grabtextilien, importierte rote Farbe der Kermesschildlaus, importiertes z-/z-Gewebe, geometrische Muster). Bei experimentellen Rekonstruktionen ergaben sich z. T. unlösbare Probleme, so konnten z. B. keine handgesponnenen, aber 0,2 mm feinen Garne für die Kesselgewebe beschafft werden, die stabil genug zum Weben waren[293].

Viele keltische Textilien, meist aus Wolle, selten auch aus Leinen, verdanken ihre Konservierung den Salzbergwerken von Hallstatt und dem Dürrnberg bei Hallein. Aus Hallstatt sind 109 Gewebe publiziert, von denen ein Teil durch Funde in die Hallstattzeit datiert ist und der Rest wegen der technischen Übereinstimmung hinzugezählt wird. Zumeist handelt es sich um reine Garngewebe, darunter 28 leinen- und 62 schlichte köperbindige Stoffe, außerdem Halbpanama, Panama, Spitz- und Fischgratköper, Brettchengewebe und Kettripsbänder mit flottierenden Mustern. Die (Halb)panamagewebe sind besonders qualitätvoll hinsichtlich der Feinheit des Garns und beachtlicher Webdichten von bis zu 40 Fäden/cm. In drei Fünfteln der Fälle waren die Stoffe mit Streifen oder Schottenkaros gemustert, die entweder mit unterschiedlichen Wollfarben bzw. gefärbtem Garn in gelb, braun, schwarz, rostrot, weinrot, violett, olivgrün, grünblau und blau hergestellt wurden oder aber mit Spinnrichtungsmustern gearbeitet waren. Dabei deckten sich Web- und Farbmuster im Falle ihres kombinierten Auftretens häufig nicht, so dass z. B. der Zackenwechsel von Spitzgratköpern nicht mit Farb- oder Spinnrichtungswechseln zusammenfiel. Auch im Stoff gefärbte Textilien existierten, wie im Kern farblos gebliebene Fadenkreuzungen zeigen. Die Fischgratköper erweisen zudem eine sehr fortschrittliche Webtechnik, weil sie als die ältesten komplexen Köper erstmals den sog. Köpereinzug der Kette nötig machten, bei dem nicht mehr gleichmäßig jeder dritte oder vierte Faden an einen Litzenstab geknüpft wird, sondern wechselnde Abstände ausgezählt werden mussten. Vom Dürrnberg sind zwanzig vermutlich überwiegend frühlatènezeitliche Textilien publiziert, darunter fünfzehn Woll- und fünf Leinenstoffe. Insbesondere finden sich mehrfarbige Wollbänder in Leinenbindung mit Zwirn in beiden Fadensystemen, ungemusterte Köper, ein heute verlorenes gelbes Tuch mit bunter Flottierung in grün und braun und ein Leinengewebe mit möglicher Stickerei*. Außer natürlichen Wollfarben kommt rotbraune, braune, blaue, purpurne, gelbe und grüne Färbung vor. Als Fäden wurden überwiegend S–Zwirn und z–Garn verwendet. In Hallstatt wie am Dürrnberg liegen offenbar vor allem Lumpen vor, die als Lappen letzte Dienste erfüllten. An ihnen sind zwar Reste von Kleidernähten und Reparaturen dokumentiert sind, jedoch ohne dass die Form eines Kleiderstückes rekonstruiert werden könnte[294].

Eine Sensation ist ein 1992/94 am Rande eines Schneefeldes bei der Rieserfernerhütte auf 2841 m NN im Pustertal in Südtirol gefundenes Ensemble eisenzeitlicher Beinkleider. In zwei Haufen zwischen Felsen wurde ein kurzes Socken- oder Innenschuhpaar, zwei lange Leggins und Lederreste, vielleicht von Schuhen, entdeckt, die offenbar im Eis erhalten blieben. Durch C14-Bestimmungen ist eine Datierung um 795–489 v. Chr. wahrscheinlich. Bei den feinen Wollstoffen handelt es sich um Tuch und Spitzgratköper, die mit Schnüren befestigt, z. T. geflickt und mit blauen und pflanzlichen Nähfäden genäht waren. Nachdem die Topographie der Fundstelle ein Lawinenopfer unwahrscheinlich macht, wird angenommen, dass es sich um Abfälle oder die Reste eines von Raubtieren verschleppten Leichnams handelt[295]. Angesichts der Lage an einem wichtigen Alpenpass wäre aber auch eine rituelle Deponierung denkbar.

Gewässer- und Moorfunde von Textilien spielen für den keltischen Raum abgesehen von Latène selbst fast keine Rolle, im Gegensatz zu Nordeuropa, wo sie einen beachtlichen Teil der Funde ausmachen[296]. Früher wurde angenommen, dass sich unter den hallstattzeitlichen Textilien auch Funde von Seide befänden. Dies konnte durch eine Aminosäurenanalyse widerlegt werden, die in den betreffenden Fällen pflanzliche Proteine nachwies. Sehr wohl sind hingegen die goldverzierten Gewänder nachweisbar, von denen die Quellen berichten. Aus der Hallstattzeit sind Funde von Goldfäden, -plättchen und -streifen z. B. aus den baden-württem-

---

* Zum Nachweis von Stickerei müssen durchstochene Gewebefäden vorliegen. Dies ist nur für ein mit roter Wolle besticktes Leinengewebe aus einem Grab des 3. Jhs. v. Chr. in Nové Zámky, Slowakei, nachgewiesen (Furmánek/ Pieta 1985, 137 f. Abb. 54-55).

bergischen Grabhügeln Grafenbühl, Gießhübel bei Hundersingen und Kleinaspergle bekannt, vom Hohmichele stammt ein gold-durchflochtener Ledergürtel. Für die Latènezeit ist z. B. der südeng-lische Grabhügel von Lexden zu nennen, wo goldumsponnene Fäden vorlagen[297].

Für die historische Zeit sind zweifellos die schottischen Karo-stoffe, die sog. Tartans (von „tiertain" = flämischer Wollstoff), das markanteste Element keltischer Bekleidung, das wie zu sehen war, in bester eisenzeitlicher Tradition steht. Sie betreffen zeitlich und räumlich freilich nur einen kleinen Ausschnitt dessen, was in der keltischen Welt in Mittelalter und Neuzeit getragen wurde und über das meist wenig bekannt ist. Obwohl Tartanstoffe vielleicht bis ins 12. oder 13. Jh. zurückreichen, sicher seit 1538 in Texten und seit dem frühen 18. Jh. auch bildlich belegt sind, stammt ihre Mehrzahl nur aus dem mittleren 19. Jh. Manche sind sogar viel jünger, und neue Muster entstehen bis in die Gegenwart. Vor 1745 fehlen Hin-weise, dass bestimmte Tartans auf Familien beschränkt waren, sehr wohl aber sind regionale Tartans, z. B. auf den westlichen Inseln, um 1700 in Gebrauch gewesen. Ursprünglich wurden aus Tartans keine Faltenröcke (kilts) sondern rechteckige Tücher (plaids) hergestellt, die bis 1745 in den Highlands allgemein getragen wurden. Ihre Tragweise hing wie die eisenzeitlicher Rechteckmäntel von der Witterung ab, wobei Knie und Unterschenkel meist unbedeckt blieben[298]. Wie politisch die Tartans in England aufgefasst wurden, zeigt ihr 36 Jahre währendes Verbot im Rahmen der Proskriptions-gesetze von 1746/47. Diese zielten nach der endgültigen Nieder-lage der Jakobiten außer auf Entwaffnung wohl auch auf Demüti-gung und Identitätsberaubung der rebellischen Hochlandbewohner ab und stellten bei Zuwiderhandlungen Haft und im Wiederho-lungsfalle Deportation in Aussicht. Der einzige erlaubte Tartan in der Verbotszeit war „Black Watch", das Muster des 1739 gegründe-ten regierungstreuen Highland Regiment[299]. In militärischem Um-feld wie diesem wurde der Tartan Plaid durch Zutaten wie Kilt, Schultergürtel, wollene Kniestrümpfe, Dudelsack etc. zu einer Art Uniform, die nicht mehr viel mit dem keltischen Kleidungsstück zu tun hatte und niemals im Alltag getragen wurde. Mit der Aufhebung des „Disclothing Act" im Jahre 1782 hielt in den Highlands auch keineswegs der Plaid Wiedereinzug als Alltagsbekleidung, vielmehr war er ein für alle mal durch Hosen verdrängt. Allerdings erfuhr die schottische Uniform jetzt, wo keine Gefahr mehr von den High-lands ausging und der militärische Erfolg des Highland Regiment 1815 bei Belle Alliance/Waterloo, die Dichtungen Macphersons und die Erzählungen Sir Walter Scotts (s. S. 203 f.) Schottland weithin interessant gemacht hatten, in Großbritannien und auf dem Festland eine „romantische Rehabilitation". Selbst der englische Monarch George IV. ließ sich für einen Besuch in Edinburgh 1822 damit ausstatten[300]. Hinzu kam, dass zur selben Zeit eine – wie man heute weiß gefälschte – Kopie des 18. Jhs. eines angeblichen Manuskripts des 16. Jhs. auftauchte, das einige Dutzend Tartans beschrieb und abbildete, die zwar den Herstellern der Zeit unbekannt waren, aber bald weit bekannt wurden und heute als „offizielle" Tartans eingetragen sind. Nachdem sich im 19. Jh. fast die Hälfte der schottischen Bevölkerung einer der über 10.000 Adelsfamilien in der einen oder anderen Form zugehörig fühlte, entstand allenthalben das Bedürfnis, die eigene Familie mit entsprechender Tracht zu kennzeichnen, was zur Schaffung ständig neuer Tartans führte, die beim schottischen Lord Lyon King of Arms dokumentiert und quasi geschützt sind[301]. So kam es auch, dass folkloristische Tanzgruppen, Clubs und Chöre das komplette Ensemble des gar nicht so traditionellen „traditional dress" aufgriffen. Unter Queen Victoria kam gar die Mode auf, Wohnräume mit Teppichen, Tapeten und Stoffen in Tartanmusterung zu dekorieren. In den 1970er Jahren schließlich waren traditionelle und erfundene Schottenmuster noch einmal groß in Mode, wobei die Neuerung der Karohose gar nicht so neu war, wie Martine glaubt, wenn man an die Festlandskelten denkt. Ein anderes Kuriosum ist das Fortleben des Mackintosh Kilts in der Festtracht der nordamerikanischen Creek Indianer, die durch die Heirat eines Schotten mit einer Indianerprinzessin zustande kam[302].

In der Bretagne ist die Ausprägung fester Trachten noch jünger, nämlich erst aus dem 19. und frühen 20. Jh. Die Männertracht mit knielangen Pluderhosen, geknöpften Gamaschen, Hemd, kurzer Jacke mit Schößen, kleinkrempigem Hut mit flach-halbkugeliger Kalotte, Pantinen und dem penn-baz genannten kurzen Holzstab mit Knauf und Handschlaufe fand vergleichsweise wenig Beachtung[303]. Hingegen ist besonders die aufwändige Spitzenhaube der Frauentracht, die sog. „coiffe", allgemein bekannt*. Während häufig der Eindruck besteht, es handle sich dabei um einen altehrwürdigen Trachtbestandteil, der schon immer getragen worden sei und sich von Gebiet zu Gebiet nach Form, Größe und Machart unverkennbar unterschieden habe, verhält es sich in Wirklichkeit ganz anders. Das Entstehen der Tracht wurde durch zwei Faktoren ermöglicht, die mit der Revolution von 1789 gewonnenen Freiheiten der Landbevölkerung und die Indus-

---

* Auswahl im Internet unter
  http://www.bretagnenet.com/strobinet/pub/coiffes/koefou.htm

trialisierung, durch die massenweise produzierte Textilien preiswert verfügbar wurden. Von Zeitgenossen aus der Mitte des 19. Jhs. wurden sie keineswegs als festliches Kleidungsstück ehrbarer Frauen angesehen, sondern galten als beklagenswertes Zeichen neumodischer Eitelkeit, Verschwendung, Ausschweifung und des Zusammenbruchs sittlich-moralischer Werte schlechthin. Das Tragen der Coiffe wurde mit Trunksucht und Unkeuschheit auf eine Ebene gestellt. Außerdem ergaben genaue Studien des Kopfputzes anhand von Realien und Abbildungen, dass seine Gestalt wenig Stabilität aufwies, weder in zeitlicher noch in regionaler Hinsicht. Rasche Veränderung, häufig bis zu völliger Unkenntlichkeit der Ausgangsform war die Regel. Dabei spielten verschiedene Faktoren eine Rolle, neben praktischen wie Kommunikationswege, Wirtschaftsweise (z. B. Fischer-Bauern) und bessere Handhabung der Hauben, vor allem ideelle wie das Bedürfnis, sich von Nachbargebieten zu unterscheiden oder sich noch feiner und modischer zu kleiden. Zwischen den Weltkriegen entstand die absurde Situation, dass man mit der Tracht nach bretonischem Verständnis modisch-elegante Kleidung trug, die Wohlstand und Geschmack ausdrückte, während man sich für Touristen damit zum pittoresken Schau- und Fotoobjekt machte. Nach dem Zweiten Weltkrieg kam die Tracht bei jungen Frauen außer Mode, so dass Innovationen ausblieben, ihr Alltagsgebrauch mit den alten Trägerinnen ausstarb und sie in einer für „traditionell" gehaltenen toten Form erstarrte. Zeitgleich entstanden in den Städten Gesellschaften zum Erhalt und zur Pflege der Trachten, die heute nur bei folkloristischen Anlässen wie den „Fêtes de Cornouaille" in Quimper, oft bei Volkstänzen zu sehen sind[304].

4.2 Bewaffnung

Waffen der Hallstattzeit kennt man überwiegend aus Grabfunden und von Darstellungen der Situlenkunst. Griffzungenschwert, Dolch und Lanze gingen auf die urnenfelderzeitliche Bewaffnung zurück, wurden jetzt jedoch bei den Schwertern etwa in der Hälfte der Fälle, ansonsten fast ausschließlich aus Eisen geschmiedet statt aus Bronze gegossen wie zuvor. Dolche kamen ganz aus Eisen oder aus Eisen und Bronze vor. Neu sind einschneidige Hiebmesser aus Eisen und dreikantige Pfeilspitzen aus Bronze, die auf mediterrane und/oder eurasische Anregungen zurückgeführt werden. Im Grab zeichnet sich ein überlappender Wechsel von Schwertern sowie selten Lanzen und Hiebmessern in Ha C hin zu Lanzen und Hiebmessern sowie selten Dolchen in Ha D ab, wobei in Ha D1 zwei, ab Ha D2 nur noch eine Lanze mitgegeben wurde. Dies wurde als Ende des Einzelkampfes zu Pferde oder zu Fuß mit Schwert oder zwei Lanzen und Beginn des Kampfes zu Fuß in geschlossener Schlachtordnung mit einer Lanze nach dem Vorbild der griechischen Hoplitenphalanx angesehen, wobei die folgenden Nahkämpfe mit Hiebmessern oder nicht mehr ins Grab mitgegebenen Schwertern ausgefochten wurden. Als weiteres Indiz für die neue Taktik gelten schwere Kampfpfeile, die auf größere Distanz im ballistischen Schuß abgefeuert wurden, wobei die Treffsicherheit so weit sank, dass nur bei geschlossenen Formationen „gute" Resultate zu erwarten waren. Die zugehörigen Bogenwaffen waren nach dem Fund einer vermutlichen Bogensehne in einem Grab wohl mannshohe Langbögen. Während Schwert bzw. Lanze den aktiven Krieger charakterisieren, gilt der seltenere und individuell geschaffene Dolch eher als Würdezeichen denn als Waffe. Zugleich werden erstmals separate Reitertruppen durch Darstellungen auf den Situlen greifbar. Beile kommen im Westhallstattkreis wie in der Urnenfelderzeit in Gräbern nur selten vor und werden dann als Arbeits- oder Schlachtgerät gedeutet, während sie im südostalpinen Hallstattraum wie die Lanze als Waffe dienten, wie Grabfunde und Situlendarstellungen zeigen. Die Schutzbewaffnung bestand aus bronzenen Helmen, die in zeitlich überlappenden, aber regional unterschiedlich verbreiteten fünf Grundformen* vorkamen, Panzern aus Metall oder Leder sowie den Situlenbildern zufolge runden, ovalen oder rechteckigen Schilden. Diese bestanden im Gegensatz zur Urnenfelderzeit fast immer ganz aus organischem Material, während Eisenbeschläge wie Schildbuckel noch selten waren[305].

Für die Bewaffnung der Latènezeit stehen Grabfunde sowie antike Text- und Bildzeugnisse zur Verfügung. Während Angriffswaffen jetzt generell aus Eisen bestanden, kam für Schutzwaffen auch noch Bronze zum Einsatz. Im Laufe der Frühlatènezeit standardisierte sich die Waffenausstattung in Gräbern so weit, dass in der Mittellatènezeit eine fast uniforme Bewaffnung festzustellen ist, die aus Schwert, Wurfspeer bzw. Stoßlanze und Schild bestand. Helm, Panzer und zweirädriger (Streit)wagen finden sich nur in Gräbern gehobener Ausstattung. Das Griffangelschwert mit mehr oder weniger ausgeprägtem Mittelgrat entwickelte sich aus spätesthallstattzeitlichen Dolchen und wurde an Ledergürtel mit eisernen Koppelringen oder Schwertkette rechts getragen. Es nahm im Laufe der Zeit an Länge zu, wobei die kombi-

---

* Sog. Schüsselhelme, Helme mit zusammengesetzter Kalotte, Doppelkammhelme, Kegelhelme und Negauer Helme.

nierte Hieb- und Stichwaffe zum reinen Hiebschwert mit stumpfer Spitze und Längen von teilweise über 1 m wurde und wahre Meisterwerke des Schmiedehandwerks entstanden. Einschneidige Hiebmesser wurden selten und nur noch bis zur mittleren Latènezeit ins Grab mitgegeben, außerdem gab es punkvolle Dolche und Kurzschwerter, die wiederum als Würdezeichen gelten. Nur als Einzel- und Gewässerfunde kennt man sog. Knollenknaufschwerter, degenartige Stichwaffen mit rautenförmigem Klingenquerschnitt und kugeligen Verdickungen am Griff. Wurfspeere mit Blättern um 20 cm Länge kommen in z. T. großer Zahl vor, während die seit der späten Frühlatènezeit nachweisbare Stoßlanze mit 30–60 cm langem Blatt in schmaler oder breiter Form nur in je einem Exemplar beigegeben wurde. In der jüngeren Latènezeit gab es zudem durchbrochene oder geschwungene Lanzenblätter, die besonders schwere Verletzungen verursachten. Auch Bogenwaffen und Schleudern waren in Gebrauch, wie viele bikonische Schleuderkugeln aus Keramik in Gräbern des 3.–1. Jh. v. Chr. an Mosel, Rhein und Maas oder Vorräte von Stein- und Tongeschossen in gallischen und südenglischen Oppida zeigen. Der zweirädrige Streitwagen mit zwei Pferden unter dem Joch, Lenker und Lanzenkrieger war historischen Quellen zufolge bei den Kelten Italiens noch im 3. Jh. v. Chr. gebräuchlich, wurde aber wohl im Zweiten Punischen Krieg (218–201) aufgegeben. In Gallien kam er hingegen erst in der ersten Hälfte des 1. Jhs. v. Chr. außer Gebrauch, von Caesar wurde er in Britannien noch angetroffen, und im irischen Epos blieb die Erinnerung an seine Benutzung gar bis in frühchristliche Zeit bewahrt. Die Wagenbeigabe im Grab weicht zeitlich und räumlich davon erheblich ab[306].

Von den Schutzwaffen sind Schilde seit der Mitte des 5. Jhs. durch ihre charakteristischen Metallbeschläge* gut nachweisbar. Sie waren anfangs oval und relativ klein, spätestens zur Zeit der Keltenzüge bei ovaler, sechs- oder rechteckiger Form fast mannshoch wie die Darstellungen in Pergamon zeigen. Häufig trugen die Schilde eine spindelförmig verdickte hölzerne Mittelrippe, die auf der Rückseite am stärksten Punkt für den Handgriff ausgehöhlt, aber nicht auf keltische Schilde beschränkt war. Sie konnten bemalt und/oder mit Zieremblemen beschlagen sein. Helme waren anfangs spitzkonisch oder kalottenförmig und aus Bronze gefertigt, erst im 4./3. Jh. kamen eiserne kalottenförmige Helme mit breitem Nackenschutz und Wangenklappen von „Jockeymützenform" in Gebrauch,

---

* Fessel, anfangs bandförmiger, später unter germanischem Einfluss runder Buckel, Randschienen, selten auch große Bleche.

die erheblich mehr Schutz gegen die schon lange gebräuchlichen Eisenwaffen als ihre bronzenen Vorgänger boten, aber wie diese – zumindest im Grab – auf eine kleine Personengruppe beschränkt blieben. Im 1. Jh. v. Chr. nahm dieser Helmtyp die klassische schmucklose Form mit halbrund ausgeschnittenen Wangenblechen an, die als Vorbild für den späteren römischen Legionarshelm diente. Der Helmscheitel war häufig von einer Zier bekrönt, z. B. Tierfiguren, Hörnern, einem Rad oder einem Metallhalter, wohl für einen Feder- oder Haarbusch. Daneben gab es reine Lederhelme, von denen nur metallene Helmspitzen oder Kinnriemenhalter überdauerten. Bei den ebenfalls seltenen Panzern, die aus antiken Texten, Bilddarstellungen und Grabfunden bekannt sind, handelte es sich um dichte Gewebepanzer, Lederkoller und Kettenhemden, von denen die letzten nach Varro das Vorbild für römische Kettenhemden gewesen sein sollen. Nach Caesar hatten im Kriegsfall bei den Galliern seiner Zeit alle erwachsenen Männer, die Druiden ausgenommen, Waffen zu tragen und Kriegsdienst zu leisten (Gall. 5, 56, 2; 6, 14, 1). Gekämpft wurde anfangs vor allem zu Fuß mit Schwert und Lanzen, wobei der Streitwagen als Transportmittel zum Kampfplatz diente, in der jüngeren Latènezeit auch in berittenen Formationen, von denen Sporen und Langschwerter zeugen und die noch in römischer Zeit als Hilfstruppen geschätzt waren[307]. Für die Erforschung spätlatènezeitlicher Waffen sind die jahrgenau datierten Funde von den Belagerungswerken und Schlachtfeldern Caesars um Alesia von größter Bedeutung. Zusammen mit Münzen, Trachtbestandteilen, Pferde- und Menschenknochen wurden Hunderte von Waffen entdeckt, darunter keltische und römische Schwerter, Rapiere, Dolche, Schilde, Helme, Pfeil-, Lanzen-, Speer-, Pilum- und Katapultspitzen, Schleuderbleie und verschiedene Fußangeln[308]. Eine eigenständige Bewaffnung besaßen die Keltiberer und Lusitaner mit Kurzschwert, Hiebmesser (Falcata), Speeren und Rundschild, von denen wie erwähnt das Kurzschwert (Gladius) von den Römern als Legionarswaffe übernommen wurde[309]. Die Wurflanze (Pilum) hingegen adaptierten die Römer eher von alpenländischen Völkerschaften als von den Keltiberern, wie man früher dachte[310].

Bewaffnung und Kriegsführung der frühmittelalterlichen Inselkelten sind sehr viel schlechter bekannt, weil die Waffenbeigabe in Gräbern nicht mehr üblich war. Hinweise finden sich in der Sagendichtung, in der Krieg eine der Hauptbetätigungen darstellt und entsprechend viele Beschreibungen von Waffen vorkommen. Auf dieser Grundlage und durch Funde ist zumindest eine Unterscheidung eisenzeitlicher und frühmittelalterlicher Waffen möglich. Anachronistisch sind Erwähnungen von Pfeilen (saiget) und Äxten, die in Irland in der Bronzezeit außer Gebrauch kamen, und wie das Wort für Panzer (lúirech) erst als römische Lehnworte bzw. im Falle der Äxte mit den Wikingern wieder auf die Insel gelangten. Helm (cathbarr), Schleuder (táball) und Keule (lorg) finden sich zwar in Beschreibungen, nicht aber als Realien. Gut unterscheidbar im irischen Fundbestand sind Schwerter, die in der Eisenzeit eine kurze eiserne Stichwaffe mit Griffangel darstellten, während sie im Frühmittelalter bei beibehaltener Griffangel etwas länger wurden und mit einer spitzennah verbreiterten Klinge ein Vorgewicht besaßen, das sie als Hiebwaffen kennzeichnet. Mit den Wikingern gelangten sehr lange Hiebschwerter mit massiven Metallgriffen und verdickter Mittelrippe nach Irland. Die Texte bezeugen zwei Schwertarten, claideb und colg. Von diesen ist das erste vom Wortstamm „schlagen" abgeleitet, kommt nicht mit der Präposition „durch" vor, die man für eine Stichwaffe erwarten müsste, und wird als lang und breit und manchmal mit Metallgriff beschrieben, womit nur früh- und hochmittelalterliche Schwerter gemeint sein können. Das seltenere „colg" hingegen stammt von einer Wurzel „durchbohren, stechen" ab und besitzt stets einen (Elfen)beingriff, was eine spitze Stichwaffe mit Griffangel nahelegt wie sie das eisenzeitliche Schwert darstellt. Schwertscheiden finden sich in den Texten unter den Bezeichnungen ferbolg, intech und trúaill und werden einmal als mit silbernen Flechtmustern verziert beschrieben, was auf früh- und hochmittelalterliche Stücke zutreffen kann. Getragen wurde das Schwert entweder mit einem Gürtel an der Hüfte, was für kürzere Schwerter wie die eisenzeitlichen in Frage kommt, oder mit einem Schwertgurt über die Schulter, was bei längeren Schwertern wie denen der nachchristlichen Zeit den Vorteil bietet, dass man beim Laufen nicht über sie stolpert. Speerarten finden sich unter vielen Bezeichnungen, von denen gáe, manaís, sleg, cleittíne und foga die häufigsten sind. Diesen stehen jedoch nur fünf halbwegs sicher datierbare latènezeitliche Funde gegenüber. Beschreibungen von Speeren (sleg, caindel) mit Silberzier weisen aufs Frühmittelalter, während die Befestigung am hölzernen Schaft mittels Nieten nur dann weiterhilft, wenn mehr als zwei oder verzierte Nieten (foga, gáe) vorliegen, die ebenfalls ins Frühmittelalter gehören. Durchbrochene Blätter (manaís) sind hingegen seit der Bronzezeit bekannt. Schilde werden als sciath, scell oder scéithíne bezeichnet und z. B. im Ulster-Zyklus als rechteckig beschrieben, während sie in der Táin Bó Cúailnge als lang, aber auch als gebogen und silberverziert vorkommen. Dies entspricht vielleicht dem Kontrast zwischen einem erhaltenen hölzernen Rechteckschild der irischen Eisenzeit und frühmittelalterlichen Bilddarstellungen kleiner Rundschilde, was aber angesichts der geringen Zahl unzuverlässig bleibt[311]. Die jüngere inselkeltische Bewaffnung folgt im allgemeinen den Innovationen der europäischen Militärtechnik, und selbst das legendäre schottische Breitschwert (claymore) stammt vom Kontinent (s. S. 222).

4.3 Siedlungen

Die Erforschung von Siedlungen ist eine relativ junge Sparte innerhalb der keltischen Archäologie. Zwar waren seit langem Befestigungsanlagen in der Landschaft aufgefallen, darunter auch eisenzeitliche, und Mitte des 19. Jhs. wurden stein- und bronzezeitliche Feuchtbodensiedlungen an Schweizer Seeufern und in Norditalien entdeckt. Den entscheidenden Durchbruch für die Siedlungsforschung der Eisenzeit brachte jedoch erst die 1908 von Carl Schuchhardt gewonnene Erkenntnis, dass man auf Ausgrabungsflächen sog. Pfostenlöcher und -gruben finden kann, bei denen es sich um die Standspuren vergangener Gebäudepfosten und die zu ihrer Aufnahme bestimmten Gruben handelt. Gebäudegerüste bestehen zur Vereinfachung des Bauvorgangs seit je her aus rechtwinklig und nach noch heute bekannten zimmermannstechnischen Verfahren gefügten Verbindungen einigermaßen gerader Bauhölzer in regelmäßigen Abständen. Dies gilt umso mehr für die Eisenzeit, die mit einem breiten Spektrum von Eisenwerkzeugen sowie erstmals eisernen Nägeln und Klammern alle Voraussetzungen für qualitätvolle Zimmererarbeit besaß. So ergeben die einstigen tragenden Teile regelmäßige Raster von z. B. 2 mal 2, 2 mal 3, 2 mal 4, 3 mal 3, 3 mal 4 oder noch mehr Pfosten, die zu ein-, zwei- oder dreischiffigen Gebäuden gehörten. Meistens werden die zugehörigen Dächer als sog. Rofendächer rekonstruiert, nämlich mit einer Mittelreihe eingegrabener oder abgefangener Firstpfosten, parallel dazu verlaufenden First- bzw. Wandpfetten und quer dazu an der Firstpfette eingehängten Rofen, die zur Befestigung der Dachhaut aus Brettern, Schindeln, Rinde, Grassoden, Steinen, Stroh, Schilf oder Kombinationen davon dienten. Dabei ruhte die Dachlast hauptsächlich auf den Firstpfosten, während die Wände nur dem Drehmoment der Rofen nach innen standzuhalten hatten, das durch querliegende Ankerbalken aufgefangen wurde. Für einschiffige Gebäude wird auch schon das bis heute gebräuchliche Sparrendach vermutet, bei dem längs verlaufende First- und Wandrähme mit den quer dazu verlaufenden Sparren, welche die Dachhaut tragen, starr verbunden sind. Hierbei ruht die Dachlast auf den Wandpfosten, welche die durch die Spreizwirkung des Sparrendreiecks verursachte und nach außen wirkende Querkraft aushalten müssen, die wiederum durch Ankerbalken aufgefangen wird[312]. Die erwähnten Pfostengrundrisse lassen sich direkt bei der Ausgrabung erkennen oder anhand der Grabungsdokumentation durch einheitliche Fluchten sowie gleiche Befundtiefen und -verfüllungen ausfindig machen und im Falle unvollständiger Erhaltung häufig auch ergänzen, wobei normalerweise der Wandverlauf zwischen den Außenpfosten angenommen wird. Nach dem Zweiten Weltkrieg zeigten Ausgrabungen auf und bei der Heuneburg sowie unlängst in der zum erwähnten „Fürstengrab" gehörenden Siedlung Hochdorf-Reps, Kr. Ludwigsburg, dass bei hallstatt-/frühlatènezeitlichen Gebäuden tragende Teile auch als sog. Ständer auf liegenden Hölzern, den Schwellbalken, aufsitzen konnten. Dabei standen entweder alle Innen- und Wandhölzer auf Schwellbalkengittern oder nur die Wandhölzer auf einem Schwellbalkenrahmen und innen ein Kern gewöhnlicher Pfostenreihen[313]. Nachdem Schwellhölzer sich nur unter besonders günstigen Erhaltungs- und Ausgrabungsbedingungen als Verfärbungen erkennen lassen, muss man stets gewärtig sein, dass auch anderswo solche äußeren Schwellkränze existiert haben können, auch wenn nichts von ihnen erhalten ist. Auf dem Kontinent waren eisenzeitliche Grundrisse fast immer rechteckig, auf der iberischen Halbinsel und den britischen Inseln häufig rund. Diese Bauweise bestand besonders in Irland und Cornwall bis in die römische Kaiserzeit fort. Es kamen jedoch in Großbritannien auch latènezeitliche Rechteckbauten vor, z. B. in der Feuchtbodensiedlung von Glastonbury[314].

Die Zwischenräume zwischen den Wandpfosten oder -ständern waren in der Regel mit Rutengeflecht gefüllt, mit organisch gemagertem Lehm verschmiert und außen mit einem Kalkanstrich gegen Nässe geschützt, wie Abdrücke auf der Rückseite und gestrichene Vorderseiten von verziegeltem Lehmverputz abgebrannter Häuser erweisen. Aber auch Füllungen aus stehenden oder liegenden Rund- und Spalthölzern kamen vor, z. B. in Lt A in Pfakofen bei Regensburg. Die Wandflächen konnten farbig gefasst sein, z. B. blaugrau in der Späthallstatt-Frühlatènezeit in Bondorf-Auf Mauren oder blau, rot und hell mit rotem Bogenmuster in der Spätlatènezeit in Nordheim-Kupferschmied in Baden-Württemberg[315]. Freiliegende Holzteile wie Balkenenden oder Türen hat man sich angesichts der keltischen Dekorfreude sicher wie an neuzeitlichen Bauernhäusern teils schnitz- und/oder farbverziert zu denken, auch wenn sie nicht erhalten sind. Türen waren bereits vor der Eisenzeit von innen wie außen zu verriegeln, wobei Schloss und Schlüssel im Laufe der Zeit immer raffinierter und zuverlässiger wurden. Fenster waren hingegen wohl kaum zahlreich, weil sie weder sicher gegen Bedrohung noch dicht gegen Nässe und Kälte zu verschließen waren. Licht spendeten eher die geöffnete Tür, hochliegende Rauchabzüge, Herdfeuer oder andere offene Flammen. Ihr Rauch zog wie noch in manchen neuzeitlichen Bauernhäusern durch den Dachstuhl und Luken ins Freie, gebaute Rauchabzüge sind selten, z. B. auf der Heuneburg, nachgewiesen und müssen den Wohnkomfort erheblich verbessert haben. Das Innere der Wohngebäude hat man sich mit Hausrat sowie nützlichen und zugleich dekorativen Erzeugnissen fleißiger Hände ausgestattet zu denken, seien es Keramik, Holzgeräte, Geflechte, Gewebe oder anderes. Dies belegt nicht zuletzt der Bericht des Plinius (nat. 8, 192 f.; 19, 13), wonach wollene Polster und linnene Kissen eine gallische Erfindung seien. Vielleicht benötigte man sie u. a., weil die Kelten antiken Berichten zufolge gewöhnlich auf Stroh oder Fellen auf dem Boden saßen und schliefen (Diod. 5, 28, 4; Strab. 4, 4, 3; Pol. 2, 17, 10; Athen. 4, 36 p. 151 e–152 d). Die Benutzung „abgehobener" Sitzmöbel wie z. T. reich verzierter hölzerner oder metallener Liegen oder Sessel hatte, nach Situlenbildern und Grabfunden zu schließen, den Charakter eines Rang- oder Würdezeichens. Situlenbilder bezeugen zudem die Benutzung teppichstangenartiger Gestelle für Gefäße und niedriger Tischchen. Reste originalen eisenzeitlichen Mobiliars finden sich äußerst selten, Ausnahmen sind ein frühlatènezeitliches Grab von Cigarralejo, Prov. Murcia, in Spanien und ein um 100 v. Chr. (Lt D1) datierendes Grab von Wederath-Belginum mit Resten gedrechselter Möbel, im Falle Belginums ein Tischchen von ca. 0,6 m × 0,35 m und einer Beinhöhe von 0,2–0,25 m, die gut zum Gebrauch beim Sitzen auf dem Boden passt. Weitere Möbelreste stammen aus einem Gewässer bei einer Siedlung des 2./1. Jh. v. Chr. von Porz-Lind bei Köln[316]. Eine feste Zimmereinteilung oder Zweckzuweisung innerhalb des Hauses wird es nur in sehr beschränktem Maße gegeben haben, da sie selbst im römischen Haus noch äußerst gering ausgeprägt war. Vielmehr wurde nach Bedarf aufgebaut oder verräumt, was die Lage erforderte. Der Platz am – fast nie erhaltenen – Herd stand bei der Speisenzubereitung, vielleicht aber auch zum Schlafen, bei Mahlzeiten und kultischen Handlungen im Zentrum des häuslichen Geschehens. Vorräte konnten in Wohnhäusern, gestelzten Speichern mit besonders mächtigen Pfosten, kegelstumpfförmigen Gruben mit Abdeckung und eventuell Souterrains (s. S. 113) gelagert werden. Reste der Textil- und Metallverarbeitung finden sich häufiger in sog. Grubenhäusern, kleinen eingetieften Gebäuden oder Gebäudeteilen, die in z. T. großer Zahl in eisenzeitlichen Siedlungen auftreten. Stallhaltung von Tieren ist erhaltungsbedingt nicht erwiesen, aber denkbar, weil bereits in der Steinzeit bekannt[317].

Die eisenzeitlichen Siedlungstypen umfassen überwiegend nur Flachland- und Höhensiedlungen, während Höhlen- und Feuchtbodensiedlungen selten eine Rolle spielen[318]. Die Siedlungsgröße reicht von Einzelhöfen bis hin zu ausgedehnten ländlichen Siedlungen, die offen, eingefriedet oder befestigt sein konnten, wobei regionale Schwerpunkte zu verzeichnen sind, z. B. für die Hallstattzeit eher größere Siedlungen in der Münchener Schotterebene und vor allem mehrfach grabenumfriedete Vierekhöfe in Niederbayern. Einige stadtartige Merkmale besitzen die sog. „Fürstensitze" der Hallstattzeit und besonders die Oppida der Spätlatènezeit, ohne dass jedoch wirklich urbane Organisations- und Verwaltungsformen erreicht worden wären[319]. In der Latènezeit kamen neben agrarisch ausgerichteten Siedlungen[320] zunehmend auch Großsiedlungen mit handwerklicher Spezialisierung vor, so etwa Bad Nauheim mit Salinen[321], Berching-Pollanten mit Eisengewinnung und Münzprägung[322] oder das böhmische Lovosice mit der Erzeugung von Drehscheibenkeramik und Mühlsteinen[323].

Der Wandel der Haus- und Siedlungsformen im Flachland vollzog sich in Süddeutschland folgendermaßen. Mit der Hallstattzeit erlosch die stein- und bronzezeitliche Tradition langschmaler Gebäude, während kleine einschiffige Gebäude in urnenfelderzeitlicher Bautradition fortbestanden. Neu waren große ein- bis dreischiffige Wohngebäude mit bis zu 200 m^2 Grundfläche, Querteilungen, An- und Torbauten sowie anderen Besonderheiten, die Häufung massiv gebauter zweischiffiger Zwölfpfoster und Grubenhäuser, die zusammen mit den Kleingebäuden in Gruppen angeordnet wurden. Da diese im Gegensatz zu früher jetzt häufig von Palisaden, seltener Zäunen oder Gräben eingefasst waren, lassen sie sich überzeugend als Mehrhausgehöfte interpretieren. Diese konnten weitere Außengebäude oder eine ganze Außensiedlung besitzen, aber auch zu mehreren dorfartig gruppiert sein. Die seltener nachweisbaren frühlatènezeitlichen Gebäude stehen in hallstattzeitlicher Bautradition. Die bevorzugten Siedlungsformen sind Einzelhöfe und Gemeinschaften mehrerer Höfe die z. B. in Oberbayern nur ohne Einfriedung, in Baden-Württemberg auch mit Umzäunung vorkommen. Gebäude der Mittel- bis Spätlatènezeit sind – abgesehen von Oppida, ländlichen Großsiedlungen und Viereckschanzen – nur in geringer Zahl bekannt. Die vorhandenen gehören zu nur kurz benutzten Klein- und Kleinstgehöften und kleinen dorfartigen Siedlungen mit wenig Befund- und Fundniederschlag. Es handelt sich dabei um viele Grubenhäuser und wenige überwiegend einschiffige Pfostenbauten von auffallend kurzrechteckigem bis quadratischem Grundriss und geringer Größe (unter 100 m²), während in Oppida und Viereckschanzen auch sehr große Gebäude vorkamen. Mit Wandgräbchenbauten und Gebäuden mit Pfostenpaaren vor einer oder zwei Wänden sind neue Typen festzustellen, die sich in ländlichen Siedlungen, Oppida und Viereckschanzen (s. S. 108 f.) finden[324].

Neben solchen mehr oder minder offenen Siedlungen existierten eisenzeitliche Befestigungen, die zeitlich und räumlich unterschiedlich nach festen Bautraditionen errichtet wurden. Prinzipiell unterscheidet man Holz-Stein-Erde-Mauern mit horizontalen Balkenlagen bzw. mit vertikalen Pfosten, Lehmziegelmauern, reine Erdwerke und Steinmauern. Zu den ältesten eisenzeitlichen Befestigungen mit liegenden Hölzern gehört die doppelte Holzkastenmauer in Blockbauweise von der Heuneburg (Bauperiode IVc), die auf ältere einfache Kasten- und Rostmauern zurückgeht. Eine andere Weiterentwicklung der Rostbauweise sind Mauern vom Typ Ehrang, ein Vorläufer der sog. gallischen Mauer ohne Eisennägel und mit beidseitiger Steinfront. Die eigentliche gallische Mauer, der „Murus gallicus" Caesars (Gall. 7, 23, daher auch Typ Avaricum), besaß ein mit – bei Caesar nicht erwähnten – 20–30 cm langen Eisennägeln fixiertes Rahmenwerk aus ungekerbt übereinander liegenden Balken in Längs- und Querrichtung, dessen Zwischenräume mit Erde und Steinen verfüllt waren und dessen äußere Balkenköpfe in der vorgeblendeten Mauerfront sichtbar blieben. Sie war seit dem 2. Jh. v. Chr. überwiegend in Westeuropa verbreitet und durch die Kompositbauweise gegen Feuer und Rammbock sehr widerstandsfähig. Die Traditionslinie eisenzeitlicher Mauern mit vertikalen Pfosten begann, ausgehend von mit Erde hinterschütteten Palisaden- und Flechtwänden, mit sog. Pfostenschlitzmauern vom Typ Altkönig-Preist, die eine eher östliche Verbreitung zeigen. Bei diesen waren zwei bzw. auf der Heuneburg drei parallele Pfostenreihen mit verbindenden horizontalen Ankerbalken rückseitig mit Holz und an der Vorderfront mit einer Steinmauer verblendet und der Zwischenraum mit Erde und Steinen verfüllt, wobei die senkrechten Frontpfosten in Mauerlücken sichtbar blieben. Als Varianten existierten Pfostenschlitzmauern mit Holzverblendung und Innenböschung (Typ Hollingbury) bzw. Flechtwerkverblendung (Typ Hod Hill), wobei bei der zweiten die hölzerne Rückseite nicht mehr im Boden verankert war. Beim Typ Kelheim fehlte die rückwärtige Holzfront ganz, und eine mit Wall und Rampe hinterschüttete Pfostenschlitzmauer mit Flechtwerkbrüstung war allenfalls noch mit waagrechten Balken oder – wie in Kelheim selbst – gar nicht im Wall verankert. Weiterhin kommen Mischtypen wie Basel-Münsterhügel oder Bern-Engehalbinsel vor, die Elemente von Murus gallicus (vernageltes Rahmenwerk mit sichtbaren Balkenköpfen) und Typ Altkönig-Preist (Pfostenschlitzfront) verbinden und ebenfalls eine rückwärtige Rampe besaßen, die den Zugang erleichterte. Daneben gibt es späteisenzeitliche Wall-Graben-Anlagen des Typs Fécamp, deren im Profil dreieckiger Hauptwall bei 6–9 m Höhe mit oder ohne Kronenmauer nach dem Glacis-Prinzip mit steiler Berme in den breit-flachen Graben überging, dem ein kleiner Außenwall vorgelagert sein konnte. Die entstehenden Höhenunterschiede von 16–25 m waren so effektiv wie senkrechte Mauern. Der Typ war hauptsächlich in der späteren Gallia Belgica, dem Berry und auf den Britischen Inseln verbreitet und gilt als Antwort auf römische Belagerungsmaschinen und Geschütze, die auf Distanz gehalten werden sollten. Ein Unikum ist die Ha D1-zeitliche Lehmziegelmauer der Heuneburg (Bauperioden IVb–a), die auf mediterrane Anregung zurückgeht. Auch reine Steinmauern kommen bei geeignetem Rohmaterial regional gehäuft vor, z. B. in Burgund, im Elsass, Südfrankreich, auf der iberischen Halbinsel, den britischen Inseln und selten in Mitteleuropa (z. B. Steinsburg in Thüringen), und konnten massiv oder in verschiedenen Schalenbauweisen ausgeführt sein. Häufig ist bei Renovierungen einer Anlage ein Wechsel zwischen verschiedenen Techniken festzustellen. Eine Besonderheit Schottlands und des Massif Central sind sog. „verglasende Befestigungen" („vitrified forts"), deren Bausteine durch große Hitze glasartig verschlackt und verbacken sind. Versuche ergaben, dass ausreichende Hitze nicht bei einem zufälligen Brand, sondern nur bei einem absichtlich und unter günstigen klimatischen Bedingungen über längere Zeit unterhaltenen Großfeuer entsteht, so dass das Verglasen als Folge der Zerstörung eroberter Befestigungen gilt. Feuer bei der Errichtung sind unwahrscheinlich, da kein System hinter Art und Umfang der Feuerwirkung erkennbar ist[325].

Höhensiedlungen konnten, mussten aber nicht befestigt sein und bestimmten immer wieder phasenweise das Bild des mittel- und westeuropäischen Siedlungswesens. Für Südwürttemberg liegt eine umfangreiche Studie von Biel vor, die ergibt, dass hier mit Ha B3 die Höhenbesiedlung abbricht und fast immer erst am Ende von Ha C erneut einsetzt, wobei Funde des späten Ha C und frühen Ha D1 zahlreich sind, aber oft nur sehr kleine unbefestigte Siedlungen repräsentieren. Auch größere und befestigte Siedlungen kommen vor. Seltener sind Höhensiedlungen aus der zweiten Hälfte von Ha D1 und D2 sowie aus Lt A, die bisweilen auch bruchlos von Ha D1–Lt A belegt waren wie die befestigten Siedlungen des Lochenstein bei Hausen und der Heuneburg. Spätestens in Lt C bricht die Besiedlung der Höhen erneut ab. Eisenzeitliche Hausbefunde von Höhensiedlungen sind relativ selten dokumentiert, darunter z. B. von den beiden eben erwähnten und dem Goldberg im Ries[326]. Eine besondere Form der befestigten hallstattzeitlichen Höhensiedlung sind die sog. „Fürstensitze", ein Begriff der erstmals von K. Bittel und A. Rieth bei ihren Ausgrabungen 1950 auf der Heuneburg bei Hundersingen an der oberen Donau in Analogie zum Begriff „Fürstengrab" gebraucht wurde. G. Kossack schlug hingegen die Bezeichnung „Häuptlingssitze" vor, die sachlich vorzuziehen ist (s. S. 188, 192 f.), sich aber nicht durchgesetzt hat[327]. Nach der Definition W. Kimmigs von 1969 zeichnen sich „Fürstensitze" durch drei Merkmale aus, nämlich hervorgehobene Lage mit einer Art Vorburg zu ihren Füßen, ein Fundspektrum mit Südimport und kostbaren Materialien sowie im Umkreis gelegene „Fürstengräber", die jedoch bei den entsprechend gedeuteten Siedlungen nicht immer alle drei vorhanden sind. Überdies liegen sie meist verkehrstechnisch günstig an Flüssen, besonders an Übergängen und Umladestationen, was ihre auch kommerzielle Rolle unterstreicht. Sie besaßen, soweit untersucht, eine dichte und geordnete Bebauung, innerhalb derer Ansätze zu funktionaler Differenzierung auszumachen sind, etwa im Sinne von Handwerkszonen. Diese proto-städtischen Merkmale verschwinden nach wenigen Generationen wieder, wohl im Zusammenhang mit den keltischen Wanderungen. Die individuelle Nutzungszeit innerhalb der Späthallstatt- und Frühlatènezeit variiert von Siedlung zu Siedlung, das Verbreitungsgebiet reicht vom Ipf im Nördlinger Ries bis zur mittleren Loire und von Lyon bis zum Marienberg von Würzburg am Main[328]. Der bestuntersuchte „Fürstensitz" ist die seit 1950 zu etwa 40 % ergrabene und mittlerweile in elf Bänden vollständig publizierte Heuneburg bei Hundersingen an der oberen Donau[329].

Weiter im Osten fehlen ähnliche Anlagen, statt dessen finden sich von Ha C bis Lt A wie erwähnt eingefriedete Viereckhöfe mit unterschiedlicher Innen- und teilweise auch Außenbebauung, die häufig „Herrenhöfe" genannt wurden, weil man sie für Wohnplätze einer gehobenen Schicht hielt. Nachdem Fundgut, Haus- und Siedlungsform sich bei Höfen mit und ohne Umfriedung jedoch nicht unterscheiden, haben sie eher als eine gewöhnliche Form der ländlichen Ansiedlung zu gelten[330]. Obwohl viele derartige Anlagen untersucht und mehr oder weniger ausgewertet wurden[331], bot sich erst kürzlich in einer Tallage bei Enkering-Gatzäcker nahe Kinding, Kr. Eichstätt, die Gelegenheit, einen wirklich gut erhaltenen Komplex solcher Anwesen samt Umfeld relativ umfassend zu untersuchen. Unter einer schützenden Auelehmdecke waren so gut wie alle Pfostengruben von einigen Dutzend, z. T. sehr großen Gebäuden und der ehemalige Laufhorizont erhalten, so dass die in Arbeit befindliche Publikation einen wesentlichen Zugewinn an Kenntnissen über die südbayerischen Viereckhöfe erwarten lässt[332].

Die französische Entsprechung zu den Viereckhöfen sind die sog. „fermes indigènes", isoliert liegende, eingefriedete Gehöfte von ca. 0,5–1,5 ha Fläche mit geringer randlich angeordneter Innenbebauung aus meist kleinen Pfostenbauten, vielen Gruben und oft sehr komplexen Systemen von Grabengevierten, z. T. mit Wällen und/oder Palisaden, die auch zugehörige Ackerfluren einschließen können. Fundhäufungen liegen an Bauten und Eingängen vor, darunter viel Keramik, wenig Metall-, Import- oder Handwerksfunde sowie häufig Tierknochen. Ihre Verbreitung erstreckt sich über fast ganz Frankreich mit der Ausnahme einiger mediterraner Gebiete, ihre Benutzung reicht insgesamt von der späten Hallstatt- bis in die frühe Römerzeit (500 v. bis 100 n. Chr.), wobei nicht immer die gesamte Spanne an jedem einzelnen Fundplatz abgedeckt ist und der Schwerpunkt in Lt C2–D2 liegt. Die Gehöfte gelten als Wohnsitze einer aristokratischen Führungsschicht, deren Reichtum und Macht auf Landbesitz, Rohstoffen (z. B. Bergwerke, Salinen), Verkehrswegen (z. B. Zölle) und später Kriegsdienst für Rom beruhten. Als Bestätigung gilt, dass die reichsten gallischen Gräber abseits der Oppida häufig in der Nähe ländlicher Einzelgehöfte liegen. Eine bretonische Spezialität zur Zeit der größten Blüte der „fermes indigènes" im 3./2. Jh. v. Chr. sind Gräben von bis zu 4,5 m Tiefe, die den Plätzen einen befestigungsartigen Charakter verleihen, z. B. in Paule/Camp de Saint-Symphorien[333].

Ein Dauerproblem in der Latèneforschung stellen die in Lt C2–D2 mit einem Schwerpunkt in D1 benutzten und von Tschechien bis Frankreich verbreiteten sog. Viereckschanzen dar. Sie wurden im Laufe der letzten 150 Jahre zunächst u. a. als Gehöfte, seit den 1960er Jahren aber ausschließlich als Heiligtümer gedeutet. Heute gelten sie aufgrund neuer Grabungsbefunde* wieder als Siedlungen oder multifunktionale Elemente in Siedlungszusammenhängen[334]. Sieht man sie in Anlehnung an Viereckhöfe und „fermes indigènes" als Siedlungen an, besteht zu den ersten eine zeitliche Lücke von ca. 150 Jahren (ca. 400–250 v. Chr.), die jedoch angesichts der sozialen

---

* Insbesondere Ehningen-Hörnle, Bopfingen-Flochberg, Riedlingen-Klinge, Nordheim-Kupferschmied und -Bruchhöhe, Pankofen-Im Mühlfeld und Pocking-Hartkirchen.

Umwälzungen und Unrast der keltischen Wanderungszeit nicht überraschen muss. Denkbar wäre, dass das bauliche Konzept des eingefriedeten Einzelhofs durch den Kontakt der Kelten mit der Mittelmeerwelt und ihren Landgütern mit Hofmauern einen erneuten Aufschwung erfuhr und, teils nach einer neuerlichen Unterbrechung, nach der römischen Okkupation in den sog. Villae rusticae wiederkehrt. Bemerkenswert ist jedenfalls der 1989–92 untersuchte Befund von Bopfingen–Flochberg im Ostalbkreis, wo erstmals die schon früher ansatzweise beobachtete[*] Abfolge einer viereckigen Zauneinfassung (Lt C1) zu einer Viereckschanze (Lt C2) gut dokumentiert und innerhalb einer von Lt B2–D1 (Anf. 3. bis Anf. 1. Jh. v. Chr.) reichenden Siedlungstätigkeit datiert werden konnte[335]. Gegen eine Deutung aller Viereckschanzen als Heiligtümer spricht abgesehen von ihrer großen Anzahl von rund 500 bekannten Beispielen gegenüber wenigen offenen Siedlungen vor allem das Fundspektrum, das keine auffälligen Abweichungen von dem zeitgleicher Siedlungen zeigt. Es umfaßt siedlungstypische Mengen und Zusammensetzungen von Keramik und Tierknochen, Werkzeuge, Halbzeuge, Produkte und Abfälle handwerklicher und wirtschaftlicher Tätigkeit ebenso wie selten Waffen. Funde auffälliger Art, die als Opfer gelten könnten, fehlen völlig. Zudem ähnelt das Grundkonzept von Einfriedung und Gebäudeanordnung in mancher Hinsicht den „fermes indigènes" derselben Zeit[336]. Bei den vermeintlichen Opferschächten handelt es sich in gut gegrabenen und erhaltenen Fällen nachweislich um Brunnen, die später mit Schutt und Unrat verfüllt wurden, darunter auch Stallmist, der die früher als Resultat blutiger Opfer angesehenen erhöhten Phosphatwerte in solchen Schächten hinreichend erklärt. Ehemals für auffällig gehaltene Gebäudetypen mit Wandgräbchen oder ein bis zwei außen vorgestellten Pfostenpaaren finden sich wie erwähnt inzwischen auch in Siedlungen. Eine simple Kontinuität von den ebenfalls vorkommenden sog. Umgangsbauten mit innerem und äußerem Pfostenkranz hin zu gallo-römischen Umgangstempeln wird inzwischen aus provinzialrömischer Sicht ebenfalls abgelehnt. Hinzu kommt, dass bislang nie ein römischer Tempel über einem Viereckschanzenbau gefunden wurde, während in den französischen Heiligtümern vom Typ Picardie und im Rheinland die Überlagerung keltischer Kultgebäude durch römische Tempel gut bezeugt ist[337]. Die Möglichkeit, dass unter den Viereckschanzen auch einzelne mit expliziter Heiligtumsfunktion vorkamen oder sich − wie in anderen

---

[*] Z. B. in Holzhausen, Ehningen und Riedlingen im Bereich des Viereckschanzengrabens.

Siedlungen auch – Kultbauten mit darin befanden, ist damit unbenommen, doch fehlen bislang eindeutige Befunde, die den strengen Kriterien Colpes (s. S. 168 f.) für Heiligtümer genügen.

Auch in Großbritannien und Irland finden sich befestigte Höhensiedlungen, die hier Hillforts heißen, gebietsweise konzentriert, was nicht zuletzt mit der Topographie zusammenhängt. Während in der früheren Eisenzeit Teile Südenglands zunächst von großen, schwach befestigten und dünn besiedelten Hügeleinfriedungen („hilltop enclosures") bedeckt waren, entstanden im 6./5. Jh. v. Chr. eine Vielzahl kleiner, stärker befestigter und dicht besiedelter Hillforts. Im 3./2. Jh. wurden viele davon aufgegeben. Die fortbestehenden wurden nach dem Glacis-Prinzip (Typ Fécamp) und durch Eingänge mit Torgasse zu sogenannten entwickelten Hillforts ausgebaut, die ebenfalls dicht besiedelt waren. Im 1. Jh. v. Chr. brach dieses System weitgehend zusammen, und häufig wurden nur noch kleine Teile der Innenflächen genutzt. Ausnahmen bilden wenige besonders große Hillforts im Westen wie Hod Hill und Maiden Castle, die eine letzte monumentale Ausbau- und Nutzungsphase erfuhren. In Südostengland wurden hingegen im 1. Jh. v. Chr. Hillforts zunächst durch eingefriedete, später territoriale Oppida ersetzt, die eine interne Gliederung und komplexere Funktionen besaßen, die an Zeugnissen für Handel, Handwerk, Münzprägung und zentraler Getreidebevorratung ablesbar sind. Mit oder kurz nach der römischen Eroberung endeten Hillforts wie Oppida[338]. In Schottland blieben dagegen einige Hillforts die ganze Römerzeit über besiedelt wie das bekannte Traprain Law der Votadini südlich von Edinburgh[339]. Eine mit Mauer und Graben befestigte und als protokeltisch geltende Siedlungsform war das sog. Castro der iberischen Halbinsel. Es stand in spätbronzezeitlicher Tradition und ist zwischen Ebro, Guadiana und Atlantik bezeugt. Das Innere der Castros war in der Frühzeit mehr oder minder regellos mit runden Steingebäuden und Trennmauern besetzt. Seit dem 6. Jh. v. Chr. kamen allmählich dicht bebaute Straßenzüge mit steinernen Rechteckhäusern in Gebrauch. Ab dem 3. Jh. v. Chr. wurden, wohl unter kelt(iber)ischem Einfluss, manche Castros zu stadtartigen Oppida ausgebaut, die teilweise bis in römische Zeit bestanden[340]. Sehenswerte Castros sind die Citânia de Briteiros* bei Guimarães oder die

---

* Dieser Name leitet sich von einem antiken „Fundus Brittarius" (brittarisches Landgut) ab, dem der hispanische Personenname Brittus zugrundeliegt (Cardozo 1993, 9 Anm. 1), nicht aber eingewanderte frühmittelalterliche Britannier wie Meyer-Sickendiek 1996, 207 meint.

teilrekonstruierte Citânia de Sanfins bei Paços de Ferreira, beide Prov. Minho, Portugal[341].

Am Ende der eisenzeitlichen Siedlungsgeschichte stehen die bereits häufiger erwähnten Oppida, deren Name sich von dem lateinischen Wort für eine kleine Landstadt ohne besonderen Rechtsstatus ableitet, das Caesar für gallische Siedlungen gebraucht. Die Vor- und Frühgeschichte meint damit große befestigte Orte der Spätlatènezeit mit stadtähnlichen Merkmalen, die damit von Höhensiedlungen ohne urbane Funktionen und offenen Siedlungen ohne Befestigung abgesetzt werden, wobei höchst strittig ist, wo im Einzelfall die Grenze zu ziehen ist. Oppida entstanden seit Lt C (kurz nach 200 v. Chr.) in Mittel-, seit Lt D in Westeuropa und seit der späten vorrömischen Eisenzeit in Südengland, wofür vor allem Schutz- und Repräsentationsbedürfnis sowie kultische Aspekte als Motive in Frage kommen. Bemerkenswert ist vor allem, welche zuvor in Europa niemals aufgebotenen Mengen menschlicher und materieller Ressourcen für ihre Errichtung mobilisiert werden mussten und dass die zugehörigen Gemeinschaften in der Lage waren, dies wirtschaftlich und sozial zu leisten. Einige Oppida liegen unter modernen, andere unter römischen Städten. Wieder andere erloschen mit oder bereits vor der römischen Eroberung, zum Teil nach nur kurzer Nutzungsdauer. Oppida zeichnen sich im allgemeinen durch eine verkehrsgünstige und natürlich geschützte Lage auf Bergen, Halbinseln und Inseln aus sowie durch eine funktional gegliederte Bebauung mit Gehöften, Äckern, Speicher-, Handwerker- und Händlerzonen sowie Heiligtümern, durch Handwerk mit Erzeugnissen aus Eisen, Edel- und Buntmetall, Glas, Textilien, Leder, Holz, Keramik etc., durch Importfunde und Münzprägung. Bisweilen lässt sich nachweisen, dass der Beginn der Oppida mit einem Auflassen umliegender kleinerer Siedlungen einherging, was ihre Deutbarkeit als Zentralorte einschränkt[342].

Das bislang älteste mitteleuropäische Oppidum liegt auf dem südlichen Teil des Berges Závist am Südrand des Prager Beckens, der Hradiště genannt wird. Es bestand von Lt C1/C2 bis D2 und hat eine komplexe Baugeschichte, an deren Anfang eine Palisadenumzäunung stand. Ihr folgte eine Befestigung von 35 ha mit Zangentoren und einer Pfostenschlitzmauer. Sie wurde in Lt D1 durch eine östliche und südliche Vorburg auf 100 ha und in Lt D2 durch eine nördliche auf 118 ha erweitert. Im letzten Baustadium kamen dabei – zumindest im Torbereich – massive Erdwälle vom Typ Fécamp zum Einsatz. Zur selben Zeit zerfiel die Struktur der Innenbebauung, die aus umzäunten Gehöften bestand[343]. Wenig jünger sind die Oppida von Stradonice in Böhmen und Staré Hradisko in Mähren[344]. Das Oppidum von Manching bei Ingolstadt ist für die Forschung eines der bedeutendsten überhaupt, weil hier seit 1955 immer wieder auf großen Flächen (bisher 18 ha von 380 ha) gegraben wurde und wird und fünfzehn Monographien zu Befunden und Funden publiziert sind[345]. Qualität und Umfang des Materials erlaubten für viele Fundgattungen die Erstellung heute allgemein gebräuchlicher Typologien. Eine seit dem 3. Jh. (Lt C1) bestehende offene Siedlung wuchs um 200 kräftig an, wurde nach 150 als östlichste bekannte Siedlung überhaupt mit einem „Murus gallicus" versehen und spätestens 104 +/−10 v. Chr. mit einer vorgeblendeten Pfostenschlitzmauer repariert, die noch später durch eine weitere ersetzt wurde. Auch die Innenbebauung erfuhr im Laufe der Zeit beträchtliche Umgestaltung, die Aufstieg und Niedergang des Oppidums erkennen lässt[346]. Das berühmteste und best erforschte gallische Oppidum ist Bibracte/Mont Beuvray, Dep. Saône-et-Loire, westlich von Autun[347].

Als späte Sonderform sind die sog. „territorialen" Oppida in Südostengland anzusehen. Sie liegen im Flachland und besitzen massive lineare Erdwerke auf Flächen von mehreren Dutzend Quadratkilometer, ohne dass eine abgeschlossene Befestigung vorhanden wäre. Als prototypisch gilt das 32,5 km² große Gebiet von Camulodunum/Colchester, wo sich innerhalb ausgedehnter Wall-Graben-Systeme mehrere Siedlungskonzentrationen finden, z. B. in Sheepen und Gosbecks. In Sheepen liegen Rundbauten mit Zeugnissen für Handwerk, Münzprägung sowie römischem Import. Gosbecks besaß einen eingefriedeten Kultplatz sowie eine zweite befestigte Einfriedung als mögliche Königsresidenz. In der römischen Kaiserzeit wurde es mit Tempel und Theater ausgebaut. Die reichen Gräber von Lexden werden mit der ansässigen Oberschicht und dem Herrscherhaus der Trinovantes und/oder Catuvellauni zusammengebracht. Ähnliche „territoriale Oppida" finden sich bei den Atrebaten, Dobunni und Briganten[348]. Es mehren sich die Anzeichen, dass auch auf dem Festland spätkeltische Siedlungssysteme existierten, in denen Befestigungen und Siedlungen räumlich getrennt waren, um ein ganzes Territorium zu kontrollieren und zu schützen. Zu nennen wäre etwa der Oberrhein, wo das mit offenen Großsiedlungen besetzte Rheintal rundum von kleinen befestigten Siedlungen abgeriegelt war. Diese galten lange als Oppida, obwohl sie gar keine größeren Siedlungen enthielten, sind aber eher als Wach- und Zollposten anzusehen[349]. Schließlich lassen sich oppida-ähnliche Siedlungen der iberischen Halbinsel nennen, die teilweise eine ungewöhnlich lange Geschichte hatten, da sich manche aus älteren Castros entwickelten und andere nach der Eroberung als römische

Städte fortbestanden wie z. B. Numantia, Bilbilis, die Heimat des Dichters Martial, oder Complutum/Madrid. Ihre Bebauung zeichnet sich wegen des trocken-heißen Klimas wie in Südfrankreich durch Steingebäude aus, teils ganz aus Stein, teils mit Steinsockel und Lehmziegel- oder Stampflehmwänden. Sie waren im keltiberischen Gebiet rechteckig mit meist drei Räumen und einem Keller, im Nordwesten noch lange rund[350].

Eine Besonderheit des Siedlungswesens, welche die Bretagne mit den britischen Inseln verbindet, sind sog. Souterrains, in den Untergrund eingegrabene oder -gemeißelte Gänge und Kammern, die sich meist in Siedlungen finden, besonders in der Bretagne, Cornwall, Schottland und Irland[351]. Ihre Funktion wird unterschiedlich eingeschätzt. In der Bretagne gelten Deutungen als Grabstätten, Zufluchten, Behausungen, begehbare Keller oder Silos wegen fehlender Nutzungsspuren und Lampennischen, Enge, unebener Böden sowie zu wenig bzw. zu viel Luftzufuhr heute als unwahrscheinlich. Hingegen spricht für die Interpretation als sicheres Versteck für Wertvolles die Tatsache, dass Souterrains fast immer verfüllt wurden, wenn ein Platz eine Befestigung erhielt. Belege der vorrömischen Eisenzeit stammen vor allem aus der Bretagne (besonders 5.–2. Jh.) sowie Cornwall (besonders 3. Jh. bis Römerzeit) und waren meist in den anstehenden Boden eingegraben. Die irischen und schottischen Beispiele gehören häufiger ins Frühmittelalter, besaßen oft eine bauliche Herrichtung mit Trockenmauerwerk und lange Zugänge mit Verteidigungsvorrichtungen, was den Aufenthalt von Menschen eher denkbar erscheinen lässt[352].

Nachdem in weiten Gebieten West- und Nordbritanniens und Irlands gutes Ackerland nur kleinflächig vorkommt, war hier die vorwiegende Siedlungsform des 1. Jt. v. und n. Chr. der Einzelhof, der in der älteren Eisenzeit meist noch offen dalag, während seit etwa 200 v. Chr. eingefriedete oder befestigte Gehöfte überwogen. Daneben existierten z. B. in Irland oder Cornwall offene Weiler, sog. „Hut circles", die aber meist nur zufällig entdeckt werden und entsprechend schlecht bekannt sind[353]. Umschlossene Siedlungen finden sich zeitlich, räumlich und baulich verschieden in Gestalt des sog. Round, Broch, Ráth, Crannog und Dún. Der Round ist wie sein Name besagt eine runde Grabeneinfriedung einer Hofstatt mit Rundbauten bei 50–100 m Durchmesser, der von der späten vorrömischen bis in die nachrömische Zeit um 500 n. Chr. insbesondere in Cornwall und Devon mit geschätzten 750–1.000 Exemplaren sehr häufig war und oft mit Souterrains einherging[354]. Der Broch (von altnorwegisch borg = Befestigung) ist ein meist über 10 m hoher Rundturm von 13–20 m Durchmesser mit Wänden von

3,5–5,5 m Stärke, die aus zwei sporadisch mit Steinplatten verbundenen Trockenmauerschalen bestehen, wohl um das Wandgewicht zu reduzieren. Von diesen ist die innere mehr oder minder senkrecht, die äußere wie bei einem Kühlturm hyperbolisch eingezogen. Im Hohlraum dazwischen sind kasemattenartige Kammern, Galerien und eine Treppe in die Obergeschosse und auf den Wehrgang integriert. Je nachdem, ob die Zweischaligkeit vom Erdboden an oder erst ab einer gewissen Höhe vorliegt, unterscheidet man Brochs mit Bodengalerie und mit massiver Basis (ground-galleried, solid-based). Der meist 9–12 m weite Innenhof war über einen einzigen gut gesicherten Eingang erreichbar, dessen Türsturz wie die Nordwest-Seite durch eine senkrechte Mauerlücke entlastet sein konnte, die zugleich Luft und Licht in die Galerien einließ. Der Hof enthielt rundum mehrstöckig an den Mauerring angebaute Holzräume, von denen z. T. Pfostenlöcher und simsartig umlaufende Mauervor- oder -rücksprünge zeugen. Überdacht waren entweder nur diese Holzeinbauten oder der gesamte Hof. In seltenen Fällen waren Brochs zusätzlich außen mit Wall und Graben befestigt und von dorfartigen Siedlungen umgeben, z. B. in Gurness auf Orkney Mainland. Trotz ihres martialischen Aussehens gibt es nur zwei nachweislich zerstörte Brochs. Dabei sind mindestens 400 aus den Jahrhunderten um Christi Geburt in Nordost- und seltener Westschottland einschließlich der Inseln dokumentiert. Ein bekanntes Beispiel ist der gut erhaltene Broch of Mousa auf Shetland, der ungewöhnlich schlank und noch 13,3 m hoch ist. Wenige „Ausreißer" in Südwestschottland gehören Importfunden zufolge in die römische Kaiserzeit. Als mögliche Vorläufer gelten zweischalige D-förmige Dúns (s. S. 115), sog. Semibrochs, in Westschottland und dünnwandige Rundbauten auf den Orkneys. Eine nachchristliche Fortentwicklung sind sog. „Radhäuser" (wheel-houses) mit speichenartigen Radialwänden, z. B. in Jarlshof auf Shetland[355].

In Irland dominierte der mit dem Round verwandte Ráth, auch Ringfort genannt, mit einem Hofareal von 10–60 m Durchmesser, das mit Wall und Außengraben, selten auch zwei oder drei Wällen und Gräben, und manchmal einer Palisade auf dem Wall begrenzt war. Innen standen meist mehrere runde oder 8-förmige Pfostenbauten in Holz-Lehm-Bauweise. Manche Ráths besaßen zudem Souterrains. Besteht die Einfriedung aus Stein, heißt die Anlage Caisel/Cashel. Insgesamt sind in Irland rund 30.000 Ráths und Cashels bekannt, die besonders von ca. 300–1000 n. Chr., vereinzelt jedoch bis ins 17. Jh. gebaut wurden. Bekannt ist z. B. der Ráth von Glenarm, Co. Antrim[356]. In vernäßten Gebieten Irlands und Westschottlands wurden seit der Bronzezeit, verstärkt aber seit früh-

christlicher Zeit außerdem Crannogs (gälisch: crann = Baum) angelegt, künstliche oder künstlich vergrößerte Inseln in stehenden
Gewässern, die aus Gestrüpp, Torfsoden, Steinen und Holz um ein
Pfostengerüst errichtet wurden und meist mit einer Palisade umgeben waren. Sie besaßen z. B. kleine Rundspeicher und größere
Rechteckbauten, dienten als befestigte Wohnsitze führender Familien und waren nur per Boot oder auf überfluteten Dammwegen zu
erreichen. Ein berühmter Crannog ist die mögliche Königsresidenz
von Lagore, Co. Meath, aus dem 7.–10. Jh. n. Chr., viele hundert
weitere sind bekannt, von denen die jüngsten noch im 17. Jh. benutzt wurden. In einigen schottischen Crannogs erweist importierte
römische Keramik engere Verbindungen zur Außenwelt als man
vermuten könnte[357].

In Irland sowie besonders im Zentrum und Westen Schottlands
finden sich außerdem mit relativ dünnen Trockenmauern befestigte
Siedlungen, die sog. Dúns, die seit der Eisenzeit, verstärkt aber ebenfalls in Früh- und Hochmittelalter angelegt wurden und meist
30–100 m Durchmesser hatten. Je nach den Ausmaßen variieren
Zahl und Größe der zugehörigen Gebäude, die anfangs rund, später eckig waren. Vollständige Ringmauern kommen ebenso vor wie
Abschnittsmauern an Berg- und Küstenvorsprüngen, auch ehemals
holzverkleidete, nunmehr verschlackte Mauern existierten. Bisweilen zeigen Funde ostmediterraner Keramik des 5./6. Jh. weitrei-
chende Kontakte mit der Außenwelt an. Berühmte Vertreter der
Gattung sind Dun Aengus auf den Araninseln oder Emain
Macha/Navan Fort, Co. Armagh, der alte Hauptort Ulsters[358]. In
etlichen Fällen wurden im Frühmittelalter auch eisenzeitliche Hillforts in England oder Wales erneut besiedelt, wie wiederum Funde
mediterraner Feinkeramik und Amphoren des 5.–7. Jh. n. Chr. zeigen. Beispiele sind etwa Dinas Powys in Wales oder Cadbury Castle,
das seit dem 16. Jh. mit König Artus' Festung Camelot gleichgesetzt
wird, ohne dass dies zu beweisen wäre[359]. Weitere Orte, die mit Artus
verbunden werden, sind z. B. der Römerort Caerleon-on-Usk/Ca-
erllion-ar-Wysg in Wales, wo später Tennyson seine „Idylls of the
King" schrieb, oder die Burg Tintagel in Cornwall, wo nach Geoffrey von Monmouth König Uther Pendragon/Uthyr Bendragon Ar-
thurs Mutter, Igerna/Ygerna/Eigr, verführte und Funde des
5.–7. Jh. vorliegen. Als Sitz des legendären Cunomorus/Mark von
Cornwall gilt Castle Dore, ebenfalls mit Spuren nachrömischer Besiedlung[360].

Eine weitere charakteristische Siedlungsform des frühen Mittelalters in Irland sind christliche Klöster, die sich oft schon an Ortsnamen auf -kil (lat. cella = Zelle) und Clon- (gälisch: clúain = nasse

Wiese) zu erkennen geben. Älteste Befunde aus dem 7./8. Jh. bestehen aus rundlichen Mauer- oder Walleinfriedungen mit exzentrisch gelegener Kirche, bienenkorbförmigen Zellenhäuschen und Grabsteinen, z. T. mit christlichen Symbolen[361]. Seit dem 9./10. Jh. entwickelten größere Klöster unter dem Eindruck der Küstenstädte der Wikinger wie Dublin, Cork oder Limerick eine einheitliche Grundform mit städtischen Merkmalen. Sie waren nun von einer oft doppelten Einfriedung mit Wall und Graben oder Mauer umgeben, von denen die innere die sakralen von den profanen Bereichen trennte. Im Kern lagen Abthaus, Rundturm, Kirche, Friedhof und Hochkreuze. Hinzu kamen am Rand Gebäude für Zellen, Küche, Refektorium, Skriptorium, Gäste, Kranke, Schule und Landwirtschaft. Die Gebäude bestanden aus Holz oder Trockenmauerwerk und waren im zweiten Fall oft mit falschen oder echten Gewölben abgeschlossen. Die hohen Rundtürme mit Kegeldach wurden vom 9.–12. Jh. erbaut und dienten außer als Glockenturm auch als Schatzkammer, Lager, Ausguck und Zuflucht[362]. Zum besseren Schutz war die Tür oft weit über dem Erdboden nur mit einer Leiter zu erreichen. Besuchenswerte Beispiele sind etwa Monasterboice am Boyne mit Rundturm, Konventsgebäuden und Hochkreuzen oder Clonmacnois am Shannon mit Kirchen, Rundtürmen und Hochkreuzen.

4.4 Landwirtschaft und Ernährung

Die Landwirtschaft der Eisenzeit profitierte von einem vielfältigen eisernen Gerätebestand, der von Beilen und Äxten zum Fällen von Bäumen, Spaten und Hacken zum Umgraben und Lockern des Bodens, Pflugscharen zum Bestellen der Felder, Laubmessern zum Schneiden von Laubheu oder Ruten bis hin zu Sicheln und Sensen zum Ernten von Getreide und Schneiden von Gras reichten. Daneben existierten hölzerne Geräte, die sich nur unter glücklichen Fundumständen erhielten wie z. B. eine 622 v. Chr. hergestellte Ackerschleppe vom Magdalenenberg[363]. Mit dem Pflug und der gallo-römischen Erntemaschine „Vallus" befanden sich recht komplexe Gerätschaften darunter. Der seit dem 4. Jt. v. Chr. in Mitteleuropa gebräuchliche Pflug ist aus der Hallstattkultur nur durch fünf Darstellungen auf Situlen bezogen, die einen Hakenpflug (Ard, Arder) mit horizontaler Sohle, eingesetztem Sterz und abgewinkeltem Handgriff zeigen. Seit dem 6. Jh. v. Chr. sind in Italien eiserne Pflugschare bezeugt, die seit der Frühlatènezeit überall in der Latènekultur übernommen wurden und sich in offenen Siedlungen,

Oppida, Viereckschanzen und Horten finden. Dabei handelt es sich um leicht gewölbte zungenförmige Eisenplatten mit Schäftungslappen am breiten Ende, mit denen das Schar am Holzpflug befestigt wurde. Die Schare waren schmal (unter 8 cm Breite) und den Abnutzungsspuren zufolge sehr steil am Pflug angebracht, so dass sie das Erdreich nur ritzten. Erst seit der Spätlatènezeit existierten daneben auch breitere Schare, die sehr viel flacher montiert waren und die Ackerscholle horizontal unterschnitten. Zur selben Zeit wurde – wohl von den Kelten selbst – das senkrechte Pflugmesser, das Sech oder Kolter, erfunden, die notwendige Voraussetzung für alle schollenwendenden Pflüge. Sicher so früh datierte Seche sind aus Gräbern und Horten in Slowenien, Mähren und Österreich bekannt. Pflugräder waren eine um die Mitte des 1. Jhs. n. Chr. noch neue Erfindung aus dem nicht sicher lokalisierbaren „Raetia Galliae", wenn man Plinius (nat. 18, 172) Glauben schenkt. In Irland sind eiserne Schare und Seche erst seit dem 7. bzw. 9./10. Jh. n. Chr. erhalten[364]. Bei der „Vallus" genannten Erntemaschine handelt es sich um einen zweirädrigen Karren mit schaufelförmigem Kastenaufsatz mit Holzzinken am vorderen Ende, der von einem Zugtier übers Feld geschoben wurde. Die Getreideähren verfingen sich in den Zacken und wurden abgerissen. Das mehrfach in Rekonstruktionen erprobte und für effizient befundene Gerät wird von den Römern Plinius (nat. 18, 296) Mitte des 1. Jhs. n. Chr. und Palladius (op. agr. 7, 2) Mitte des 5. Jhs. mit Gallien in Verbindung gebracht und ist nur hier auf sechs kaiserzeitlichen Steinreliefs aus dem Norden bildlich dargestellt. Dass es Vorläufer in der Eisenzeit besessen habe, wurde vermutet, weshalb das Gerät hier erwähnt wird, ist aber bislang durch nichts zu beweisen[365].

Die zu den Pflügen gehörigen Äcker haben ihre Spuren auf zweierlei Art in der Landschaft hinterlassen, nämlich als fossile Ackerflächen mit Pflugspuren und Parzellengrenzen in Form von Erdrainen, Trockenmauern, Gräben und Hangterrassen. Gepflügte Böden sind nur in geringer Anzahl bekannt, weil sie zu ihrer Erhaltung der schützenden Bedeckung durch Grabhügel und andere Bauwerke oder natürliche Sedimentablagerungen, z. B. Flugsand oder Kolluvien, bedürfen. Die eisenzeitlichen Beispiele sind manchmal noch kreuz und quer angeordnet wie meist in der Stein- und Bronzezeit, häufiger aber nur parallel, wahrscheinlich weil viele Pflüge bereits so effizient waren, dass nur in eine Richtung gepflügt zu werden brauchte. Wenn die keltischen Schare auch symmetrisch waren, ist nicht auszuschließen, dass durch seitliches Neigen oder asymmetrische Ausbildung der Holzteile des Pfluges auch das ein- oder beidseitige Kippen von Erdschollen bereits möglich war. Dafür

spricht u. a. die Tatsache, dass im deutsch-niederländischen Nord-
seeküstengebiet seit 300 v. Chr. Kehrpflüge nachgewiesen sind, bei
denen man mittels eines umsteckbaren Streichbrettes die Erde abwechselnd nach der einen oder anderen Seite kippen konnte.
Ackerparzellierungen sind vor allem an den Küsten von Nord- und
Ostsee in Form der sog. „Celtic fields" bis heute erhalten, die aber
allenfalls in Südengland mit Kelten zusammenhängen. Dabei handelt es sich um zusammenhängende Systeme durch Stufenraine und
Querwälle voneinander abgesetzter Felder, die bei quadratischer
oder kurzrechteckiger Form meist Flächen von 0,1–0,5 ha aufweisen. Im mitteleuropäischen Binnenland sind ähnliche Parzellierun-
gen als Grabensysteme, z. B. bei gallischen „fermes indigènes", oder
selten als Terrassierungen an Mittelgebirgs- und Alpenhängen erhalten. In Großbritannien ist – neben anderen Acker- und Pflugfor-
men – durch Wölbäcker mit parallelen Pflugspuren früh ein Beet-
pflug mit einseitig festem Streichbrett zu vermuten. Entsprechende
Befunde sind aus vorrömischer und römischer Zeit am Hadrianswall, aus römischer Zeit unter der Stadtbefestigung von Colchester,
aus dem 6.–11. Jh. unter Flugsand in Gwithian in Cornwall und aus
vornormannischer Zeit unter dem Burgwall von Hen Domen in
Wales dokumentiert[366].

Die Kenntnis keltischer Nutz- und Wildpflanzen der mitteleuropäischen Eisenzeit gründet auf in feuchter Umgebung oder ver-
kohltem Zustand erhaltene Pflanzenteile, sog. Makroreste, und Pol-
len aus Mooren oder Seesedimenten, die z. B. für Manching, um
den Auerberg oder bei Schwäbisch Hall gut untersucht sind. Demnach waren vor allem Spelzgetreide verbreitet, die wegen der schützenden Spelzen in Gruben oder Gebäuden besonders gut lagerbar
waren, ohne dass Fäulnis, Schimmel oder Schädlinge ihnen viel an-
haben konnten. Vor dem Mahlen mussten sie entspelzt werden,
wozu man sie gewöhnlich darrte und versehentlich auch manches
verkohlte, was sich dann in Abfallgruben erhielt, in denen auch –
wohl absichtlich – verbrannte Drusch- und Spelzabfälle landeten.
Von besonderer Wichtigkeit war der nach Ausweis der Unkrautarten vor allem als Wintergetreide angebaute Dinkel als Brotgetreide.
In Gebieten mit kurzer Vegetationsperiode trat an seine Stelle der
Emmer, ein primitiver, schnell reifender Weizen. Unkrautbeimi-
schungen zufolge besonders als Sommergetreide wurde die Spelz-
gerste kultiviert, z. B. für Breispeisen, Bier und Tierfutter. Auch die
häufig angebaute Rispenhirse sowie die Hülsenfrüchte Erbse, Linse
und Ackerbohne konnten der Ernährung von Mensch und Vieh
dienen. Lein wurde für Öl und Fasern angebaut, Schlafmohn als Öl-
pflanze, Gewürz und vielleicht als Heil- oder Rauschmittel. Der

Wechsel von Winter-, Sommergetreide und Hülsenfrüchten sowie vielleicht eine dazwischenliegende, womöglich beweidete Brache begünstigten zudem die Regeneration des Ackerbodens, den man auch seit langem durch mineralischen und organischen Dünger zu verbessern verstand. In der erwähnten späthallstatt-/frühlatènezeitlichen Siedlung von Hochdorf-Reps sind mit mediterranen Unkrautarten, wohl aus importiertem Getreide, und Feigenkernen recht exotische Ernährungsgewohnheiten nachgewiesen, zu denen mediterraner Wein hinzu kam[367].

Das Wissen über keltische Tierhaltung in Mitteleuropa war anfangs durch Großgrabungen wie der Heuneburg oder Manchings mit einigen 100.000 Tierknochen bestimmt, inzwischen kommen immer mehr untersuchte Bestände kleinerer Siedlungen hinzu. Ihnen zufolge spielte Wild bei der Ernährung kaum eine Rolle. An Haustieren waren seit langem Hund, Rind, Schwein, Schaf, Ziege und Pferd bekannt, die auch im Grab- und Opferbrauch wichtig waren und von denen Schwein und Rind den Hauptanteil der Fleischnahrung lieferten, wie es für sesshafte Völkerschaften typisch ist. Rinder von nur 1,0–1,2 m Widerristhöhe waren als Milch-, Fleisch- und Arbeitstiere nützlich. Kleine Schafe von 0,5–0,7 m Höhe lieferten neben Milch und Fleisch vor allem Wolle, weshalb die größeren männlichen Tiere bevorzugt wurden. Auch Schweine waren mit ca. 0,7 m Widerristhöhe kleinwüchsig, sofern sich nicht gelegentlich bei der Waldweide Wildschweine einkreuzten. Pferde erreichten mit 1,1–1,4 m das Stockmaß heutiger Ponies und wurden als Reit-, Trag-, Zugtiere und Fleischlieferanten gebraucht. Dass Reiter mit ihren Füßen fast den Boden berührten, wie auch Darstellungen auf dem Gundestrup-Kessel (s. S. 178) zeigen, wird als Grund für die lange anhaltende Bedeutung des Streitwagens angesehen. Allein für die nur in geringer Zahl wegen Milch, Fleisch und Leder gehaltenen Ziegen war das Nahrungsangebot groß genug für einen stattlichen Wuchs, der dem heutigen nahe kam. Hunde dienten als Wach-, Hirten- und Jagdhunde, standen aber auch auf dem Speiseplan. Das aus Süd- oder Osteuropa in unsere Breiten eingeführte Huhn ist mit kleinen Vertretern auf der Heuneburg in der Stufe Ha D erstmals nachgewiesen. Die erwähnte Siedlung von Hochdorf-Reps fällt wiederum auf, weil von hier die bisher ältesten Nachweise für eine große Hühnerrasse sowie Hausgänse und -enten stammen. In der Spätlatènezeit kommen größere Pferde und Rinder sowie auffällig kleine und große Hunde vor, die auf Einfluß der Römer schließen lassen, bei denen mittels gezielter Selektion bereits echte Tierzucht stattfand. In Frankreich ist in der Latènezeit ein merklicher Unterschied in der Tierhaltung zwischen dörflichen

Siedlungen mit einem Überwiegen des Schweins und den „fermes indigènes" mit vornehmlich Resten von Rind in Gräben und Schaf/Ziege in Gruben festzustellen. In deutschen und schweizerischen Siedlungen dominiert das Rind, während in süddeutschen Viereckschanzen unter den auf profane Weise deponierten Schlachtresten mal Rinder und mal Schweine überwiegen[368].

Außerhalb Mitteleuropas war die keltische Ernährung an die jeweiligen natürlichen Gegebenheiten von Böden, Klima etc. mit geeigneten Arten angepasst. Generell weit verbreitet war die relativ anspruchslose Gerste. In Gallien war der Weizen besonders stark vertreten. In trocken-warmen Gegenden wird den zähen und beweglichen Ziegen und Schafen mehr Bedeutung zugekommen sein. Ganz am Ende der Eisenzeit finden sich an gallo-römischen Fundstellen auch die von den Römern mitgebrachten Haustiere Katze und Esel[369]. Bei der intensiven Nutzung der Umwelt durch Landwirtschaft und Rodung, aber auch Bergbau, Erzverhüttung und Salzsiederei blieben Umweltschäden nicht aus, die z. B. in Form von Erosion, Deflation, Kolluvien, Alluvien, Bergrutschen, Murbrüchen, aber auch Schwermetalleintrag in Mooren nachweisbar sind[370]. Von einem „ganzheitlichen" Verhältnis der Kelten zur Natur und ähnlichen romantischen Vorstellungen kann daher nicht die Rede sein.

Essen und Trinken dienten bei den Kelten keineswegs nur der Ernährung, sondern erfüllten bei gemeinsamen Mahlzeiten wie bei fast allen Kulturen auch wichtige soziale Funktionen. Dabei ergab sich die gesellschaftliche Position des Einzelnen daraus, ob er teilnehmen durfte, wieviel er bekam und was er dafür geben musste. Mit der Exklusivität des Kreises der Gäste stieg der Aufwand der Bewirtung, der sich in Rauschgetränken, Delikatessen, Luxusgeschirr und exotischen Gerätschaften äußern konnte. Während man in der griechischen Welt zu homerischer Zeit (8. Jh. v. Chr.) beim Gastmahl noch in einer Reihe auf hohen Stühlen mit einem eigenen Tisch davor saß (Od. 1, 145; 9, 8), kam durch medisch-persische Vermittlung im 7./6. Jh. die orientalische Sitte des „Gelages" im wörtlichen Sinne auf, nämlich bei Tisch zu zweit auf einer Kline vor einem niedrigen Tischchen zu liegen. Diese erreichte um oder nach 600 auch Etrurien, von wo sie durch Kontakte der Oberschicht ihren Weg nach Norden und über die Alpen fand wie Situlenbilder und Funde von Klinen in „Fürstengräbern" zeigen[371]. Über die Ess- und Gelagesitten der Festlandskelten berichtet um 200 n. Chr. Athenaeus (4, 36 p. 151 e–152 d; 4, 40 p. 154 a–c) nach Poseidonios, dass Fleisch und Brot im Mittelpunkt der Ernährung standen und bei Gelagen eine strenge Rangordnung galt[372]. Mehr

Auskunft geben einschlägig ausgestattete Grabfunde. In mitteleuropäischen Gräbern sind Gerätschaften für Festmähler bereits in
der späten Bronzezeit in Form von Trink- und Gießgefäßen, Sieben
und selten Fleischhaken nachzuweisen. In der Hallstattzeit wurde
außerdem die Beigabe von Kochkessel und Tranchiermesser üblich,
die man zum Zubereiten und Servieren von Kesselfleisch benötigte.
Erst allmählich kamen auch bündelweise beigegebene Bratspieße
(sog. Obeloi), Feuerböcke, Dreifuß und Herdschaufel auf, die aus
Etrurien und letztlich aus Griechenland stammten und beim
Spießbraten Verwendung fanden. Dass Bankettgeräte wie Bratspieße
auch tatsächlich benutzt wurden, machen Siedlungsfunde mit Ge-
brauchsspuren von der Heuneburg wahrscheinlich. Wein spielte anfangs noch eine untergeordnete Rolle, und mediterrane Mischgefäße für die Weinzubereitung wurden im Norden organischen
Rückständen zufolge zum Kochen benutzt. Erst mit dem „Fürstengrab" von Hochdorf wird um 530/520 v. Chr. ein grundlegender
Wandel sichtbar, bei dem neben die ritualisierte Fleischzubereitung
der zeremonielle Alkoholgenuss trat. Man hielt nun nach mediterranem Vorbild Alkohol, in diesem Fall Honigmet, im Kessel bereit,
den man auf Klinen liegend – in diesem Fall zu neunt – aus Trink-
hörnern genoß. Die neue Sitte verselbständigte sich, so dass bereits
in der Frühlatènezeit die Beigabe von Trinkgeschirr dominierte[373].
Über die Trink- und Tischsitten der Spätlatènezeit geben Siedlungsfunde aus Oppida und Beigaben gallischer Adelsgräber Auskunft, im wesentlichen Weinamphoren, Bronze- und Keramikge-
schirr sowie spezielle Küchengeräte, z. B. Weinsiebe. Es scheint, dass
anfangs nur persönliches Geschirr mitgegeben wurde, später ganze
Service für mehrere, meist drei, Personen, wobei aber auch der gemeinsame Gebrauch eines Bechers durch alle Teilnehmer eines
Mahls historisch überliefert ist. Auch Utensilien zum Kochen und
Braten des Festmahls (Kessel, Fleischgabel, Grill, Tranchiermesser,
flache Teller, Platten, Fleisch) werden wieder beigegeben. In den
Oppida finden sich italische Bronzen in Form von Sieben, Krügen,
Bechern, Schöpfern, Pfannen und Eimern in z. T. erheblicher An-
zahl, wobei insbesondere die Häufigkeit von Sieben in krassem Ge-
gensatz zu den Grabfunden steht, offenbar, weil sie anfangs als
Küchengerät ohne Bedeutung beim Festgelage galten. Insgesamt
zeigt sich, dass in den Oppida mit ihren vielfältigen Kontakten
Neuerungen bereitwilliger aufgenommen wurden, während der
Adel sie im Grab eher selektiv und allmählich aufgriff, so wie sie in
das auf traditionelle Weise zelebrierte Gastmahl Eingang fanden[374].
    Auch in der irischen Gesellschaft des frühen Mittelalters spielten
Festgelage (fled) eine große Rolle und sind entsprechend häufig in

Rechts- und anderen Texten erwähnt. Es war demnach Pflicht des Gefolgsmannes, seinen Herrn samt angemessener Begleitmannschaft zu bewirten, wozu er gewöhnlich Lebensmittelabgaben seiner eigenen Untergebenen aufwandte. Besonders opulent waren Gelage, bei denen ein König anwesend war, z. B. an Samain oder zur Thronbesteigung. Genau geregelt waren dabei der Sitzplatz und die Fleischportion, die jedem nach Rang und Beruf zukamen, wobei Keule (loarg) und Filet (lónchrúachait) als die besten Stücke galten. Verzehrt wurde hauptsächlich Schweinefleisch, das man auf langen Spießen (bir bruinnes) briet, aber auch gekochtes Schweine- und Rindfleisch, die mit großen Gabeln aus einem Kessel gefischt wurden. Als Getränk wurde nach Möglichkeit Met (mid) gereicht, den Diener aus Bottichen schöpften, während Bier (cuirm) geringer angesehen war. Wein (fín) ist nur gelegentlich als klösterliches und profanes Festgetränk bezeugt. In christlicher Zeit gingen die großen Festgelage auf wichtige Termine des Kirchenjahrs über, an denen sogar inhaftierte Sklaven ein Recht auf besseres Essen hatten. Es existierten bestimmte Nahrungsbräuche, so war etwa Ostern besonders mit Bierkonsum verbunden[375].

Auch für die Landwirtschaft des frühmittelalterlichen Irland ist aus Gesetzen, Sagenliteratur, anderen Text- und einigen Bildquellen eine Fülle von Informationen überliefert, denen eine nur geringe Zahl von Funden und Befunden gegenübersteht. Insbesondere die Zeugnisse über die hohe Wertschätzung von Rindern, ihre Rassen, Haltung, Fütterung, Ausbildung, Schlachtung, Produkte und Preise sind zahlreich. Auch zur Haltung, Nutzung und ggf. Abrichtung von Pferden, Hunden, Schafen, Ziegen, Schweinen, Geflügel, Bienen, Katzen u. a. finden sich detaillierte Informationen. Es gibt sodann Regelungen zu Schäden, die von Vieh verursacht oder diesem zugefügt wurden, sowie zu Unfällen und Krankheiten von Haustieren. Zu Getreideanbau und -verarbeitung, weiteren Kulturpflanzen wie Hülsenfrüchten, Gemüsen, Kräutern, Obst, Färbe-, Faser- und Zierpflanzen, zur Jagd, Fischerei und Sammelwirtschaft finden sich ebenfalls viele Angaben. Weitere Aussagen betreffen Zusammensetzung und Zubereitung der menschlichen Nahrung sowie die Anlage von Gehöften mit runden Wohngebäuden, Ställen, Gruben, Nutzflächen, Begrenzungen, Wäldern und Wegen. Genaue Regelungen finden sich zu Besitz, Erwerb, Pacht und Bearbeitung von Land. Schließlich sind die unterschiedlichsten Gerätschaften des Ackerbaus, der Rohstoffgewinnung, der Wald- und Viehwirtschaft sowie Transportmittel u. v. m. aus den Texten zu erschließen. Das Ende der keltischen Landwirtschaft in Irland begann mit den landwirtschaftlichen Aktivitäten der 1157 gegründeten Zisterzienserabtei von Mellifont und der englischen Eroberung seit 1169, durch die das anglo-normannische Spektrum landwirtschaftlicher Arten, Sorten, Technik und Bräuche zunehmend Verbreitung auf der Insel fand. Diese Veränderungen betrafen etwa die Heumahd mit der Sense, die Pflugtechnik, Flurformen, die Dreifelderwirtschaft, Schaf- und Pferderassen sowie die Einführung neuer Nutztier- und -pflan- zenarten[376].

4.5 Handwerk

Für keltisches Handwerk haben sich unzählige Zeugnisse aus den verschiedensten Materialien wie Metall, Glas, Stein, Keramik, Tex- tilien, Leder oder Holz erhalten, über die hier nur ein grober Überblick gegeben werden kann[377]. Als keltische Handwerke schlechthin gelten die Metallgewinnung und -verarbeitung, deren Erzeugnisse selbst in der mediterranen Welt Anerkennung und Wertschätzung fanden. Zeugnisse der Metallurgie finden sich in Form von Bergwerken, Werkstätten zur Verhüttung und Bearbei- tung, Werkzeugen, Handwerkergräbern, Abfällen, Halbzeugen und natürlich von Endprodukten.

Der Herstellung von Bronze aus Kupfer und Zinn sowie ihrer Bearbeitung lagen Verfahren der Kupfer- und Bronzezeit zugrunde. Die Rohstoffe wurden von den relativ wenigen Lagerstätten bezo- gen, wo man sie je nach geologischen Verhältnissen ober- oder untertägig abbaute und verhüttete, oder durch Recycling von Alt- metall ersetzt. In der Eisenzeit wurden Gussarbeiten vor allem „in verlorener Form" hergestellt, wobei ein Wachsmodell in Lehm ein- gebettet, ausgeschmolzen und der verbleibende Hohlraum mit flüs- sigem Metall aus dicken Keramiktiegeln ausgegossen wurde. Nach dem Erkalten wurden die Form zerschlagen und der Rohling zum Endprodukt umgeformt. So wurden etwa im Falle von Fibeln die Spirale gewickelt und der Nadelhalter in Form gebogen. Wieder- verwendbare Ton- und Steinformen waren nur für sehr einfache Objekte geeignet. Besondere Fertigkeit waren für Überfang- und Verbundgüsse nötig, bei denen an größere Metallteile Zubehör an- gegossen wurde, etwa Ortbänder an Schwertscheiden, bzw. zwei Stücke durch Guss verbunden wurden wie bei Schnabelkannen[378]. Aus länglichen Rohlingen konnte mittels Ziehen durch dünner werdende Ösen Draht hergestellt werden. Zu besonderer Perfektion wurde der Umgang mit Bronzeblech gebracht, das nach den Ver- fahren des Umformens, Trennens, Änderns von Stoffeigenschaften, Beschichtens und Fügens bearbeitet wurde. Dazu standen als Werkzeug Hämmer, Zangen, Meißel, Durchschläge, Raspeln, Feilen, Punzen, Stichel, Zirkel, Messstab, Gebläse, Setzhämmer sowie Ambosse mit und ohne Gesenke zur Verfügung, die z. B. aus Metallurgengräbern bekannt sind. Unter das Umformen fallen die Techniken des Freiformens (z. B. getriebene Radteile oder Gefäße), des Gesenkformens (z. B. kleine Zierbuckel, Sicken an Gefäßen), des Eindrückens (z. B. Durchlochen für Nieten), des Drückens auf der Drehbank (z. B. Ohrringe, Tonnenarmbänder), des Freibiegens (z. B. umbörtelte Ränder) und des Tordierens (z. B. Halsringe). Zum Trennen durch offene und geschlossene Schnitte standen Messer, Meißel, Feile, Bohrer, evtl. auch Metallsägen und seit der Latènezeit Scheren zur Verfügung. Das Ändern von Stoffeigenschaften erfolgte mechanisch oder thermisch (z. B. Härtung durch Kaltverfestigen, Geschmeidigmachen durch Ausglühen und Abschrecken). Das Fügen von Blechen war oft erforderlich, weil die Blechherstellung aus Gussstücken der erzielbaren Blechgröße enge Grenzen setzte. Es erfolgte bei Bronze stets als Formschluss mittels Falz oder Niete (z. B. Gefäße). Nachbehandlungen wie Feilen, Schleifen und Polieren vollendeten das Werk. Danach wurden Verzierungen materialabtragender, -verdrängender oder beschichtender Art angebracht. Abtragend waren z. B. das Gravieren, der Tremolierstich, bei dem ein Stichel seitlich wippend vorwärts geschoben wird, oder Durchbruchsarbeiten wie das sog. Opus interasile. Materialverdrängend wurde z. B. beim Punzieren, Ziselieren (lineares Punzieren) und Chagrinieren (flächiges Punzieren) gearbeitet. Beschichtungen erfolgten entweder plastisch (z. B. Filigran auf Schwertscheiden) oder farblich (z. B. mechanisches oder thermisches Tauschieren, Email- oder Koralleneinlagen)[379].

Neu war seit dem 10. Jh. das Eisen, zunächst als Dekoration an Bronzeobjekten und für sehr kleine Geräte wie Pfrieme oder Nadeln, seit dem 8. Jh. als eigener Werkstoff. Das nötige Erz stand vielerorten an, z. B. Bohnerze im Jura der Schwäbischen Alb oder Raseneisenerze um Manching bei Ingolstadt, und wurde meist obertägig in sog. Pingenfeldern abgebaut. Mit zerkleinertem Erz und Holzkohle wurden dann sog. Renn(feuer)öfen von Kuppel- oder Schachtform beschickt und befeuert. Das entstehende Eisen-Schlacke-Gemenge, die Luppe, wurde durch Schmieden gereinigt und häufig erst zu einheitlich geformten Barren weiterverarbeitet. Ihre Form variierte zeitlich und räumlich, z. B. zwischen doppelpyramidalen und schwertförmigen Barren, deren Form dem Käufer aber in jedem Fall bewies, dass das Erzeugnis schmiedbar und damit hochwertig war. Gusseisen war in der Vor- und Frühgeschichte unbekannt, weil die nötige Temperatur von 1528 °C nicht erzielt werden konnte. Besonders bei Werkzeugen und Waffen brachte der neue Werkstoff Vorteile durch größere Härte. Allein aus den Oppida sind ein- bis zweihundert eiserne Gerätetypen bekannt. Abgesehen vom Massivumformen durch Schmieden war wiederum die Bearbeitung von Blech ein wichtiges Verfahren. Vieles deckte sich mit der Bronzeblechbearbeitung, besondere Erwähnung verdienen jedoch folgende Techniken. Das Ändern von Stoffeigenschaften war beim Eisen thermisch (Härtung durch Abschrecken), physikalisch (Aufkohlen zu Stahl, Anreichern der Oberfläche mit Phosphat), aber auch chemisch möglich (Brünieren und Schwärzen in warmen oxidierenden Lösungen). Beim Fügen von Eisenblech waren vor allem die Hartlötung mit Kupfer oder Bronze (z. B. an Fibeln, Waffen, Pferdegeschirr) und das Schweißen bei Weißglut (z. B. Herstellung größerer Bleche) wichtig. Seit der fortgeschrittenen Latènezeit ist als Sonderform das wechselnde Verschweißen von Stahl- und Eisenlamellen als einfache Form des Damaszierens bei Waffenklingen praktiziert worden, die dadurch zugleich hart und elastisch wurden. Bei den abtragenden Verzierungen kommt das Ätzen mit Frucht- oder Essigsäure, evtl. mit Salz hinzu (z. B. Mustern, Sichtbarmachen von Damaszierung)[380].

Die Bearbeitung der Edelmetalle Gold und Silber stand der von Bronze nahe und erfolgte oft in denselben Werkstätten als Guss- oder Blecharbeiten nach denselben Verfahren. Eine Besonderheit stellt die aus dem Mittelmeerraum übernommene Technik der Granulation, des Aufschmelzens kleiner Goldkügelchen auf ein Schmuckstück dar, das vor allem im ostkeltischen Bereich und bei den Helvetiern bekannt war. Das Gold stammte von eingeschmolzenen mediterranen Münzen oder wurde als gediegenes Berg- oder Flussgold gewonnen. Das Gebiet der Kelten galt in der Antike allgemein als sehr goldreich, u. a. das der Taurisker und Helvetier, und Diodor schildert nach Poseidonios die Technik seiner Gewinnung durch Auswaschen goldreicher Flusssande (Pol. 34, 10, 10 ff.; Diod. 5, 27). Das schwerer zu gewinnende Silber spielte für Münzen und selten Schmuck – z. B. im Alpenraum und Spanien – eine Rolle. Noch seltener wurden Blei oder Zinn benutzt[381].

Bereits seit der Bronzezeit kamen in Mitteleuropa Glasperlen vor. In der Hallstattzeit waren sie ausgehend von wenigen Herstellungsorten teils sehr weit verbreitet wie z. B. Zickzackzier-, Ringaugen- oder Schichtaugenperlen. Typisch keltische Formen und die lokale Verarbeitung von Rohglas in einer wachsenden Zahl von Werkstätten sind erst seit der Latènezeit mit Ring- und Spiralaugenperlen, Armringen und Email belegt. Ob das dazu nötige Rohglas vor Ort hergestellt oder importiert wurde, bleibt ungewiss, nachdem Funde keltischer Glasöfen oder Rohstofflager bislang fehlen. Die Gläser gehören zu den Soda-Kalk-Quarz-Gläsern und wurden durch Zugabe von Kupfer-, Eisen-, Kobalt- und Manganverbindungen gefärbt. Perlen wurden auf Stäben aus zähflüssiger Glasmasse unter ständigem Drehen einzeln bzw. später gruppenweise geformt und z. B. mit heißen Glasfäden oder -tupfen dekoriert, die durch Einrollen fixiert wurden. Schließlich trennte, schliff und polierte man sie. Am originellsten sind Glasarmringe, deren Produktion um 260/250 v. Chr. mit schmalen, schlichten Stücken begann, die im Laufe der Zeit breiter und mit aufgelegten Glasfäden und Zangen farblich und plastisch verziert wurden. Nach einer Blüte in der ersten Hälfte des 2. Jhs. v. Chr. wurden in der Spätlatènezeit wieder schmale, glatte Ringe hergestellt, deren Reiz in besonderen Farben lag. Nachdem die Ringe nahtlos und mit glatter Innenseite gearbeitet sind, ist die Herstellung durch Schleudern mit zwei Stäben denkbar. An − fast immer transparenten − Glasfarben kamen anfangs Hellgrün, Hellblau und Grünblau vor, seit Ende des 3. Jhs. dunkles Kobaltblau und Farblos mit oder ohne Gelb sowie seit der Spätlatènezeit Grün, Braun, Ultramarin und Purpur. Selten stellte man auch andere Objekte wie z. B. Fingerringe, Tierfiguren, Schieber, Kugeln oder Spielsteine her. Selbst das Experimentieren mit Glasgefäßen wird vermutet. Email wurde von den Kelten seit dem 4. Jh. v. Chr. zur Verzierung von Metall verwendet, anfangs durch Eindrücken der plastischen Glasmasse und Befestigung mit Bronzestiften, bald auch durch Einschmelzen von Glaspulver bei ca. 900 °C in vorbereitete Vertiefungen (Champlevè- oder Grubenschmelztechnik). Es war stets opak und hatte fast immer die durch Kupferoxid erzielte kräftig rote Farbe, die ihm die Bezeichnung „Blutemail" eintrug. Ihre höchste Blüte erreichte die Emailkunst bei den Inselkelten, wo auch andere Farben wie blau und gelb zum Einsatz kamen[382].

An Schmucksteinen im weiteren Sinne wurden in der Eisenzeit vor allem bituminöse Kohlen verarbeitet, z. B. Gagat (Pechkohle) aus dem nördlichen Vorland der Schwäbischen und Fränkischen Alb, Sapropelit (Faulschlammkohle) aus Nordböhmen, Kimmeridge Shale (Ölschiefer) aus Dorset und der dem Lignit ähnliche Jet (Kännelkohle, cannel coal) Yorkshires und vielleicht Schottlands. In Mitteleuropa war Gagat vor allem in der jüngeren Hallstatt- und der Frühlatènezeit als Rohmaterial für Perlen, Anhänger und Ringschmuck beliebt, bevor er in der Mittellatènezeit weitgehend durch böhmischen Sapropelit- oder sofort Glasschmuck abgelöst wurde. Die Verwendung von britischem Shale und Jet erstreckte sich auf die gesamte Eisen- und Römerzeit. Die Bearbeitung erfolgte durch

Schnitzen sowie später Bohren und Drechseln auf der Drehbank. Daneben sind Bernstein und rote Koralle zu nennen, aus denen z. B. von Hand oder auf der Drehbank Perlen, Anhänger und geschnittene Schmuckeinlagen hergestellt wurden[383]. Aus Felsgestein fertigte man vor allem Reib- und später Drehmühlen, wobei gutes Rohmaterial wie Basaltlava so geschätzt war, dass die Stücke oft riesige Entfernungen zwischen Steinbruch und Verbraucher zurücklegten, etwa im Falle der „Napoleonshüte" aus der Eifel. Selbst Silex, den man mit den Metallzeiten oft nicht mehr in Verbindung bringt, blieb in Gebrauch, z. B. in Südengland zur Bearbeitung von Ölschiefer von Hand und später auf der Drehbank, am Niederrhein und zweifellos weit verbreitet zum Feuerschlagen[384]. Ein Stein besonderer Art war das für Mensch und Tier lebensnotwendige und auch zur Konservierung und im Handwerk benötigte Kochsalz, das als Steinsalz in großem Maßstab in den Bergwerken von Hallstatt und vom Dürrnberg bei Hallein abgebaut wurde. In ähnlichem Umfang wurde Salz aus Meer- und Solquellwasser durch Eindampfen gewonnen. Dazu diente eine charakteristische Grobkeramik, das sog. Briquetage, das aus Siedegefäßen und massiven Stücken der Siedeöfen besteht, z. B. Stützen, Bögen oder Zwischenstücken[385].

Die seit dem 6. Jt. v. Chr. in Mitteleuropa gebräuchliche Keramik wurde nach dem „Aufbauverfahren" von Hand hergestellt und erst seit der Hallstattzeit manchmal auf einem langsam drehenden Untersatz nachbearbeitet. Dennoch entstanden höchst kunstvolle Erzeugnisse wie die großformatige, rot-schwarz-bemalte und mit reichen Ritz-, Stempel- und Kerbschnittmustern verzierte sog. „Alb-Hegau-Keramik", die sich vor allem in Gräbern der Stufe Ha C zwischen Alb und Bodensee findet[386]. Am Ende der Hallstattzeit wurde die Keramikherstellung durch die Einführung der schnell rotierenden Töpferscheibe aus dem Mittelmeerraum revolutioniert, mit deren Hilfe man ein Gefäß rasch aus einem Tonklumpen hochziehen kann. Ihr Gebrauch war zunächst auf die hallstättischen „Fürstensitze" beschränkt, erst im Lauf der Latènezeit kam sie zunehmend auch bei der Herstellung feiner Siedlungskeramik zum Einsatz, beginnend mit Formen wie den sog. Linsenflaschen. Typische Drehscheibenkeramik mit horizontal umlaufenden Wülsten und Rillen sowie verdickten Rändern entstand und bestimmte z. B. die Keramik der Oppida. Bemalte Keramik kam in der Frühlatènezeit vor allem in der Champagne und Bretagne vor, in der Mittel- und Spätlatènezeit war sie weit verbreitet. Weiß und Rot entstanden auf dem meist hellgrundigen Ton erst durch den Brand, manchmal wurde danach zusätzlich ein blasses Braun aufgetragen. Parallel zu diesen technischen Veränderungen wurde die eisenzeitliche Keramik zunehmend nicht mehr im Haushalt sondern mehr und mehr in spezialisierten Werkstätten mit großen überkuppelten Töpferöfen mit Lochtenne gefertigt. Obwohl Graphitton auch früher vereinzelt auftrat, wurde er wegen seiner guten Wärmeleitfähigkeit und Hitzebeständigkeit in der Mittel- und Spätlatènezeit das Material für Kochtöpfe schlechthin, wie angebrannte Essensreste zeigen. Es wurde von wenigen Lagerstätten, etwa um Passau, weit transportiert und erst vor Ort in den Siedlungen verarbeitet[387].

Knochen, Horn und Geweih dienten vor allem zur Herstellung von Waffen- und Gerätegriffen, die zusätzlich mit Einlegarbeiten verziert sein konnten. Auch als Rohstoff für Hämmer, Hacken, Spitzen, Pfeilspitzen, Ahlen, gröbere Nadeln, Schaber, Webschiffchen, Webbrettchen, Webkämme, Perlen, Schieber oder Anhänger fanden sie Verwendung. Die Materialien wurden durch Schnitzen oder auf der Drehbank bearbeitet. Trinkhörner konnten aus Hornscheiden bestehen, deren Mündung dann bisweilen reich verziert war wie im Grab von Hochdorf. Zähne, z. B. von Bären oder Ebern, wurden öfter gefasst und als Schmuck getragen. Als Südimport kommt gelegentlich Elfenbein an Möbeln und Griffen vor[388].

Nur unter günstigen Bedingungen haben sich Textilien und Lederfunde erhalten, wie schon bei der Bekleidung erwähnt. Die gute Qualität und Mustervielfalt auch gröberer Gewebe belegt den hohen Stand der Textilerzeugung, der umso bemerkenswerter ist, als zweifellos ein großer Teil in den Haushalten und nicht von beruflichen Handwerkern hergestellt wurde, wie die überall in Siedlungen zu findenden Spinnwirtel und Webgewichte bezeugen. Spezialisten kann man allerdings für die textilen Meisterwerke vermuten, die sich in den „Fürstengräbern" finden, schon allein wegen des hohen Zeitaufwandes, den ihre Herstellung erforderte. Lederfunde stammen z. B. aus den Salzbergwerken von Hallstatt und vom Dürrnberg, wo sich beispielsweise Kappen, Schuhe, Handleder, Riemen, Taschen und Tragkiepen fanden. Von der Schuhherstellung zeugt überdies ein hallstattzeitliches Paar tönerner Leisten für Schnabelschuhe in Größe 37. Daneben müssen große Ledermengen für Sättel, Zaumzeuge, Verkleidungen von Holzgegenständen wie Jochen oder Wagen, Helme, Panzer, Gürtel etc. verbraucht worden sein, die vermutlich durch pflanzliche Gerbung hergestellt wurden. Auch Felle von Rind, Schaf und Dachs sind in Gräbern nachgewiesen[389].

Ähnlich wenig hat sich von holzverarbeitenden Handwerken wie der Zimmerei, Schreinerei, Böttcherei, Stellmacherei u. a. erhalten. Die besagten Möbelreste sowie anhand von kunstvollen Metallbeschlägen rekonstruierbare Holzgefäße bestätigen für die Hallstattzeit den Gebrauch der Drehbank, der wie erwähnt auch von der Schmuckherstellung bekannt ist. Unter den gedrechselten Gefäßen befanden sich komplizierte Formen wie Schnabel- und Röhrenkannen. Daneben gab es geschnitzte Gegenstände wie Gefäße, Joche oder Trensenknebel. Von Daubengefäßen wie Fässern, Bottichen und Eimern sind oft nur die eisernen Fassringe, selten auch Dauben erhalten. Auch Rinde kam zum Einsatz, z. B. Birkenrinde für eine große Schachtel im Magdalenenberg bei Villingen-Schwenningen oder den Hut und Kamm des „Fürsten" von Hochdorf, Kr. Ludwigsburg, aber auch zur Herstellung von Birkenpech, dem universellen Klebe- und Dichtungsmittel der Vorgeschichte. Daneben wurden zahllose Alltagsgegenstände aus Holz gefertigt, z. B. Gefäßuntersätze, schaufelartige Blätter, Spaten, Deckel, Griffe, Schäftungen, Stampfer oder Bürsten mit Holzborsten wie sie aus dem 2./1. Jh. v. Chr. aus Porz-Lind bei Köln bekannt sind. Auch größere Objekte wie Pflüge, Webstühle, Leitern, Brücken, Bohlenwege, Zäune etc. wurden benötigt. Geflechte kamen nicht nur an Hauswänden zum Einsatz, sondern sicher auch für Körbe und Matten. Vielerlei Kenntnisse waren für den Bau von Gebäuden, Befestigungen, Schiffen oder Wagen erforderlich, weshalb diese Arbeiten sicherlich nicht von jedermann selbst ausgeführt wurden. Verbindungen erfolgten durch Verzapfen, Verblatten, Nut-und-Feder, Holz- und Eisennägel sowie andere bis heute gebräuchliche Techniken. Werkzeuge der Holzbearbeitung wie Äxte, Beile, Sägen, Keile, Flach- und Hohlmeißel oder Bohrer sind zahlreich bekannt, z. B. aus Oppida. Die Auswahl der Holzarten war sorgfältig auf die Funktion jeden Objektes abgestimmt, z. B. nach Möglichkeit Eiche für den Hausbau oder Kernobst für Radspeichen[390].

Ein „Handwerk" besonderer Art war die Arbeit eines Arztes, die ihren Niederschlag in einem mittellatènezeitlichen Brandgrab des 2. Jhs. v. Chr. von München-Obermenzing fand. In diesem lagen neben einer vollständigen Waffenausrüstung und anderen Beigaben drei oder vier medizinische Geräte aus Eisen, nämlich eine Sonde, ein kleines Sägeblatt, ein Schaber mit einer Drahtschlaufe an einem Ende sowie ein auch anderweitig zu gebrauchendes Klappmesser[391].

4.6 Handel und Verkehr

In der Eisenzeit bestand bereits eine mehrtausendjährige Tradition regen Güter- und Personenverkehrs über große Strecken, so dass die unterschiedlichen Regionen durch vielfältige und engmaschige Fernkontakte verbunden waren. Der Austausch betraf einerseits Erzeugnisse, die nur an bestimmten Lagerstätten vorkamen wie Salz oder gute Mühlsteine[392]. Daneben handelte man auch mit schönen und nützlichen Dingen, die beliebt waren, aber nicht überall hergestellt wurden, z. B. latènezeitliche Drehscheibenkeramik aus Lovosice oder Sapropelitschmuck aus der Gegend von Mšec in Böhmen. Auch organische „Güter" wie pflanzliche und tierische Nahrung und Rohmaterial oder Sklaven gehörten zum Handelsgut, wie antike Berichte und Funde von Sklavenketten in eisenzeitlichen Siedlungen erweisen[393].

Aus dem Mittelmeerraum gelangten sog. Südimporte nach Norden, insbesondere Wein und später auch Fischsoße, die ihre Spuren in Form von „Verpackungsmüll", nämlich Scherben von griechischen, südfranzösischen und später auch italienischen und spanischen Amphoren hinterließen. Sie finden sich in hallstattzeitlichen und vor allem spätlatènezeitlichen Siedlungen, z. B. am Mont Beuvray/Bibracte mit Hunderttausenden von Bruchstücken[394]. Ihre latènezeitliche Hauptverbreitung in Siedlungen entlang von Rhône und Rhein erklärt sich mit dem Transport auf diesen Wasserwegen, der wegen ihres großen Gewichtes angeraten war. Auch kleinere Flüsse wie der Neckar wurden befahren, wie Funde in dortigen ländlichen Siedlungen und dem Oppidum Heidengraben zeigen. Neu sind Stücke von der oberen Donau, die wohl über Land vom Hochrhein über den Hegau und das Ablachtal dahin gelangten, wo die Waren ab Mengen-Ennetach donauabwärts zum Oppidum von Manching verschifft wurden[395]. In der Hallstattzeit gelangten vereinzelt auch andere Waren wie der erwähnte rote Farbstoff und Feigen aus Hochdorf oder z. B. rote Mittelmeerkoralle in den Norden.

Neben solchen Verbrauchsgütern fanden in der Hallstatt- und Frühlatènezeit mediterrane Pretiosen ihren Weg nach Südwestdeutschland, Ostfrankreich und in die Schweiz. Ihnen kommt eminente Bedeutung für die archäologisch-historische Datierung ihrer nordalpinen Siedlungs- und Grabzusammenhänge zu, die durch sie für die Zeit von ca. 700 bis 300 v. Chr. an die bekannte geschichtliche Entwicklung der griechischen und römischen Welt angeknüpft werden können. Die ältesten auf diesem Wege datierbaren Gräber stammen von Appenwihr-Kastenwald bei Colmar und Frankfurt-Stadtwald aus der Zeit kurz nach 700 v. Chr. (Stufe Ha C1), die jüngsten sind das Lt B1-zeitliche Fürstinnengrab von Waldalgesheim und einige mittelitalische Keltengräber aus dem dritten Viertel des 4. Jhs. v. Chr.[396]. Bei den Importfunden handelt es sich um griechisches Material aus Mutterland und Kolonien, phönikisches, etruskisches, italisches und vorderasiatisches Fundgut. Griechischer Herkunft waren u. a. attisch schwarz- und selten rotfigurige Keramik, phokäische, pseudophokäische und pseudoionische Keramik aus südfranzösischen Griechenkolonien wie Massalia/Marseille, von der Insel Samos und aus Lydien in der heutigen Türkei, Bronzegefäße wie Greifenkessel, Kratere (Mischkessel), Becken, Hydrien (Wasserkannen), Schuppenkantharoi (Doppelhenkeltassen) und „rhodische" Kannen, Klinen (Liegen), Dreifüße, Glasgefäße, sowie Elfenbeinschnitzereien. Phönikischen Ursprungs sind z. B. gläserne Maskenanhänger. Etruskischer oder anderweitig italischer Provenienz sind z. B. Rasiermesser, Bronzegefäße wie Amphoren, Stamnoi (Mischgefäße), Fläschchen, Kleeblatt-, Röhren und Schnabelkannen, Rippencisten, Rippenschalen, Pyxiden (Dosen) und kampanische Eimer, Siebe, Goldschmuck, Bronzestatuetten sowie Bucchero-Keramik. Aus dem nicht-griechischen Vorderasien kamen u. a. eine Glasschale, ein Elfenbeinzierrat und ein späthethitischer Fächergriff[397]. Bisweilen wurden auch keltische Erzeugnisse nach mediterranem Vorbild hergestellt, z. B. Kleeblatt- oder Schnabelkannen, von deren letzteren sogar tönerne Kopien vorkommen[398]. Bei der attischen Keramik ist in der Hallstattzeit eine Vorliebe für Kolonnetten- und Volutenkratere, also Mischgefäße, festzustellen, während in der Frühlatènezeit vor allem Trinkschalen gefragt waren. Die Funde stammen aus einem Dutzend sogenannter „Fürstensitze" und ihnen zugehörigen „Fürstengräbern", von Handelsplätzen wie Yverdon am Neuenburger See oder Bragny an der Saône, aber auch aus unbefestigten Siedlungen wie Weißenturm-Urmitz bei Koblenz oder Hochdorf-Reps, wo sich sechs Scherben um 425 v. Chr. datierbarer attisch-rotfiguriger Schalen fanden[399]. Umfassend untersucht und publiziert sind die Südimporte und mediterranen Einflüsse für den „Fürstensitz" Heuneburg an der oberen Donau. Auch außerhalb des Westhallstattkreises kommen vereinzelt Südimporte vor, z. B. im Osten am Dürrnberg bei Hallein und in Kadan in Böhmen oder im Nordwesten am belgischen Kemmelberg[400].

Die Umstände, unter denen die Südimporte nach Norden kamen, waren Gegenstand vieler Erörterungen. Nachdem sie in der Hallstattzeit vereinzelt und nur in den erwähnten Zusammenhängen auftreten, nahm Fischer an, dass sie als Gast- und Ehrengeschenke, diplomatische und politische Gesten und Heiratsgut nach Mitteleuropa gelangten und ihr Umlauf von der Führungsschicht beschränkt wurde. Kossack wies auf die zusätzliche Möglichkeit von Plünderungs- und Raubgut hin. Gezielten Fernhandel vermutete Spindler wegen der großen Anzahl der Importe und aufgrund römerzeitlicher Vergleiche, während Eggert anhand ethnologischer Parallelen aus Afrika Etappenhandel mit vielen Zwischenhändlern postulierte[401]. So oder so machten die Gegenstände wahrscheinlich mit dem Vieh den Wertbesitz großer Herren aus, wie dies schon im homerischen Griechenland bezeugt ist[402]. Als ein möglicher Faktor für das Zustandekommen entsprechender Kontakte wird u. a. eine saisonale Wanderung, die sog. Transhumanz, von Viehherden und -hirten aus Mitteleuropa nach Burgund und ins Rhônetal angesehen[403]. Während der Keltenwanderungen waren die Handelskontakte mit der Mittelmeerwelt gestört, so dass nur wenige Südimporte nach Norden gelangten. Erst im 2./1. Jh. v. Chr. ging die erwähnte Einfuhr graeco-italischer Amphoren nach Mitteleuropa wieder mit italischer Keramik, Glas- und Bronzeobjekten einher, die angesichts der jetzt sehr engen Handelskontakte mit der mediterranen Welt als begleitende Handelsware anzusehen sind, wenn auch viele Stücke weiterhin im persönlichen Austausch, z. B. als Gastgeschenke, nach Norden gelangt sein können. Die spezifische Verbreitung einzelner Varianten erlaubt Rückschlüsse auf die Handelswege, auf denen die Luxusartikel nach Norden gelangten[404].

Dass Wasserstraßen in keltischen Landen effektiv und regelmäßig genutzt wurden, bezeugen antike Berichte (Diod. 5, 26, 3; Caes. Gall. 4, 20, 3; Strab. 4, 5, 3), römerzeitliche Funde von Schiffen einheimischer Bautradition und Abbildungen eisenzeitlicher Schiffe, z. B. auf einer um 500 v. Chr. datierten Bronzesitula aus dem istrischen Nesactium oder Goldmodelle aus dem irischen Hortfund von Broighter, Co. Londonderry, aus dem 1. Jh. v. Chr. und aus Grab 44/1 am Dürrnberg von Hallein[405]. Die Situla und das irische Modell zeigen seetaugliche Ruderschiffe mit hoher Bordwand, im Falle von Broighter sogar mit einem Mast für Rahsegel. Dass gallische Schiffe leinene Segel besitzen konnten, für deren Herstellung Flachs angebaut wurde, ist auch aus Plinius (nat. 19, 8) bekannt. Caesar (Gall. 3,13) berichtet von seetauglichen Schiffen der bretonischen Veneter mit flachem Kiel, hohem Bug und Heck sowie Ankern an Eisenketten, die wegen Leinenmangels oder stürmischer See Fell- und Ledersegel trugen. Bei dem am Dürrnberg dargestellten trapezförmigen Schiffstyp mit zwei breit-dreieckigen Paddeln auf Steuerbord handelte es sich hingegen um flachbodige Binnenkähne in der Art des bis ins 20. Jh. vorkommenden sog. Prahms. Dieser konnte auch gerudert, getreidelt oder gestakt werden und war dank des schmalen offenen Bugs an jeder Kiesbank zu be- oder entladen. Bei Längen bis 10 m und Breiten von bis zu 2 m fassten solche Boote ca. 7 t Last. Wegen ihres geringen Tiefgangs von weniger als einem halben Meter waren auch Gewässer schiffbar, die es nach heutigem Verständnis nicht mehr sind. Dass erheblich längere Flussstrecken als heute schiffbar waren, ist auch deshalb anzunehmen, weil im 1. Jh. v. Chr. die mitteleuropäischen Flüsse ca. 120 % der heutigen Wassermenge gleichmäßiger übers ganze Jahr verteilt führten[406]. Von der Bauweise her kamen Einbäume, Plankentechnik, aber auch lederbespannte Geflechtboote vor, z. B. in Berichten von Avienus (ora 104 ff.) für Südfrankreich, Plinius (nat. 4, 104) für Britannien und Strabon (3, 3, 7) für die Lusitaner in Spanien, sowie bis ins 20. Jh. in Irland und Wales[407]. Irische Missionare des Frühmittelalters erreichten und christianisierten auf ihren Fahrten sogar das entfernte Island. Dass sie allerdings bis Amerika gelangten, ist zu bezweifeln, auch wenn die unter Einfluss irischer Seereise-Sagen im 8. Jh. entstandene „Navigatio Sancti Brendani Abbatis" (Seefahrt des Hl. Abtes Brendan, 5./6. Jh.) von einer 15 Tage dauernden Rückreise von einem Land im Westen berichtet[408].

Auch Landwege waren natürlich vorhanden, wenn auch für größere Transporte weniger geeignet. In der Regel unbefestigt, wurden sie an kritischen Stellen schon seit dem Neolithikum mit auf dem Untergrund ruhenden Bohlenwegen gangbar gehalten[409]. Mindestens seit der späten Hallstattzeit errichtete man auch vom Boden abgehobene Brücken, z. B. im Wellheimer Trockental bei Neuburg a. d. Donau, wo sich Dendrodaten zufolge eine 591 v. Chr. gebaute und 576–573 erneuerte Brücke fand. Sie überquerte auf 250 m Länge bei einer Breite von 4 m den versumpften Talgrund. Ihr Gerüst bestand aus eichenen Pfostenjochen in 2–3 m Abstand, die Unterzüge aus Birkenstämmchen trugen. Darauf lag quer die Fahrbahn aus Knüppelhölzern, die am „Mittelstreifen" mit einer starken Holzleiste fixiert waren. Auch latènezeitliche Brücken sind durch Berichte Caesars (Gall. 1, 7; 7, 19) und Befunde wie den von Cornaux, Kt. Neuchâtel, nachgewiesen[410]. Die Eigenständigkeit der keltischen Landeserschließung erweist sich auch in der bis in die römische Kaiserzeit in den gallischen und germanischen Provinzen bezeugten Entfernungsmessung in gallischen Meilen von ca. 2,2 km, den sog. Leugen, die sich in Texten (z. B. Amm. 16, 12, 8; Isid. orig. 15, 16, 1) und auf Meilensteinen finden.

Straßen und Brücken konnten außer zu Fuß und im Sattel auch mit metallbeschlagenen Wagen benutzt werden, die seit der Spätbronzezeit (13./12. Jh.) anfangs verbrannt, dann unverbrannt aus einigen hundert Grabfunden bekannt sind und sich anhand der erhaltenen Metallteile bis in Details rekonstruieren lassen[411]. In der Hallstattkultur wurden Männern und Frauen anfangs ausschließlich vierrädrige Wagen ins Grab beigegeben, obwohl auch zweirädrige Wagen existierten, wie z. B. Darstellungen der Situlenkunst zeigen. Ihre Doppelfelgen, Speichen und lenkbare Vorderachse waren bronzezeitliche Errungenschaften. Eine technische Neuerung der Hallstattzeit waren eiserne Radreifen, welche die äußere Segmentfelge überflüssig machten und seit dem 6. Jh. direkt auf die in heißem Dampf rundgebogene Innenfelge mit den Speichen heiß aufgezogen und angenagelt wurden. Die Radnaben wurden auf der wie erwähnt neu aus dem Mittelmeerraum übernommenen Drehbank gedrechselt und mit Blech überzogen. Große rollenförmige Scharniere machten die Deichsel in der Vertikalen beweglich. Die Wagen waren mit reichen Metallbeschlägen und Leder ausgestattet. Trotz ihrer kunstvollen Bauweise waren sie nicht für größere Lasten, höhere Geschwindigkeiten oder längere Fahrten gemacht. Vielmehr dienten sie offenbar repräsentativem und rituellem Fahren, ein letztes Mal bei der Bestattung ihres Besitzers[412]. Das bislang älteste hallstattzeitliche Wagengrab ist Grab 8 aus Wehringen bei Augsburg, das dendrochronologisch auf 778 +/–5 B. C. datiert ist, womit es vor der eigentlichen Stufe Ha C1 in einem nach 800 beginnenden „Zeithorizont Wehringen" anzusetzen ist. Wagen wurden auch als Modelle dargestellt, z. B. der berühmte Kesselwagen von Strettweg mit seinen Tier- und Menschenfiguren, der kultischen Zwecken diente[413].

In der Latènezeit bestanden vierrädrige Fahrzeuge fort, wie reich mit Metall und Email verzierte spätlatènezeitliche Wagen erweisen. Zwei, darunter ein samt Holz erhaltener, stammen aus dem dänischen Moor von Dejbjerg in Jütland, wenige fanden sich in besonders reichen französischen Grabfunden wie Boé in Aquitanien und Verna bei Lyon, und Reste eines weiteren im Hortfund von Kappel, Kr. Biberach. In der überwiegenden Zahl wurden jedoch nur noch die schon auf Situlenbildern und seit der Späthallstattzeit im Hunsrück und dem Neuwieder Becken nachweisbaren zweirädrigen Wagen ins Grab mitgegeben, besonders häufig in der Frühlatènezeit zwischen Champagne und Mittelrhein. Sie waren mittels einer Riemenaufhängung gefedert und zum praktischen Gebrauch im Stehen oder Sitzen geeignet. Für Außenstehende müssen Machart und Qualität der Wagen so beeindruckend gewesen sein, dass gleich mehrere Bezeichnungen als Lehnwörter ins Lateinische eingingen, z. B. carrus. Nach ihrem Auftreten in Männer- und Frauengräbern und antiken Berichten handelt es sich nicht um reine Streit-, sondern auch um Renn-, Reise- und Repräsentierwagen. Es ist auffällig, dass in den hallstatt- wie in den latènezeitlichen Wagengräbern im Lauf der Zeit der Anteil der Frauen stark ansteigt[414]. Die Sitte der Beigabe eines zweirädrigen Wagens gelangte auch auf die britischen Inseln, wo sie sich in den kontinental beeinflussten Gräbern der zuvor genannten Arras-Kultur in Yorkshire niederschlug[415].

4.7 Münzen

Seit der Späthallstattzeit finden sich nördlich der Alpen Feinwaagen, die älteste in einer um 550 v. Chr. datierenden Grube in der mehrfach erwähnten Siedlung von Hochdorf-Reps. Sie dienten dem exakten Abwiegen von Edelmetall und treten normalerweise immer zusammen mit Münzgold auf, so dass ein begrenzter Gebrauch griechischer Münzen für denkbar gehalten wird[416]. Eigene keltische Münzen kamen nach der Wanderungszeit seit dem frühen 3. Jh. (Lt B2) im Donau- und Balkanraum und im späten 3. Jh. (Lt C1) in Süddeutschland auf. Der Beginn ergibt sich u. a. daraus, dass viele Münzen sich nach Nominalen, Motiven und – oft nicht mehr lesbaren – Legenden eng an datierbare griechisch-mutterländische und -koloniale sowie römische Vorbilder des 4./3. Jh. v. Chr. halten, die demnach älter, aber noch in Umlauf waren. Typisch sind z. B. Nachahmungen des Bildnisses Philipps II. (359–336), eines zweirädrigen Wagens (Biga), der behelmten Athene oder eines römischen Januskopfes, daneben kommen auch eigene Schöpfungen ohne antikes Vorbild vor. Ein Problem stellt die Feinchronologie dar, weil keltische Münzen nur selten in datierten Grab- und Siedlungskontexten vorkommen, so dass weniger als zwei Dutzend Typen schärfer zu datieren sind. Das Ende der keltischen Münzprägung fiel in Süddeutschland mit dem Ende der Oppida am Ende von Lt D1 zusammen, ansonsten meist mit der römischen Eroberung, wobei es in Gebieten mit starkem Fortleben keltischer Kultur, z. B. in Noricum, Pannonien, Britannien und der Schweiz, bis weit ins 1. Jh. n. Chr. hinein verschoben sein konnte[417].

Es gab Goldmünzen in Stückelungen von 1/1 bis 1/72 eines Staters (rund 8 g), Silbermünzen im Wert von Großsilber (ca. 10–20 g), Drachme (ca. 2–3 g), Quinar (unter 2 g) und Kleinsilber (unter 1 g), Elektronmünzen (Gold-Silber-Legierungen), Billonmünzen (Kupfer-Silber-Legierungen), Kupfermünzen aus Bronze (Kupfer-Zinn-Legierungen, ca. 2–13 g), Potin (zinnreiche Bronze, ca. 2–6 g) und selten Messing (zinkreiche Bronze) sowie gefütterte Münzen (unedler Kern, Außenhaut aus Edelmetall). Diese Bezeichnungen sind von griechischen und römischen Münzen übernommen oder modernen Ursprungs, weil nicht bekannt ist, wie die Kelten ihre Münzen nannten. Die Herstellung der Gold- und Silbermünzen erfolgte allein durch Prägen. Der dazu nötige Schrötling wurde entweder in Keramikplatten mit kleinen Näpfchen, den sog. Tüpfelplatten, aus abgewogenem und eingeschmolzenem Edelmetall oder bei sehr kleinen Schrötlingen durch Aushämmern und Rundfeilen von Goldkügelchen gewonnen. Anschließend wurde er in warmem Zustand zwischen Stempeln mit einem Hammerschlag geprägt, einem frei gehaltenen Oberstempel für die leicht bis stark konkave Rückseite und einem in die Unterlage eingelassenen Unterstempel für die konvexe Vorderseite, die jeweils das Negativ der herzustellenden Abbildung trugen. Diese häufiger zu findenden Matrizenstempel aus Eisen oder aus zinnreicher, harter Bronze mit Eisenschaft wurden ihrerseits in erhitztem Zustand mit gegossenen Patrizenstempeln (Positiv der späteren Abbildung) aus harter Zinnbronze hergestellt, von denen man fünf Exemplare kennt. Die Fabrikation von Bronzemünzen erfolgte entweder ebenfalls durch Prägen, wobei der Schrötling oft als Streifen gegossen und zerschnitten wurde, oder bei den Potinmünzen durch Guss in zweischaligen Formen, in denen die Münzen durch Gusskanäle verbunden waren, so dass sie danach voneinander getrennt werden mussten[418].

Die Münzherstellung fand vor allem in Oppida statt, vereinzelt auch in offenen Siedlungen wie am Dürrnberg (Tüpfelplatte) oder im bayerischen Stöffling (gehämmerte Schrötlinge). Eine Verbindung mit bestimmten Stammesverbänden ist nur eingeschränkt möglich, mit am besten in Gallien, der Schweiz und Britannien. Ansonsten streuen insbesondere Edelmetallmünzen über sehr weite Gebiete, und fast immer kommen lokale und ortsfremde Prägungen zusammen vor. Während Münzen des 3./2. Jh. fast nie Legenden tragen, wurde es am Ende der Spätlatènezeit üblich, Namensbeischriften in lateinischer, aber auch griechischer, etruskischer oder venetischer Schrift anzubringen, die z. T. von historisch überlieferten Persönlichkeiten stammen und Beamten- oder Königstitel einschließen[419]. Die Münzen dienten anfangs vor allem für die Bezahlung von Söldnern, Verbündeten, Dichtern, Ehekontrakten, Strafen, Opfern, Spenden, Tributen und Steuern, sowie dem Prestige des Münzherrn und der Thesaurierung[420]. Erst für die Spätzeit belegen Funde von z. B. rund 1.000 Münzen in Manching einen regen Geldverkehr im Alltag. Der Wert der Münzen lässt sich anhand einer antiken Angabe abschätzen, der zufolge keltische Söldner im Dienste Antigonos Gonatas pro Mann einen Stater erhielten, was sich nach Vergleichen mit sonstigen antiken Soldzahlungen auf den Monat beziehen muss. Daraus ergibt sich, dass Münzhorte von bescheidenen Barschaften Einzelner bis zu gewaltigen, wohl öffentlichen Vermögen von 30–40 kg Gold reichten. Dass Münzen nicht nur versteckt, sondern auch geopfert wurden, erweisen u. a. Exemplare, die durch Einhiebe unbrauchbar gemacht waren[421].

In Süddeutschland traten Ende des 3. Jhs. Münzen nach römischen Vorbildern auf, z. B. Statere mit Januskopf, danach die stark gewölbten sog. Regenbogenschüsselchen, später Silbermünzen.

Rückseitig oder beidseits finden sich keltische Motive wie ein Reiter, Punkte, Torques, Leier, Vogel etc. In Böhmen mit vielen Goldprägungen wurden anfangs griechische Münzen nachgebildet, z. B. mit den Göttinnen Athene oder Nike, deren Wiedergabe immer gröber wird. Es folgten sog. Muschelstatere, Regenbogenschüsselchen mit muschelartigem Strichmuster auf der konkaven Seite. Im Gebiet der späteren römischen Provinzen Noricum und Pannonien dominierten Silbermünzen ohne antike Vorbilder, die in Noricum von besserer Bildqualität und z. T. mit dem Namen des Münzherrn versehen waren. Im übrigen Donau- und Balkanraum kamen nur wenige Bildmotive in Nachfolge silberner Tetradrachmen Philipps II. und Alexanders III. vor, die immer stilisierter wurden und schließlich in Ornamenten aufgingen. In Gallien, der Schweiz und dem Rheinland folgten Edelmetallprägungen griechischen (z. B. Biga) und römischen (z. B. Roma mit den Dioskuren) Vorbildern, die um keltische Beizeichen bereichert wurden, die Bronzemünzen trugen einheimische Motive. In Gallien überwogen anfangs im Süden Silber-, im Norden Goldmünzen, nach der Eroberung wurden vor allem Silber- und Bronzemünzen weiter geprägt. In Italien kamen besonders Silberprägungen vor[422]. Galatische Münzen wurden im 1. Jh. v. Chr. von den Tetrarchen Brogitaros, Deiotaros I. und II. sowie Amyntas geprägt. In Spanien kamen vielfältige Münzen vor, die bis nach Südfrankreich verbreitet waren und eng mit römischen Vorbildern zusammenhängen[423]. In Britannien waren seit dem späten 2. Jh. v. Chr. zunächst gallische Münzen im Umlauf, seit dem 1. Jh. v. Chr. wurden in Kent und bald im ganzen Südosten eigene Prägungen ausgegeben, seit ca. 25 v. Chr. mit Namenszusätzen*. Dabei gab es z. T. mehrere Münzstätten je Stamm, z. B. Camulodunum/Colchester und Verulamium/St. Albans für die Catuvellauni. Bei den Icenern, Dobunni, Durotrigen und Coritani/Corieltauvi dauerte die Münzprägung bis nach der Invasion von 43 n. Chr. an[424].

Nach dem Ende der keltischen Münzprägung waren in allen römisch besetzten Keltengebieten römische Münzen in Gebrauch. Mit dem Ende der Römerherrschaft brach die Geldwirtschaft in Großbritannien und Gallien zusammen und wurde erst allmählich durch germanische oder germanisch beeinflusste Prägungen ersetzt. So richtete etwa der in England erzogene David I. (1124–53) die ersten beiden Münzstätten Schottlands ein. Auf dem Kontinent prägten die

---

* Z. B. von dem Trinovanten(?) Dumnobellaunus/Dubnovellaunos oder den Atrebaten Commius, Tincommius und Berikos/Verica (Jones/Mattingly 1990, 50).

Grafen und Herzöge der Bretagne vom 10.–15. Jh. eigene Münzen. In Irland begann das Münzwesen überhaupt erstmalig nach der Ansiedlung der Wikinger um Dublin mit den nach englischen Vorbildern konzipierten sog. „Hiberno-Norse coins" des 9./10. Jh.[425].

4.8 Kunst

Mit die bedeutendsten Äußerungen hallstatt- bis frühlatènezeitlichen Kunstschaffens sind die Werke der sog. Situlenkunst. Darunter versteht man kunstvoll getriebene, gepunzte und gravierte Bronzeblecharbeiten wie Eimer (sog. Situlen und Zisten), Deckel, Votivbleche, Gürtelbeschläge, Waffen, Spiegel etc. Diese sind mit szenischen Darstellungen von Mensch und Tier sowie vegetabilem Beiwerk in horizontalen Feldern bedeckt, während zuvor erzählende Bildfolgen in Mitteleuropa unbekannt waren. Konkret finden sich je nach Art und Größe des verzierten Gegenstandes in unterschiedlicher Auswahl und Kombination Züge realer und fabelhafter Tiere, Prozessionen von Kriegern zu Fuß und zu Pferde, Wagenfahrten, Kämpfe, Jagden, Festgelage, erotische Szenen, Personengruppen mit Behältern, (Opfer)tieren und Gerätschaften, z. B. Pflügen, aber auch Einzeldarstellungen, z. B. einer sog. Herrin der Tiere. Sie lassen sich als Ausdruck eines bestimmten Mythos und der mit ihm verbundenen kultischen Handlungen auffassen[*]. Die Situlenkunst datiert ins 6.–4. Jh. v. Chr. und war hauptsächlich zwischen Po und Donau verbreitet, wobei regionale und zeitliche Teilgruppen unterschieden werden können. Neben Völkerschaften der Hallstattkultur, die als Kelten gelten, lassen sich vor allem Veneter und Illyrer damit verbinden. Fundschwerpunkte der Situlenkunst liegen um Bologna, Este in Nordostitalien, Watsch/Vače in Slowenien und in Österreich. In Formen und Motiven sind ältere einheimische Merkmale der Urnenfelderzeit ebenso auszumachen wie mediterrane orientalisierende Elemente[426]. Vereinzelt treten Keramikgefäße auf, die Verzierungen der Situlenkunst nachahmen[427]. Daneben finden sich an hallstattzeitlicher Kunst beachtliche großplastische Werke in Grabkontexten (s. S. 187).

Die noch heute maßgebliche Gliederung der keltischen Kunst der Latènezeit geht auf Paul Jacobsthal (1880–1957) zurück. Der in Berlin geborene Marburger Professor für Archäologie wurde 1935

---

[*] Freundl. Mitt. Ch. Huth, Regensburg, dessen demnächst erscheinende Habilitationsschrift sich u. a. mit der Frage beschäftigt.

wegen seiner jüdischen Abstammung vom Dienst suspendiert und emigrierte nach Oxford, wo 1944 sein Hauptwerk „Early Celtic Art" entstand. Nach ihm unterscheidet man drei Stile, die sich vor allem an Metallobjekten wie Fibeln, Waffen und Gefäßen finden. Es handelt sich um einen „frühen Stil", der etwa Lt A entspricht, den sog. „Waldalgesheim-Stil", etwa in Lt B, und den „plastischen" und verschiedene „Schwert-Stile", die ungefähr mit Lt C zusammenfallen. Der „frühe Stil" zeigt orientalisierenden Einfluss, der über griechische und etruskische Kunst vermittelt wurde, und zeichnet sich durch Palmetten, Lotosblüten, Masken, Zirkelornamente und achsensymmetrische Kompositionen aus. Es sind auch östliche Einflüsse, z. B. an Tierdarstellungen, erkennbar. Der „Waldalgesheim-Stil" ist nach dem Fürstengrab benannt und zeigt S-förmig und spiralig aufgelöste Palmetten, fortlaufende Wellenranken und punktsymmetrische Muster nach griechisch-italischen Vorbildern, von denen die keltischen Küstler sich mit Wirbeln und Verästelungen zunehmend lösten. In der Metallkunst wurden mit Koralle und rotem Email Farbakzente gesetzt. Der „plastische Stil" und die „Schwertstile" zeichnen sich einerseits durch eine dreidimensionale Umsetzung von Wirbeln oder Gesichtern mit reicher Licht-Schatten-Wirkung, andererseits durch eine überreiche flächige Dekoration unter Verschmelzung menschlicher, tierischer, pflanzlicher und abstrakter Formen aus, die unter hellenistischem Einfluss zu komplexer Symmetrie oder freien Rhythmen kombiniert sind. Zugleich wächst die technische Vielfalt mit Verfahren wie Filigran oder Granulation. Im Zeitalter der Oppida sind Zeugnisse des Kunsthandwerks seltener, weil die Beigabensitte in Gräbern abnimmt. Abgesehen von bemalter Keramik wird eine zunehmend römische, aber auch östliche Beeinflussung des Kunstschaffens erkennbar[428].

Die britische Kunst der Eisenzeit wurde von J. M. de Navarro klassifiziert. Er numerierte Jacobsthals Stile von I–III und fügte Stil IV für britische Kunstwerke des 3. Jh. v. Chr. hinzu, die heute als Stufen I–IV bezeichnet werden. Stufe I enthält nur Teile des auf dem Kontinent gebräuchlichen Repertoires, vor allem geometrische Muster wie Dreiecke, Rauten, Kreise und Punkte. Typisch für Stufe II sind z. B. Wellenranken mit dreieckigem Verlauf. In Stufe III spielen der plastische und der Schwertstil des Kontinents nur eine geringe Rolle, da ab etwa 300 v. Chr. die insulare Kunst einen eigenen Verlauf nahm. Beim sog. „Witham-Wandsworth Stil" stehen Halbpalmetten und gekreuzte Ranken im Mittelpunkt, bei Schwertscheidenstilen aus Yorkshire und Irland S-Motive, Wellenranken und Füllmotive. Von C. Fox wurde schließlich eine – nicht so bezeichnete – Stufe V für das 2./1. Jh. v. Chr. hinzugefügt, die sich durch Ranken mit trompetenförmigem Ende und anschließendem Kreis- oder Linsenmotiv, Triskelen, Tropfenformen und sphärische Dreiecke auszeichnet, die eine konkave, eine konvexe und eine konvex-konkave Seite haben. Die wohl berühmtesten Beispiele für die fünfte Stufe sind Waffen und Wagenteile aus dem See von Llyn Cerrig Bach, Anglesey, die als mögliche druidische Opfer gelten. Seit der Zeitenwende veränderte die zunehmende Imitation römischer Erzeugnisse auch die britannische Kunst, jedoch ohne dass sie wie auf dem Kontinent erloschen wäre[429]. So kam es, dass Kunst und Kunsthandwerk der Inselkelten im Frühmittelalter mit reichem Ornamentschatz und stilisierten Menschen- und Tierdarstellungen eine neuerliche Blüte erfuhren. Sie zeichnen sich aus durch phantasievolle Verschmelzung und Adaption dreier Elemente, nämlich der einheimischen Ornamentik mit Erbschaften der Latènekunst (z. B. trompetenförmige Voluten mit linsenförmiger Mündung, Spiralen mit Vogelkopf, Zirkelornamente), christlich-mediterraner Motive (z. B. Palmetten, Pelten (doppelt gekerbte Halbmonde), christliche Symbole und Menschendarstellungen) und der Flechtbandornamentik des germanischen Tierstils, die seit dem 7. Jh. durch Angelsachsen, die Mission kontinentaler Germanen und später Wikinger vermittelt wurde[430].

Die keltische Kunstfertigkeit des Frühmittelalters kam in mehreren Kunstgattungen zum Ausdruck, darunter die irische religiöse Buchmalerei, deren Werke vor dem 9. Jh. nur schwer zu datieren sind. Älteste Beispiele reichen vielleicht in die Zeit um 600 zurück, klassische Vertreter zeichnen sich aus durch eine allmähliche Reduktion der Buchstaben auf Textgröße (Diminuendo), aufwändige Initialen und sog. „carpet pages", teppichartig verzierte Ornamentseiten. Bedeutende Handschriften sind das „Evangeliar von Durrow" (Book of Durrow), das vielleicht in der zweiten Hälfte des 7. Jhs. in Irland, Schottland oder Nordengland entstand, das „Evangeliar von Lindisfarne" (Lindisfarne Gospel) aus dem gleichnamigen Kloster aus der Zeit vor 698 und das vermutlich in Irland angefertigte „Willibrord-Evangeliar" vor 690. Jünger sind das „Buch von Kells" (Book of Kells), das aus Irland, Schottland oder Nordengland vermutlich aus der Zeit um 800 stammt, oder das etwa gleich alte „Buch von Armagh" (Book of Armagh)[431]. Weniger bekannt sind walisische Buchmalereien, von denen das „Buch von St. Chad" (Book of St Chad) ein gutes Beispiel darstellt, wie darin enthaltene frühe kymrische Marginalien erweisen. Durch die irische Mission gelangte der Stil keltischer Buchmaler auch auf den Kontinent, wo er in Handschriften und evtl. sogar in der Großkunst seine Spuren hinterließ. So fallen in der kleinen Kirche St. Prokulus in Naturns im Südtiroler Vintschgau einzigartige Fresken der Triumphbogenwand durch ornamenthaft-flächige Ausführung, Flechtbänder und Zirkelmuster auf, für die eine Datierung ins 7. Jh. und u. a. insulare Anregung erwogen wurden[432].

Auch im Metallkunsthandwerk entstand Bedeutendes, anfangs besonders emailverzierte Gebrauchsgegenstände aus Bronze und Silber wie Omegafibeln (penannular brooch), „handförmige" Gewandnadeln und Hängebecken, deren letztere sich auch bei Angelsachsen großer Beliebtheit erfreuten und häufiger in reiche Gräber gelangten. Seit dem 7. Jh. übernahmen Inselkelten von angelsächsischen Kunsthandwerkern Techniken wie Vergoldung, Filigran und gegossenen Kerbschnitt. Mit diesem Repertoire war ein prächtiges polychromes Arbeiten in Metall möglich. Im 8./9. Jh. kamen in Irland große Ringbroschen (annular brooch) in Gebrauch, von denen die „Tara Brooch" eine der ältesten und bekanntesten ist, während in Schottland Omegafibeln fortlebten, die später unter Einfluss wikingischer Kunst immer mehr einfarbig silbern wurden[433]. Auch entstand aufwändiges liturgisches Gerät, z. B. der Kelch von Ardagh, Co. Limerick, oder Kelch und Patene aus dem Derrynaflan-Hort, Co. Tipperary, aus dem 8. Jh., Reliquiartypen wie Buch-, hausförmige Bursen- oder Gürtelreliquiare und Bischofsstäbe, aber auch Zierbeschläge aus Kirchenräumen wie im Donore-Hort, Co. Meath, auch aus dem 8. Jh.[434].

Die Steinskulptur erlebte ebenfalls eine erneute Blüte. Seit dem 7. Jh. existierten bei den Pikten plastisch verzierte Monolithen, denen ein reiches, aber in seiner Bedeutung unklares Symbolsystem zugrunde lag, darunter z. B. brillenförmige Doppelscheiben, Z-Stäbe, Kamm- und Spiegelmotive. Sie breiteten sich von der Gegend um den Moray Firth aus und sind in etlichen hundert Exemplaren erhalten. Auf eine ältere Variante mit rauer Oberfläche und gravierten Tieren und Ornamenten (Klasse I) folgten Steine mit geglätteter und plastisch verzierter Oberfläche (Klasse II), die auch menschliche Figuren und das christliche Kreuzsymbol tragen konnten[435]. Im 8./9. Jh. kamen Steinstelen mit Kreuzreliefs, christlichen Symbolen und Bildszenen in Schottland und Wales allgemein in Gebrauch. Um 800 traten erste freistehende Monumentalkreuze in Südschottland und auf den Hebriden, z. B. in Iona, auf, die als Vorläufer der irischen Hochkreuze (high cross) gelten. Bei diesen handelt es sich um ein- oder mehrteilige, von einem Ring bekränzte Steinkreuze mit einem würfel- oder pyramidenstumpfförmigen Sockel und einem kegel- oder hausförmigen Deckstein. Ihre Tradition erblühte mit der Verlegung des Klosters Iona ins zentralirische Kells Anfang des 9. Jh. Sie konnten je nach Region von überwiegend ornamental wie in Ahenny, Co. Tipperary, bis überwiegend figural wie in Monasterboice, Co. Louth, ausgestaltet sein und waren ursprünglich bemalt[436]. Teilweise kamen sie in beträchtlicher Zahl vor, etwa in Iona mit rund 360 Stück, von denen aber nur drei noch stehen. Ihre Anfertigung griff in beschränktem Maße und mit ornamentalem Schwerpunkt auf Wales über und dauerte im 10./11. Jh. fort. Im 12. Jh. verschwanden unter romanischem Einfluss der Ring und die Szenengliederung[437].

Mit dem Ende der keltischen Kirchentradition und der englischen Eroberung im 12. Jh. kam der Niedergang der irischen Klöster, unter dem auch ihre Künstler und Kunsthandwerker zu leiden hatten[438]. Die jüngere Kunst in keltischen Landen folgt in der Regel den allgemeinen Strömungen der europäischen Kunstgeschichte, ist also, von ornamentalen Versatzstücken abgesehen, keine „keltische Kunst" im eigentlichen Sinne. Erst im 18. Jh. tauchen wieder verstärkt Sujets auf, die unmittelbar mit der keltischen Lebenswelt zu tun haben. Stellvertretend für Wales sei ein Aquarell des walisischen Malers J. C. Ibbetson (1759–1817) genannt, das Penillion-Gesang (s. S. 153) inmitten von einfachem Volk zeigt. Für Irland kann man einen Stich mit der Darstellung einer Wallfahrt auf den Berg Mam Ean, Co. Galway, des Iren W. H. Bartlett von 1842 erwähnen. Für die Bretagne stehen z. B. Zeichnungen des späten 18./frühen 19. Jh. von O. Perrin sowie Bilder des Landlebens im 19./20. Jh. von É. Bernard (1868–1941) oder M. Méheut (1882–1958)[439].

5 Geistige Kultur

5.1 Sprachen

Die keltische Sprachfamilie geht auf einen westlichen Dialekt des Spätindogermanischen zurück, das festländische „Urkeltisch" der ersten Hälfte des 1. Jt. v. Chr., das nur teilweise rekonstruiert werden kann und sich niemals völlig mit der späteren Latène-Kultur deckte. Sie gliedert sich in vier genetische Zweige, die ausgestorbenen keltiberischen und lepontischen, den goidelischen (Irisch, Schottisch-Gälisch, Manx) und den gallo-britannischen (Gallisch, Galatisch, britannische Sprachen: Britannisch, Kumbrisch, Kymrisch, Kornisch, Bretonisch). Gebräuchlicher ist nach einer wichtigen Lautverschiebung die Gliederung in die konservativeren Q- und die geneuerten P-keltischen* Sprachen[440]. Zum P-Keltischen gehören außer dem frühgeschichtlichen Gallo-Britannisch und Lepontisch, die aus Inschriften, Münzen, Namen und Glossen überliefert sind, das bis ins 5./6. Jh. n. Chr. in England, Schottland, Wales und Cornwall gesprochene Britannisch/Brythonisch. Danach entstanden aus dem nunmehr auf das Inselkeltisch reduzierten Sprachzweig unter beträchtlichen Veränderungen das Bretonische/Brezhoneg/Breizoneg, Kornische/Kernewek, Kumbrische und Walisische/Kymrische/Cymraeg. Der Q-keltische Zweig besteht aus dem Keltiberischen, archaischem Gallisch sowie dem sog. Goidelischen/Gemeingälischen des irischen Frühmittelalters, aus dem sich ca. im 10. Jh. die drei modernen gälischen Sprachen entwickelt hatten, das Irische/Gaeilge, Schottisch-Gälische/Ersische/Gàidhlig/ Gaedhlig und Manx-Gälische/G(h)aelg[441]. Die komplizierten Sprachveränderungen betreffen u. a. Akzentverschiebungen, den Verlust unbetonter Vokale, Reibelaute, Erweichungen, Schwund von Konsonanten sowie den Zusammenbruch stark unregelmäßiger und die Neubildung einfacherer Beugungssysteme, bzw. ihren Ersatz durch Umschreibungen. Bemerkenswert ist, dass im Keltischen viele altertümliche Sprachstrukturen überdauert haben, z. B. die Anfangsstellung

---

* Was damit gemeint ist, zeigt der Vergleich von altirisch „macc" und kymrisch „mab" bzw. „ap"(Sohn) oder altirisch „ech" und gallisch „epos" (Pferd).

des Tätigkeitswortes oder die Häufigkeit unpersönlicher Formulierungen[442].

Mit der Reformation im 16. Jh. und einem zunehmenden Zentralismus und Imperialismus Englands wurden die insularen keltischen Sprachen in allen betreffenden Landesteilen mehr und mehr unterdrückt. James I. erließ, obwohl selbst Schotte, 1609 die „Statuten von Iona", denen zufolge Söhne der Highland-Häuptlinge in den Lowlands erzogen, Betteln, Trinken und Schusswaffengebrauch untersagt sowie die „irische", d. h. schottisch-gälische Sprache und mit ihr der Bardenstand beseitigt werden sollten. Ein weiterer Erlass zur Errichtung englischer Schulen und zur Ausrottung der „irischen" Sprache in Schottland folgte 1695, ein Vorhaben bei dem Lowland-Schotten die Engländer in missionarischem Eifer häufig noch übertrafen[443]. Paradoxerweise taten sich im 17. Jh. die englische Republik und das Protektorat Cromwells bei der Anglisierung Irlands ebenso unrühmlich hervor wie die französische Republik nach 1789 in der royalistischen Bretagne. Die Ursachen dafür sind wohl vielfältig, wesentlich war aber zweifellos, dass mit dem Wegfall der religiös-dynastischen Fundamente der alten Königreiche ein Legitimationsdruck entstand, der zentralistische Vereinheitlichung erstrebenswert und kulturelle Vielfalt als potentiell separatistisch verdächtig machte. Das Ergebnis dieser Ächtung keltischer Kultur und Sprachen ist u. a., dass von 16 Millionen Bewohnern keltischer Länder nur 2,5 Millionen (16 %) eine keltische Sprache sprechen, auf den Britischen Inseln sogar nur 7 %[444].

Für die ausgestorbenen keltischen Sprachen der Eisenzeit finden sich verschiedene archäologische Zeugnisse. Die am besten überlieferte Sprache ist das Keltiberische, das sich seit dem 3. Jh. v. Chr. in Inschriften auf Münzen, sog. Freundschaftstäfelchen, Grabsteinen, Bronzetafeln mit religiösen und/oder juristischen Texten und Keramik sowie in Eigennamen findet, darunter der längste festlandskeltische Text überhaupt, eine Inschrift des 1. Jhs. v. Chr. auf einer Bronzetafel aus Botorrita, dem antiken Contrebia Belaisca bei Zaragoza. Das Keltiberische bediente sich des iberischen und lateinischen Alphabetes[445]. Die altertümliche keltische Sprache des Lepontischen ist von ca. 40 Steininschriften im Bereich der oberitalienischen Seen bekannt, die in zwei Varianten der nordetruskischen Schrift aufgezeichnet wurden. Sie wird mit den Trägern der Golasecca-Kultur des 8.–5. Jh. in Teilen von Piemont, des Tessins und der Lombardei in Verbindung gebracht. Nachdem diese bruchlos aus der späten Bronzezeit hervorging, wird vermutet, dass auch die Sprache autochthon und nicht durch einwandernde Kelten mitgebracht worden sei[446]. Vom mitteleuropäischen Keltisch zeugen nur noch Eigennamen in lateinischen Texten und Inschriften, während Inschriften östlich der Vogesen und nördlich des Alpenhauptkammes fehlen. Vom Galatischen sind geringe Reste in Form von Personen-, Götter-, Stammes- und Ortsnamen sowie in Glossen übrig geblieben, Inschriften fehlen[447]. Das Gallische hat aus den Jahrhunderten vor und nach der römischen Eroberung in Form von ca. 300 meist kurzen und einigen längeren Inschriften in Stein, Keramik und Bronze sowie in Namen und Glossen überdauert. Die bedeutendsten unter den Inschriften sind neben dem Kalender von Coligny (s. S. 163) eine als Deckel einer Urne gefundene bleierne Fluchtafel von Larzac bei La Graufesenque, Dep. Aveyron, mit ca. 1000 Buchstaben und über 160 Wörtern aus der Zeit um 100 n. Chr. Eine weitere mit 336 Buchstaben stammt aus dem Quellheiligtum von Chamalières bei Clermont-Ferrand, Dep. Puy-de-Dôme aus der ersten Hälfte des 1. Jhs. n. Chr. und ruft einen Gott Maponus zum Schutz gegen Zauber an[448]. Wie lange sich in Gallien die keltische Sprache hielt, zeigen zwei Berichte: Der Kirchenvaters Hieronymus, der vor 420 in Trier lebte, lernte hier wie erwähnt noch das Gallisch der Treverer kennen. C. Sollius Apollinaris Sidonius (430–480 n. Chr.) hielt 475 in einem Brief fest, dass erst zu seiner Zeit die führenden Familien der Auvergne ihre gallische Muttersprache zugunsten der Lingua franca Latein ablegten[449]. Dem Britannischen blieb durch das frühe Ende der Römerherrschaft die Verdrängung durch das Lateinische erspart, jedoch ging es in weiten Gebieten der Britischen Inseln im Frühmittelalter durch die germanische Landnahme verloren. In den unbesetzten, räumlich getrennten Gebieten spaltete es sich seit dem 5./6. Jh. nach und nach in die erwähnten Nachfolgesprachen auf. Britannisch ist inschriftlich nicht bezeugt, es sind nur einzelne Wörter und Namen in griechischen, lateinischen und angelsächsischen Quellen erhalten, die den Schluss zulassen, dass es große Ähnlichkeit mit dem Gallischen besaß[450].

Von den keltischen Sprachen des Mittelalters und der Neuzeit sind drei ausgestorben, das Kumbrische, das Kornische und das Manx-Gälische. Durch die Angliederung von Cumbria an England entwickelte sich der dortige Zweig der Britannischen Sprache, das seit dem 5./6. Jh. entstandene Kumbrische, nicht weiter, sondern starb anscheinend bis zum 12. Jh. aus. Möglicherweise war es die Muttersprache einiger früher Dichter, deren Werke in Kymrisch überliefert sind. Im Tal des Flusses Eden blieb Kumbrisch vereinzelt bis ins 14. Jh. als Reliktsprache erhalten. Bei nordkumbrischen Schäfern war gar bis Anfang des 20. Jh. eine wenig veränderte Form britannischer Zahlen in Gebrauch. Ansonsten beschränken sich die Zeugnisse auf Ortsnamen sowie wenige Wörter und Namen in lateinischen Quellen[451]. Das Kornische entfernte sich seit dem 5./6. Jh. und verstärkt seit dem 9./10. Jh. und mit der politischen Eingliederung nach England vom Britannischen. Es blieb bis in die Tudorzeit und insbesondere bis zur Reformation lebendiges Sprach- und Kulturgut und verschwand erst im 17. und 18. Jh. aus dem Alltagsgebrauch. Die letzte Muttersprachlerin des Kornischen starb 1877. Dennoch überdauerten Reste, auf die im 20. Jhs. eine Wiederbelebungsbewegung setzen konnte[452]. Manx-Gälisch, die Sprache der Isle of Man, spaltete sich im selben Zeitraum vom Gemeingälischen ab und wurde bis zu Beginn des 19. Jhs. von der überwiegenden Mehrheit der Inselbevölkerung gesprochen, jedoch nie offiziell unterrichtet, so dass bis Anfang des 20. Jhs. der Anteil auf unter 10 % sank, von denen nur 60 Personen kein Englisch sprachen. 1961 sprachen noch 165 Menschen Manx. Obwohl der letzte Muttersprachler im Jahre 1974 starb, beherrschten einem Zensus von 1992 zufolge 643 Personen Manx, was u. a. auf die Arbeit einer Bewegung zur Rettung der Sprache zurückgeht[453].

Die zahlenmäßige Entwicklung der lebenden keltischen Sprachen in der Vergangenheit ist nur teilweise dokumentiert und verlief in den verschiedenen Gebieten unterschiedlich. Zudem schwanken die Erhebungen je nachdem, welchen Maßstab man für das Beherrschen einer Sprache anlegt*. Die bretonische Sprache hatte 1830 rund 2 Millionen, Anfang des 20. Jhs. ca. 1,2 Millionen Muttersprachler, deren Zahl bis 1976 auf rund 800.000 und 1999 auf 300.000 (20 %) sank, wobei 600.000 weitere Personen die Sprache immerhin verstanden[454]. Für die Britischen Inseln existiert aus Volkszählungen vergleichbares Zahlenmaterial zur Verbreitung der keltischen Sprachen seit 1891 für Wales und Schottland, von 1851–1961 für Irland und 1851–1921 für Nordirland. Demnach ergibt sich zwischen 1891 und 1961 für Wales ein Rückgang von 57 auf 39 %, für Schottland von 11 auf 3 %, für Nordirland mehr oder weniger konstante 2–3 % und für Irland von 1851–1911 ein Rückgang von 22 auf 14 % mit einem politisch stimulierten Wiederan-

---

* Zahlenangaben finden sich auch unter http://www.unet.univie.ac.at/ ~a8700035/gaeilge.html, wobei jedoch nicht klar ist, worauf diese beruhen und wann sie erhoben wurden. Sie stimmen für Irland, Schottland, Wales und die Bretagne sehr gut mit den genannten Sprecherzahlen überein, allein für Nordirland wird mit 142.003 (9,5%) ein mehr als doppelt so hoher Wert angegeben. Für die Isle of Man findet sich die Angabe von 1.483 (2,3%), für Cornwall von 500 (0,1%) Sprechern von Manx bzw. Kornisch. In Nova Scotia sollen es 1.400 für Schottisch-Gälisch, in Y Wladfa 8.500 (10,6%) für Kymrisch sein.

stieg auf 26 % bis 1961. Der Rückgang hängt mit einer Bevölkerungsverschiebung von Irland nach England von ca. 53 %:33 %: 10 %:4 % im Jahre 1801 (England:Irland:Schottland:Wales) auf ca. 78 %:8 %:10 %:4 % im Jahre 1951 zusammen. Außerdem ist insbesondere in Wales in Industriegebieten ein bis zu 35 % niedrigerer Anteil keltisch Sprechender feststellbar, der mit englischer Zuwanderung, englischen Organisationen wie Gewerkschaften, englischem Schulunterricht sowie dem Ablegen der Muttersprache in einer traditionsfernen Arbeitswelt erklärt wird[455]. Neuere Zahlen für das Kymrische aus dem Jahre 1971 nennen 32.725 Menschen, die ausschließlich Kymrisch sprachen. Alle Sprecher einbezogen, waren es 1981 mit 503.549 Personen insgesamt 18 % der Bevölkerung. Von anderen Quellen wird eine wahrscheinlich zu hohe Zahl von ca. 1.000.000 Sprechern angesetzt. Ihre Verteilung innerhalb des Landes ist sehr inhomogen und erreicht im Nordwesten Werte von 65–87 %, zudem spricht ein weiteres Viertel der Bevölkerung zumindest etwas Kymrisch. Jüngere Erhebungen für Schottisch-Gälisch ergaben, dass 1971 noch 338 Menschen ausschließlich Gälisch sprachen. Alle Sprecher zusammen machten 1981 mit 79.309 Personen 1,6 % der Bevölkerung aus, hauptsächlich auf den westlichen Inseln. Heute sind es ca. 70.000 Muttersprachler[456]. Irisches Gälisch wurde 1981 von insgesamt 31,6 % der Bewohner der Republik gesprochen, was 1.018.312 Personen entsprach. Muttersprachler sind davon ca. 60.000. In Nordirland, wo keine offiziellen Zahlen vorliegen und der Gebrauch des Gälischen ein Politikum darstellt, finden sich geschätzte 60.000 Sprecher (4 %) unter der Bevölkerung[457]. Man nimmt an, dass es keine Menschen mehr gibt, die monoglott nur eine keltische Muttersprache sprechen[458].

Das in vier Dialektgebieten gesprochene Bretonische war ursprünglich in Südwestengland beheimatet und gelangte erst mit frühmittelalterlichen Immigranten auf den Kontinent. Nach dem Anschluss an Frankreich im 16. Jh. geriet es einerseits durch zunehmenden Zentralismus und französischsprachige Verwaltung und Schulen immer mehr ins Hintertreffen, wurde aber andererseits im 19. Jh. durch Le Gonidec zu einer modernen Schriftsprache reformiert. Jedoch bestätigte noch die französische Verfassung von 1958 die Position des Französischen als einzige Landes- und Schulsprache, und bis in die 1960er Jahre wurde die Verwendung des Bretonischen in Schulen drastisch bestraft. Als Alltagssprache kommt Bretonisch inzwischen nur noch in der Basse-Bretagne vor[459]. Zu seiner Rettung wurde 1977 die „Association Diwan" (d. h. Keim, Quelle) gegründet, die 1978 mit einer Schule ihre Arbeit begann. Ihr pädagogisches Konzept beruht auf einem „frühes Eintauchen" (immersion précoce) genannten Unterrichtsprinzip, bei dem alle Fächer außer Französisch in Bretonisch gelehrt werden[460]. Ein wichtiger Schritt zur Rettung des Bretonischen war die am 7. 5. 1999 gegen erheblichen Widerstand französischer Nationalisten erfolgte Ratifizierung der europäischen Charta für Regional- und Minoritätensprachen. Die 39 von Frankreich angenommenen Artikel erlauben u. a. die Einrichtung und Förderung bretonischer Kindergärten, Grund-, Haupt-, Berufs- und Hochschulen, Unterricht in bretonischer Geschichte und Kultur, Übersetzungen wichtiger und die Bretagne betreffender nationaler Gesetze und Verbraucherschutzinformationen, öffentliche Beschriftungen und Publikationen in Bretonisch, bretonische Radio-, Film- und Fernsehprogramme, regelmäßige Presseberichte sowie die Förderung der Verwendung des Bretonischen im wirtschaftlichen und sozialen Leben. Behörden- und Gerichtsvorgänge dürfen weiterhin nur in Französisch abgewickelt werden[461]. 1940 entstand ein erster Radiosender, inzwischen sind es mehrere. Seit März 2000 besteht in Lorient ein eigener Fernsehsender TV-Breizh neben weiteren Fernsehprogrammen. Die Bretagne ist im deutschen und französischen Internet gut repräsentiert, wo u. a. auch Online-Sprachkurse angeboten werden[462]. Diwan betreibt inzwischen 29 zweisprachige Vor- und Grundschulen, vier weiterführende Schulen und ein Gymnasium. Insgesamt werden in öffentlichen und privaten Schulen weit über 6.000 Schüler zweisprachig unterrichtet*. Ein Lehrstuhl für Bretonisch besteht in Rennes seit 1903, ein weiterer existiert an der Universität von Brest, die beide u. a. Abschlüsse für bretonische Medienarbeit anbieten. Im Schnitt erscheinen derzeit im Jahr achtzig neue Bücher in bretonischer Sprache, von denen sich etwa die Hälfte an junge Leser wendet[463]. In den Departements Côtes-d'Armor und Finistère sowie in einigen Großstädten wurde die zweisprachige Beschilderung des öffentlichen Raumes bereits umgesetzt.

Der Überlieferung zufolge konnten Sprecher des Bretonischen und Walisischen noch im späten 12. Jh. ohne größere Sprachprobleme miteinander kommunizieren[464]. Im späten 16. und 17. Jh. nahm die walisische Oberschicht, meist durch Heirat, auf breiterer Linie die englische Sprache an, so dass allmählich die Dienste der Barden, die walisische Bildung in mündlicher Tradition vermittelt hatten, überflüssig wurden. Zudem gingen mit der Reformation und ihrer Aufhebung der Klöster die walisischen Bildungsstätten verloren. Das Kymrische überlebte jedoch dank religiöser Literatur und im münd-

---

* Bis zu 4 % der Schüler, angestrebt sind 15-20 % binnen fünf Jahren.

lichen Gebrauch fast überall im Land als Volkssprache und gewann im 18./19. Jh. sogar wieder an Bedeutung, als viele nonkonformistische Kongregationen es erneut als Predigtsprache, im berühmten walisischen Chorgesang und bei „Cymanfa Ganu" genannten kirchlichen Gesangsfestivals pflegten*. Dabei tat sich z. B. Reverend John Roberts/ Ieuan Gwyllt als Komponist und Chorleiter hervor[465]. Noch 1846 wurde in einem englischen Parlamentsbericht zur walisischen Bildung die kymrische Sprache als „verhängnisvolles Hindernis auf dem Weg zu moralischer Verbesserung und allgemeinem Fortschritt" verleumdet[466]. Immerhin wurde 1919 „The Board of Celtic Studies" gegründet, eine Einrichtung zur Förderung der keltischen Sprache in Wales mit den Bereichen Sprache, Literatur, Geschichte, Recht, Archäologie, Kunst und später Sozialwissenschaften. Dennoch waren Jahre des politischen Protestes und zivilen Ungehorsams durch die 1962 gegründete Cymdeithas yr Iaith Cymraeg/Welsh Language Society[467] nötig, bis 1967/68 ein erstes Gesetz zur walisischen Sprache (Welsh Language Act) erlassen wurde, das jedoch nur geringe Verbesserungen brachte[468]. Ein kymrischer Radiosender „Radio Cymru" wurde 1977 etabliert. Die Einrichtung eines kymrischen Fernsehsenders wurde 1980 durch einen Hungerstreik erstritten und 1982 mit der Einrichtung von Sianel Pedwar Cymru (S4C) umgesetzt. Nach einem zweiten „Language Act" von 1993 ist das Walisische heute als Bestandteil des kulturellen Lebens in Wales und wohl auch in seinem Fortbestand gesichert. Es ist als eine der lebendigsten keltischen Sprachen anzusehen, die sogar einen Zuwachs an jungen Sprechern zu verzeichnen hat[469]. Diese Position verdankt es nicht zuletzt kymrischem Schulunterricht, zweisprachigen Behördenformularen und Beschilderungen, einer eigenen Universität (gegr. 1893), Nationalbibliothek (Llyfrgell Genedlaethol Cymru)[470] und kulturellen Ereignissen wie dem regelmäßig seit 1860 in der ersten Augustwoche abwechselnd in Nord- und Südwales stattfindenden Eisteddfod Genedlaethol („Nationale Sitzung"). Dabei handelt es sich um landesweite kymrische Literatur-, Musik- und Tanzfestspiele mit über 200 Wettbewerben, vielen Tausend Teilnehmern und weit über 100.000 Besuchern, die auf Bardentreffen des 15.–18. Jh. zurückgehen. Es wurde von der 1771 u. a. zur Förderung des Penillion gegründeten „Society of Gwneddigion" ins Leben gerufen. Nach festgelegten Regeln und Prüfungen werden u. a. die Titel Ofydd/Ovate,

---

* Der walisische Volkstanz war hingegen nicht mit den religiösen Vorstellungen der Nonkonformisten vereinbar, wurde nicht gepflegt und erst spät dokumentiert http://www.welshfolkdance.org.uk/.

Bardd/ Bard und Pencerdd/Chief Musician vergeben. Lokale und universitäre Eisteddfods und Musikfestivals, z. B. in Harlech, Swansea und Newport, ergänzen das Spektrum. Daneben besteht seit 1792 die als Verein walisischer Dichter und Musiker von dem Steinmetzen und Altertumsforscher Edward Williams/Iolo Morgannwg (1747–1826) gegründete „Versammlung der Barden der Insel Britannien" (Gorsedd Beirdd Ynys Prydein)[471].

Das Schottisch-Gälische trennte sich um das 10. Jh. vom Gemeingälischen, das im späten 5. Jh. n. Chr. von Dál Riada aus nach Schottland kam, und blieb bis ins 14. Jh. die Landessprache Schottlands. Dann vollzog sich infolge der engen, wenn auch meist feindseligen Kontakte mit England am Königshof, im Wirtschaftsleben und in den Städten ein Sprachwandel hin zu normannischem Französisch und schließlich im 15. Jh. hin zu Englisch. Somit befand sich Schottisch-Gälisch schon im 14. Jh. auf dem Rückzug, wurde bald als „Irisch" im Gegensatz zum „richtigen Schottisch" – einem nordenglischen Dialekt – diskreditiert und war Anfang des 19. Jhs. nur noch in den Highlands und auf den Inseln von einiger Bedeutung[*]. Im Laufe des 19. und 20. Jh. verlor es auch dort rasch an Boden[472]. Auch in der kanadischen Provinz Nova Scotia wird noch schottisches Gälisch gesprochen. Angesichts der geringen Sprecherzahl spielt das Schottisch-Gälische in Presse, Rundfunk und Fernsehen nur eine sehr geringe Rolle, obwohl Möglichkeiten dafür bestünden und es theoretisch viele Befürworter gibt.

Die irische Sprache geht auf einen archaischen keltischen Dialekt zurück, von dem unklar ist, ob er aus Spanien oder Frankreich auf die Insel gelangte. Das seit Ende des 7. Jh. n. Chr. literarisch überlieferte Gälisch blieb bis ins 19. Jh. die Sprache der Bevölkerungsmehrheit, obwohl bereits 1851 in den stark anglisierten Grafschaften Dublin und Antrim mit Belfast nur 1 % der Bewohner Gälisch sprachen[473]. Von 1845–49 wütete die „Große Hungersnot", die in vier Jahren durch Tod oder Auswanderung den Verlust von zwei Millionen Menschen bedeutete, vor allem in den gälisch-sprachigen Landesteilen, der Gaeltacht, so dass 1911 nur noch eine halbe Million Einwohner (14 %, s. o.) Gälisch sprachen. Bereits seit 1892 bemühte sich daher die „National Literary Society" unter W. B. Yeats um die Wiederbelebung der Nationalsprache und -litera-

---

[*] Die von Chapman 1995, 22 angenommene größte Verbreitung im 18. Jh. scheint angesichts der historischen Entwicklung zu spät, auch wenn man das Bevölkerungswachstum (ebd. 21) mit in Betracht zieht.

tur. Im Jahr 1893 wurde durch eine Gelehrten- und Nationalisten-
gruppe um den Sprachwissenschaftler, Volkskundler, Politiker und
Schriftsteller Douglas Hyde/Dubhglas de h'Ide (1860–1949) die
„Gaelic League" (Conradh na Gaeilge) gegründet. Sie hatte die Erneuerung der irischen Sprache und Kultur zum Ziel und wurde bis
1915 von Hyde selbst geleitet. Zudem verfasste er 1899 mit „A
literary history of Ireland" eine der ersten Gesamtdarstellungen der
irischen Literatur. 1903 wurden in Dublin die „School of Irish
Learning" auf Initiative des deutschen Keltologen Kuno Meyer gegründet, die 1926 mit der „Royal Irish Academy" zusammengelegt
wurde. 1940 entstand die „School of Celtic Studies" (Scoil an
Léinn Cheiltigh). Trotz all dieser Bemühungen und der Tatsache,
daß Gälisch die erste Landes- und Schulsprache Irlands ist, für die
Zulassung zu Universitäten und zum öffentlichen Dienst benötigt
und von der Regierung stark gefördert wird, sind die Sprecher lan-
desweit klar in der Minderheit. Dies dürfte damit zu tun haben,
dass Irisch mit über 60 Lauten bei einem Alphabet von nur 18 Zeichen eine schwierige Orthographie und Aussprache besitzt, die als
Fremdsprache mühsam zu erlernen sind. Gälische Radio- und
Fernsehsendungen werden seit langem ausgestrahlt, ein rein gälischer Fernsehsender nahm Ende der 1990er Jahre seine Arbeit auf[374].

Zusammenfassend kann man sagen, dass dank der europaweiten
Dezentralisierung und des Zuwachses an keltischsprachigem Schul-
unterricht und keltischen Massenmedien heute das akademische
Überleben der keltischen Sprachen sichergestellt ist. Zudem gelten
sie nicht mehr als „Makel", sondern werden wie Altgriechisch, Latein oder Sanskrit mit ihren Literaturen zum bedeutenden geistigen
Erbe der Menschheit gerechnet und als solches mit Stolz und Hin-
gabe gepflegt. Ob eine Chance für ihr Überleben als lebendige
Mutter- und Alltagssprachen besteht, hängt vom Engagement aller
Familien und Gemeinschaften keltischer Sprache ab, die Experten
sind jedoch skeptisch. Meid geht davon aus, dass „es nur eine Frage
der Zeit (sei), wann die letzten Reste keltischer Sprachen erloschen
sein werden". Mac Eoin rechnet mit dem Aussterben des Irischen,
Schottisch-Gälischen und Bretonischen im Laufe des 21. Jhs. und
allein für das Walisische mit einem Fortleben als Umgangssprache in
wenigen Enklaven bis ins 22. Jh.[475]

5.2 Orale Tradition und Musik

Caesar berichtet (Gall. 6, 14, 3), dass die keltischen Druiden zwanzig Jahre Ausbildung nötig hätten, um mittels mnemotechnischer

Mittel alles in Versen vorliegende Wissen um kultische und profane
Dinge auswendig zu lernen, das sie für die Ausübung ihrer vielfältigen Funktionen nötig hatten und das nicht aufgeschrieben werden durfte. Dies zeigt, welche Fülle an mündlich Überliefertem bei
den vorgeschichtlichen Kelten – wie zweifellos auch bei anderen
Völkern, über die wir noch weniger wissen – im Umlauf war. Man
muss mindestens mit Kenntnissen in Philosophie, Theologie,
Mythologie, Recht, Heilkunde und Erzählgut rechnen, zweifellos
auch in Zeitrechnung, Geschichte, Kalenderwesen, Astronomie
und Mathematik. Weitere mündlich überlieferte Kenntnisse besaßen Strabon (4, 4, 4) und Diodor (5, 31, 2) zufolge die propheti-
schen Opfervollzieher, die sog. Vaten, und die Dichter-Sänger mit
Harfe oder Leier, die erwähnten Barden[476]. Es ist ein glücklicher
Zufall, dass auf den Britischen Inseln durch die Christianisierung
seit dem 5. Jh. der Bann des Aufschreibens fiel und somit viele der
mündlichen Kulturschätze dem Vergessen entrissen und aufgezeichnet wurden.

Bis heute lebendig ist die Tradition der früher ebenfalls nur
mündlich und manuell tradierten keltischen Musik, die einerseits
der Begleitung von dichterischem Vortrag der Barden, Sängern und
Tänzern sowie andererseits der Signalübermittlung und Lärmer-
zeugung für kriegerische Zwecke diente. Der ersten Art sind im
festlandskeltischen Bereich vor allem Flöten und Leiern zuzurech-
nen, der zweiten Hörner und eine Carnyx genannte Kriegstrom-
pete mit Tierkopfende. Das Getöse, das sie hervorriefen, und den
zugehörigen Schlachtgesang mit rhythmischem Waffenschlagen
schildern antike Autoren ebenso wie Preis-, Schmäh- und Sieges-
lieder (Pol. 2, 29, 6; 3, 43, 8; Diod. 5, 29, 4; 5, 31, 2; Lucan. 1, 447 ff.;
Liv. 10, 26, 11; 21, 28, 1; 38, 17). Aus der Osthallstattkultur stammen eine Bronzestatuette des 6. Jhs. eines Mannes mit aulosartiger
Doppelflöte aus Százhalombatta und Darstellungen von Leierspie-
lern auf einer Urne aus Sopron. In der Situlenkunst finden sich vor
allem zahlreiche Panflöten (Syrinx) und Leiern. Eine latènezeitliche Steinskulptur eines Leierspielers stammt aus Paule/Camp de
Saint-Symphorien in der Bretagne[477]. Eine Bronzestatutette des 1.
Jhs. v. Chr. aus dem Oppidum von Stradonice trägt ein kurzes
Horn, ein fast kreisrundes hat der antike „Sterbende Gallier" bei
sich. Carnyx-Bläser finden sich z. B. auf dem berühmten Gundestrup-Kessel[478]. Daneben kommen Münzbilder mit Leier und
Carnyx vor. Als Realien sind pentatonisch gestimmte Knochen-
und Keramikflöten, Teile von Lyra, Horn und Carnyx sowie mediterrane Instrumente oder Reste davon in „Fürstengräbern" erhalten[479].

Unter keltischer Volksmusik historischer Zeit kann man in alt-überlieferter Klangsprache* gesetzte Volkslieder und -tänze in der Regel unbekannter Komponisten verstehen. Diese wurden meist ohne Noten, improvisierend und unter Verwendung traditioneller, häufig rein gestimmter Instrumente von Laienmusikern aufgeführt**. Diese „echte" Volksmusik ist seit langem Gegenstand volkskundlich-dokumentativer und musikwissenschaftlicher Untersuchungen[480]. So widmet sich etwa in der Bretagne seit 1972 die Gesellschaft „Dastum" in Rennes dem Sammeln und der Notation bretonischen Liedgutes[481], zu dem beispielsweise Stücke für die als biniou, veuze oder cornemuse bezeichnete bretonische Sackpfeife (Dudelsack) und eine treujeunn-goal genannte Klarinette gehören. Inbegriff der Musikkultur von Wales sind die seit dem 9. Jh. nachweisbare Harfe mit meist dreifacher Saitenreihe, eine Crwth (= kymr. bauchig) genannte gestrichene Kastenleier mit zwei Bordun- und vier Melodiesaiten, die seit dem 10. Jh. bezeugt ist, sowie ein als Pibcorn oder Hornpipe bezeichnetes oboenartiges Instrument. Zum Harfenspiel, dem „cerdd dant", wurde u. a. eine „Penillion" genannte Form von Dichtung in festen Metren vorgetragen, deren Pflege sich schon früh die „Society of Gwneddigion" (1771) und „Canorion" (1820) verschrieben hatten und die häufig die Form von Kunstmusik hat. Reisende Sänger und Musiker wie der bekannte Dick Dywll spielten in Wales und Irland gewöhnlich in Pubs, traten aber auch wie John Parry bereits Mitte des 18. Jh. in Konzerten in England auf[482]. Zur schottischen und irischen Musik gehören ebenfalls die keltische Harfe (Clarsach), z. B. „Queen Mary's Harp" aus der Zeit um 1500 im Schottischen Nationalmuseum, der Dudelsack, der erst im 16. Jh. aus Mitteleuropa übernommen wurde, aber auch Fiedel und später Akkordeon. Für Irland sind bis heute „Sean-nós", Gesänge nach „altem Brauch", für Schottland Arbeitslieder typisch. In Irland genoss die Harfe, das Instrument des Barden, das höchste Ansehen. Das wohl älteste erhaltene Exemplar wird Brian Boru zugeschrieben, stammt aber aus dem 15./16. Jh. Noch heute ziert sie z. B. Währung, Wappen und

---

* Merkmale dafür sind z. B. altertümliche Tonalität wie Pentatonik oder Modi/Kirchentonarten; siehe auch Bowles in: Driscoll 1981, 307 ff.

** Die reine Stimmung, die auf der Obertonreihe beruht, ist das Gegenteil der 1691 von A. Werckmeister eingeführten temperierten Stimmung, bei der die Oktave in 12 gleiche Halbtonschritte zerlegt wird (Ziegenrücker 1993, 14) und die heute im westlichen Musik allgemein üblich ist. Zur Aufzeichnung von Liedtexten siehe Abschnitt 5.3.

Flaggen der Republik Irland und steht für Nordirland in Königswappen und -flagge Großbritanniens[483].

Daneben hat die keltische Musik auch einen zeitgenössischen Aspekt, die sog. Folkmusic, der man nicht gerecht würde, wenn man sie als volkstümliche Musik abtäte, da sie zwar kommerziellen Zwecken dient, aber Überliefertes durchaus eigenständig weiterentwickelt. Als eine der wenigen blühenden U-Musikkulturen außerhalb des anglo-amerikanischen Kulturkreises ist dieser Zweig sicher ebenso erwähnenswert wie die keltische Volksmusik der Vergangenheit. Bei vielen Vertretern der Gattung ist der Übergang zum Folkrock und anderen Bereichen der U-Musik fließend, weshalb es schwer fällt, zwischen keltischer Musik und der Rezeption keltischer Musik zu unterscheiden. Ohne im Einzelfall ein Urteil fällen zu wollen, seien daher Beispiele genannt. Berühmt ist der bretonisch-französische Harfenist Alan Stivell, der sich mit traditionellen und eigenen Werken seit Jahrzehnten im Geschäft hält, oder die historisierend kostümierte Gruppe „Tri Yann", die ebenfalls seit über 30 Jahren im In- und Ausland erfolgreich ist. Für Wales stehen u. a. der auch politisch engagierte Dafydd Iwan, Leah Owen oder die Gruppe „Mabsant". Weltbekannt sind die seit 1962 bestehenden irischen „Dubliners" oder die Anfang der 1970er Jahre gegründete irische Band „Clannad", deren einstiges Mitglied Enya in den 1980er Jahren auch Solokarriere machte. Eher dem Spiel volkstümlicher und militärischer Melodien verpflichtet sind viele insulare und kontinentale Dudelsackorchester von Laien oder Berufsmusikern, und selbst am britischen Königshof besteht das Amt eines Hofdudelsackspielers. Daneben gibt es zahllose Bands und Ensembles, von denen viele nur lokal oder unter Insidern bekannt sind. Ihre Aufführungen erfolgen in der Regel ohne große akustische Hilfsmittel, bisweilen als Konzert, häufig aber auch als Untermalung folkloristischer Fest- oder Tanzveranstaltungen, wie z. B. der bretonischen Fest-noz oder der walisischen Mabsant Festivals. Aber auch große Festivals mit vielen Musiksparten wie das Nationale Eisteddfod in Wales oder das Feis Ceoil in Irland kommen in Frage. Ein überregionales Forum findet keltische U-Musik auch auf speziellen Folkfestivals, die keineswegs mehr auf Gebiete mit lebendigem keltischem Erbe beschränkt sind wie im Falle des seit 1923 abgehaltenen „Festival de Cornouaille" in Quimper mit heute 4000 Teilnehmern[484] oder dem seit 1971 bestehenden „Interceltique" von Lorient mit immerhin 250 Teilnehmern und gut 400.000 Besuchern[485]. Dies zeigt etwa das „Vienna Celtic Folk Festival" in Wien, das seinen keltischen Anspruch schon im Titel erhebt.

5.3 Literatur

Die frühgeschichtlichen Inschriften des Festlandes enthalten kaum mehr als Personen- und Stammesnamen, so dass von Literatur im eigentlichen Sinne bei den Festlandskelten fast nichts bekannt ist[486]. Ähnlich steht es mit dem ältesten irischen Schriftsystem, dem sog. Og(h)am des 3./4. bis 6./7. Jh. n. Chr., das mit Hilfe von Punkten (Vokale) und Strichen (Konsonanten) auf einer geraden Linie zwanzig Laute des lateinischen Alphabets darstellen konnte. Diese waren in vier Fünfergruppen gegliedert, vermutlich weil sie als Fingerzeichen unter dem Einfluss des lateinischen Alphabets entstanden. Og(h)am findet sich auf ca. 300 kurzen Inschriften in Stein aus Irland, Schottland, Wales, Devon, Cornwall und von der Isle of Man, die vorwiegend im 5.–6. Jh. n. Chr. verfertigt wurden[487]. Die irische Dichtung des Frühmittelalters ist jedoch fast ausschließlich in Manuskripten der Mitte des 11. Jhs. und später überliefert und läßt sich nur anhand alter Sprachformen und altirischer Glossen zu lateinischen Texten bis ca. 700 n. Chr. zurückverfolgen und in Schritten von halben Jahrhunderten gliedern[488]. Sie bediente sich bereits einer dialektfreien Hochsprache und zerfällt in zwei Hauptströmungen, eine dem heidnisch-vorgeschichtlichen Erbe verbundene, die bis zur englischen Eroberung Ende des 12. Jhs. mit Familien- und Stammesgeschichte(n) (Senchas), Lob-, Schmäh- und Klageliedern an Höfen der Oberschicht blühte, sowie eine christlich-antik geprägte, die vor allem in Klöstern gepflegt wurde. Die Ausbildung zum „Seher" bzw. gelehrten Dichter (filid) dauerte zwölf Jahre und vollzog sich in sieben Stufen, denen sieben Klassen von Metren zugehörten. Repertoire und Honorar des Dichters hingen vom Rang ab, ersteres konnte bis zu 250 Haupt- und 100 Nebenerzählungen umfassen, letzteres bestand aus Tieren, Wagen oder Sklaven[489].

Vor der Aufzeichnung altirischer Gedichte vollzog sich im 6.–8. Jh. n. Chr. ein Wandel von stabreimender Dichtung und rhythmischer Prosa hin zu silbenzählenden Metren mit Klangfiguren wie dem Endreim, bei deren Ausbildung die lateinische Hymnendichtung Einfluss ausübte. Die altirische Götter- und Heldensage spiegelt Verhältnisse, die nicht nach dem 4. Jh. n. Chr., im Kern aber viel früher anzusetzen sind und den Berichten antiker Autoren über Gallier und Briten, ja sogar den homerischen Epen nahestehen*. In Irland, das der römischen und germanischen Besetzung weitgehend

---

* Der antike Autor Diodor (5, 21, 5) vergleicht die keltischen Lebensformen überhaupt mit denen aus homerischer Zeit (Demandt 1998, 56).

entging, konnte die altertümliche Gesellschaftsstruktur bis in christliche Zeit fortbestehen. Unter den in der Regel anonymen archaisch-irischen Dichtungen finden sich Schutzgebete, Lehrsprüche für Herrscher, Rechts- und Sagentexte. Die ersten Werke, deren Autoren und Datierung bekannt sind, sind der „Lobpreis des Columban" (Amra Choluim Chille), eine kurz nach dem Tod des Heiligen um 600 von Dallán (Mac) Forgaill verfasste Totenklage, Gedichtfragmente eines 604 verstorbenen Abtes von Cloyne/Cork, Colmán mac Lénéni und ein „Alphabet der Frömmigkeit" (Apgitir crábaid) von einem Colmán Moccu Beognae. Es folgen religiöse Dichtung wie der „Heiligenkalender" (Féliere) des Oengus Céle Dé um 800, ein Strophenpsalter (Saltair na rann) aus dem 10. Jh. und historische Gedichte, z. B. über Krieger in Emain (Fianna bátar i n-Emain) von Cináed Ua Artacáin († 975). Die jüngere irische Dichtung bildete unter dem Einfluss spätlateinischer Versformen eine regelmäßige Metrik mit – häufig unreinem – Endreim aus und widmete sich neuen Sujets wie der Natur und den durch sie geweckten Empfindungen des Menschen[490]. An Prosa existieren aus der Zeit vor der englischen Invasion u. a. Heiligenviten, Visionen, medizinische und juristische Texte, z. B. das „große Gesetzbuch" (Senchas már), grammatische Abhandlungen wie „Cormacs Glossar" (Sanas Cormaic), geographische Schriften wie die Ortsnamenserklärungen der „Dindshenchas", spekulative Geschichtstexte, Genealogien, Annalen und Aphorismen.

Die alt- und mittelirische Sagendichtung umfasst heroische und mythologische Erzählungen in Prosa mit Einschüben in gebundener Rede, die in Handschriften des 12./13. Jh. überliefert sind und von der Literaturwissenschaft in vier sog. „Zyklen" eingeteilt werden, den heroischen oder Ulster-Zyklus, den mythologischen Zyklus, den Leinster-Zyklus der Könige und den Finn-Zyklus. Am ältesten, viel älter als die Niederschrift, sind heroischer und mythologischer, am jüngsten ist der Finn-Zyklus, am ehesten historisch der Königszyklus. Die irische Tradition gruppierte die Sagen thematisch, z. B. nach kriegerischen Themen wie Schlachten, Rinderraubzügen oder Heldentoden, romantischen Themen wie Brautwerbung und Liebesgeschichten sowie Abenteuer- oder Seereisen. Berühmt sind z. B. der Rinderraub von Cooley/Táin Bó Cuailnge, das Werben um Étaín/Tochmarc Étaíne, Brans wunderbare Reise/Immran Brain oder die Schlacht von Mag Tuired/Cath Maige Tuired. Der Ulster-Zyklus handelt von der Zwietracht zwischen den Ultern/Ulaid, den Bewohnern Ulsters und seines Zentrums Navan/Emain, und den Connachtern aus West Irland und seinem Zentrum Rathcroghan/Cruachu. Hauptpersonen sind z. B. Conchobar, der König von Ulster, sein Stiefvater und Ex-König Fergus, der in Connacht in der Verbannung lebt und Medb, die Königin von Connacht, liebt, sowie der jugendliche Held Cú Chulainn aus Ulster[491]. Der mythologische Zyklus handelt von Göttern und übernatürlichen Wesen aus dem Geschlecht der Tuatha Dé Danann, ist jedoch durch christliche Selektion nur bruchstückhaft erhalten. Im Zentrum stehen Elfen/Feen/Síde, die in Bergen und vorgeschichtlichen Grabhügeln vermutet und daher „die Leute von den Hügeln" genannt wurden, ihr König Dagdá, sein Sohn Oengus/Mac Óc, Lug, der göttliche Vater Cú Chulainns, der Totengott Donn u. a. Diese Götter kämpfen und siegen gegen ein vom Meer her kommendes dämonisches Riesengeschlecht, die Fomorier. Ein wesentliches Element der Erzählungen sind Seelenwanderungen und Gestaltwechsel. Der Königszyklus hebt sich durch historisch und motivisch interessante Sagen heraus, die jeweils um einen (prä)historischen König gruppiert sind, z. B. um König Ronan, von dessen folgenschwerer Heirat mit einer jungen Frau in Ronans Sohnesmord/Fingal Rónáin berichtet wird. Der Finn-Zyklus erreichte seine Blüte nach 1200, ist von christlich hinterlegten und romantisch-populären Erzählungen geprägt, die im Süden Irlands spielen und bis heute in Märchen und Sagen fortleben. Der Held Finn/Fingal, sein Sohn Ossian/Oisín und ihre Kriegerschar führen außerhalb der Stammesordnung ein abenteuerliches Jäger- und Kriegerleben in den Wäldern, das sich u. a. in naturverbundener, gefühlsbetonter Poesie niederschlägt. Der Finn-Zyklus hat zugleich mit den Ossian-Dichtungen Macphersons die größte Nachwirkung aller keltischen Sagen gefunden. Außerhalb der Zyklen stehen Abenteuerfahrten/echtrai und Seereisen/immrama, die irrfahrthaft in eine magische Inselwelt im Westen führen, die in den ersteren paradieshaft verklärt, in den zweiten bereits unter christlichem Einfluss verteufelt dargestellt ist[492].

Zwischen der englischen Invasion und der Eroberung Irlands Mitte des 16. Jhs. wurde die Dichtung der Filid von den Barden übernommen und mit komplizierter Metrik an den verbliebenen Fürstenhöfen fortgeführt, wobei sich Tadhg Dall Ó H-Uiginn (1550–1591) und Muireadhach Albanach Ó Dálaigh (erste Hälfte 13. Jh.) und weitere Mitglieder seiner Familie besonders hervortaten. In dieser Zeit erwuchs mit Balladen in erheblich vereinfachtem Versmaß auch erste volkstümliche Literatur. Mit der Unterdrückung der irischen Sprache seit dem 17. Jh. erlosch der Bardenstand und zerfiel die genormte Hoch- und Literatursprache in Dialekte. Weil der Druck irischer Bücher verboten war, zirkulierten Manuskripte ohne weite Verbreitung, z. B. des in bardischer Tradition stehenden Lyrikers Dáibhidh Ó Bruadair (1625/30–1698). Immerhin entstanden historisch wertvolle Quellensammlungen wie die „Annalen der Vier Meister" (Annála Rioghachte Éireann) von Micheál Ó Cléirigh (um 1590–1643) und die um 1633/34 vollendete „Grundlage der Kenntnis Irlands" (Foras feasa ar Éirinn) des Geistlichen Geoffrey Keating/Seathrún Céitinn (um 1570–1650). Letztere gilt mit ihren historischen, mythologischen, sagenhaften und volkstümlichen Überlieferungen als Musterbeispiel der klassischen neuirischen Prosa, wurde aber erst Anfang des 20. Jhs. vollständig gedruckt. Von der traditionellen irischen Totenklage (keen), die mit dichterischen Elementen einherging, hat sich wenig erhalten. Berühmt ist „Die Klage um Art Ó Laoghaire" (Caoineadh Airt Uí Laoghaire) von Eibhlín Dhubh Ni Chonaill aus Kerry, einer Vorfahrin des „Katholikenbefreiers" D. O'Connell, um ihren 1773 ermordeten Ehemann[493]. Im 17./18. Jh. blühte im irischen Süden die sog. Munsterdichtung, eine Volksdichtung in Balladenform (Amhráin), die Werke wie den „mitternächtlichen Gerichtshof" (Cúirt an mhéanoiche) von Brian Merriman (1740/49–1803/08) hervorbrachte. Ebenfalls im 19. Jh. wurden in englischer Sprache irische Märchen ediert, z. B. von Thomas Crofton Croker (1798–1954), dessen Sammlung „Fairy Legends and Traditions of the South of Ireland" (1825) noch im Erscheinungsjahr von den Brüdern Grimm ins Deutsche übersetzt und als „Irische Elfenmärchen" publiziert wurde[494].

Um die Zeit der großen Hungersnot Mitte des 19. Jhs. erlosch vorübergehend die irisch-gälische Literatur. Erst Ende des Jahrhunderts wurden mündliches Erzählgut und literarischer Anspruch wiedervereinigt, so von P. O' Leary (1839–1920) für das Cork-Irisch sowie P. Pearse und P. Ó Conaire (1883–1928) für das Connemara-Irisch. 1899 wurde auf Betreiben von W. B. Yeats und Lady I. A. Gregory das „Irish Literary Theatre" gegründet, aus dem das „Abbey Theatre" und die „Irish National Theatre Society" hervorgingen. Durch sie wurde 1901 das erste irische Stück „The twisting of the rope" (Casadh an t-Súgáin) von Douglas Hyde aufgeführt. Später verlagerte sich die Tradition der irischen Theaterbewegung auf die „Dublin Drama League" (1918) und das „Dublin Gate Theatre" (1928). Heute besteht in Dublin, Galway, Donegal und Conemara ein lebendiges gälisches Theaterleben. Daneben blühte im 20. Jh. vor allem die Gattung der Kurzgeschichte mit Vertretern wie M. Ó Cadhain und Breandán Ó H-Eithir (*1930). Wesentlich waren auch Autobiographien, z. B. von Tomás Ó Griomhthain (1856–1973), M. O'Sullivan oder Flann O'Brien („An Béal Bocht"/Irischer Lebenslauf, 1941), und Romane, u. a. von Séamus Ó Grianna (1891–1969),

Seasamh Mac Grianna und L. O'Flaherty. Unter der Lyrik ragen Dichtungen über die Araninseln von Máirtin Ó Direáin (1910–1988), Werke von Séan Ó Riordáin (1917–1977) und Máire Mhac an T-Saoí ('1922) hervor.

Schottisch-gälische Literatur wurde bis um 1600 in einem besonderen literarischen Irisch in klassischen Metren nach Bardentradition verfasst. Diese lernten schottische Barden bei ihrer Ausbildung in Irland. Die ältesten Spuren der Sprache finden sich als Anmerkungen im „Buch von Deer" (Book of Deer) aus dem 12. Jh. Aus der Zeit von 1512–26 stammt das „Buch des Dekans von Lismore" (Book of the Dean of Lismore), eine Handschrift mit schottisch-gälischen und irischen Gedichten und Balladen[495]. Mit der Eroberung Irlands im 16. Jh. erloschen die alten Verbindungen. Erst im 17. Jh. entstand in Schottland eine eigenständige Dichtung mit freieren Versformen und Dichtern wie Mary MacLeod (eigentlich Màiri Nighean Alasdair Ruaidh, ca. 1615–1710) und John MacDonald (eigentlich Iain Lom, ca. 1620–1710). Im 18. Jh. dichteten Naturlyriker wie Alexander MacDonald/Alasdair Mac Mhaighstir Alasdair (um 1700–1770) und Duncan MacIntyre/Donnchadh Bàn (1724–1812), Satiriker wie John (Iain) MacCodrum (um 1710–1996) und religiöse Dichter wie Dugald Buchanan (1716–1768). Angeregt durch die Dichtungen Macphersons stellte sich Ende des 18. Jh. eine neue Wertschätzung mündlich überlieferter Volkserzählungen ein, die Volkskundler zu sammeln, niederzuschreiben und zu publizieren begannen. Dabei taten sich u. a. John Francis Campbell (1822–1886) mit englisch und gälisch publizierten „Popular tales of the West Highlands" (1860–62), John Gregorson Campbell (1836–1891) mit „Clan Traditions and Popular Tales of the Western Highlands and Islands" (1895), Alexander Carmichael (1832–1912) mit „Carmina Gadelica" (1900–71)[496] sowie John Lorne Campbell mit „Hebridean folksongs" (1969) hervor, um nur eine willkürliche Auswahl zu nennen. Im 20. Jh. erfuhren Lyrik und Kurzgeschichte eine Wiederbelebung durch Dichter wie Sorley MacLean/Somhairle Mac Ghilleathain, Derick S. Thomson/Ruaraidh Mac Thomàis, Iain Crichton Smith und Colin MacKenzie/Cailein Mac Coinnich.

Nachdem keine britannische Literatur erhalten ist, stellt die kymrische die älteste des P-keltischen Sprachzweiges dar, wobei umstritten ist, ob sie tatsächlich bis ins 6. Jh. n. Chr. zurückreicht. Zu den frühesten erhaltenen kymrischen Schriftstücken zählen Marginalien im Evangeliar von St. Chad, das nicht genauer als ins 6.–9. Jh. zu datieren ist[497]. Bei der Profanliteratur war und blieb in Wales im Gegensatz zu Irland die Dichtung immer bedeutender als die Erzählkunst. Werke, die den sog. „frühen Dichtern" (Cynfeirdd) wie Taliesin, (A)neirin, Talhaearn, Blwchfardd, Cian und vielleicht Llywarch Hen zugeschrieben werden, entstanden vermutlich im 6./7. Jh. oder auch danach. Sie wurden anfangs mündlich überliefert und erst später niedergeschrieben. Erhalten sind stark umgeformte Fassungen in Mittelkymrisch. Sie finden sich in fünf Manuskripten, dem Buch Aneirins/Llyfr Aneirin (um 1250), dem Schwarzen Buch von Carmarthen/Llyfr Du Caerfyrddin (zweite Hälfte 13. Jh.), dem Roten Buch von Hergest/Llyfr Coch Hergest (um 1400), dem Buch Taliesins/Llyfr Taliesin (frühes 14. Jh.) und dem Weißen Buch von Rhydderch/Llyfr Gwyn Rhydderch (erste Hälfte 14. Jh.). Obwohl ihre Werke in Kymrisch überliefert sind, dürfte die Muttersprache der Cynfeirdd, die in Nordengland und Südschottland lebten, Kumbrisch gewesen sein. Als ältestes Gedicht überhaupt gilt das sog. „Y Gododdin", eine Sammlung von Elegien auf 300 Männer der keltischen Votadini/Gododdin aus Ostschottland, die bis auf einen bei einem waghalsigen Kriegszug nach Deira gegen Angelsachsen fielen. Sein Kern stammt wohl von Aneirin und wurde nach und nach um Variationen bereichert. Während die Cynfeirdd als Stilmittel Reime, auch Binnenreime, verwenden, arbeiteten die „späteren Barden" oder Hofdichter (Gogynfeirdd) seit dem 12. Jh. zusätzlich mit Stabreimen, so dass sich ein kunstvolles System des Zusammenklangs, Cynghanedd genannt, ergab. Der bedeutendste walisische Dichter des Mittelalters, mit dem eine freiere Dichtung begann, ist Dafydd ap Gwilym aus dem 14. Jh. Mittelkymrische Erzählungen haben sich nur in geringer Zahl erhalten, darunter die bekannte Sammlung von „Jugendtaten" (Mabinogi). Dieses erzählt in „vier Zweigen" (Pedeir Ceinc) die Lebensstadien des Helden Pryderi, von Geburt, Jugend, Verschwinden/Wiederkehr bis zum Tod. Diese Leithandlung ist eingebettet, ja fast begraben in einer phantastischen Fülle ritterlich-höfisch und mythologisch beeinflusster Geschichten, in denen z. T. alte Gottheiten als Könige wiederkehren und auch fünf jüngere arthurische Erzählungen enthalten sind[498].

Der führende Dichter des 17. Jhs. war Huw Morys. Daneben erhielten sich z. B. religiös-politische Werke in Neukymrisch von puritanischen Dichtern wie Morgan Llwyd, royalistischen wie William Phylip, katholischen wie Gwilym Pue sowie von anonymen Autoren[499]. Goronwy Owen (1723–1769) knüpfte an die klassische Bardendichtung an. Als einer der größten Erzähler des 19. Jhs. gilt Daniel Owen (1836–1895), dessen psychologisierende und ironische Romane ein kritisches Bild von Schein und Sein des viktorianischen Wales geben und mit Werken von Charles Dickens verglichen werden. Ein wichtiger Lyriker des 19. Jhs. war Robert

Willliams Parry (1884–1956), von dessen romantischer Naturdichtung besonders „Yr haf, a cherddi eraill" von 1910 weite Bekanntheit fand. Die Gründung der walisischen Universität führte zu einer Blüte aller Literaturgattungen, da sich u. a. ihre Professoren als Autoren engagierten, z. B. William John Gruffydd (1881–1954) als Lyriker und mit Kindheitserinnerungen unter dem Titel „Hen Atgofion"[500].

Frühe bretonische Literatur hat sich nicht erhalten, obwohl man davon ausgehen muss, dass sie zumindest mündlich vorhanden war. Lediglich frühmittelalterliche Glossen, Personen- und Ortsnamen in insularen und kontinentalen Handschriften des 9.–12. Jh. liegen vor. Zusammenhängende Texte sind nicht vor dem 14./15. Jh. erhalten. Bretonische Sänger und Geschichtenerzähler hatten im Mittelalter einen hohen Rang und waren als Vermittler keltischen Sagengutes für die Literaturgeschichte von Bedeutung. So gelangte z. B. die Artus-Legende u. a. durch sie in den romanischen Kulturraum, der sie an den germanischen weitergab. Vom Kontinent gelangten weiterentwickelte Formen der Artus-Legende wieder u. a. über die Bretagne zurück ins keltische Britannien[501]. Von der Mitte des 15. Jh. an sind Mysterienspiele und Heiligenviten, z. B. der Heiligen Nonn, in gebundenem Mittelbretonisch überliefert. Ein bretonisch-französisch-lateinisches Wörterverzeichnis, das sog. „Catholicon des Jehan Lagadeuc" wurde mindestens seit 1464 handschriftlich, seit 1499 gedruckt verbreitet. Im 17. Jh. begann die wissenschaftliche Beschäftigung mit dem Bretonischen, wobei besonders J.-F. Le Gonidec (1775–1838) durch die Sammlung von Volksliteratur, die Erstellung von Wörterbüchern und Grammatiken, die Modernisierung von Schreibweise und Wortschatz sowie durch Übersetzungen ins Französische hervortrat. Weitere Ausgaben und Überarbeitungen seiner Werke erfolgten durch Th. Hersart de la Villemarqué (eigentlich Kervarker, 1815–1895), der auch „Poèmes bretons du moyen-âge" und eine Volksliedersammlung „Barzaz Breiz: Chants Populaires de la Basse Bretagne" publizierte. Sie machten alte bretonische Verse erstmals in Paris bekannt und im wahrsten Sinne „salonfähig"[502]. Der Lehrer, Journalist, Archivar und Volkskundler F.-M. Luzel (eigentlich An Uhel, 1821–1895) fügte Editionen von Mysterienspielen, Volkserzählungen und Liedern der Westbretagne hinzu, z. B. die Liedersammlungen „Gwerziou Breiz-Izel" und „Soniou Breiz-Izel". Dieser Schatz an Volksdichtung blieb bis ins 20. Jh. vorbildhaft für die bretonische Literatur, sogar Propagandaschriften wurden oft in gebundener Sprache verfasst. Viele bretonische Alltagsgedichte des 19. Jhs. erschienen als Einblattdrucke bzw. Flugblätter, z. B. bei Druckereien wie Lédan in Morlaix, Le Goffic in Lannion oder Blot et Kerangal in Quimper, für die Herausgeber und Dichter wie Alexandre Lédan (1777–1855) oder Dichter wie Ian ar Gwenn (1774–1849) arbeiteten. Sie waren zur Information und Belehrung einer des Französischen wenig mächtigen Bevölkerung gedacht, wobei die Inhalte keineswegs immer in revolutionären Botschaften bestanden, sondern häufig auch mit den Vorstellungen von Obrigkeit und Kirche konform gingen[503]. Die Bedeutung der gebundenen Sprache zeigt auch das Werk Jean Conans (1765–1834), eines bretonischen Abenteurers und spät berufenen Schriftstellers einfacher Herkunft, der 1825–1830 über 29.000 Verse dichtete, darunter eine in bretonischen Alexandrinern verfasste Autobiographie unter dem Titel „Avanturio ar citoien Conan", zwei Theaterstücke und eine Heiligenbiographie[504]. Nach dem Ersten Weltkrieg kam es durch einen Literatenzirkel um den Dichter, Schriftsteller, Kritiker, Übersetzer und Keltologen Roparz Hemon (1900–1978) zu einer Wiederbelebung bretonischer Literatur und bretonischen Selbstbewusstseins, dem die Zeitschriften „Gwalarn" („Nordwesten", 1925–44) und „Al Liamm" („Das Band", seit 1946) Ausdruck verliehen. Etliche Werke, z. B. der 1941 entstandene Roman „Itron Varia Garmez" („Notre Dame Bigoudenne") von Youenn Drezen (1899–1972), die Dramen „Ar Baganiz" („Die Heiden") und „Gurvan, ar marc'hek estranjour" („Gurvan, der fremde Ritter") von T. Malmanche (1875–1953) oder der Gedichtband „Chal ha dichal" („Ebbe und Flut") von R. Le Masson (eigentlich Er Mason, 1900–1952) erlangten durch Übersetzungen ins Französische Bekanntheit[505].

Die kornische Literatur beginnt mit Glossen aus der Zeit um 1000 in einer lateinischen Handschrift über Donat von Smaragdus, einen Abt von Saint-Mihiel, Namen in Freilassungsurkunden des 10.–12. Jh. im sog. „Bodmin-Evangeliar" sowie einem „Vocabularium Cornicum" um 1100. Aus der Zeit um 1400 sind 41 Zeilen eines Dramas überliefert, vom 15. Jh. an Passions- und Mysterienspiele und eine Vita des Hl. Meriasek. Aus der Neuzeit stammen Gedichte, Sprichwörter, Briefe und eine „Geschichte von den drei guten Ratschlägen". Edward Lhuyd (1660–1709) verfasste eine kornische Grammatik und eine kornische Elegie auf William III. von Oranien[506].

5.4 Kalender

Die eisenzeitlichen Kelten zählten Nächte, nicht Tage, und besaßen einen Mondkalender mit an Neumond beginnenden Monaten

(Plin. nat. 16, 250), der durch komplizierte Zählsysteme mit dem Sonnenjahr synchron gehalten wurde, das für die Berechnung wichtiger Festtermine grundlegend war. Fragmente keltischer Kalender fanden sich an zwei Orten in Ostfrankreich, ein zu 40–45 % erhaltener in Coligny, Dep. Ain, sowie kleinere Reste in Villards d' Héria, Dep. Jura. Der 1897 getätigte Fund von Coligny datiert aus epigraphischen Gründen ans Ende des 2. Jhs. n. Chr. und umfasst 153 Bruchstücke einer ehedem 148 cm × 90 cm großen Bronzetafel mit einer gallischen Inschrift in lateinischem Alphabet. Er enthält in 16 Spalten jeweils vier Monate bzw. einen Schaltmonat und zwei Monate, deren Tage mit kleinen Löchern für bewegliche Steckstifte versehen waren. Auf philologischem Wege ließ er sich fast vollständig rekonstruieren, wobei sogar einige überlieferte Fehler in ihren korrekten Urzustand zurückversetzt werden konnten[507]. Nach vielen Teil- und Fehldeutungen gelang es Olmsted mit Hilfe von Berechnungen, Simulationen und Mustersuche auf dem Computer, die Bedeutung des Dokuments mit all seinen Tages- und Monatsmarken wirklich zu dechiffrieren, wobei für 104 Tage ältere Rekonstruktionen revidiert werden mussten. Kernpunkt seiner Deutung ist das sog. T II-Zählschema, nach dem noch 200 von ehedem 510 Tagen mit TII, ITI oder IIT markiert waren. Ihm war zuvor keine Beachtung geschenkt worden, weil man es nicht verstand und ihm nur religiöse Bedeutung beimaß[508].

Schon lange war klar, dass es sich bei der Tafel um die Darstellung eines Zeitraums von fünf Sonnenjahren handelt. Weil die Berechnungsgrundlage ursprünglich ein Mondjahr mit 12 Monaten von rund 354 Tagen (6 × 30, 6 × 29 Tage) war, musste zur Abgleichung mit einem Sonnenjahr von rund 366 Tagen alle 30 Monate ein 30-tägiger Schaltmonat eingefügt werden. Damit bestanden fünf Jahre aus 62 Monaten (5 × 12 + 2), die jeweils durch das Wort ATENOVX (zunehmende Nächte, ursprünglich Vollmond) in 15+15 oder 15+14 Tage halbiert wurden, die ihrerseits aus je drei fünftägigen Mondwochen bestanden. Die Monate wurden auf der Tafel unter Nennung ihres Namens* und jedes der von I–XV bzw. XIIII durchnumerierten Tage niedergeschrieben. Die 30-tägigen Monate hießen MAT (von matus = komplett, gut), die 29-tägigen ANM (von anmatus = unvollständig, schlecht). Bei letzteren ist der 30. Tag durch die Kennzeichnung DIVERT(I)OMV (verlorener Tag) er-

---

* Die Monatsnamen lauten Samonios, Dumannios, Rivros, Anagantio, Ogronnios, Cutios, Giamonios, Simivisonns, Equos, Elembivios, Edrinios und Cantlos.

setzt. Auch die einzelnen Tage erhielten jeweils Zusätze. Alle 5. und 11. Tage von ersten Monatshälften sowie alle ungeraden Tage von zweiten Monatshälften außer dem ersten sind als D AMB (divos ambilis, unausgewogener Tag) bezeichnet. In langen Monaten sind alle übrigen Tage mit D M (divos matus, guter Tag) markiert, in kurzen Monaten nur mit D (divos, gewöhnlicher Tag). Festtage waren mit IVOS kenntlich gemacht. Zudem bezeichnete der Zusatz PRINNI LOVDIN oder PRINNI LAGET den steigenden oder fallenden Sonnenlauf, d. h. die Zeit von Mittwinter bis Mittsommer bzw. umgekehrt[509].

Das soweit noch ganz verständliche Schema wird dadurch kompliziert, dass Tage auf drei Arten verschoben werden konnten, nämlich im Jahr nach einem Schaltmonat der 6., 8. und 9. Tag in den Vormonat, innerhalb von und zwischen Monaten[510]. Damit war sichergestellt, dass auch in schlechten Monaten gute Tage vorkamen und umgekehrt, weil bestimmte, zumeist kultische Handlungen nur an guten Tagen erfolgen durften. Der Tausch folgte keinem einfachen Schema und musste anhand der Beischrift der Tage erschlossen werden. So wurde z. B. im ersten Jahr zwischen den Monaten Samonios (lang) und Dumannios (kurz) der zweite Tag der zweiten Monatshälfte, d. h. der 17. Tag, getauscht, gefolgt von einem Tausch innerhalb Samonios zwischen dem dritten Tag der ersten Monatshälfte und dem zweiten Tag der zweiten Monatshälfte, wodurch der Dumanniostag auf den 3. Samonios wanderte. Der 3. Samonios hieß daher D EXINGI DUM (ausgetauschter Tag von Dumannios), der 17. Samonios war M D TRITINO SAM (guter Tag vom 3. Samonios) und der 17. Dumannios M D SAMONI (guter Tag von Samonios).

Nach längerem Gebrauch erwies sich zudem, dass das auf stark gerundeten Zahlen basierende Zähl- und Schaltschema mit 30 Schalttagen alle 30 Monate zu ungenau war, um den genauen Zeitpunkt der Sonnenwenden zu bestimmen. Es wurde daher durch Veränderung der Gesamttageszahl und der Schaltungen zweimal verbessert, so dass sich insgesamt folgende drei Zählschemata im Kalender verbergen: Das älteste ist das erwähnte und ursprünglich wohl mit Merkversen mündlich tradierte sog. N-Schema (nach NOUX SONNO = Nacht der Sonne, Schalttag), das einen Block von soviel Tagen verschiebt, wie der Sonnenvorsprung in fünf Jahren beträgt. Anfangs waren dies bei 1831 Tagen fünf Tage, später bei 1832 Tagen sechs Tage. Im ersten Fall, dem ursprünglichen Mondkalender, waren sechsmal fünf Jahre zu einem 30-Jahres-Zyklus zusammengefasst, der aus einer 1801 Tage zählenden ersten Phase und fünf je 1831 Tage zählenden folgenden bestand, wobei am Anfang

ein Schaltmonat weggelassen wurde, so dass die Wintersonnenwende auf dem 1. Samonios lag. In den folgenden 6 × 5 Jahren holte
die Sonne jeweils 5 Tage auf, also insgesamt 30 Tage, so dass die Sonnenwenden auf den 26., 21., 16., 11. und 6. Tag des vorangestellten
Schaltmonats fielen. Im zweiten Fall waren fünfmal fünf Jahre zu
einem 25-Jahres-Zyklus verbunden, der aus einer 1802 Tage zählenden ersten Fünf-Jahres-Phase und vier 1832 Tage zählenden folgenden bestand. In den folgenden 5 × 5 Jahren holte die Sonne jeweils
6 Tage auf, also ebenfalls 30 Tage insgesamt, so dass die Wintersonn-
nenwenden auf den 25., 19., 13. und 7. Tag des Schaltmonats und
schließlich wieder auf den 1. Samonios fielen.

Es folgte das wohl ebenfalls vorschriftliche sog. Lovdin/Laget-
Zählschema mit wandernden Mondphasen und ebenfalls 1832
Tagen in fünf Jahren bei einem Zyklus von 25 Jahren. Bei diesem
treten NS-Tage nur in den MAT-Monaten der ersten (PRINNI
LOVDIN) und den ANMAT-Monaten der zweiten (PRINNI
LAGET) Jahreshälfte auf, d. h. viermal pro Jahreshälfte. Hinzu
kommt je ein NS-Tag vor und nach jeder Sonnenwende, weil die
Sonne zu diesem Zeitpunkt stillzustehen schien. An Sonnenwenden
in Schaltmonaten entfielen die drei Tage. Insgesamt fanden somit
zwölf Schalttage in normalen und neun Schalttage in Schaltjahren
statt, so dass nach 30 Monaten mit 27 Schalttagen (1,5 × 12 + 9) die
Stimmigkeit wiederhergestellt war. Der Restfehler war mit 0,18
Tagen nur noch halb so groß wie beim N-Schema, womit bereits
das genaueste Kalendersystem der Alten Welt erreicht war. Jedoch
war es noch schwierig, den Mondphasen zu folgen, und langfristige
Vorhersagen für die Sonne blieben unmöglich.

Daher wurde schließlich das erwähnte T II-Schema mit weiteren Korrekturen bei ebenfalls 25-jährigem Zyklus ersonnen und
schriftlich fixiert. Mit ihm war eine Präzision erreicht, die weit über
alle anderen antiken Kalender hinausgeht und unserem Gregorianischen Kalender entspricht. Mond- und Sonnenpositionen konnten
mit einer Abweichung von maximal einem Tag für ein halbes Jahrtausend zurück- und, was wichtiger war, vorherbestimmt werden,
eine Leistung die erst die Astronomie der Renaissance wieder voll-
bringen sollte. Dabei beziehen sich die TII, ITI und IIT Marken, die
an aufeinander folgenden Tagen auftreten auf den ersten, zweiten
bzw. dritten 5-Jahres-Zyklus der 25-Jahres-Periode. Sie geben die
Sonnwendtage an und bezeichnen zudem die drei Mondwochen
der Monatshälften. Mit diesem Hilfsmittel war die Position der
Sonne und insbesondere die Sonnenwende in Schaltmonaten exakt,
in gewöhnlichen Monaten mit einem Fehler von +/−1,5 Tagen zu
bestimmen, die des Mondes auf +/−0,8 Tage genau. Sonnenwenden

traten nur an den Tagen I, IIII, VII, X und XIII beider Monatshälften auf (d. h. Tag 25, 19, 13, 7 und 1 an Mittwinter bzw. Tag 28, 22, 16, 10 und 4 an Mittsommer). Weil immer wieder Gruppen von sechs Tagen, Wochen oder Monaten in den Überlegungen auftreten, erforderte die Konstruktion des Zählschema ein Rechnen zur Basis 6, was erhebliche Kenntnisse der Druiden in Zahlentheorie und Arithmetik belegt, von der Astronomie einmal abgesehen[511].

Dieser für den Alltag scheinbar überflüssige Aufwand war nötig, um Sonnenwenden und Tagundnachtgleichen präzise vorhersagen zu können, an welche die wichtigsten keltischen Feste geknüpft waren. Es besteht Anlass zu der Vermutung, dass die jüngsten Verbesserungen des Kalenders nicht mehr alle Teile der keltischen Welt erreichten, sondern z. B. in Irland nach einem älteren System weitergerechnet wurde. Bei der Konfrontation der irischen Feste mit dem julianischen Kalender um 450 n. Chr. zeigte sich nämlich, dass diese um 51–53 Tage vor das jeweilige Sonnenfest gewandert waren. So fielen die einstigen Sonnwend- und Äquinoktialfeste nicht mehr auf den 22.12., 21.3., 21.6. und 23.9. wie es sich gehört hätte, sondern auf den 1.11., 1.2., 1.5. und 1.8. Bei dem bekannten Fehler des älteren keltischen Kalender von einem Tag in 25–30 Jahren lässt sich abschätzen, dass für die Anhäufung dieser Differenz ein Benutzungszeitraum von ca. 1300 Jahren nötig war. Demnach wäre der Kalender um 850 v. Chr. ersonnen worden, wobei gewisse Unsicherheiten eine Spanne von +/–300 Jahren angeraten erscheinen lassen, so dass man mit einem Beginn zwischen 1150 (Urnenfelderzeit) und 550 (Ende der Hallstattzeit) zu rechnen hätte. Ohne Zweifel reicht er also weit in die (vor?)keltische Vorgeschichte zurück[512].

Details des Jahreslaufs und seiner Feste, die wegen des Tagesbeginns mit der Nacht immer am Vorabend begannen, kennt man nur aus der irischen Überlieferung des Mittelalters und der Neuzeit, während von den Festlandskelten nichts Zusammenhängendes überliefert ist. Samain (/'savin'/), die ehemalige Wintersonnenwende, markierte in der Nacht zum 1. November im frühmittelalterlichen Irland – in Übereinstimmung mit dem dunklen Tagesanfang – den Anfang des neuen Jahres und des Winters und hing mit dem Gott Lug(us) und seinem Begleiter, dem Schwein, zusammen. Es war trotz des Abschlusses der Ernte nicht so sehr ein Agrarfest, als eines der Krieger, bei dem getafelt, getrunken und gefeiert wurde mit dem, was vor dem Winter geschlachtet und verzehrt werden musste. Dazu wurden zum Abschluss der Kriegssaison Trophäen und Tatenberichte des Sommers präsentiert, um das „Heldenstück" vom Fleisch gestritten, aber auch Versöhnung und Begleichung von Schulden vollzogen. Große Feuer sollten vor den Gefahren des nahen Winters schützen. Samain spielte in Sagen und Bräuchen die größte Rolle, weil man glaubte, dass an diesem Tag der Ahnen Verstorbene, Feen und Elfen ins Diesseits gelangen könnten. Die Verbindung mit den Toten hat sich bis heute in den christlichen Festen Allerheiligen und Halloween erhalten[513].

Im(b)olc, auch Oimolc (= Schafsmilch, Zeit der säugenden Lämmer), die einstige Tagundnachtgleiche des Frühjahrs, bezeichnete den Frühlingsbeginn am 1. Februar. Von diesem Fest ist wenig bekannt, auch nicht, mit welcher keltischen Gottheit es zusammenhing, möglich wäre die Muttergottheit Brigid. Später fiel es jedenfalls mit dem Fest der Hl. Brigit von Kildare zusammen, die als Patronin von Vieh, Ackerbau, Licht und Feuer heidnische Elemente einschließt. Ursprünglich war es wohl wie viele Feste dieser Jahreszeit mit Reinigungsriten verbunden, wie z. B. auch die römischen Lupercalia, der Monatsname Februar (lat. februum = Reingung) oder das christliche Mariä Lichtmess, bzw. mit orgiastischen Feiern, wiederum den Faunus geweihten Lupercalia oder unserem Fasching/Karneval vergleichbar[514].

Beltaine (/'b'eltan'e/), auch Beltene/Beldíne, die einstige Sommersonnenwende, war das Fest des Sommeranfangs am 1. Mai, das ursprünglich mit dem Gott Bel zusammenhing, dem die Erstgeborenen (díne) jeder Herde geopfert wurden. Zudem wurden große Freudenfeuer (tine) entzündet, an denen im Beisein von Druiden, die im Mittelpunkt des Festes standen, das Vieh vorbei getrieben wurde, um es so gegen Krankheiten zu feien, und Maibäume gegen bösen Zauber gesetzt. Zugleich markierte es den Beginn der Landarbeit und der Kriegssaison[515]. Wegen der lange zurückliegenden letzten Ernte fanden keine großen Festivitäten statt. In Mitteleuropa sind das Maibaumsetzen sowie das Hexentreiben und der Schabernack der „Walpurgisnacht" vergleichbare Bräuche, auch Sonnwend- und Johannisfeuer gehören in diesen Zusammenhang.

Das Fest Lugnasad, die frühere Tagundnachtgleiche des Herbstes, das wiederum zu Ehren des Lug(us) stattfand, wurde am 1. August, dem Ernte- und Herbstbeginn, gefeiert. Es findet seine christliche Entsprechung in Mariä Himmelfahrt am 15. August und wurde in christlicher Zeit mit St. Patrick in Verbindung gebracht. Es war vor allem das Fest der Könige, an dem Rechtsprechung, Krieg, Ausschweifung und alles Unreine zu ruhen hatten. Im Mittelpunkt standen Freundschaft, Frieden, Reinheit, Freigebigkeit und Wohlstand, quasi das Gegenteil von Samain. Prozessionen zu Gewässern und Bergen wandelten sich später zu christlichen Wallfahrten. Die Feierlichkeiten fanden nach Möglichkeit an königlichen oder fürstlichen Grablegen statt und gingen mit sportlichen, rhetorischen und musischen Wettkämpfen einher, an die noch das walisische Eisteddfod erinnert[516].

5.5 Religion

Heidnische Kulte

Für die vorchristlichen Kulte der Kelten existieren weniger literarische und epigraphische Zeugnisse, sondern vor allem archäologische Quellen, unter denen sich Reste von Kulthandlungen, Kultstätten, Gegenstände religiöser Funktion und Zeugnisse des Totenbrauchtums (s. S. 186 ff.) unterscheiden lassen[517]. Generell tut sich die Forschung schwer mit der Beurteilung solcher dinglicher Hinterlassenschaften, weil von der zugehörigen Geisteswelt mit ihren Mythen, magischen Formeln, Gebeten, Hymnen, Riten und Vorstellungen von Schöpfung, Weltordnung und Tod nichts oder wenig überliefert ist. Oft lässt sich nicht einmal zwischen Magie, Kult und Religion unterscheiden*.

Mit der archäologischen Identifizierung von Heiligtümern und Opfern hat sich Colpe befasst. Er hebt hervor, dass es falsch sei, Funde auf Kultplätzen generell als Opfer zu deklarieren oder Stätten als Kultplätze zu bezeichnen, weil sich an ihnen Opferreste fanden. Außerdem warnt er davor, pauschal alles, was sich profan nicht erklären lässt, für religiös zu halten. Als Merkmale für einen „religiösen Raum" bleiben nur erstens die Beschaffenheit oder Anlage nach einem traditionellen Kanon, der eine Verbindung mit dem Anfang der Welt herstellt, als noch „alles in Ordnung" war, und zweitens Hinweise auf Ritualisierung. Diese äußert sich dreifach, nämlich erstens in der wiederholten Benutzung des Ortes wegen seiner Weihung durch die ursprüngliche Offenbarung des Heiligen, zweitens im Finden der Stätte unabhängig von kulturgeographischen

---

* Während Magie durch zauberische Manipulation der Umwelt eine praktische Wirkung erzielen will, steht im Kult die Verehrung und Begegnung mit einer Gottheit durch rituell geregeltes Handeln im Mittelpunkt, bei dem kalkuliertes Geben göttliche Gegengaben in Form von Heil und Schutz vor Gefahr sichern. Religion im strengen Sinne geht noch einen intellektuellen Schritt weiter, indem sie die Unterwerfung unter die übernatürlichen Mächte vollzieht und im Gebet um einseitige Gnadenbeweise ersucht (Brockhaus Enzyklopädie, Stand 1989), im weiteren Sinne dient die Bezeichnung als Oberbegriff für transzendente Vorstellungen.

Bezugssystemen (Siedlungen, Wege etc.) und drittens in ihrer Außergewöhnlichkeit (z. B. als Mittelpunkt, Achse, Rand oder Unzugängliches). Nur als zusätzliches Korrektiv lässt Colpe Opferfunde zu, die er wieder über drei Merkmale definiert. Erstens muss es sich um ritualisierte, nicht zufällige* Niederlegungen von Mobilien oder Lebewesen handeln, d. h. dass sie wie die Heiligtümer durch Wiederholung und Außergewöhnlichkeit hinsichtlich Auswahl (Wert, Seltenheit, Art, Alter, Geschlecht, Körperteile etc.) sowie Ort und Art der Deponierung ((Un)zugänglichkeit, besondere Kombination, Unbrauchbarmachen, Tötungsart, Manipulation, Anordnung etc.) auffallen. Zweitens setzen Opfer keinen Gottesglauben voraus, auch magische Vernichtungsakte kommen z. B. vor, und drittens stehen Gemeinschaften hinter den Niederlegungen[518]. Keine Opfer im eigentlichen Sinn sind demnach besondere Einzelfunde**, deren Deponierung aber dennoch religiöse Gründe haben kann.

Brunaux hingegen beschreibt fünf Merkmale für prähistorische Heiligtümer, nämlich die Markierung des Areals (z. B. durch Eckpfosten, Zäune, Wälle, Gräben), Eintiefungen in den Boden (wegen der Vorstellung, chthonische Gottheiten hausten untertage), Bauwerke (Altäre, Schutzdächer, Tempel etc.), eine besondere Orientierung (z. B. auf markante Punkte des Sonnenlaufs oder im Gelände) sowie Reste von Opfer- oder sonstigen Kulthandlungen, die er für die einzig zwingenden Nachweise hält. Haffner unterscheidet zudem zwischen dem Kultplatz als Örtlichkeit, wo der Mensch das Göttliche zu erkennen glaubt und durch Opfer zu beeinflussen sucht, und Heiligtümern als mit Einfriedung, Tempel und Opferstätte architektonisch gestalteten Kultplätzen[519].

Plausible Beispiele für Kultplätze und Heiligtümer aus der Hallstatt- und Latènezeit liegen in verschiedener Form vor, von denen als erstes Kreisgrabenanlagen erwähnt werden sollen. Aus der Stufe

---

* Zufällig zustande gekommen wären etwa Verlustfunde oder in einem gewissen Sinn auch Versteckfunde. Allg. zur differenzierten Beurteilung von sog. Hort- oder Depotfunden Geißlinger 1984, Pauli 1985 und Torbrügge 1985.

** Ein ungewöhnlicher Fall ist z. B. eine späthellenistische Athena/Minerva-Statuette, die Anfang des 1. Jh. v. Chr. in einem 2,6 m tiefen Brunnen der Spätlatènezeit in einer Siedlung bei Dornach, Kr. München, deponiert wurde (Germania 77, 1999, 71–162; Schefzik 2001, Kat.Nr. 543/3, 380 f.). Ein anderes Beispiel sind Schwerter oder Helme, die einen erheblichen Wert darstellten und deren „endgültige Veräußerung ... schon in rein materieller Hinsicht ein besonderes Ereignis" war (Kurz 1995, 116).

Ha C1 stammt eine nur kurz benutzte Anlage von Litzendorf-Naisa, Kr. Bamberg, mit zwei konzentrischen Kreisgräben, von denen der äußere im Nordnordosten, der innere im Südsüdwesten einen Zugang besaßen, so dass man den engen Zwischensteg im Halbkreis passieren musste, um ins Innere zu gelangen. Sie war von Resten einer Nord-Süd-gerichteten Pfostenstellung aus vier Eck- und zwei Mittelpfosten von fast 10 m × 15 m eingeschlossen. Sie enthielt keine Hinweise auf kultische Handlungen, macht aber mit ihrer eigentümlichen Eingangssituation keinen praktischen Sinn, lag zudem in einem hallstattzeitlichen Grabhügelfeld und wurde nach ihrer Einplanierung von einem Grabhügel überbaut, weshalb vermutet wird, dass sie mit kultischen Handlungen bei der Einweihung des Friedhofes zu tun gehabt haben könnte[520]. Etwa doppelt so groß war mit 30 m Durchmesser eine unvollständig ausgegrabene doppelte Kreisgrabenanlage der Stufe Ha D von Kösching-Erlachhof, Kr. Eichstätt, an die sich im Süden auf ca. 50 m Länge ein eckiger Palisaden-Graben-Komplex anschloss. Der innere Kreisgraben hatte einen Südeingang, der zu einem einzigen ca. 6 m × 8 m großen Gebäude mit vier starken Pfosten an jeder Seite führte, hinter dem sich drei langschmale Gruben mit verbrannten Kalksteinen und Zeichen starker Hitzeeinwirkung fanden, die als Brandopferstellen gedeutet werden. Eine ähnliche Feuergrube lag an der Südostecke des rechteckigen Anbaus. Aus den Gräben stammen viel Keramik, verbrannte und unverbrannte Tierknochen. Der Komplex liegt mehreren Karstquellen und einem Niedermoor benachbart, in dem Tierknochen gefunden wurden[521].

Andere Kultstätten befanden sich in Höhlen. Eine der berühmtesten Kulthöhlen ist die 1872 ausgegrabene Býčí Skála/Stierfels-Höhle bei Brno/Brünn in Südmähren, die Funde von Ha C1 bis Lt A2 ergab und als kultischer Brandopferplatz gedeutet wird. Unter der verstürzten Decke einer Höhlenvorhalle fanden sich zwei Brandstellen, von denen eine verbrannte Teile verschiedener Wagen und Menschenknochen enthielt. Außerdem lagen eine steingepflasterte Zone, vierzig teils verstümmelte Menschenskelette, Tierknochen, verkohltes Getreide, Textilien, rund 300 Keramik- und viele Metallgefäße, Werkzeuge, Schmuck, Waffen, Glasperlen, Hunderte von Spinnwirteln, ein kleiner Bronzestier u. a. vor, die teilweise von weither kamen, z. B. aus dem nordadriatischen Gebiet[522]. Aufs ganze gesehen konzentrieren sich für kultisch gehaltene eisenzeitliche Befunde aus Höhlen in der Späthallstatt- und Frühlatènezeit, darunter z. B. Gefäßeinwürfe in Schachthöhlen wie dem Kleebergschacht auf der mittleren Frankenalb, Kr. Amberg-Sulzbach, aber auch Niederlegungen ganzer Gefäße, z. B. in der benachbarten Saugartenhöhle, von denen angenommen werden muss, dass sie mit Vergänglichem wie Lebensmitteln gefüllt waren, die sicher auch sonst häufige Opfergaben darstellten, sich aber fast nie erhalten haben. Der Schacht der fränkischen Dietersberghöhle wurde hingegen aus guten Gründen als Bestattungshöhle umgedeutet. Anstatt natürlicher Höhlen dienten, z. B. in weiten Teilen Frankreichs, auch künstlich ausgehobene tiefe Gruben oder Schächte und ausgediente Brunnen als Deponierungsplätze, eine Sitte, die sich von der späten Bronzezeit bis in die römische Kaiserzeit verfolgen lässt[523].

Bei der Niederlegung von Opfern suchte man nicht nur die Tiefe, sondern ebenso die Höhe. Dies bezeugen besondere Felsformationen wie die torartig durchbrochene Felswand des sog. Heidentores auf der Oberburg bei Egesheim, Kr. Tuttlingen, auf der Schwäbischen Alb. Hier wurden von Ha D1–Lt C mehr als 70 Fibeln, wohl mit den zugehörigen Kleidungsstücken, die sich nicht erhalten haben, zusammen mit über 40 Ringen und anderem niedergelegt. Auch bei Felstürmen wurde je nach Zugänglichkeit z. B. Keramik herabgeworfen oder am Felsfuß zerschlagen wie am Rabenfels bei Krottensee, Kr. Amberg-Sulzbach, auf der Frankenalb[524]. Selbst Passwege und unzugängliche Höhen der Alpen wurden für die Niederlegung von Opfern gewählt, wie etwa ein Kultplatz an der Glocknerroute zwischen Salzburger Becken und oberer Adria belegt, wo zahlreiche keltische Kleinsilbermünzen des 1. Jhs. v. Chr. der Noriker und Tauriker als Opfergaben niedergelegt wurden, oder vielleicht auch die erwähnten hallstattzeitlichen Bekleidungsstücke vom Rieserferner[525].

Will man im Alpenraum bleiben, müssen die sog. „Brandopferplätze" erwähnt werden, Dutzende von Quadratmetern große Brandaltäre mit z. T. meterhohen Anhäufungen von Asche, Holzkohle, verbrannter Erde und Steinen. Davon sind mindestens 34 vorgeschichtliche und 13 römerzeitliche Fälle sicher nachgewiesen. Die prähistorischen waren von der mittleren Bronzezeit bis zur späten Hallstattzeit (Alpenvorland), bzw. bis in die späte Latènezeit in Benutzung (Alpen), wobei ein einzelner Platz meist 100–450 Jahre aufgesucht wurde, in Einzelfällen gar bis zu 700 Jahre lang. Typisch sind eine exponierte Geländesituation, oft in der Nähe von Verkehrswegen, die Armut an baulichen Strukturen wie Steinkreisen, -pflastern oder Trockenmauern sowie vergleichsweise geringe Mengen von Tierknochen, Keramik, Metallobjekten und einzelnen anderen Funden im Brandschutt. Die verbrannten Tierknochen stammen überwiegend von Schädeln und Gliedmaßenenden von Haustieren, was wahrscheinlich als Verbrennen von Fellen mit diesen darin noch enthaltenen Knochen zu deuten ist. Im Gegensatz zum antiken Griechenland wurden nicht die Schenkel geopfert und wohl keine Kultmahlzeiten abgehalten. Bei den unverbrannten Gefäßen, die mit 235–700 Stück je Anlage dokumentiert sind, handelt es sich der Form nach um Behälter für Speisen und Getränke, die fast immer intentionell zerschlagen waren. Umgerechnet auf die Benutzungsdauer ergeben sich nachweisbare Niederlegungen von weniger als einer Handvoll Gefäßen und noch weniger Metallobjekten pro Jahr, was auf eine nur regionale Bedeutung der Opferstätten und auf Einzelopfergaben hindeutet[526].

Als weitere Gattung finden sich Kultplätze und Heiligtümer, die eine Verbindung zum Wasser aufweisen*. Dies gilt für manche sog. Massenfunde, bei denen wie in Latène über längere Zeit ein ganzes Sammelsurium an Objekten zusammen kam, das hier besonders Funde der männlichen Lebenswelt umfasst. Waffen wurden dafür häufig absichtlich und wohl rituell unbrauchbar gemacht, z. B. durch wellenförmiges Verbiegen, wofür sich bis in die Gegenwart Parallelen an irischen heiligen Quellen finden[527]. Funde an Heilquellen konnten sich allmählich anhäufen wie in Moritzing-Schwefelbad bei Bozen, wo von der späten Urnenfelderzeit bis zur Frühlatènezeit über 3.000 bronzene Fingerringe versenkt wurden. Sie konnten aber auch bei einer einmaligen Handlung geweiht werden wie im Falle von ca. 1.600 frühlatènezeitlichen Fibeln und Ringen aus der Riesenquelle, einer Thermalquelle beim nordböhmischen Dux/Duchcov, wo die vorwiegend weiblichen Trachtbestandteile vielleicht opfernde Frauen anzeigen[528]. Auch Deponate in Schwemmlandbereichen der Küste kamen vor. Bei einzelnen Flussfunden wie Schwertern, Helmen oder einer Hirschtrense** handelt es sind sicher nicht sämtlich um Verlustfunde, zumal da sie sich stellenweise häufen[529].

Bei den bislang erwähnten Kultplätzen war die bauliche Ausgestaltung kaum von Bedeutung, vielmehr wurde die Begegnung mit numinosen Mächten an besonderen, aber wechselnden Stellen in der Natur oder im Zusammenhang mit Bestattungsplätzen gesucht. Dieser Beobachtung entspricht das weitgehende Fehlen von Hinweisen auf personalisierte oder in Menschengestalt dargestellte Gottheiten[530]. Dass keltische Kultplätze bis nach Christi Geburt

---

* Dies erinnert an die antike Vorstellung von Flüssen als Grenzen zur Unterwelt, man denke an Charon, der die Verstorbenen über den Styx übersetzt, oder die Wasser der Lethe, deren Trank das Vergessen bringt.

** Auf das besondere Verhältnis zwischen Mensch und Hirsch weisen auch eisenzeitliche Hirschbestattungen mit Trense wie in dem frühlatènezeitlichen Grab 34 von Villeneuve-Renneville, Dep. Marne, hin (Hatt 1980a, 62).

auch die Form heiliger Haine haben konnten, die sich archäologisch kaum nachweisen lassen, zeigt der Bericht des Tacitus (ann. 14, 30) über die britische Insel Mona/Anglesey.

Daneben zeichnet sich, wohl durch den Kontakt der Kelten mit der etruskischen bzw. griechisch-römischen Welt und ihren Heiligtümern ein teilweise gewandeltes Bild von ortsfesten Heiligtümern mit mehr oder minder aufwändigen Baulichkeiten und Kultbildern ab. Einer der ältesten Belege für ein solches Heiligtum mit „Südeinfluss" lag in einem Festungssystem auf dem Berg Závist am Südrand des Prager Beckens. Auf seinem Gipfel, der sog. Akropolis, lag seit Ha D1/D2 eine als kultisch gedeutete Palisadeneinfriedung von 27 m × 30 m, die in Ha D3/Lt A durch eine zweite von 36 m × 36 m mit einem zentralen Pfostenbau von 9 m × 18 m ersetzt wurde. Im weiteren Verlauf von Lt A wurde die Anlage mit Graben und Steinmauer auf 80 m × 90 m erweitert und unter etruskischem Einfluss mit Steinbauten bestückt, darunter zwei Gebäudepodien von 11 m × 27 m und 12 m × 13,5 m, ein dreieckiger Bau, zwei Trennmauern, sowie eine Grube unter einem weiteren jüngsten Podium. Nach einer Feuersbrunst am Ende von Lt A (um 390 v. Chr.) wurde die Akropolis mit einem aufwändigen Kammersystem stabilisiert und mit enormen Erdmassen zu einer erhöhten Terrasse einplaniert und in Lt B1 ganz aufgegeben[531].

Ein jüngeres Beispiel für baulich ausgestaltete Heiligtümer ist der „Typ Picardie" in Nord- und Westfrankreich, dessen Befunde sich mit Berichten Diodors (5, 27, 4) und Caesars (Gall. 6, 17, 4–5) über heilige Orte und Einfriedungen mit Beutestücken bei den nördlichen Kelten decken. Der bekannteste Vertreter liegt im von Sümpfen umgebenen Oppidum von Gournay-sur-Aronde, Dep. Oise, in Form eines viereckigen Wall-Graben-Werkes von 38 m × 45 m mit Osteingang, das im 4. Jh. angelegt und um 280 v. Chr. in ein baulich gestaltetes Heiligtum umgewandelt wurde. Sein erneuerter Hauptgraben wurde mit Holz verkleidet und außen mit einer starken Palisade und einem zweiten verschalten Graben umgeben, der Eingang zum Torturm ausgebaut. Im Inneren lag eine große Opfergrube, die von neun kleinen umgeben war, die alle holzverschalt waren. Im 3./2. Jh. wurde darüber ein offenes Gebäude errichtet, dessen Pfosten anfangs in den neun Gruben, später rechtwinklig angeordnet waren. Der Hauptgraben enthielt Funde, die als umgelagerte Reste der Opferhandlungen gelten. Es finden sich viele Haustierknochen, die anzeigen, dass kleine Tierarten verspeist wurden, während das eigentliche Opfer vor allem Rinder betraf, die einige Monate in der Opfergrube verwesten, um eine Unterweltsgottheit zu ernähren, zerlegt und etappenweise im Hauptgraben deponiert wurden. In anderen Heiligtümern standen andere Tierarten im Mittelpunkt. Hinzu kommen in Gournay sechzig Menschenknochen, offenbar Reste rituell zerstückelter Leichen, die nach Fundlage und antiken Berichten (Strab. 4, 4, 5; Diod. 5, 29, 4) am Tor ausgestellt gewesen sein dürften. Weiter fanden sich über 2.000 Waffen der Stufen Lt B2–D1 von mindestens 300 regelmäßig in gleicher Anzahl zugeführten Kriegerausstattungen, bes. Teile von Schwertern, Schilden, Lanzen und Gürteln, daneben auch Fibeln, Ringe und etwas Keramik. Die Waffen wurden am Tor und in 5 m-Abständen an der Palisade ausgestellt, bis sie zerfielen. Danach wurden die metallischen Reste gewaltsam zerstört und in den Hauptgraben geworfen. Die Benutzung endete aus unbekannten Gründen um 150 v. Chr. mit dem Abbau der Gebäude und Planierung der Gruben und Gräben. Im 1. Jh. v. Chr. bestand ein rechteckiges Gebäude mit einer Brandfläche als Hinweis auf Brandopfer und drei Wänden über den Vorgängern, in der späten römischen Kaiserzeit ein gallo-römischer Umgangstempel[532].

Dass auch andere Heiligtümer in Oppida vorkamen, zeigen gallische Oppida mit fast leeren Grabengevierten und eher wenigen Indizien für sakrale Handlungen[533]. Ähnlich verhält es sich in Manching. Hier liegen an vier Stellen Befunde und Funde vor, für die eine kultische Deutung vorgeschlagen wurde. Die erste und älteste (Lt C) ist ein am höchsten Punkt in einer kleinen Grabungsfläche gelegener dreiphasiger Umgangsbau von anfangs runder, später rechteckiger Form in einem Grabengeviert. In seinem Bereich fanden sich hallstattzeitliche Funde, italische Waffen und lange vor der Ausgrabung zwei Depots von Waffen und Gerät. Zweitens gibt es im Nordteil der Südumgehung einen sog. Tempelbezirk, ein eingefriedeter Bereich an einer Straße, in dem ein Dutzend Gebäude von teils unüblichen Grundrissen, z. B. ein Polygonal- oder Rundbau mit Umgang von 11,2 m Durchmesser, mehrfach an derselben Stelle erneuert wurden und gehäuft menschliche Schädelknochen vorkommen. Drittens gibt es eine viereckige Grabenanlage am Ostrand der Zentralfläche, in deren Nähe absichtlich deformierte Waffen mit Kampfspuren und verstreute Fragmente einer mittellatènezeitlichen eisernen Pferdeplastik entdeckt wurden, deren Größe bei einer Widerristhöhe von 55–70 cm beträchtlich war. Die Funktion dieses Unikums ist unbekannt, Deutungen reichen von einem militärischen Feldzeichen über ein Weihgeschenk bis hin zu einem Götterbild. Viertens wird ein an der sog. „Nordumgehung" entdecktes, 70 cm hoch rekonstruiertes Baummodell aus Holz, Bronze und Gold mit Stamm, herzförmigen Blättern, Knospen und Früchten sowie zugehörigem vergoldeten Holzfutteral als „Kultbäumchen" bezeichnet, weil es nach Material und Handwerksaufwand zu schließen keinem alltäglichen Zweck diente[534]. Im Westen der iberischen Halbinsel wurden u. a. im Zusammenhang mit Castros Quellen in merkwürdigen mehrräumigen Steingebäuden gefasst, die reich dekorierte Wandplatten in Form einer sog. „Pedra formosa" (portugies. „schöner Stein") besaßen und als Ritualbäder im Zusammenhang mit einem proto-keltischen Wasser-Feuer-Kult gedeutet werden. Beispiele stammen aus den erwähnten Castros von Citânia de Briteiros und Sanfins[535].

Denkbar wären für die Eisenzeit auch Hauskulte, wie sie in der Römerzeit etwa mit der Verehrung der Laren und Penaten durch Berichte und Funde bezeugt sind. Schon diese sind äußerst schwer nachweisbar, weil sie unauffällig in Schränken, Nischen oder bestenfalls Miniaturtempeln untergebracht waren[*]. Im Falle eisenzeitlicher Holzgebäude wären wohl gar keine Reste zu erwarten. Eine der seltenen Kultplätze in offenen Siedlungen ist eine überdachte Altargrube mit monumentaler Umfriedung, Waffen und Menschenschädeln aus Montmartin, Dep. Oise[**]. Auffallend ist das immer wieder festzustellende Auftreten von Menschenknochen in latènezeitlichen Siedlungen[536]. In manchen Fällen handelt es sich nach Hiebverletzungen und Nagellöchern um Reste kriegerischer Trophäen, in anderen Fällen um Reste mehrstufiger Bestattungsrituale, bei denen die Langknochen aus den weitgehend verwesten Weichteilen des Leichnams entnommen, gesäubert und zerschlagen, die sonstigen Reste verbrannt wurden. Bemerkenswert ist, dass dieses Verfahren oft nur bei überdurchschnittlich großen Personen, also wohl Angehörigen gut ernährter höherer Schichten zur Anwendung kam[537]. Dass bei diesen komplexen Ritualen auch Heroen- oder Ahnenverehrung mit im Spiel war, ist wahrscheinlich. Im Sinne solcher oder ähnlicher Kultreste aus Siedlungen ist auch mit Kulthandlungen in Viereckschanzen zu rechnen. Um Heiligtümer im ausschließlichen Sinn handelt es sich dabei jedoch wie ausgeführt nicht.

---

[*] Nischen, die als Lararien gedeutet werden, kennt man z. B. aus ungarischen und französischen Villen, z. B. in Langon, Dep. Ille-et-Vilaine (Gallia 31, 1973, 353 ff.), einen Miniaturtempel aus Augst in der Schweiz (Götter im Haus. Augster Museumshefte 21 (Augst 1999) 6 f.), gemalte Lararien z. B. aus Pompeji bei Neapel.

[**] Unsicher ist nach neuen Forschungen die Funktion einer öffentlichen Anlage mit ausgestellten Menschenschädeln in der Siedlung von Roquepertuse, Südfrankreich (Lescure 1995).

Ein baulich gestalteter Kultplatz ohne zugehörige Siedlung ist das Heiligtum am „Tropaion" von Ribemont-sur-Ancre, 50 km nordöstlich von Gournay, das zweimal benutzt wurde, nämlich von 230/220 bis Anfang 2. Jh. v. Chr. und von 40/30 v. bis Anfang 5. Jh. n. Chr. In der Frühphase waren in einem über einer Grabenanlage errichteten Hallenbau die Leichen einiger hundert enthaupteter Männer von 16 bis über 40 Jahren und mehrere tausend Waffen ausgestellt, die damals zwei bis drei Jahrzehnte alt waren. Während die Toten im einen Seitenschiff zusammengekrümmt auf einem Zwischenboden austrockneten und mumifiziert herabstürzten, standen die des Hauptschiffs aufrecht auf dem Boden, bis die Gliedmaßen abfielen. Danach wurden die Langknochen noch im anatomischen Verband im Inneren des Grabenwerks zu kubischen Podesten von fast $2 \times 2 \times 1$ m Größe aufgestapelt, die Knochen von fast 600 Individuen enthielten und eine Mittelgrube aussparten. Diese war mit zerschlagenen Menschenknochen gefüllt, die an Ort und Stelle verbrannt worden waren. Die Enthaupteten werden mit Polybios (3, 67, 3), Diodor (5, 29, 4 f.) und Strabon (4, 4, 5) in Zusammenhang gebracht, die berichten, dass es bei den Kelten Sitte gewesen sei, getötete Feinde zu enthaupten, die Leiche den Waffenknechten zu überlassen und den balsamierten Kopf als Trophäe zur Schau zu stellen[538].

Abgesehen von den erwähnten Befunden kommen auch Fundstücke vor, deren Symbolgehalt mit magischen oder kultischen Vorstellungen und Handlungen in Verbindung gebracht wird. Dies gilt für Symbole wie die Sonne, die in der Eisenzeit u. a. als Strahlenkranz, Speichenrad, Swastika oder mit einem Boot, der Vogelbarke, dargestellt wurde. Andere symbolträchtige Motive sind wagen-, horn-, augen-, schwalbenschwanz-, sanduhr- oder dachförmig. Auch die erwähnten Edelmetallringe, die sog. Torques, hatten Bedeutung im Kult und wurden besonders in der Spätlatènezeit deponiert. Tiere wie Wasservogel, Pferd, Schlange, Rind, Hirsch, Schwein, Eule, Widder oder Bock standen stellvertretend für Gottheiten. Bei Menschenfiguren, sog. Oranten, deuten betend oder segnend erhobene Hände den religiösen Gehalt an. Die Motive konnten zweidimensional z. B. auf Keramik, dreidimensional etwa an Fibeln oder als selbständige Kleinplastiken dargestellt werden, die sich z. T. auch im Grab finden und dann teils als Amulette gedeutet werden[539]. Neben metallenen Amuletten existieren aus der Latènezeit dreifach gelochte Trepanationsscheiben, sog. „Schädelamulette", die nachweislich aus Schädeln Verstorbener gesägt wurden, gehäuft in Höhlen, seltener im Grab auftreten und den Abriebspuren an den Löchern zufolge auf Riemen aufgefädelt getragen wurden[540]. Symbolischen Gehalt hatten sicher auch Miniaturdarstellungen von Gebrauchsgegenständen wie Schuhen oder Waffen[541], aber auch die sog. Blattkrone, ein Kopfschmuck mit zwei mistelblattartig geschwungenen Tropfenformen, die sich an Kleinbronzen und Großplastiken der Frühlatènezeit findet. Große Skulpturen im Umfeld von Viereckschanzen, wie ein Steinkopf aus dem böhmischen Mšecké Žehrovice oder die eichenen Ziegenbock- und Hirschfiguren mit gelben Farbspuren und Resten einer zugehörigen menschlichen Gestalt von Fellbach-Schmiden, können transzendente Bedeutung besessen haben, jedoch ist ihr ursprünglicher Aufstellungsort unbekannt. Über heilige Haine mit grob behauenen hölzernen Götterbildern berichtet Lukan (3, 412 ff.), entsprechende Funde sind z. B. in Form der erwähnten bekleideten Kolossalstatue aus dem keltischen Hafen von Genf bekannt. Im Zusammenhang mit Schädelkult stehen kelto-ligurische fast lebensgroße Steinskulpturen in Menschen- und Dämonengestalt, deren Hände auf abgeschlagenen Menschenköpfen ruhen. Selten sind größere Metallplastiken wie das erwähnte Pferd von Manching oder anthropomorphe Götterbilder gallo-römischer Zeit[542]. Unabweisbar klar ist der magische Zusammenhang bei den erwähnten Fluchtafeln, die Zauberformeln in keltischer Sprache tragen. Auch in mittelalterlichen irischen Texten finden sich Hinweise auf Zauber für Verwünschungen sowie magische Ge- und Verbote[543].

Die Zeugnisse der antiken Autoren über die polytheistische gallische Götterwelt und ihre Glaubensinhalte werden inzwischen selbst von Sprachwissenschaftlern als nachrangig gegenüber den archäologischen Quellen eingestuft, mit denen sie nicht immer in Einklang zu bringen sind. Während antike Autoren vor der Zeitenwende keltische Götter immer mit griechischen oder römischen Namen belegen, finden sich erst bei Lukan (1, 444 ff.) im 1. Jh. n. Chr. die keltischen Götterbezeichnungen Teutates, Esus und Taranis. Sie werden in unterschiedlicher Zuordnung mit Mars, Merkur und Jupiter gleichgesetzt. Alle drei galten lange als besonders wichtige Götter, jedoch kommen sie auf Weihinschriften nur selten vor. Hingegen sind Götterpaare aus einer weiblichen und einer männlichen Gottheit häufig, von denen zumindest die Göttin oft einen keltischen Namen trägt, aber auch Dreiergruppen wie die Matres/Matronen. Viele der gallischen Gottheiten kommen nur lokal oder regional vor, eine weite Verbreitung ist erst in der römischen Kaiserzeit belegt, z. B. für die Pferdegöttin Epona oder den Heilgott Apollo Grannus. Viele Götter werden von einem bestimmten Tier begleitet, z. B. Epona vom Pferd, Artio vom Bären oder Cernunnos vom Hirschen[544]. Der Teutates zugeschriebene Eber

wurde in der Latènezeit besonders häufig dargestellt, auch als Feldzeichen. Selbst in Gebieten, die sonst arm an keltischer Plastik sind,
findet er sich, z. B. in Slowenien mit einem Exemplar aus Brinjeva
gora. An konkaver Schnauze und Ringelschwanz ist häufig, so auch
am Titelbild dieses Buches, das Hausschwein zu erkennen. In der
Mythologie der Inselkelten war das Schwein ebenfalls von großer
Bedeutung[545]. Eine wesentliche Bildquelle für die keltische Mythologie und Götterwelt ist der nach seinem dänischen Fundort be-
nannte Gundestrup-Silberkessel, der wohl im 1. Jh. v. Chr. entstand.
Er zeigt u. a. eine Gestalt mit Hirschgeweih und Torques, die als
Cernunnos gilt, eine mit Rad, vielleicht Taranis, und eine Göttin
mit Elefanten bzw. Vögeln und Torques, die als Muttergottheit angesehen wird. Daneben wurden auch andere figural verzierte Me-
tallgegenstände, Fels-, Münzbilder und Reliefs entsprechend gedeutet[546]. Wegen des Quellenmangels und methodischer Probleme gilt
es jedoch heute als ausgeschlossen, dass je jemals möglich sein wird,
die keltische Mythologie zu rekonstruieren[547].

Auch das Weltbild der kontinentalen Kelten ist kaum überliefert,
das der Inselkelten nur in christlich beeinflusster Form. Demnach
teilte man die Welt in gewölbten Himmel, Erde und Unterwelt ein.
Der Orientierung lag der Sonnenlauf zugrunde, wobei Osten als
Grundrichtung diente wie heute der Norden, Süden als gut und
Norden als schlecht galten. Die Zeit war durch Kalender erfasst und
durch Feste gegliedert. Die Herkunft des Menschen dachte man
sich von einem mythischen Stammvater, sein Platz in der Welt war
der eines Irdischen und Sterblichen, der verwandtschaftliche Beziehungen zu einer ihm als eine Art Totem zugeordneten Tierart haben
konnte. Poseidonios zufolge glaubten die Kelten an die Unster-
blichkeit und die Wiederkehr der Seele, womit ihre Todesverachtung
im Kampf erklärt wurde, wie Diodor (5, 28, 6) überliefert. Das Wel-
tenende verband man mit dem Einsturz des Himmels und dem
Bersten der Erde[548].

Eine eigene Priesterschaft, die erwähnten Druiden, sind für die
keltischen Stämme Galliens, Britanniens und später Irlands bezeugt.
Außer in Wissenschaften und Künsten waren sie auch politisch aktiv
und fachten insbesondere immer wieder den Widerstand gegen
Rom an. Für Italien, den Donauraum, die Keltiberer und Galater
fehlen Hinweise auf Druiden. Bei Caesar kommen die Druiden nur
in seinem Keltenexkurs (Gall. 6, 13 ff.) vor, was zu der Vermutung
Anlass gab, dass er darin ältere Autoren wie Poseidonios zitierte und
zu seiner Zeit die Druiden bereits ihre führende Stellung eingebüßt
hatten[549]. Zudem scheint er sie in Angleichung an römische Verhältnisse als Gegenstück zu den römischen Oberpriestern, den Ponti-

fices, zu schildern. Daneben finden sich sog. Gutuater und Vates sowie vielleicht Semnotheen als weiteres Kultpersonal. Nach Diodor (5, 31, 3), Cicero (div. 1, 26; 1, 90; 2, 76) und anderen Quellen praktizierten die Kelten die Weissagung durch Vogelflug, Opferschau und Geisterbeschwörung. Die inschriftlich überlieferte keltische Bezeichnung für eine Kultstätte oder ein Heiligtum lautet „nemeton"[550].

Der römische Dichter Lukan berichtet von Menschenopfern für die erwähnten gallischen Götter Teutates, Esus und Taranis (1, 444 ff.), bei Diodor (5, 32, 6) und Tacitus (ann. 14, 30) liest man von geopferten Verbrechern und Kriegsgefangenen sowie Weissagung aus menschlichen Eingeweiden. In den sog. „Berner Scholien", Kommentaren des 4.–9. Jh. n. Chr. in einer Handschrift des 10. Jhs., werden die dabei angewendeten Verfahren erläutert. Demnach wird das Opfer für Teutates kopfüber in einem Bottich ertränkt, das für Esus zwischen Bäumen aufgehängt und das für Taranis in einem Holzbehälter verbrannt. Archäologische Belege für Menschenopfer wurden im Zusammenhang mit Kultplätzen und Heiligtümern erwähnt, systematische Bearbeitungen nach Motiven, Formen, schriftlichen und bildlichen Quellen sowie einschlägigen Fundstellen existieren ebenfalls[551].

Wie lange die heidnisch-keltische Religion fortbestand, bezeugen nicht nur die Ortskonstanz von Heiligtümern bis weit in die römische Kaiserzeit hinein, sondern noch frühmittelalterliche Texte wie Konzilsakten oder z. B. Schriften und Predigten des Bischofs Caesarius von Arles (470–542), die mit ihren Resten trotz wiederholter Verbote zu kämpfen hatten. Abgesehen davon zeigt sich aber, dass ein Großteil der Erkenntnisse zu keltischen Kulten und den ihnen zugrundeliegenden Vorstellungen immer nur für bestimmte Epochen und Regionen gilt und keine allgemeine Kontinuität von der vorrömischen Eisenzeit bis ins Frühmittelalter nachweisbar ist[552].

Christentum

Die berühmtesten und wohl ersten christlichen Kelten dürften um 40–50 n. Chr. die Galater in Kleinasien gewesen sein, an die sich der um 54 n. Chr. in Ephesus entstandene biblische Brief des Apostels Paulus richtet, der das Gebiet dreimal bereist und bekehrt hatte. Im Laufe der römischen Kaiserzeit wurden von den noch keltisch geprägten Gebieten die drei gallischen Provinzen und Britannien christianisiert. Bei der Ausbreitung des Christentums entwickelte sich die Abendmahlsfeier in den Liturgien der verschiedenen

Regionen auseinander, so dass im Westen spätestens unter Papst Gregor d. Gr. (590–604) außer dem römischen Ritus die sog. gallikanischen Riten ausgebildet waren. Darunter versteht man den mailändischen oder ambrosianischen Ritus, den mozarabischen oder spanischen Ritus, den gallikanischen Ritus Galliens und den britisch-irischen Ritus, von denen die letzten beiden hier die wichtigsten sind[553]. Ab dem 8. Jh. wurden die gallikanischen Liturgien zunehmend von der römischen Liturgie abgelöst, nicht zuletzt weil Karl d. Gr. mit der Verbreitung des Gelasianischen und Gregorianischen Sakramentars in seinem Reich die römische Liturgie propagierte. Umgekehrt gingen einzelne gallikanische Elemente in die römische Liturgie ein[554]. Die besten Quellen liegen mit dem Antiphonar von Bangor, dem Stowe Missale und dem Buch von Dimma für die irische Kirche vor, während sich zur walisischen, bretonischen, kornischen, piktischen und schottischen Liturgie nur Fragmente erhalten haben. Die spanische Kirche übte über die Werke Isidors von Sevilla einen erheblichen Einfluss auf die irische Kirche aus, die spanische Rituale und Formeln übernahm. So war etwa der frühmittelalterlichen spanischen und keltischen Kirche noch lange die Taufe durch Eintauchen des ganzen Täuflings gemein[555].

In Südgallien sind bereits im 2. Jh. in Städten bedeutende Gemeinden nachweisbar. Bis zum Ende des 4. Jhs. waren auch die ländlichen Gebiete Nordgalliens erreicht und nach dem Vorbild der römischen Zivilverwaltung in Diözesen organisiert. Frühchristliche Gräber und Kirchen mit Grablegen auf dem Gelände römischer Villen sind in Gallien häufig[556]. Für Britannien nennt Tertullian um 200 n. Chr. christliche Gemeinden, im Jahr 314 waren die britannischen Bischöfe von London, York und Chester/Lincoln/Colchester (?) auf der Synode von Arles vertreten, über das christliche Leben nach dem Ende der römischen Provinz berichtet Gildas[557]. Materielles Zeugnis der Christianisierung geben Kleinfunde von Schmuck und Silbergerät mit christlichen Symbolen. Besonders bedeutend für das 4. Jh. sind die gut erhaltenen Befunde einer mit Oranten und dem Chi-Rho-Symbol bemalten Kapelle in der Villa von Lullingstone in Kent, ein Mosaik mit Christusdarstellung in der Villa von Hinton St. Mary in Dorset und die bemalten Memorien im Gräberfeld von Poundbury bei Dorchester, Dorset. Es wird davon ausgegangen, dass die britannische Kirche das Provinzende weitgehend unbeschadet überstand und erst seit dem 6. Jh. durch die iroschottische und römische Mission überprägt wurde[558]. Dass es dennoch zu erheblichen Verlusten kam, lässt Gildas (Kap. 9; 24) ahnen, der berichtet, dass während der diokletianischen Christenverfolgung Anfang des 4. Jhs. und durch die Angelsachsen im 6. Jh. viele Kirchen zerstört und

Kleriker getötet wurden. Auch besteht im Gegensatz zu Gallien in Britannien fast nirgends Kontinuität von heidnischen zu christlichen Bestattungen im 4./5. Jh., was für erhebliche Veränderungen in Besiedlung, Religion und Bestattungssitten spricht[559]. Bemerkenswert ist, dass die germanischen Eroberer Süd- und Mittelbritanniens nicht von britannischen, sondern von reisenden festländischen und irischen Christen missioniert wurden. In Irland selbst deuten archäologische Anzeichen auf eine Existenz des Christentums gegen Ende des 4. Jh. hin[560].

Die frühmittelalterliche bretonische Kirche geht wie die Sprache auf insulare Einwanderer zurück und ist vor allem durch Heiligenviten bekannt. Erstaunlicherweise hielt sich in der Bretagne die keltische Sitte der Taufe durch Eintauchen des ganzen Täuflings bis 1620[561]. Eine Besonderheit der bretonischen Volksfrömmigkeit der frühen Neuzeit sind steinerne „Calvaires" (Kalvarienberge), rundplastische Passionsszenen und mitunter sonstige Darstellungen aus dem Leben Jesu unter einem hohen Kreuz, die noch heute bei vielen Kirchen zu besichtigen sind[562]. Auch in Nordwestspanien brachten im Frühmittelalter einwandernde Briten ihr keltisches Christentum mit. Diese sog. Kirche von Britonia/Bretoña wurde 567 beim Konzil von Lugo als eigene Sparte der Kirchenorganisation anerkannt und erhielt 572 einen eigenen Bischofssitz. Beim vierten Konzil von Toledo 633 unterwarf sie sich römischem Ritus und legte den keltischen ab, wie die Vita des Hl. Fructuosus von Braga († 655) bestätigt. Dennoch war sie 646, 653 und 675 weiter bei Konzilien vertreten[563].

Die wichtigste Quelle für die frühmittelalterlichen keltischen Kirchen sind ihre Heiligenviten, d. h. die Lebensbeschreibungen ihrer frühen Missionare und Kirchenlehrer. Die vielleicht älteste erhaltene ist die des Samson von Dol, die aus dem 6./7. Jh. n. Chr. stammen könnte, was aber umstritten ist. Weitere Hunderte von Klerikern tauchen in sonstigen Quellen des 5./6. Jh. auf. Die Berichte belegen, dass vor dem Siegeszug der Angelsachsen enge Kontakte zwischen Rom und der keltischen Welt bestanden und viele Pilgerreisen nach Rom und Fahrten zu römischen Synoden und Konzilien unternommen wurden. Viele römische Kirchenreformen wurden jedoch bewusst abgelehnt, was die keltische Kirche in die Nähe der orthodoxen rückt, die ebenfalls etliche Reformen, z. B. des Kalenders, nicht mittrug. Zudem blieb im keltischen Bereich die altlateinische Bibelübersetzung, die Vetus Latina, viel länger in Gebrauch als in den anderen Kirchen[564]. Einig waren die katholische und die keltische Kirche sich in ihrer Anerkennung des Papstes und ihrer Ablehnung der Arianer mit ihrer Opposition gegen die Vorstellung von der Dreieinigkeit. Die wesentlichen theologischen Unterschiede sind folgende, wobei Tonsur und Osterzählung am umstrittensten waren[565]:

	röm.-kath. Kirche	keltische Kirche
wichtigster Apostel:	Petrus	Johannes
Klerikertonsur:	rund wie Dornenkrone	ganzer Vorderkopf von Ohr zu Ohr
Taufe:	mit Begießen und Salbung	mit Untertauchen, z. T. ohne Salbung
Liturgieritus:	Römisch	Gallikanisch
Liturgiesprache:	Lateinisch	oft Griechisch bis 7./8. Jh.
Name der Eucharistie:	„Segen" (missa)	„Opferdarbringung" (oifrenn)
feste Messteile:	römisches Ordinarium	britisches und gallisches Ordinarium
Priester:	(seit 2. Vatikanum) hinter Altar	vor Altar
Segen:	mit Daumen, Zeige- und Mittelfinger, nach Kommunion	wie in Ostkirche mit Zeige-, Ring- und kleinem Finger, vor Kommunion
Bischof:	mit Mitra, von 3 oder 7 Bischöfen gesalbt	mit Krone, z. T. nur von einem Bischof gesalbt
Gliederung:	Diözesen unter Bischöfen	Klöster unter Äbten/Äbtissinnen
Zölibat:	seit 11. Jh.	unbekannt
Klöster:	Männer/Frauen getrennt, nach Heiligen benannt	auch Doppelklöster, meist nach Gründern benannt
Beichte:	verpflichtend, privat	freiwillig, häufig öffentlich
Absolution:	seit 9. Jh. sofort	nach der verhängten Bußzeit
Osterzählung/-termin:	nach Nicaea (325), mit Reformen 444, 461/468, 527, 1582	nach Arles (314) gemäß jüdischem Mondkalender

Die frühe Christianisierung Irlands ist nicht sehr gut bekannt. Sie begann mit der Gründung des Kosters Whithorn (von hwit aern = candida casa = weißes Haus) im süwestschottischen Galloway 397 durch Ninian aus Carlisle († 432 n. Chr.), der aus Gallien die Asketik östlichen Klosterlebens kannte und von Schottland aus die Missionierung Irlands begann, obwohl es vermutlich im Süden der Insel bereits ältere Christengemeinden gab. Seit ca. 430 wirkte Palladius († 431), ein gallischer Kelte aus Auxerre, als erster von Rom gesandter Bischof in Irland[566]. Dieser hatte sich zeitweilig in Ägypten aufgehalten und hier das koptische Christentum mit seinen frühen Klöstern um Theben kennengelernt. Dieses frühe Mönchstum des Nahen Ostens gab dem irischen Christentum wesentliche Impulse. Dies bezeugen Seereisen irischer Mönche in die Levante, eine Schriftquelle des 8. Jhs. über „ägyptische Mönche" in Irland sowie das Vorkommen des koptischen T-förmigen Kreuzsymbols in Irland und der Bretagne[567]. Ninans und Palladius' Nachfolger war um 400–460 Patricius, ein Britannier, der als Geisel nach Irland verschleppt wurde, floh und als Missionar auf die Insel zurückkehrte, deren Patron er als der Hl. Patrick werden sollte[568]. Ein weiterer berühmter Missionar war der Hl. David/Dewi Sant, der künftige

Patron von Wales, der u. a. nach Jerusalem pilgerte. Bereits im 6./7. Jh. gab es zahlreiche keltische Klöster, darunter berühmte wie Kildare, Monasterboice, Clonmacnoise, Durrow oder Bangor, wobei als Besonderheit irischen Ursprungs häufig Doppelkongregationen von Männern und Frauen vorkamen[569]. Die rund 4.000 einstigen irischen Klöster zeichneten sich wie erwähnt durch charakteristische Baulichkeiten aus. Die Blüte des irischen Klosterlebens endete im 12. Jh.[570].

Die theologischen Differenzen der keltischen Kirche mit Rom begannen bereits mit Pelagius (* 354), dessen Lehre von der Willensfreiheit im Gegensatz zur Gnadenlehre des Augustinus und der Ablehnung von Eigentum nach längerem Konflikt zur Häresie erklärt wurden. Ein weiterer wichtiger keltischer Kleriker und Heiliger war Colmcille/Columcille/Columba(n) der Ältere (521/522–597), ein unter dem Namen Crimthann geborener Adliger, der nach einer Niederlage gegen einen irischen König 563 auf die Hebrideninsel Iona in die Verbannung ging, wo er das gleichnamige Kloster gründete und 597 auch bestattet wurde. Von hier aus hatte er seit etwa 565 das Gebiet des heutigen Schottland missioniert, als dessen Schutzpatron er gilt. Auch die irischen Klöster Derry und Durrow gehen auf ihn zurück. Im Jahre 574 war er Berater und Diplomat des Königs von Dál Riada und Ulster geworden. Seine Vita wurde Ende des 7. Jhs. von seinem Verwandten Adomnán/Adamnán (679–704) und in der erwähnten Amra aufgeschrieben[571].

Im Gegensatz zu den festländischen Klöstern spielten im insularen Klosteralltag Askese und Buße sowie die durch sie erworbene wundertätige Kraft eine viel gewichtigere Rolle. Ein Aspekt davon war die selbst auferlegte Heimatlosigkeit (peregrinatio) nach dem Vorbild Abrahams (Gen. 12, 1), die letztlich den zahlreichen Reisen irischer Missionare zugrunde lag und das keltische Christentum in die abendländische Welt hinaustrug. Der wohl berühmteste Vertreter des reisenden irischen Missionars ist Columba(n) der Jüngere (543–615), der bald nach 590 mit 12 Gefährten auf dem Kontinent erschien und am Westhang der Vogesen die Klöster Annegrey, Luxeuil und Fontaines sowie 612 Kloster Bobbio in der Lombardei gründete, wo er auch starb und um 642 seine Vita niedergeschrieben wurde[572]. Sein Begleiter Gallus missionierte vor allem in der Alamannia und gründete u. a. das Kloster St. Gallen, das bis 850 irische Äbte hatte. Bobbio und St. Gallen besaßen viele frühe Manuskripte irischer Schreiber, die inselkeltischen Vorbildern an Qualität nicht nachstehen. Ausgehend von Keimzellen wie diesen entstanden im 7. Jh. allein in Gallien rund 330 neue Klöster, die nicht zuletzt auf die columbanische Mönchsbewegung zurückgehen. Ein weiterer wichtiger irischer Missionar ist der Hl. Kilian, der mit seinen Gefährten Kolonat und Totnan um 690 bei der Christianisierung der Ostfranken in Würzburg den Tod fand. Andere keltische Missionare kamen gar bis Tarent, Island und auf die Faröer-Inseln, wo sie klösterlich zurückgezogen oder auch als Berater, Lehrer und Ärzte an Königs- und Fürstenhöfen lebten[573]. Das bekannteste Beispiel ist die Hofschule Karls des Großen, wo neben der Pflege antiker Texte neue Lehrbücher aus keltischer Hand entstanden, etwa die Geographie des Dicuil, die Grammatik des Clemens sowie die Kosmographie des Dungal. Auch Karl der Kahle sicherte sich mit Johannes Scotus/Eriugena einen bedeutenden irischen Gelehrten. Eine späte Frucht der irischen Mission sind die sog. Schottenklöster (nach der alten Bezeichnung Skoten für Iren), die von St. Jakob in Regensburg (1090) ausgehend im 12. Jh. in Würzburg, Nürnberg, Eichstätt, Memmingen, Konstanz, Kelheim, Erfurt, Wien und Kiew entstanden. Die Klöster hatten die Aufgabe, Pilger und Kaufleute aus Irland auf ihrem Weg ins Heilige Land zu betreuen, bezogen ihre Novizen direkt aus Irland und genossen besondere Privilegien und Schutzrechte. Die engen Beziehungen zu Irland schlugen sich auch baulich z. B. in der Regensburger Schottenkirche nieder. Erst im 14. Jh. kam es zu einem Mangel an irischem Nachwuchs und im 15. Jh. auf päpstliche Order hin auch zu einer Aufnahme anderer Nationalitäten. Während der Reformation in Schottland fanden viele schottische Katholiken in Schottenklöstern des Kontinents Zuflucht. Die Tradition erlosch allmählich zwischen Dreißigjährigem Krieg und Säkularisation[574].

Die Christianisierung Britanniens erfolgte von zwei Seiten, nämlich von Süden aus nach römischem Ritus und von Norden nach irisch-keltischem. Dabei konnte der römische Missionar Augustinus († 604) in Canterbury im Jahre 597 als ersten König Aethelbert von Kent (565–616) bekehren, während seine Begleiter Mellitus in London und Justus in Rochester wirkten. Zugleich wird die angelsächsische Geschichte mit diesem Datum an die kontinentale Chronologie angeknüpft und erlaubt von da an einigermaßen verlässliche Datierungen, auch für Ereignisse in Zusammenhang mit Kelten. Dagegen empfing König Edwin von Northumbria 628 die keltisch-christliche Taufe, und unter seinem im irischen Exil getauften Nachfolger Oswald (634–642) wurde nach irischer Regel von Iona aus Kloster Lindisfarne gegründet, von dem aus die Abtbischöfe Aidan mac Lughar († 651), Finán († 661) und Col(o)mán († 676) wirkten[575]. Zunächst breitete sich mit der northumbrischen Herrschaft Oswalds und seines Nachfolgers Oswiu (642–670) das irisch geprägte Christentum weit über England aus, jedoch trug durch die Synode von Streaneshalch/Whitby im Jahre 664 die römische Seite den Sieg davon. Hierbei standen Oswiu und Col(o)mán als Vertreter der keltischen Kirche dem Gallier Agilbert und dem Northumbrier Wilfrid (* 633) als Verfechtern des römischen Kirchentums gegenüber. Im Ergebnis wechselte der König die Seite, wurden die römische Episkopalorganisation Northumbriens unter Wilfrid als Bischof von York wiederhergestellt sowie die Osterberechnung und die Klerikertonsur zugunsten Roms entschieden. Col(o)mán, der keltische Konvent von Lindisfarne und sächsische Glaubensbrüder emigrierten nach Inishboffin, Co. Mayo. In der Folge wurde durch den kilikischen Mönch und päpstlichen Gesandten Theodor von Tarsus, bzw. Canterbury (669–690) die angelsächsische Kirche begründet[576]. Diese löste Heinrich VIII. mit der Einführung der Reformation durch die Suprematsakte von 1534 als anglikanische Staatskirche (Established Church of England) von Rom los. Damit war ihr Klerus nur dem König untertan, und jede Handhabe für ausländische Einmischung unter religiösem Vorwand entfiel[577].

Im piktischen Gebiet übernahm König Nechtán 716 den römischen Ritus. Das Konzil von Clovesho verordnete 747 für ganz England römische Sakramentsgebräuche anstelle der keltischen, was aber offenbar nicht gelang, weil noch Alkuin kurz vor 800 den Erzbischof von York zur Abschaffung der dort gebräuchlichen schottischen Liturgie drängte. Im Jahre 816 brach ein auf der Synode von Chelsea unter Wulfred von Canterbury (805–832) erlassenes Predigtverbot für irische Kleriker den Einfluss der keltischen Kirche in England endgültig. In Irland selbst wurde die Kirche nach ersten Veränderungen im 11. Jh. im Jahr 1152 durch die Synode von Kells-Mellifont unter zisterziensischem Einfluss grundlegend neu nach dem Diözesanprinzip organisiert, eine Ordnung die bis in die Neuzeit ihre Geltung behielt. In der Folge bestimmten die römisch-katholische Konfession und ihr späterer Widerstreit mit dem Protestantismus die Landesgeschichte wesentlich mit[578]. In Wales blieb die keltische Kirche etwa bis zur englischen Eroberung eigenständig, nach der Einführung der Reformation 1543 koexistierten die Katholische und Anglikanische Kirche sowie bedeutende protestantische Kongregationen. Letztere hießen wegen ihrer Ablehnung der Uniformitätsakte von 1662 später Nonkonformisten, waren 1673–1829 durch die „Test and Corporation Acts" von Ämtern ausgeschlossen und wurden im 19. Jh. zu Trägern des kulturellen Widerstandes gegen England[579]. In Cornwall wurde nach der Unterwerfung 931 durch Aethelstan die keltische Kirchenorganisation mit ihren Klöstern durch eine Diözese mit römischem Parochialsystem ersetzt und die römische Liturgie eingeführt. In Schottland hielt sich die keltische Liturgie so lange, dass die aus England stammende katholische Königin Margaret (um 1045–1093), die spätere Heilige und eine Schutzpatronin Schottlands, Maßnahmen zu ihrer Abschaffung ergreifen ließ. Aus den Wirren der Reformationszeit ging Schottland wie erwähnt mit einer eigenen presbyterianischen Kirche, der Kirk of Scottland, hervor[580].

Auf dem europäischen Festland wirkte im Frühmittelalter der in Devonshire geborene Wynfryth/Winfrid (672/675–754), der 719 von Papst Gregor II. unter Verleihung des glückverheißenden Namens Bonifatius mit der Germanenmission betraut und so zum „Apostel der Deutschen" wurde. Dabei geriet er zum Teil in Konflikt mit keltischen Klerikern wie dem 745 von Pippin d. J. entsandten Iren Fearghal/Virgil von Salzburg (um 700/720–784)[581]. Die enge Bindung Bonifaz' an Rom kam 722 durch seinen Obödienzeid gegenüber dem Papst zum Ausdruck und hatte zur Folge, dass die zuvor im fränkischen Reich geübte regionale Eigenkirchlichkeit in liturgischen, dogmatischen und disziplinären Fragen ihr Ende fand. Dies bedeutete insbesondere, dass auch hier die gallikanische Liturgie durch die römische abgelöst wurde und damit insgesamt die keltische Prägung des Christentums schwand. Auch sonst verlor die irische Missionsbewegung bereits seit Ende des 7. Jhs. an Kraft und spirituell-monastischem Einfluss. Dennoch blieben die Idee der Klosterfreiheit und das neue Bußsystem als keltisch-christliches Erbe erhalten[582].

5.6 Totenbrauchtum

Das Totenbrauchtum stellt eine besondere Form transzendental begründeter Handlungen dar, die hier aus dem Thema Religion ausgegliedert wurden, weil sie auch Aufschlüsse zu profanen Bereichen wie etwa Sozialgefüge oder Trachtsitten geben. Während viele Aspekte des Bestattungswesens wie Aufbahrung, Gebete, Leichenzug etc. keine archäologischen Spuren hinterlassen, unterscheiden sich die Bauweise und Ausgestaltung des Grabes, die Art der Beisetzung, die Ausstattung mit Kleidung und Beigaben oder die Lage des Grabes im Gräberfeld etc. zeitlich und räumlich ganz erheblich. In der vor der Eisenzeit liegenden Urnenfelderzeit herrschte, wie der Name besagt, über weite Gebiete Europas die Brandbestattung, die nur selten mit Grabhügeln einherging. In der Hallstattzeit wurden diese hingegen zu einem prägenden Element des Grabbrauchtums, wobei Erd- oder Feuerbestattungen als Zentralgrab oder, teils in großer Zahl, als jüngere Nachbestattungen im Hügel oder auch zwischen Hügeln* eingebracht werden konnten. Die Grabhügel bestanden aus Erde und stabilisierenden Grassoden, deren Herkunft bisweilen noch durch eine Abgrabungszone erkennbar ist, und konnten Maße von ca. 1–10 m Höhe und 10–100 m Durchmesser erreichen. Im Zentrum befand sich gewöhnlich eine ebenerdige oder eingetiefte Grabkammer aus Holz oder auch Stein. Zudem kamen von Fall zu Fall weitere innere und äußere Merkmale hinzu, z. B. Kreis- und Viereckgräben, Pfostenkränze, Steineinfassungen, Steinmäntel, Hügelerweiterungen oder -reduktionen, Steinkerne und Einbauten in der Hügelschüttung[583]. Nur selten sind Grabmarkierungen auf oder neben Hügeln erhalten, vor allem in Form unverzierter Steinpfeiler oder -platten, sog. Stelen, und anthropomorpher Steinskulpturen, für die es mittelitalische und adriatische Vorbilder gibt. Zu den berühmtesten Beispielen zählen die erwähnte Figur von Hirschlanden und vier neu gefundene Statuen vom hessischen Glauberg, die als Darstellungen heroisierter oder vergöttlichter Herrscher oder Ahnen gelten. Auch ohne solche Funde ist eine Markierung anzunehmen, weil Überschneidungen von Gräbern selten waren[584].

Grabbeigaben waren bei den Kelten in den meisten Zeiten und Gebieten üblich, aber auch beigabenlose Gräber kamen vor, zunehmend in der Zeit der Oppida. Man unterscheidet sog. echte Beigaben wie Lebensmittel, darunter mit am besten nachweisbar die Knochen von Fleischstücken von Haustieren[585], Geschirr und andere Gebrauchsgegenstände von Dingen, die infolge der Bestattung in Tracht ins Grab gelangten wie Fibeln oder Gürtel. Für die Art, Menge und Qualität der ausgewählten Beigaben waren nachweislich Geschlecht und Alter sowie der Besitzstand als nötige Voraussetzung entscheidend. Daneben sind weitere, schwerer oder nicht mehr beweisbare Kriterien wie Todesursache und -umstände, Abstammung, Familienstand, Ansehen, Gemeinschaftsfunktionen, vollbrachte Leistungen oder Gruppenzugehörigkeit des Verstorbenen zu Lebzeiten denkbar. Der Zweck der Beigaben wird unterschiedlich eingeschätzt. Es kann sich z. B. um Besitztümer des Verstorbenen handeln, die nicht weiter verwendet werden sollten oder durften, Dinge, die für die Bestattungszeremonie selbst nötig waren, oder um eine Ausstattung für die Reise ins Jenseits, für den Vollzug bestimmter (Kult)handlungen dort oder gar für ein persönlich gedachtes Weiterleben, für das man ausgestattet sein musste.

---

* Zu diesen sog. „kleinen Brandgräbern" siehe Raßhofer 1999.

Während es früher schien, als ob mit dem Übergang von Ha C zu Ha D ein genereller Wechsel von der in urnenfelderzeitlicher Tradition stehenden Brandbestattung hin zur Körperbestattung stattgefunden habe, ergaben detaillierte Untersuchungen für den Westhallstattkreis ein vielfältigeres Bild. Es lassen sich dort fünf Grundtypen unterscheiden, nämlich keramikreiche Brandgräber als Zentralgrab, keramikarme Brandgräber mit schlichter Grabanlage, Körpergräber mit Schwert und/oder Wagen als Zentralgrab, Körpergräber mit Trachtbestandteilen als Zentralgrab oder Nachbestattung und Körpergräber mit Wagen, Bronzegeschirr und/oder Dolch als Zentralgräber, von denen die aufwändigst ausgestatteten Vertreter die sog. „Fürstengräber" sind. Zeitlich reichen die Brandgräber mindestens bis Ha D2, während die Körperbestattung mit den Ha C-zeitlichen Schwertgräbern beginnt. In Ha D sank vermutlich die Zahl neu angelegter Grabhügel, während Nachbestattungen zunahmen[586].

Die Bezeichnung „Fürstengräber" gebrauchte erstmals 1876/77 der württembergische Landeskonservator Eduard Paulus d. J. anläßlich seiner Ausgrabungen der ungewöhnlich reichen Gräber im Areal „Gießübel-Talhau" an der Heuneburg und des sog. Römerhügels beim Hohenasperg. Mit „Fürstengräbern" sind „Gräber der Ersten" ohne Bezug zum mittelalterlich-neuzeitlichen Fürstenbegriff gemeint. Während für Ha D1 die Abgrenzung zu anderen Gräbern noch problematisch ist, hebt sich besonders für Ha D2/3 eine relativ einheitliche Gruppe von „Fürstengräbern" heraus. In Lt A verlagert sich das Verbreitungsgebiet aus Südwestdeutschland, der Schweiz und den angrenzenden Teilen Frankreichs nach Norden an Mittelrhein und Maas. Aus Lt B stammt das Grab von Waldalgesheim als vereinzelter Nachläufer. Gängige Merkmale, deren Gewicht unterschiedlich eingeschätzt wird und von denen mehrere zusammentreffen müssen, damit man von einem „Fürstengrab" sprechen kann, sind großer Beigabenreichtum, darunter z. B. ein Wagen, Metallgefäße, Goldhalsreif oder Südimporte, ein aufwändiger Grabbau im Zentrum eines überdurchschnittlich großen Grabhügels, ein hoher Anteil an Nachbestattungen sowie die Nähe zu einer befestigten Siedlung, meist einem „Fürstensitz"[587]. Unter den „Fürstengräbern" finden sich Männer- und Frauenbestattungen. Welch bedeutende Rolle Textilien in „Fürstengräbern" spielten, wurde vor allem durch das Grab von Hochdorf enthüllt, wo erstmals umfangreiche Textilserien mit modernen Grabungsmethoden dokumentiert wurden. Sie dienten wie erwähnt als Bodenbelag, Wandbehang, zur Bettung und Bedeckung des Toten sowie zur Verhüllung der Beigaben. Einen völlig neuen Aspekt ergab die Ausgrabung eines 1987 durch Luftbilder entdeckten Grabhügels mit zwei Prunkbestattungen des 5. Jhs. (Lt A) am hessischen Glauberg 1994–1997, bei dem erstmals auch zugehörige landschaftsbeherrschende Wall-Graben-Systeme kilometerlanger Ausdehnung mit einer 350 m langen und 10 m breiten Wegeführung hin zum Grabhügel dokumentiert werden konnten, offenbar Teile einer sakralen Anlage im Zusammenhang mit Heroen- oder Ahnenkult[588].

In der Stufe Lt A wurde in Süddeutschland die Körpergrabsitte beibehalten, häufig auch als Nachbestattung in älteren Grabhügeln, jedoch treten von Südwestdeutschland und der Schweiz aus verstärkt auch Flachgräber ohne Hügel auf. In der Hunsrück-Eifel-Kultur blieb die Errichtung von Hügeln mit je nur einer Bestattung in einem Baumsarg üblich. Danach kam es infolge der keltischen Wanderungen gebietsweise bei der Belegung von Gräberfeldern zu einem tiefgreifenden Wechsel, z. B. in Südwestböhmen, wo mit Lt B keine Besiedlung mehr nachweisbar ist, während weiter in Südosteuropa keltische Funde gerade in Lt B einsetzen. Allgemein werden in Lt B Nachbestattungen selten, es dominieren Flachgräberfelder mit Körperbestattungen in Rückenlage, die regional verschieden ausgerichtet waren, z. B. in der Champagne und der Hunsrück-Eifel-Kultur meist mit dem Kopf nach Westen oder Nordwesten, in Südwestdeutschland, der Schweiz, Österreich, Ungarn und der Slowakei eher nach Süden oder Südosten und in Bayern, Böhmen, Mähren und Polen nach Norden[589]. Eine Ausnahmeerscheinung sind frühlatènezeitliche Brandgräber. In der Mittellatènezeit Lt C1 endeten Hügelnachbelegungen, und Flachgräberfelder mit Brandbestattung wurden in weiten Teilen Mitteleuropas, z. B. in der Champagne, Süddeutschland, Österreich, Mähren oder der Slowakei neu angelegt und blieben oft bis zum Übergang zu Lt C2 in Benutzung. Dabei wurden anfangs z. T. noch große lang-rechteckige Grabgruben wie für Körpergräber angelegt, in die dann – regional verschieden – alle Überreste des abgebrannten Scheiterhaufens oder nur ausgelesene Teile mit oder ohne Behälter und evtl. zusätzliche unverbrannte Beigaben eingebracht wurden. In Männergräbern wurden Waffen oft absichtlich unbrauchbar gemacht. Häufig sind Gräber oder Grabgruppen von runden oder eckigen Umfassungsgräben umgeben. Die Brandbestattung ist für die Kelten auch durch Poseidonios (Diod. 5, 28, 6) und später Caesar (Gall. 6, 19, 4) bezeugt[590].

Für die Spätlatènezeit des späten 2. und 1. Jh. v. Chr. gibt es in manchen Gebieten des keltischen Gebietes überhaupt keine oder nur sehr wenige Gräber, z. B. in Süddeutschland. Die Ursache dafür ist zweifellos ein geänderter Bestattungsritus, der keine Spuren hinterließ. Wie ein solcher ausgesehen haben könnte, zeigt ein überliefertes Bestattungsritual der Keltiberer und des Stammes der Vaccei für gefallene Krieger, die den als heilig geltenden Geiern überlassen wurden, während zuhause Verstorbene verbrannt wurden. Dies ist zweifach bezeugt, einerseits durch antike Berichte des Silius Italicus (3, 340 ff.) aus dem 1. Jh. n. Chr. und des Aelian (Nat. 10, 22) aus dem 2./3. Jh. n. Chr., andererseits bildlich auf keltiberischer Keramik aus Numantia, auf einer Steinstele aus Lara de los Infantes, Prov. Burgos, sowie durch entsprechende Fragmente unter den erwähnten Skulpuren aus Obulco/Porcuna[591]. Eine Alternative für den Verbleib zumindest eines Teils der Verstorbenen bieten die erwähnten Ausgrabungsbefunde von – allerdings älteren – gallischen Heiligtümern und Menschenknochen in Siedlungen. Statt dessen oder daneben wäre aber auch eine ganze oder teilweise Verbrennung ohne feuerfeste Beigaben und ein Vergraben oder Ausstreuen der Asche denkbar. Es wurde erwogen, ob ein Teil der spätkeltischen Hort- und Einzelfunde evtl. als Ausstattung für das Jenseits gedacht war. Nach Art und Anzahl der Funde kann es sich dabei jedoch zumindest nicht um eine allgemein verbreitete und inhaltlich genau definierte Sitte gehandelt haben[592]. In anderen Gebieten wie Gallien oder Südengland finden sich z. T. sehr reiche späte Gräber einer zunehmend romanisierten Oberschicht, etwa die Gräber von Clemency, Goeblingen-Nospelt oder vom Typ Welwyn[593].

Bei allen Untersuchungen ist zu bedenken, dass schon im ehemaligen gesamten Gräberbestand nur ein Teil der Bevölkerung abgebildet war, der nochmals auf die bis heute erhaltene, entdeckte und untersuchte Zahl von Gräbern reduziert ist, die demnach keinen repräsentativen Querschnitt durch die ehemals vorhandene Population darstellt. Die bevölkerungsstatistische Rekonstruktion der Gemeinschaften, die sich in den Gräberfeldern spiegeln, würde in der Hallstatt- und Latènezeit häufig zu kleinen Gruppen von nur 30–40 Personen führen, obwohl ja größere Siedlungen und nicht zuletzt „Fürstensitze" und Oppida vorkamen, von denen aber viel zu wenige Bestattungen bekannt sind. Neuerdings gelang durch DNA-Analysen der Nachweis, dass solche kleinen Gräbergruppen nach Familien organisiert sein konnten[594]. Auffällig ist, dass die Zahl eisenzeitlicher Kindergräber wie fast immer in der Vor- und Frühgeschichte im Vergleich mit späteren Bevölkerungsstatistiken erheblich zu niedrig ist. Dies ist nur zum Teil mit der schlechteren Haltbarkeit der fragilen Knochen erklärbar, sondern muss vor allem mit Bestattungen an anderer Stelle oder auf andere Weise zu tun haben. Eine Möglichkeit ist die Körperbestattung innerhalb der Siedlung[595]. Eine letzte Besonderheit, die erwähnt werden soll, ist die in der Hallstatt- und Latènezeit in Körper-, Brand- und birituellen Gräbern häufiger zu beobachtende Mehrfachbestattung in einem Grab, für welche die Deutung als Totenfolge vorgeschlagen wurde, wobei aber oft unklar bleibt, welcher Tote der Begleitende, welcher der Begleitete war. Räumliche oder zeitliche Konzentrationen traten ebenso wenig auf wie feste Alters- oder Geschlechtskombinationen. Zudem sind teilweise längere Zeitabstände zwischen den Todeszeitpunkten zugleich Bestatteter zu erschließen, die vielleicht manchmal mit dem über Winter gefrorenen Boden zu tun hatten, womöglich aber auch mit unbekannten rituellen Gründen. Für die Latènezeit ist die Totenfolge auch durch Caesar (Gall. 6, 19, 4) bezeugt[596].

Bei den Keltiberern wurde bis in die Römerzeit in urnenfelderzeitlicher Tradition generell die Brandbestattung mit Waffen- und Trachtbeigabe in Urnen geübt. Bisweilen wurden Gräber mit Grabhügeln oder Grabsteinen markiert[597]. In Großbritannien war seit dem Ende des 2. Jt. v. Chr. die Brandbestattung in z. T. sehr langlebigen Gräberfeldern der dominierende Bestattungsritus, dessen Spuren seit dem 7. Jh. v. Chr. allmählich ausdünnen. Statt dessen werden in der frühen und mittleren Eisenzeit Skelette und Skelettteile in Siedlungen häufiger, die Mehrzahl der Toten wurde jedoch in einer Weise behandelt, die keine Spuren hinterließ. In der späten Eisenzeit wurden seit etwa 100 v. Chr. in Südostengland wieder sorgfältig, aber meist ohne Waffen ausgestattete Urnengräber angelegt, die auch Grabeneinfassungen oder Grabhügel aufweisen konnten. Daneben kamen in geringer Zahl Körpergräber vor. Hingegen war im Westen, z. B. in Dorset, die Körperbestattung in angehockter oder gestreckter Lage, auch mit Waffen, weiter verbreitet und hielt sich bis in die römische Kaiserzeit. Die Grenzen zwischen beiden Sitten waren fließend[598]. Die Grabbräuche Irlands sind relativ wenig bekannt. Während anfangs in bronzezeitlicher Tradition die Brandbestattung geübt wurde, kam im Laufe der römischen Kaiserzeit wohl nach romano-britischem Vorbild die Körperbestattung in Gebrauch, die sich bis zum 3./4. Jh. n. Chr. als ausschließliche Bestattungsform durchsetzte. Beigaben kamen manchmal vor. Die irischen Sagen geben Auskunft über den Ablauf heidnischer Bestattungsfeierlichkeiten. Frühchristliche Körpergräber in Grabgruben oder Steinkisten lagen meist in Gruppen innerhalb einer Friedhofsmauer, bei einer Kirche oder einem Kloster[599]. Mit der Christianisierung wurde überall die bis heute bestimmende Körperbestattung ohne Beigaben üblich.

Für das neuzeitliche Totenbrauchtum liegen genaue Untersuchungen für Irland und die Bretagne vor, die z. B. Totenklage, Leichenschmaus, Opferhandlungen und Beisetzungsart genau erhellen. In Irland war die zwei Tage dauernde Totenwache eine fast fröhliche Angelegenheit mit Bewirtung, Genussmitteln, Geschichten, Spielen, Tanz und Gesang. Daneben hielten (semi)professionelle Totenkläger eine kurze ritualisierte Totenklage ab. Als Reste archaischer Trankopfer und Opfermahle gelten der Leichenschmaus und die Totenspeisung, die nach dem Begräbnis noch eine Zeitlang durch vor das Haus gestellte Nahrungsmittel fortgesetzt wurde[600]. Ein Kuriosum stellen neuzeitliche bretonische Kenotaphe dar, also leere Gräber, die für verunglückte Seeleute angelegt wurden.

5.7 Gemeinschaftsordnungen

Über das Zusammenleben in der Hallstattzeit liegen keine schriftlichen Zeugnisse vor, so dass man für Rekonstruktionsvorschläge auf archäologische Zeugnisse, z. B. Gräber und Siedlungen, sowie Vergleiche mit jüngeren Zeiten oder anderen Räumen, z. B. der frühgeschichtlichen Mittelmeerwelt, dem Mittelalter oder ethnologisch dokumentierten außereuropäischen Völkerschaften angewiesen ist. Dabei wird heftig debattiert[601], ob eine sog. „traditionelle", an die Alte Geschichte und Klassische Archäologie angelehnte oder eine sog. „kulturanthropologische", an verschiedenen Kulturwissenschaften einschließlich der Ethnologie orientierte Deutung vorzuziehen sei. Von der „traditionellen" Richtung mit Vertretern wie F. Fischer, W. Kimmig oder H. Zürn wurden für die Hallstattkultur „archaische Verhältnisse gewachsener Aristokratien" mit dynastisch-hierarchischer Ordnung nach griechischem Vorbild angenommen, die gelegentlich zu größeren Zusammenschlüssen fanden[602]. Untrennbar damit verbunden sind die Begriffe „Fürstensitz" und „Fürstengrab". Seit 1978 wurden diese Thesen zunehmend kritisiert[603], am schärfsten von M. K. H. Eggert, der seinerseits ethnologische Vergleiche in den Vordergrund stellt und kleinräumig agierende Verwandtschaftsverbände ohne Zentralautorität vermutet[604]. Eine Mittelposition nehmen z. B. G. Kossack, H. Parzinger und W. Schier ein, die aufgrund altweltlicher Parallelen um eine relativ statische Agrargesellschaft mit wechselnden Häuptlingen kreist und sich der Begriffe „Prunkgrab" und „Häuptlingssitz" bedient. Schier geht von sozialwissenschaftlichen Definitionen der Begriffe „König", „Fürst" und „Häuptling" aus und kommt zu dem Ergebnis, dass die Späthallstattkultur nicht staatlich organisiert war wie das archaische Griechenland. Vielmehr erkennt er Ähnlichkeiten mit dem Griechenland des 9./8. Jh. v. Chr. mit ständig umkämpfter, nicht erblicher Hierarchie unter einer Elite, die sich beständig durch Geschenke und Bewirtung Allianzen und Gefolgschaft sichern musste. Archäologische Befunde von Instabilität und Indizien für die Verbindung weltlicher und priesterlicher Funktion in der Hallstattzeit unterstützen die Klassifikation als Häuptlingstümer[605].

Etwas sichereren Boden betritt man mit der späten Latènezeit, für die schriftliche Quellen vorliegen. Nach Caesar (Gall. 6, 13) bestand bei den Kelten eine soziale Dreiteilung in Druiden, „Ritter", also wohl eine Führungsschicht, und das gewöhnliche Volk, das Sklaven gleich ohne Rechte gelebt habe. Es ist fraglich, wie wörtlich dies zu nehmen ist, denn man kennt z. B. aus der Wanderungszeit keltische Volksversammlungen. Andererseits sind Sklaven, seien es Kriegsgefangene, Schuldner, Opfer von Sklavenjägern etc., zweifelsfrei nachgewiesen durch die erwähnten Sklavenketten sowie auch noch in frühmittelalterlichen Texten[606]. In Gallien sind bei Caesar aristokratisch und monarchisch regierte Stämme bezeugt, wobei das (Sakral)königtum wie in Rom die ältere Regierungsform gewesen sein könnte, die seit etwa 100 v. Chr. abgelöst worden wäre. Im Hinblick auf das zur Hallstattzeit Ausgeführte, darf man erwägen, dass solche latènezeitlichen Monarchen den Häuptlingen der älteren Eisenzeit vielleicht noch sehr ähnlich waren. Eine aristokratische Regierungsform spiegelt sich in der galatischen Verfassung mit vier Tetrarchen und weiteren Beamten je Stamm. Interessant ist, dass diese wie ausgeführt durch einen einzigen Tetrarchen pro Stamm abgelöst werden, von denen einer es verstand, mit römischer Billigung eine Monarchie aller Galater zu etablieren und eine Dynastie zu begründen. In Noricum folgte bereits um 170 v. Chr. ein Königtum auf eine Adelsherrschaft. Ähnliches könnte man sich für Südengland denken, wo vor der Zeitenwende offenbar relative politische Instabilität herrschte, sich dann aber Dynastien etablierten, die erst nach der römischen Eroberung erloschen. Birkhan nimmt hingegen für die britischen Inseln das relikthafte Fortbestehen eines althergebrachten Königtums an[607]. Caesar bezeugt überdies Stammesverbände, die zeitweise von „principes", Fürsten, bisweilen im Rang eines „rex", eines Königs, vereinigt wurden, jedoch in der Regel bald nach dem Tode des Anführers wieder zu zerfallen pflegten. Ebenfalls bekannt sind Kultverbände wie sie z. B. auch bei Rätern oder Germanen (Tac. Germ. 39–40) vorkamen[608].

Die Gesellschaft des frühmittelalterlichen Irland war gegliedert in die Sippe (fine) und die Stammesgemeinschaft (túath), die hierarchisch strukturiert einem König (rí) und der Aristokratie unterstanden. Zu allen Zeiten kam es zu Machtkonzentrationen unter Oberkönigen (ruiri, „König von Königen"), Provinzkönigen (rí ruireg, „König hoher Adliger") und zuletzt sogar Hochkönigen über Gesamtirland (ard-rí). Der König war rechtlich nicht belangbar, konnte jedoch durch Hungerstreik zur Sühne von Vergehen gezwungen werden, da er beim Tod eines Hungerstreikenden der Sippe Kompensation zu leisten hatte. Gelehrte (áes dana) wie Priester (druí, später Bischöfe), Juristen (brithem), Dichter (fili) und Historiker (senchaid) hatten bevorzugte Stellungen inne. Frei war die Schicht der Krieger, als minderfrei galten Personen, die ihren ursprünglichen Ehrenpreis von ihrem Herrn ausbezahlt bekommen hatten, während unfreie Sklaven die unterste Schicht bildeten. Alle Mitglieder der Gesellschaft waren nach Rang durch verschiedenste Rechte und Pflichten, z. B. Gefolgschaft, Abgaben, Stellung von Geiseln, Kriegsdienst oder Schutz, miteinander verbunden. Gering waren generell das Ansehen und die Rechte aller, die kein Land besaßen, von Künstlern, Handwerkern, Händlern und Klerikern abgesehen[609]. Eine wichtige Quelle für die altirische Gesellschaftsstruktur ist z. B. ein wegen der Unterteilung der Stände „Críth Gablach" (gegabelter Knauf) genannter Rechtstext des frühen 8. Jh. Mit nachbarschaftlichen Belangen befasst sich der Text „Bretha Comaithchesa", mit Gefolgschaft und Abgaben „Cáin Aicillne". Für Kranke, Behinderte, Alte und ihre Familien existierten Regelungen über medizinische und finanzielle Hilfe. Frauen, Kinder, Greise und Kleriker standen unter speziellem Schutz[610].

Viel geschrieben und gemutmaßt wurde über die Stellung der Frau in altkeltischen Gesellschaften. Aus „Fürstinnengräbern", historischen und mythischen Frauengestalten mit Rang und Würden sowie aus der Existenz von Muttergottheiten wurde seit dem 19. Jh. auf ein keltisches Matriarchat geschlossen, was so nicht haltbar ist. Caesar berichtet (Gall. 6, 19), ohne dass dies überprüfbar wäre, dass bei den Galliern die Männer Gewalt über Leben und Tod von Frauen und Kindern hatten, während hingegen das eheliche Vermögen gemeinsam verwaltet wurde und auch von der Frau ererbt werden konnte. In der Oberschicht wurden Frauen aus politischen Gründen verheiratet (Gall. 1, 53, 4). Das archäologische Fundbild aus Gräbern ist nur bedingt zur Deutung alltäglicher Lebensverhältnisse geeignet, weil es eine bewusste Selektion darstellt. So war etwa die Beigabe von Spinnwirteln in eisenzeitlichen Frauengräbern nur im Osthallstattkreis üblich, kommt aber auch in Männergräbern vor, so dass man weder folgern kann, dass nur Frauen gesponnen hätten, noch dass in der Laténezeit nicht mehr gesponnen worden sei. Ähnlich vieldeutig sind andere Beobachtungen an Frauengräbern, etwa ihr Reichtum, von dem man nicht weiß, ob er der Frau selbst, dem Ehemann oder der Familie zuzuordnen ist. Auch das sich aus inselkeltischen Sagen und Rechtstexten ergebende Bild ist zwiespältig. Während etwa Heiratswohnfolge und Benennung nach der Mutter im mutterrechtlichen Sinne deutbar sind, sprechen frauenfeindliche Passagen, das Eherecht, das beschränkte Eigentums- und Erbrecht, die Nichtzulassung als Zeuge bei Gericht u. a. m. dagegen. Nirgends finden sich Belege für eine generelle rechtliche Gleichstellung oder gar Vorrangstellung der Frau, und zeitliche, regionale und standesmäßige Unterschiede waren zweifellos beträchtlich. Im Vergleich zu mediterranen und germanischen Gesellschaften scheint es jedoch, dass Keltinnen nach heutigen Vorstellungen relativ gut gestellt waren[611]. Andererseits diente in Irland das Wort für „Sklavin" (cumal) zugleich als Währungseinheit, z. B. für Kaufpreise und Geldstrafen, was als Indiz für die Häufigkeit von Sklavinnen gilt und den Wert einer Sklavin mit einem Gegenwert von drei Milchkühen beziffert. Keltische Kinder unterlagen Caesar (Gall. 6, 19) und irischen Rechtstexten zufolge der Obhut des Vaters. Überliefert ist zudem für Festlands- und Inselkelten die Sitte, Kinder bei befreundeten Familien als Ziehkinder aufwachsen zu lassen, um die Beziehungen zwischen den Familien zu vertiefen, aber auch gegen Bezahlung. Die Auswertung der im Bestand deutlich unterrepräsentierten keltischen Kindergräber steht noch ziemlich am Anfang. Häufig zeichnen sie sich durch vielfältige Amulettbeigaben aus[612].

Keltisches Recht und die Richterfunktion der Druiden werden bereits bei Caesar erwähnt (Gall. 6, 13, 5 und 19). Das keltische Recht des Frühmittelalters steht in indo-europäischer, nicht in römischer Tradition und umfasst Zivilrecht (z. B. die Senchas már) und Strafrecht (z. B. das Buch von Acaill). Es wurde 1978 von Daniel Anthony Binchy (1899–1989) als „Corpus Iuris Hibernici" publiziert. Bekannt sind auch die irischen Brehon Gesetze (nach irisch: brithemain = Richter), die unter Patrick niedergeschrieben worden sein sollen, 1366 verboten wurden, aber ihre Bedeutung erst mit der Einführung des englischen Strafrechtes im 18. Jh. verloren, das „Molmutine law" aus Cornwall oder die Gesetze des walisischen Königs Hywel Dda (910–950), die mit der Angliederung an England außer Gebrauch kamen. Während nach germanischen Volksrechten Verstümmelung und Todesstrafen zur Abschreckung häufig und schon für geringe Vergehen verhängt wurden, stellte im keltischen Recht des Früh- und Hochmittelalters Strafe eine Kompensation für erlittenes Unrecht dar und war entsprechend bemessen. Häufig wurden nur der Verlust bürgerlicher Rechte, Verbannung oder Haft auferlegt[613]. Diese relative Milde zeigt auch das mittelalterliche bretonische Recht, das womöglich Reste eisenzeitlicher Rechtstraditionen einschließt. Es wurde Ende 13./Anf.

14. Jh., vielleicht unter Arthur II. (1305–1312), von Juristen gesammelt und herausgegeben, von denen einige wohl von Yves Hélori de Kermartin (1247/53–1303) aus der Diözese Rennes, dem späteren Schutzheiligen der Juristen, beeinflusst waren. Das erarbeitete „Très ancienne coutume de Bretagne" (sehr altes Gewohnheitsrecht der Bretagne) wurde 1539 erneut redigiert und 1580 reformiert. Es beruht auf christlichen Prinzipien, ist moralisierend und strebt wie das kanonische Recht die Besserung des Delinquenten an. Es behandelt abgesehen von Adels- und Klerikerprivilegien das gesamte Volk gleich, geht von der Unschuld jedes Angeklagten bis zum Beweis des Gegenteils aus (Art. 99 und 157), verbietet die Bestrafung für Taten anderer (Art. 116), anerkennt Missgeschick und Unwissenheit als strafmildernd oder -befreiend (Art. 169) und beugt Willkür bei Kapitalvergehen durch genaue Zuordnung von Tat und Strafe vor (Art. 112). All dies sind Grundsätze, mit denen es anderen zeitgleichen Rechtsbräuchen weit voraus war. Seine Anwendung endete mit der Revolution, die durch die Menschenrechtserklärung vom 26.08.1789 das Fundament für den modernen Rechtsstaat legte[614].

6 Kelten heute

6.1 Situation und Selbstverständnis

Für die Entstehung moderner keltischer Identitäten hat Chapman vier Prozesse hervorgehoben. Erstens werden die Kelten seit der Antike als die geographisch und ideell peripher angesiedelten „Anderen"* empfunden, von denen nur wahrgenommen und überliefert wird, was die Erfahrungswelt des Zentrums zulässt. Zweitens nehmen innovative und modische Erscheinungen normalerweise ihren Weg vom Zentrum in die keltische Peripherie. Drittens ergab sich beim Aufeinanderprall der inkompatiblen Kategorie- und Wertesysteme von Zentrum und Peripherie immer wieder ein Bild der Kelten als „wankelmütig, unverlässlich, irrational, farbenprächtig, ausschweifend und unzulänglich". In einem vierten Prozess wurde und wird das in den Vorgängen eins und drei entstandene Bild in romantischer Weise verklärt, was zu Gegenströmungen im zweiten Prozess führt, die in der Geschichte immer wieder auftraten[615].

Dass diese Vorgänge noch aktuell sind, wird offenbar, wenn selbst Wissenschaftler schreiben, für Außenstehende hafte „dem Kelten"** ein Hang zur Fatalität an, eine phantasiebetonte und zu Wunschdenken neigende Grundeinstellung, eine Weltfremdheit und „Rückständigkeit" in praktischen Dingen, die Neigung, in Erinnerung an eine glorreiche Vergangenheit unter einer unbefriedigenden Gegenwart zu leiden, sowie in kulturellen Schöpfungen ein beständiger Zug von „Unwirklichem", Irrationalem, Nostalgischem, Romantischem, Märchenhaftem und Religiös-Mythischem[616]. Solche kollektiven Verallgemeinerungen sind nutzlos und unglücklich, insbesondere angesichts der schlimmen Folgen, die sie, in Vorurteile gemünzt, in der Praxis zu haben pflegen. Ein grundsätzliches Problem ist natürlich das der Perspektive, denn, „dem Kelten selbst will es durchaus nicht immer so scheinen"[617] – und nicht nur ihm,

---

* Chapman nennt die Gegensatzpaare griechisch/keltisch, römisch/gallisch, angelsächsisch/britannisch, englisch/keltisch, französisch/bretonisch.
** Kenner des Kabarettisten und Komikers Polt läßt schon der Singular stutzen.

möchte man hinzufügen. Zwar ist die Mentalitätsgeschichte inzwischen ein etablierter Forschungszweig, dabei wird aber betont, dass man nach Zeithorizonten, Milieus und sozialen Gruppen klar zu unterscheiden habe und der schleichende Wandel die Erforschung erschwere[618]. Dies leuchtet ein, da schwerlich die Befindlichkeiten eines siegreichen Eroberers Roms im 4. Jh. v. Chr. mit der eines gedemütigten irischen Landarbeiters des 19. Jhs. n. Chr. zu vergleichen sein werden. Im Hinblick auf eine „keltische Mentalität" fehlen aber für bald zwei Jahrtausende aussagekräftige und unvoreingenommene Quellen*.

Es entsteht der Eindruck, dass Verallgemeinerungen der erwähnten Art bewusst oder unbewusst das Erbe eines Ernest Renan (1823–1892) und anderer früher Keltenbegeisterter fortschreiben. Dieser charakterisierte in seinem 1854 erschienen Aufsatz „Essai sur la poésie des races celtiques" die keltischen Völker und Literaturen als spontan, unverbildet und gefühlsbetont und unterstellte den Kelten im allgemeinen Abneigung gegen Disziplin, politische Organisation und Pragmatismus. Vielmehr seien sie in ihre Vergangenheit verliebt und pflegten eine passive, introvertierte Lebenshaltung. Als Religionswissenschaftler und Orientalist kannte Renan nur wenige keltische Völker, Sprachen oder Literaturen und stützte sich mehr auf romantische Ideen seiner Zeit und Erinnerungen aus seiner Kindheit in der Bretagne[619]. Aber auch eine bessere Literaturkenntnis hätte ihm für die Beurteilung von Mentalität wenig geholfen, weil literarische Quellen mit bestimmten Intentionen verfasst werden, die keineswegs immer in der Abbildung der Realität oder der Ansichten des Autors liegen. Auch heute ist wohl kaum ein Krimi- oder Fantasyautor ein verkappter Mörder oder Gralsritter. Die Mentalitätsforschung liest dagegen eher zwischen den Zeilen, interpretiert nach z. B. ethnologischen Methoden statistisch relevante Mengen von Selbstzeugnissen und in ihnen enthaltene Erklärungen für ein bestimmtes Verhalten. Erst dadurch können die verborgenen, wirklich zugrunde liegenden Motive,

---

* Sellin 1985, 563 f. nennt als mögliche Forschungsgegenstände z. B. die Einstellung zum Kind, zum Leben, zum Alter, zur Krankheit, zum Tod, zu Steuern, zur Zeit, zur Hexerei etc. Dies sind Fragen zu denen im Hinblick auf vor- und frühgeschichtliche Kelten entweder nur materielle Zeugnisse (Grab-, Münz-, Opferfunde etc.) vorliegen, deren Bedeutung nur unzureichend oder gar nicht zu erschließen ist, oder dürftige Berichte antiker Autoren, die bestenfalls regional und zeitlich limitierte Beispiele kannten und schlimmstenfalls vom Hörensagen oder nach Stereotypen berichteten.

Denk- und Verhaltensweisen aufgespürt werden[620]. Hilfreicher scheint es daher, bis zur fundierten und differenzierten Analyse keltischer Mentalitäten nach solchen wissenschaftlichen Prämissen, einfach Beispiele für Situationen und Aktivitäten keltischer Gruppen der Gegenwart herauszugreifen. Dabei zeigt sich zwar kein wissenschaftlich relevantes, aber vielleicht ein lebensnäheres Bild mit bunten, beweglichen, selbstbewussten und zukunftsorientierten Aspekten keltischen Lebens.

Bei der Beschäftigung mit der Frage gewinnt man vor allem den Eindruck, dass gemäß der gebräuchlichen Definitionen von Kelten auch heute sprachliche und kulturelle Besonderheiten vor allen anderen identitätsstiftend sind. Bezeichnend sind die vielfältigen Bemühungen zur Rettung und Wiederbelebung keltischer Sprachen, selbst der nach der Zahl ihrer einstigen Sprecher unbedeutendsten und schlechtest überlieferten. Dies zeugt zweifellos von einem weit verbreiteten Bedürfnis, mit der Sprache kreative Ausdrucksmöglichkeit, eine spezifische Formulierungs- und damit Denkweise und durch sie keltische Identität (wieder) zu gewinnen. Eng damit verbunden ist die musikalische Umsetzung des Erlebens und Empfindens, die den Vorteil besitzt, damit auch Außenstehende unmittelbar ansprechen zu können – ein Unterfangen das angesichts der Beliebtheit „keltischer" Musik offenbar bestens gelingt. Abgesehen von solchen rein kulturellen Bemühungen zeugt die vielfältige Repräsentation keltischer Belange im Internet davon, mit wie viel Leben, Begeisterung, Vielfalt, Mitteilungsbedürfnis, Geschäftssinn und Realitätsnähe ein wie auch immer geartetes „Keltentum" seinen Platz in einem zusammenwachsenden Europa und einer globalisierten Welt beansprucht. Beredtes Zeugnis davon geben informative und vielseitige Homepages[621].

Jüngst wurden das Phänomen von Gewalt, ihre Ausdrucksformen, Unterdrückung und sozialen Verflechtungen in der Bretagne und keltischen Ländern überhaupt für Vergangenheit und Gegenwart wissenschaftlich untersucht[622]. Quellen waren z. B. irische Sagen, Artusliteratur, bretonisches Liedgut, bildliche Darstellungen sowie historische und ethnographische Quellen. Insgesamt zeigt sich ein „gewöhnliches" Spektrum an Gewalt und Gegengewalt, in dessen Zentrum als Opfer oder Täter einerseits sozial Schwache wie Angehörige unterer Schichten, arbeitslose Jugendliche, Frauen, Straftäter oder Alkoholiker sowie andererseits ein militärisches Umfeld standen und stehen. Politisch motivierte Gewalt, sei sie links- oder rechtsextrem, war und ist nur eine Facette unter vielen. Unabhängig davon findet man auch sonst wenig Hinweise, dass denkbare Verhaltensweisen sich unterlegen oder benachteiligt fühlender

Minderheiten unter keltischen Gruppen heute von auffälliger Bedeutung wären*. Es soll damit nicht behauptet werden, diese Dinge existierten nicht, jedoch scheint es, dass sie für das Selbstverständnis und die Selbstdarstellung der meisten keltischen Gruppen heutzutage nicht im Vordergrund stehen oder auch bewusst abgelehnt werden. Es lässt sich mutmaßen, dass bei der Bewältigung erlittenen Unrechts für viele Kelten das Christentum und enge Bindungen an Familie und Heimat von großer Bedeutung waren, wenn es auch manchmal scheint, als seien die Konfessionen eher eine Ursache für Zwist zwischen Kelten und Nichtkelten. Keltischer Terrorismus, so unentschuldbar er wie jede Gewalttat ist, spielt auf das Ganze gesehen und hinsichtlich offener oder latenter Zustimmung in den Bevölkerungen jedenfalls kaum die Rolle, die ihm durch die einseitige Aufmerksamkeit der Medien im Bewusstsein vieler zuteil wird – womöglich wäre er ohne sie schon erloschen? Auch im vermeintlich so unruhigen Nordirland reist und lebt es sich abseits der wenigen Brennpunkte unbehelligt, und als Ausländer stößt man ständig ungefragt auf Äußerungen von Entschuldigung, Entrüstung und Überdruss über die endlose Gewalt.

Bemerkenswert ist schließlich das Selbstverständnis und Auftreten als Kelten von Personen, die längst nicht mehr in ihrem angestammten Land – meist Schottland, Wales oder Irland – leben, sondern z. B. in Nordamerika, Australien oder Neuseeland. Dass sie in ihren Bedürfnissen ernst genommen werden, zeigt z. B. die Tatsache, dass im Jahr 1977 in Edinburgh ein „International Gathering Trust" ins Leben gerufen wurde, der schottische Zusammenkünfte im In- und Ausland fördert. In den USA allein finden jährlich mindestens 72 große schottische sportliche und kulturelle Festivitäten statt, es gibt eine Association of Scottish Clans of America und eine Dependence von Scottish Heritage in New York. In Kanada sind die Schotten ähnlich präsent mit einer „Clans and Scottish Societies of Canada" CASSOC genannten Vereinigung sowie den „Sons of Scotia". Neben Familientraditionen werden dabei besonders schottische Sportarten wie Baumstamm- und Hammerwerfen (tossing the caber, throwing the hammer) oder schottisches Ringen (Scottish wrestling), sowie schottische Musik und Volkstanz gepflegt[623]. Ähn-

---

* Man denke etwa an die in Monumenten oder Feiern inszenierte kollektive Erinnerung an gemeinsam erlittenes Unrecht und Niederlagen, Entschädigungsforderungen, das Nachtrauern nach machtpolitischer oder territorialer Größe, die Umdeutung oder Fälschung von Geschichtsfakten, auffällige Intoleranz gegen Minderheiten oder Außenseitergruppen im eigenen Kulturraum o. ä.

lich verhält es sich mit Nordamerikanern irischer Abstammung, die auch in zahllosen Vereinen organisiert sind und bis heute alljährlich in großer Zahl zu den Herkunftsorten ihrer zumeist im 19. Jh. emigrierten Vorfahren pilgern, wie man bei jeder Irlandreise feststellen kann. Auch Waliser und ihre Nachfahren sind in Übersee zahlreich organisiert, z. B. in der „Welsh American Society of Northern California", der „Colorado Welsh Society", der „Knoxville Welsh Society"[624] oder in Neuseeland und Australien[625]. Diese und ähnliche Vereinigungen bieten u. a. Sprachkurse, Tanz- und Musikprogramme sowie Hilfe bei der Ahnenforschung an.

6.2 Rezeption

Für den Nichtkelten leichter darzustellen und nachzuvollziehen ist ein weiterer Aspekt keltischer Geschichte und Gegenwart, nämlich die Wahrnehmung, Verarbeitung und Darstellung von Kelten und ihrer Schöpfungen in anderen Kulturen. Es fällt auf, dass die phasenweise verstärkte Keltenrezeption auf dem europäischen Kontinent eher bejahender Natur im Sinne einer „Keltenbegeisterung" oder gar „Keltomanie" war, während auf den britischen Inseln der politische Konflikt mit seinen beiderseitigen Vorurteilen prägender war.

Archäologie

Zunächst denkt der Archäologe natürlich an die Rezeption im eigenen Fach und seinem Umfeld, z. B. als Rekonstruktion keltischer Gebäude und Tätigkeiten in archäologischen Freilichtmuseen. Eines der ältesten und am intensivsten von wissenschaftlichen Forschungen begleiteten ist die 1972 von P. J. Reynolds gegründete „Butser Ancient Farm" in Hampshire[626]. Weitere bekannte Beispiele sind z. B. das französische „Archéodrome" bei Beaune[627], der „Ulster History Park" in Nordirland[628], der neue „Erlebnispark Gabreta" bei Ringelai im Bayerischen Wald[629] oder Liptovská Mara in der Slowakei[630]. Die Butser Farm umfasst ein britisches Gehöft der Zeit um 300 v. Chr. mit einer Einfriedung, Rundhäusern, Speichern, Gruben, Zaunsystemen und Ackerfluren. Das Archéodrome zeigt Nachbauten vom Neolithikum bis in römische Zeit, darunter ein gallisches Gehöft und ein Stück der Befestigung von Alesia, die allerdings durch neue Grabungsbefunde zum Teil nicht mehr aktuell ist. Der Ulster History Park bietet einen Überblick vom Mesolithikum bis in die frühe Neuzeit, wobei das keltische Frühmittelalter mit den Rekonstruktionen eines Rath, eines Crannog und eines Klosters einen Schwerpunkt bildet. Im als „Keltendorf" bezeichneten Park von Gabreta, das nach der antiken Bezeichnung „gabreta hyle" für den Bayerisch-Böhmischen Wald benannt ist, sind sechs Häuser nachgebaut, die z. B. als Wohnhaus, Stall, Töpferei oder Webhaus eingerichtet sind. Zumeist wurden sie in lehmverputztem Flechtwerk, in zwei Fällen in Blockbauweise errichtet, wobei fragwürdigerweise auch ein urnenfelderzeitlicher Hausgrundriss als Vorbild diente. Hügel- und Flachgräber sowie Ackerfluren ergänzen die Anlage. Auf dem seit dem Neolithikum immer wieder besiedelten Berg Havranók bei Liptovská Mara befinden sich Nachbauten einer mittellatènezeitlichen Befestigung mit Torbau und eines spätlatènezeitlichen Gehöftes. In solchen Freilichtmuseen und an anderen Orten finden zahlreiche Keltentage und -feste statt, bei denen nicht immer die archäologischen Fakten im Vordergrund stehen, z. B. in Gabreta, wo man die Herstellung von Feuersteingeräten und Muschelschmuck lernen kann und mystisch veranlagte Gemüter mit „Events" wie „Deep Green", einer Inszenierung mit Klängen, Tanz und Feuer zur Sonnenwende, angesprochen werden. Sachlicher geht es im Keltenmuseum von Eberdingen-Hochdorf[631] bei Ludwigsburg zu, wenn neben authentisch verkleideten Kelten auch keltisches Bier und andere aus archäologischen Funden erschließbare Kulinaria zu haben sind, oder im Freilichtmuseum von Asparn an der Zaya in Niederösterreich mit Streitwagenfahrten, Eisenschmieden, Töpfern, Spinnen, Weben, Brotbacken, keltischem Essen, keltischer Musik und Reitvorführungen[632].

Eine kuriose Form unbewusster „Keltenrezeption" erfuhren keltische Münzen im Mittelalter. Einerseits wurden von frühmittelalterlichen Germanen gelegentlich als Kettenanhänger umgearbeitete keltische Münzen getragen, die gleichermaßen Schmuck- und Amulettfunktion gehabt haben dürften. Andererseits rankten sich Legenden um die gewölbten keltischen Goldmünzen. Der Volksglaube nahm an, dass sie im Boden entstünden, wo ein Regenbogen diesen berühre, weshalb die Bezeichnung „Regenbogenschüsselchen" aufkam und man ihnen magische Eigenschaften zuschrieb[633].

Literatur

In der ernsten Literatur spiegelt sich Keltisches mindestens in zweifacher Weise. Einerseits gibt es Autoren die zwar aus einem keltischen Land stammen, die jedoch in einer nichtkeltischen Sprache, meist Englisch oder Französisch, schreiben und u. a. keltische Themen aufgreifen*. Andererseits nahmen Autoren ohne keltische Verbindungen sich keltischer Sujets an, wobei zwei Schwerpunkte, die Artusthematik und die Ossianrezeption festzustellen sind, aber auch andere Historien- und Sagenstoffe verarbeitet wurden.

In Schottland zählt zur ersten Kategorie[634] der für ein höfisches Publikum schreibende Geistliche William Dunbar (um 1465–1530), der umfangreiche lyrische, satirische und religiöse Dichtungen in mittelschottischem Dialekt verfasste. Der schottische Dichter James Thomson (1700–1748) schloss 1730 einen Jahreszeitenzyklus in Blankversen unter dem Titel „Seasons" ab, der unter dem Eindruck des Naturerlebnisses in seiner Heimat steht. Zu einer Rückbesinnung auf das mündlich überlieferte keltische Sagen- und Liedgut Schottlands kam es nach der Union mit England 1707. Ein wichtiger Vertreter dieser Zeit ist der Bauernsohn und Dichter Robert Burns (1759–96), der 1786 durch seine großenteils in Lowland-Dialekt geschriebenen „Poems chiefly in the Scottish dialect" berühmt wurde, die auf schottische Volkslieder und -erzählungen zurückgehen. Es folgten u. a. die Verserzählung „Tam O'Shanter" und patriotische Gedichte, die zu Volksliedern wurden, wie „My heart's in the Highlands" oder „Auld lang syne". Der erste wichtige schottische Romancier war der weitgereiste Schiffsarzt Tobias George Smolett (1721–1771), der außer Seefahrerromanen vor allem 1771 „The expedition of Humphry Clinker" schrieb, einen Briefroman über eine Rundreise durch England und Schottland, der ein lebendiges Bild des zeitgenössischen Lebens bietet. Berühmter und prägender war der 1820 geadelte Edinburgher Jurist Sir Walter Scott (1771–1832), dessen Balladen, Verserzählungen und historische Romane im 19. Jh. im In- und Ausland begeistert aufgenommen wurden und geradezu eine Schottland-Mode auslösten. So erklärt sich ihr kräftiger Nachhall in Literatur und Oper. Zu nennen wären insbesondere seine unter dem Einfluss der deutschen Romantik entstandene dreibändige Sammlung schottischer Volksballaden „Minstrelsy of the Scottish Border" (1802–03), der eigene Verserzählungen unter dem Titel „The Lay of the Last Minstrel" (1805) und Balladen wie „The Lady of the Lake" (1810) folgten,

---

* Die Auswahl war schwierig, weshalb vor allem nach einem nachvollziehbar keltischen Element gesucht wurde, was z. B. das Fehlen der literaturgeschichtlich zweifellos sehr bedeutenden Iren Sterne, Congreve, Farquhar, Goldsmith, Burke, Sheridan, Shaw, Beckett oder Murdoch erklärt. Der Kenner mag darüber hinaus noch vieles andere vermissen und sei um Nachsicht mit den Bildungslücken der Archäologin gebeten.

die ihn berühmt machten. Viel gelesen waren seine in Schottland angesiedelten historischen Romane, darunter „Waverley" (1814) und „The heart of Mid Lothian" (1818), oder die Novelle „Rob Roy" (1818), bei denen es ihm auch um die Wahrhaftigkeit des historischen Umfeldes der Jakobitenaufstände des 18. Jhs. ging, wofür Scott Quellen studierte und Zeitzeugen befragte. Der Theologe George MacDonald (1824–1905) verfaßte neben humorvollen Lokalromanen in schottischem Dialekt, z. B. „David Elginbrod" 1862, auch phantastische Feengeschichten („At the back of the north wind", 1871). Als Lyriker tat sich der Journalist und Politiker Hugh MacDiarmid (eigentlich Christopher Murray Grieve, 1892–1978) mit Dichtungen in einer mittelschottischen Kunstsprache mit keltischen Elementen hervor. Der von den Orkneys stammende Journalist, Literaturkritiker und Übersetzer Edwin Muir (1887–1959) schöpfte für seine religiös-metaphysische Lyrik aus schottischen Traditionen und schrieb auch Heimatromane.

In Wales ist die erste Kategorie vor allem mit dem aus Swansea stammenden Journalisten Dylan Marlais Thomas (1914–1953) vertreten. Von ihm erlangten außer neuromantischen Gedichten, die Eindrücken in walisischer Natur entsprangen wie „Especially when the October wind", „We lying by seasand" oder „Fern Hill", vor allem sein später inszeniertes und verfilmtes lyrisches Hörspiel „Under Milk Wood" von 1953 Ruhm, das mittels vieler Stimmen einen Frühlingstag in dem walisischen Dorf Llaregby schildert. Sein Namensvetter, der Altphilologe und Theologe Ronald Stuart Thomas (*1913), war 1937–78 als Landpfarrer in Wales tätig, wo er unter dem Eindruck der walisischen Landschaft und ihrer Menschen moderne christliche Lyrik verfasste, z. B. „Welsh Airs" von 1987.

In Irland besitzt die erste Kategorie bereits früh berühmte Exponenten unter den sog. anglo-irischen Autoren. Zu nennen wäre der Geistliche, Politiker und Schriftsteller Jonathan Swift (1667–1745) aus Dublin, dessen 1726 entstandener satirischer Roman „Travels into several remote nations of the world by Lemuel Gulliver", besser bekannt als „Gullivers Reisen", als moderner Abglanz der irischen Seereisen-Sagen gilt[635]. Heute weniger bekannt sind seine „Drapier's Letters" von 1724, in denen er sich für die Verteidigung Irlands gegen englische Übergriffe einsetzt, oder sein „Modest Proposal" von 1729, in dem er in bitterer Ironie die Schlachtung irischer Kinder vorschlägt, um sie zum Verzehr an Engländer zu verkaufen und so ihre Eltern und Irland von ihrer Last zu befreien. Thomas Moore (1779–1852), ein Jurist und Beamter aus Dublin und Freund des englischen Dichters Lord Byron, publizierte neben Gedichten und Satiren auch „A selection of Irish melodies" (1808–34), nostalgisch-sentimentale Lieder mit Klavierbegleitung nach alten irischen Melodien, die ihm zu dem Ruhm eines „Barden Irlands" verhalfen. Eine monographische Untersuchung lohnten die keltischen Elemente in der Erzählung „The picture of Dorian Gray" des als Oscar Fingal O'Flahertie Wills (1854–1900) in Dublin geborenen Oscar Wilde[636].

Besonders nachhaltig war das Wirken des einstigen Revolutionärs, späteren Senators und Dichters William Butler Yeats (1865–1939), nicht nur wegen seiner erwähnten Verdienste um das irische Theater. Vielmehr lösten seine u. a. von gälischen Sagen, Mythen und Legenden beeinflussten Gedichte und Dramen eine keltische Renaissance („Celtic revival") in Irland aus und wurden 1923 mit dem Nobelpreis gewürdigt. Die Dichtung „The Wanderings of Oisin" (1889) erzählt von Ossians Aufenthalt im Feenreich, eine Sammlung irischer Geschichten erschien unter dem Titel „The Celtic Twilight" (1893). Manche Erzählungen gehen auf Sagen zurück, z. B. „Cuchulain's Fight with the Sea" (1891/92) oder „Baile and Ailinn" (1903). Berühmt sind auch das in Versen verfasste Märchenspiel „The Land of Heart's Desire" (1894), in dem eine unzufriedene Bäuerin sich ins Feenreich entführen lässt, der Einakter „The King's Threshold" (1903), in dem ein vom Königshof verdrängter altirischer Dichter durch seinen Hungerstreik und -tod das Volk dem König entfremdet, das Drama „Deirdre" (1907), das auf der unglücklichen Liebesgeschichte der gleichnamigen Sagengestalt beruht, sowie fünf Dramen, die sich um den Sagenhelden Cú Chulainn drehen, z. B. „The death of Cuchulain" (1939). Daneben verfasste er theoretische und politische Schriften wie „The Celtic element in literature". An Yeats Seite in Theater- und Unabhängigkeitsbewegung stand seit dem Tod ihres Mannes 1892 Lady Isabella Augusta Gregory (1852–1932). Die aus Westirland stammende Anglo-Irin war selbst schriftstellerisch tätig und erzählte alt- und mittelirische Sagen für eine englische Leserschaft neu, z. B. in ihren 1902 und 1904 erschienenen Büchern „Cuchulain of Muirthemne" und „Gods and Fighting Men". Außerdem veröffentlichte sie mündlich überlieferte Erzählungen, z. B. in „A Book of Saints and Wonders" (1906) oder „Visions and Beliefs in the West of Ireland" (1920). Auch Standish James O'Grady (1846–1928) aus Castletown Berehaven brachte irische Sagen in englischer Nacherzählung heraus, darunter „The Coming of Cuculain" (1894) oder „The Triumph and Passing of Cuculain" (1920). Von T. Gray stammt eine Art vielstündiges Mysterienspiel unter dem Titel „Cuchulainn. An Epic-Drama of the Gael". Ein weiterer Anglo-Ire, der aus Dublin stammende Archivar, Schriftsteller, Kritiker und Reporter James Stephens (um 1880–1950), bereitete in seinen „Irish Fairy Tales" (1920), seinem Roman „Deirdre" (1923) und „In the Land of Youth" (1924) ebenfalls irische Sagen für ein modernes Publikum auf[637]. Erwähnung verdient auch der aus Mayo kommende Romancier George Augustus Moore (1852–1933), der nach langen Jahren in Frankreich um die Jahrhundertwende nach Irland zurückkehrte, sich der Erneuerungsbewegung anschloss und zum Protestantismus konvertierte, wovon neben Romanen auch seine irischen Novellen „The untilled field" (1903) zeugen.

Als wichtiger Dramatiker ist der von Yeats protegierte John Millington Synge (1871–1909) zu nennen, dessen Werke zu Lebzeiten kirchliche und nationale Proteste in Irland auslösten und z. T. bis heute nicht gespielt werden. Er lebte längere Zeit auf den Inseln und in Westirland, wo Natur und Menschen sein Schaffen und seine Sprache prägten, die Elemente des vom Gälischen beeinflussten anglo-irischen Dialekts aufgreift. So entstanden z. B. die dort angesiedelten Essays „The Aran Islands" (1907) und die Tragödie „Riders to the Sea" (1904). Die Komödie „In the Shadow of the Glen" (1903) geht auf eine gälische Volkserzählung zurück, in der ein Mann sich totstellt, um seine Frau der Untreue zu überführen. Seine letzte Komödie „The Playboy of the Western World" begründete als irisches Volksstück Synges Bekanntheit auf dem Kontinent, nicht zuletzt wegen seiner Übersetzung durch das Ehepaar Böll[638]. Bekannt sind auch die Werke des Eisenbahnbediensteten, Gewerkschaftlers, Kommunisten und Autodidakten Sean O'Casey (1884–1964), der nur zufällig dem Standgericht nach dem irischen Osteraufstand 1916 entging. Dieses Erlebnis beeinflusste nachhaltig sein dramatisches Werk und führte zu Stücken wie „The shadow of a gunman" (1923) und „The plough and the stars" (1926, nach der Fahne der „Irish Citizen Army" benannt), die den Sinn des Aufstandes und seiner Opfer in Frage stellen. Sein Meisterwerk „Juno and the Paycock" (1924) schildert komisch und tragisch zugleich den Ruin einer Familie in den Dubliner Slums vor dem Hintergrund des Bürgerkrieges. Späte Stücke wie „The Bishop's Bonfire" (1955) richteten sich vor allem gegen die Bevormundung durch Staat und Kirche im unabhängigen Irland. O'Caseys Kritik an Patriotismus, Grundbesitzern, Kirche und Landvolk löste so starke Proteste aus, dass er Ende der 1920er Jahre ins englische Exil ging[639].

Einer der bedeutendsten anglo-irischen Erzähler des 20. Jhs. ist der aus der Nähe von Dublin stammende und in Jesuitenschulen erzogene James Joyce (1882–1941), welcher der katholischen Kirche und der keltischen Renaissance kritisch gegenüber stand und seit 1904 im europäischen Ausland lebte. Seine Kurzgeschichten „Dubliners" (1914) spiegeln den Stillstand der von Schwächen und Konventionen beschränkten Dubliner Gesellschaft Anfang des 20. Jh. Der in Großbritannien und den Vereinigten Staaten lange verbotene Roman „Ulysses" (1922), der einen trivialen Tag im Leben eines Dubliner Maklers parallel und zugleich kontrastiv zu den heroischen Irrfahrten des Odysseus unter Verwendung moderner Erzähltechniken (z. B. innerer Monolog, Bewusstseinsstrom) ablaufen lässt, machte ihn weltberühmt. Auch „Finnegans Wake" (1939) zeigt in der Darstellung der Traumwelt des Gastwirts Humphrey Chimpden Earwicker Bezüge zur Sage. Der Dubliner Austin Clarke (1896–1974) schrieb englische Werke über Stoffe aus alt- und mittelirischen Sagen, z. B. die Gedichte „The vengeance of Fionn", „The young woman of Beare" und „The Cattle Drive in Connaught", die Dramen „The Plot is Ready" und „The Plot Succeeds" sowie die Komödie „The Son of Learning"[640]. In Irland angesiedelte Dramen, Romane und Kurzgeschichten in englischer Sprache verfasste der in Cork geborene Frank O'Connor (eigentlich Michael O'Donovan, 1903–1966). Die Romane und Kurzgeschichten des ebenfalls aus Cork kommenden Biographen, Kulturhistorikers und Literaturtheoretikers Seán O'Faoláin (eigentlich John Whelan, 1900–1991) handeln von der allmählichen Öffnung der katholisch-irischen Gesellschaft und dem Scheitern des Nationalismus. Für Nordirland wäre schließlich der Nobelpreisträger Seamus Justin Heaney (*1939) zu nennen, der seit 1972 in der Republik Irland lebt und dessen Dichtung die nordirischen Kämpfe (z. B. „The Toome Road") ebenso spiegelt wie Landschaft, Bräuche und Geschichte Irlands oder die bäuerlich-handwerkliche Herkunft seiner katholischen Vorfahren. Er gilt als Vorbild jüngerer nordirischer Dichter, der sog. „Ulster poets".

   Damit kommen wir zur zweiten Kategorie von Autoren. Bei der Vermittlung des Artusstoffes spielte der englische Bischof und Historiker Gottfried/Galfred/Geoffrey von Monmouth (1100–1155) eine wichtige Rolle, dessen Familie mit den Normannen aus der Bretagne gekommen war und der in seiner „Historia Regum Britanniae" um 1136/38 die Artus-Erzählungen in ihre erheblich abgewandelte, allgemein bekannte Form brachte[641]. Seine Behauptung, er übersetze dafür ein altes Buch aus dem Britannischen, wird angezweifelt. Ellis hält sie jedoch für plausibel, da sich im Vatikan mit Manuskript 8.10.1474 eine lateinische Übersetzung einer „Prophezeihung Merlins" von John von Cornwall aus dem 10. Jh. mit kornischen Glossen befinde[642]. Der in französisch geschriebene

„Roman de Brut*" des Anglo-Normannen Wace von 1155 und das um 1200 entstandene mittelenglische Versepos „Brut(e)" des englischen Geistlichen Layamon regten die Entstehung französischer Versromane des 12. Jhs. an, u. a. die fünf Werke „Perceval ou le conte del graal", „Erec et Enide", „Cligès", „Lancelot ou le chevalier de la charette" und „Yvain ou le chevalier au lion" des Chrétien de Troyes und einen „Roman de l'estoire dou graal" von Robert de Boron, welche die Erzählungen um Minne- und Gralsaspekte bereicherten. Sie inspirierten wiederum deutsche Dichter des 12. und 13. Jh. wie etwa Hartmann von Aue (Erec, Iwein), Wolfram von Eschenbach (Parzival), Eilhart von Oberg(e) (Tristrant), Ulrich von Zatzikhoven (Lanzelet) oder Gottfried von Straßburg (Tristan)[643]. Wie bekannt und beliebt die Artussagen bald waren, zeigt z. B. die „Göttliche Komödie" des Italieners Dante Alighieri (1265–1321). Der Gesang Inferno V, 67 enthält einen Hinweis auf Tristan, Inferno V, 116 ff. die bekannte Geschichte von Francesca da Rimini und ihrem Schwager Paolo, die sich beim gemeinsamen Lesen des „Lanzelot" verlieben, küssen und wie die Helden ihrer Lektüre dabei vom Ehemann der Frau ertappt werden. Im 14. Jh. flossen in England neue Geschichten aus der keltischen Sagenwelt in den Kreis der Erzählungen ein, so dass umfangreiche gereimte Artusromane entstanden. Zudem gewann die Stabreimdichtung an neuer Bedeutung, etwa in der Romanze „Sir Gawain and the green knight" um 1370/75. Eine italienische Fassung als „Tavola ritonda" entstand 1391. In Deutschland folgten Weiterdichtungen wie der „Jüngere Titurel" des Albrecht von Scharfenberg oder „Lanzelot" von U. Füetrer. Sir Thomas Malory (um 1408–1471) vereinte um 1460/70 unterschiedliche Artusepisoden, die 1485 von Englands erstem Buchdrucker, William Caxton, in überarbeiteter Form unter dem Titel „Le morte Darthur" gedruckt wurden, was dem gesamten Stoff schließlich zu europaweiter Bekanntheit verhalf[644]. Im 16. Jh. findet sich die Tristan-Thematik in sechs Meisterliedern und einer Tragödie von Hans Sachs, und in der unvollendeten Verserzählung „Faerie Queene" von Edmund Spenser (ca. 1552–1599) taucht z. B. Merlin auf (Buch 1, Canto 9, Vers 5). Im 19. Jh. dienten Geschichten des Arthurzyklus z. B. als Vorlage für Werke von Alfred Lord Tennyson („Idylls of the King", „The Holy Grail", „Morte D'Arthur", „The Coming of Arthur", „Merlin and Vivien", „Enid"),

---

* Der nicht sofort einsichtige Name Brut(e) leitet sich von dem bei Geoffrey von Monmouth erwähnten legendären ersten König Britanniens, Brutus, ab, nach dem die Insel benannt sein soll (Maier 1994, 58).

Matthew Arnold („Tristam and Iseult"), Dante Gabriel Rossetti („God's Gral"), William Morris („The Defence of Guinevere, King Arthur's Tomb", „Palomydes' Quest"), Mark Twain („A Connecticut Yankee in King Arthur's court"), Algernon Charles Swinburne („Tristram of Lyonesse", „Lancelot", „The Sailing of the Swallow", „Joyeuse Garde") und Maurice Maeterlinck („Pelleas et Melisande"). Aus dem 20. Jh. stammen weitere Bearbeitungen, z. B. von Gerhard Hauptmann („Gralphantasie Lohengrins"), Eduard Ludwig Stucken (sieben Dramen aus der Artus- und Gralswelt, darunter „Lanzelot"), John Erskine („Galahad, enough of his life to explain his reputation"), Jean Cocteau („Les chevaliers de la table ronde"), Tankred Dorst („Merlin oder Das wüste Land" und „Parzival"), Heiner Müller („Lanzelot"), Ernst Hardt (Tristan-Episode „Tantris der Narr") und Christoph Hein („Die Ritter der Tafelrunde"). Eine seriöse Fundgrube zum Artussagenkreis ist die von der Universität Rochester erstellte Homepage des „Camelot project"[645], die unzählige weitere Autoren und Werke enthält, die in Auszügen oder zur Gänze wiedergegeben sind.

Besondere Bedeutung kommt den epischen Gedichten des Edinburgher Hauslehrers J. Macpherson (1736–1796) zu, die als „Übersetzungen" gälischer Originaldichtungen eines Barden Ossian aus der Mitte des 3. Jhs. n. Chr. ausgegeben wurden. Es erschienen 1760 „Fragments of Ancient Poetry, Collected in the Highlands of Scottland", 1762 „Fingal" und 1763 „Temora", die 1765 als Gesamtausgabe unter dem Titel „The Works of Ossian, the Son of Fingal" neu aufgelegt und 1807 erstmals auch in einer nachträglich erstellten schottisch-gälischen Fassung publiziert wurden[646]. Fingal (eigentlich Find Mac Umaill), sein Sohn Ossian (Oisean) und Enkel Oscar sind mythische, später vermenschlichte Figuren aus dem Finn-Zyklus, von denen Prosafragmente des 9./10. Jh. und jüngere Gedichte und Balladen handeln, die in Schottland weit verbreitet waren und Macpherson zu seinen Dichtungen inspirierten. Diese fanden auf dem Kontinent von ca. 1770–1810 in literarischen und musikalischen Zirkeln, aber auch in der breiteren Öffentlichkeit weite Verbreitung und schwärmerische Resonanz, wobei je nach Land die Identifikation über ein „gallisches" oder „germanisches" Keltenverständnis erfolgte. Für Deutschland wären etwa Herder, Lenz, Tieck, Novalis oder Goethe zu nennen, in dessen „Leiden des jungen Werthers"[647] sie eine Schlüsselrolle spielen[648]. Zur Ossian-Rezeption in der deutschen Literatur erscheint demnächst eine umfassende Studie[649]. Für Frankreich lassen sich mit Chateaubriand und Napoleon I. nicht minder bedeutende Ossian-Begeisterte anführen. In England war z. B. William Blake (1757– 1827), in Amerika Walt Whitman (1819–1892) und in Ungarn Sándor Petőfi (1823–1849) von Macphersons Dichtungen beeinflusst[650]. In der ernsten Musik und bildenden Kunst sind ihre Spuren ebenso unübersehbar wie in der Beliebtheit „ossianischer" Namen, z. B. Oskar, Malvina oder Selma, im 19. Jh. – man denke nur an Otto von Bismarcks Schwester Malvina. Die Euphorie ging so weit, dass man gar Räume und Mobiliar „in Ossians Geschmack" zu verfertigen suchte. Von kulturhistorischem Interesse ist, dass mit den Ossian-Dichtungen erstmals ein Werk einer europäischen Minderheitenliteratur Ruhm und Anerkennung erlangte[651].

Außer den beiden genannten Schwerpunkten findet sich auch sonst immer wieder Keltisches in der europäischen Literatur. Bereits in früher skandinavischer Literatur wird ein walisischer und irischer Einfluss vermutet. William Shakespeare wandte sich 1606/08 mit dem Drama „Macbeth", das von einem Königsmord im Schottland des 11. Jhs. berichtet, und 1608/10 mit „Cymbeline", das von einem britannischen König handelt, keltischen Stoffen zu. Seine Quellen waren der englische Chronist R. Holinshed und eine Boccaccio-Novelle[652]. Während im Macbeth die Handlung weitgehend den historischen Tatsachen entspricht, hat der historische Cunobelinus mit Cymbeline wenig mehr als den Namen gemein. Der Macbeth-Stoff wurde erneut 1972 von Heiner Müller und im selben Jahr von Eugène Ionesco dramatisiert. Der englische Dichter Thomas Gray (1716–1771) war ein Wegbereiter der Romantik und einer der Entdecker gälischer Lyrik. Davon zeugt z. B. sein 1757 erschienenes Gedicht „The Bard". Für andere Werke standen historische keltische Figuren Pate, nämlich Vercingetorix für die Ballade „Das Geisterross" von Conrad Ferdinand Meyer (1825–1898), Brennus für eine Versdichtung von Friedrich August von Grevenitz (1730–1809), Boudicca für Dramen von John Fletcher (1579–1625) und Richard Glover (1712–1785) sowie Balladen von William Cowper (1731–1800) und Alfred Lord Tennyson (1809–1892) und Commius für die Erzählung „Komm l'Atrébate" von Anatole France (1844–1924)[653]. Von einer keltischen Priesterin zur Zeit der römischen Eroberung Galliens handelt die Tragödie „Norma" von Alexandre Soumet aus dem Jahre 1831, ein Stoff, der aus zwei Büchern des 1809 entstandenen Romans „Les martyrs ou le triomphe de la religion chrétienne" des in Saint-Malo in der Bretagne geborenen Politikers und Schriftstellers François René Vicomte de Chateaubriand (1768–1848) stammt und sich in Bellinis gleichnamiger Oper in bunter Mischung mit Germanischem wiederfindet[654]. Honoré de Balzac verfasste einen Roman „Les Chouans" (1829), Victor Hugo einen unter dem Titel „Quatrevingt-treize" (1874) mit Bezug auf das Jahr 1793, die in der Zeit der Chouan-Aufstände spielen, freilich ohne großen Wert auf ein authentisches historisches Umfeld der Handlungen zu legen[655]. Wilhelm Raabe trug den Funden von Hallstatt mit einer Erzählung „Keltische Knochen" Rechnung. Theodor Fontane, der stark von Th. Percy (s. u.) und W. Scott beeinflusst war und 1858 Schottland bereiste, verfasste viele Gedichte schottischen Inhalts wie „Archibald Douglas", eine Abhandlung zu schottischen Balladen und Nachdichtungen schottischer Lieder wie das „Sterbelied Schottlands" („The Flowers of the Forest") zur Schlacht von Flodden[656]. F. Th. Vischer schrieb 1879 den Roman „Auch Einer", in dem zeitgenössische Vorstellungen über die vorgeschichtlichen Pfahlbauten der Schweizer Seen mit inselkeltischen Traditionen über den Dichter Taliesin parodistisch verbunden sind. In zwei Romanen Herbert Rosendorfers taucht ein „Keltenmännchen" auf[657]. Erwähnung verdienen schließlich Queen Victorias Aufzeichnungen „Journal of our Life in the Highlands" und Reiseberichte wie Jacques Cambrys „Voyage dans le Finistère" von 1794/95, Theodor Fontanes „Jenseits des Tweed" von 1860, Gustave Geffroys „La Bretagne" von 1905 oder Heinrich Bölls „Irisches Tagebuch" von 1957.

Zuletzt ist eine kleine Zahl englischer Schriftsteller zu nennen, die in Irland lebte und deren Werk davon geprägt ist. Dies trifft z. B. für den Bischof Thomas Percy (1729–1811) zu, der sich neben seiner Tätigkeit als Schriftsteller und Übersetzer 1765 durch die Edition altschottischer und altenglischer Balladen und Lieder einer Handschrift des 17. Jhs. unter dem Titel „Reliques of ancient English poetry" hervortat, die bei W. Scott, in England und auf dem Kontinent eine Aufwertung von Balladen und Volksdichtung hervorrief. Ebenfalls aus England stammte Maria Edgeworth (1767–1849), die seit 1782 in Irland lebte und mit „Castle Rackrent" und „The Absentee" eindrucksvolle Geschichten aus dem irischen Alltag verfasste, deren regionalistische Ausrichtung ebenfalls W. Scott inspirierte.

Unter der Kinder- und Jugendliteratur findet sich ein umfangreiches Spektrum an Büchern zu ur- und frühgeschichtlichen Themen. Von fast 100 Titeln, die Marienfeld zusammentrug, spielt über ein Dutzend in der vorrömischen Eisenzeit[658]. Darunter befinden sich Geschichten, die an das konkrete historische Geschehen angebunden sind wie „Der Junge der ersten Kohorte. Unterwegs mit Cäsar in Gallien" von K. Bergner (1979), einige, die sich auf archäologische Befunde beziehen wie G. Bayerlein „... erzählt von den Keltenfürsten" (1995), und etliche, die in einem allgemein keltischen Umfeld spielen. Auch frühmittelalterlich-keltische Themen kommen vor, z. B. in „The stronghold" von M. Hunter (1978), das sich auf das Leben in einem Broch bezieht. Rar sind Jugendbücher aus der Feder ausgebildeter Archäologen, zu nennen wäre etwa A. Hänsels Buch „Der Radreiter. Eine Geschichte aus der Keltenzeit" (1999), in dem sich eine informative und sachlich korrekt bebilderte Geschichte um den Keltenfürsten von Hochdorf entspinnt. Auffällig ist der Mangel an Jugendsachbüchern über die eisenzeitlichen Kelten, während z. B. Ägypter, Römer, Griechen und Mittelalter viel besser abgedeckt sind. Aus der Neuzeit werden Kinderbücher über ein naives und gutmütiges bretonisches Hausmädchen namens Bécassine in Paris erwähnt[659]. Keinesfalls unerwähnt dürfen die Comic-Abenteuer von Asterix und Obelix bleiben, die Eingang in wissenschaftliche Lexika und kritische Würdigungen aus althistorischer Sicht gefunden haben[660]. Allerdings gehen in der deutschen Übersetzung viele der feinsinnigen Anspielungen des französischen Originals verloren. Auch andere keltische Themen sind zahlreich in Comics vertreten[661].

Unter der Unterhaltungsliteratur existieren keltisch inspirierte Kriminalromane wie die von Peter Tremayne („The subtle Serpent", „The spider's web"), in denen eine Schwester Fidelma als altirische Anwältin und Miss Marple des 7. Jhs. knifflige Fälle knackt. Vor allem ist jedoch die sog. Fantasyliteratur zu nennen. Darunter versteht man[662] einen Zweig der Science-fiction Literatur, der seine Stoffe aus Märchen, Sagen und Mythen keltischer, skandinavischer und orientalischer Herkunft schöpft und in einer idealisierten Vergangenheit oder der Zukunft ansiedelt. Es geht um Reisen in „Anderswelten"[663] und fremde Kulturen, die Rückwendung zur Natur und übersinnlichen Kräften, die abenteuerliche Suche oder den ewigen Widerstreit zwischen Gut und Böse. Der Beginn des Genres liegt im 19. Jh. mit Vertretern wie L. Carroll („Alice in wonderland") oder L. F. Baum („The wizard of Oz"). Klassiker des 20. Jhs. sind J. R. R. Tolkien („The lord of the rings") und M. Ende („Die unendliche Geschichte"). Während Tolkien, ein Oxford-Professor für Alt- und Mittelenglisch, durch seine Kenntnis des Mittelkymrischen einen unmittelbaren Zugang zu keltischer Überlieferung hatte, ist Keltisches sonst oft nur diffus vorhanden. Erst seit den 1980er Jahren erlebte es mit Amerikanerinnen wie Gillian Bradshaw („Hawk of May", „Horses of Heaven") oder Marion Zimmer Bradley („The mists of Avalon"), die sich insbesondere auf den Artus-Sagenkreis beziehen, eine starke Belebung. Zum Nachleben walisischer Mythen, insbesondere des Mabinogi, in der Fantasyliteratur existiert eine systematische Untersuchung der Werke von sechs Autoren. Diese bedienen sich z. B. der erzählerischen Ausschmückung einzelner Quellen, der Vermischung verschiedener Materialien, der freien Erfindung unter Einfügung walisischer Versatzstücke und der zeitlichen Verschiebung in die Gegenwart[664].

Mit den übersinnlichen Kräften vieler Fantasy-Helden ist man nicht mehr weit entfernt von esoterischer Literatur, von der sich ebenfalls ein erheblicher Teil keltischer Paradigmen bedient, jedoch Relevanz fürs praktische Leben des Lesers beansprucht. Man kann Meid nur darin beipflichten, dass „die in weiten Kreisen verbreiteten esoterischen Schwärmereien über die Kelten ... auf der Basis der Unkenntnis gedeihen"[665]. Den häufig gehörten Vorwurf, dass daran eine abgehoben forschende Archäologie mitschuldig sei, kann man getrost zurückweisen, da im mit populären Publikationen und archäologischen Besucherzentren weitaus besser versorgten England die Schar der Esoteriker und New Age-Anhänger nicht geringer ist als hierzulande. Dies bezeugen u.a. die über dreißig Druidenorden, die es dort z. T. schon seit dem 18./19. Jh. gibt und die jährlich große Feste zelebrieren, z. B. bei Sommersonnenwende im neolithisch-bronzezeitlichen Steinkreis von Stonehenge oder zu Beltane in Edinburgh. Die Vereinnahmung megalithischer Monumente beruht auf dem Irrtum früher Ausgräber und Sammler wie John Aubrey, Henry Rowlands oder William Stukeley, die ihre Errichtung fälschlich keltischen Druiden zuschrieben[666]. Alles Wissenswerte über das Neo-Druidentum samt zahlloser Weblinks enthält die Homepage des „Order of bards, ovates and druids"[667]. In Deutschland ist das Neodruidentum, allerdings in germanische Ideologie verpackt, ähnlich alt, wie die 1781 gegründete Reichs-Groß-Loge der Freimaurer mit dem Beinamen „Vereinigter Alter Orden der Druiden in Deutschland" zeigt[668]. Spirituelle Erleuchtung kann man sich heute außer in Publikationen und Bruderschaften neuerdings sogar bei einem Gesellschaftsspiel holen[669]. Auch gibt es zahlreiche Lehrgänge, Konvente und Opferhandlungen keltisch, naturreligiös oder sonstwie inspirierter Neu-Heiden und New Age-Anhänger. Wenn diese in keltischen Viereckschanzen und an anderen „starken Plätzen", so der Titel eines einschlägigen Buches, stattfinden, stellen sie wegen der Beschädigung der Monumente immer wieder ein Ärgernis für die Denkmalpflege dar. Von der Befriedigung kommerzieller einerseits und spiritueller Bedürfnisse andererseits abgesehen, verfolgen viele esoterische Gruppen auch honorige praktische Ziele wie Naturschutz, Humanismus, Friede und Völkerverständigung, die sich mit denen anerkannter Religionsgemeinschaften überschneiden. „Schwarze Magie" mit blutigen Opferritualen an Tier und Mensch kommt vor, dürfte jedoch wie in anderen Sekten auf den Einzelfall beschränkt sein[670].

Musik

Bei der Musik sind wiederum zwei Genres zu unterscheiden, die mit Kelten zu tun haben. Erstens gab es, besonders in der Romantik, viele Komponisten ernster Musik, die im engeren oder weiteren Sinn „keltisch" beeinflusst waren oder sich keltischer Themen annahmen, und zweitens existiert zeitgenössische Unterhaltungsmusik, die keltische Elemente aufgreift.

An ernster Musik lassen sich Instrumentalwerke und Opern anführen. Unter der Instrumentalmusik finden sich mindestens folgende Stücke[*]: Felix Mendelssohn-Bartholdy: Hebriden-Ouvertüre, Symphonie Nr. 3 („Schottische" op. 56); Franz Schubert: Lodas Gespenst (D 150), Ossians Lied nach dem Falle Nathos (D 278), Das Mädchen von Inisthore (D 281); Niels W. Gade: Konzertouvertüre „Efterklange af Ossian/Nachklänge von Ossian"; Johannes Brahms: Gesang aus Fingal (aus Gesänge op. 17), Darthulas Grabesgesang (aus Gesänge op. 42); Max Bruch: Schottische Fantasie op. 46; Arnold Schönberg: Symphonische Dichtung „Pelleas und Melisande" op. 5. Zudem befinden sich unter den Werken britischer Komponisten wie Benjamin Britten oder Ralph Vaughan Williams Stücke, die hinsichtlich mancher Motive und pentatonischer Elemente Bezüge zu keltischer Volksmusik aufweisen. An Opern sind z. B. folgende zu nennen: aus dem 17. Jh. „King Arthur or the British Worthy" von Henry Purcell, aus dem 19. Jh. „Macbeth" von Giuseppe Verdi, „La dame blanche" von François-Adrien Boieldieu, „Lucia di Lammermoor" von Gaetano Donizetti, „Norma" von Vincenzo Bellini, „Werther" von Jules Massenet (besonders „Pourquoi me réveiller", sog. Berrathon-Passage), je ein „Merlin" von Karl Goldmark und Philipp Rüfer, „Tristan und Isolde", „Parsifal" und „Lohengrin" von Richard Wagner sowie heute nicht mehr gespielte Opern „Ossian" und „Malvina", aus dem 20. Jh. ein weiterer „Macbeth" von Ernest Bloch, „Pélleas et Mélisande" von Claude Debussy, „Le Roi Arthus" von Ernest Chausson, „Vercingétorix" von Joseph Canteloube sowie „Lanzelot" von Paul Dessau[671].

Es zeichnen sich also drei Schwerpunkte ab, nämlich Werke, die mehr oder minder durch die Ossian-Rezeption des 18./19. Jh. zu erklären sind, solche, die wie die Mendelssohnschen oder die britischen Werke, auf optische oder akustische Eindrücke vor Ort zurückgehen, und solche, die wie die meisten Opern auf Geschichts- und Sagenstoffen gründen, die oft auf literarischen Um-

---

[*] Wertvolle Hinweise verdanke ich meinem Cousin W. Schmidt, Saarbrücken (siehe Schmidt 2002).

wegen übernommen wurden, z. B. über Shakespeare oder über historische Romane und Erzählungen Sir Walter Scotts. Eine Randbemerkung ist die Tatsache wert, dass sich unter den großen Interpreten klassischer Musik eine ganze Reihe befindet, die aus keltischen Ländern stammt, man denke nur an den irischen Belcanto-Tenor John McCormack (1884–1945) oder die Waliser Gwyneth Jones (Sopran) und Bryn Terfel (Bassbariton), was vielleicht mit der besonders lebendigen Musikkultur dieser Ländern zu tun hat.

Bei der U-Musik gibt es Vertreter, die gewollt keltische Klischees vom Musikalischen und Optischen her verkörpern, und solche, bei denen sich das „Keltentum" auf einer – vermeintlich oder tatsächlich – intellektuelleren Ebene abspielt. Ein Beispiel der ersten Art ist seit 1975 die irisch-amerikanisch-spanische „Kelly Family", die sich mit neun Geschwistern und ehemals auch Eltern, wallendem Haar und historisierenden Kostümen den Anschein eines Clans gab. Das Repertoire aus Volksliedern, Folklore und Schlagern verschiedener Länder wird um Eigenkompositionen bereichert. Lieder mit explizit keltischem Hintergrund sind eher rar, zu nennen wären etwa „Mull of Kintyre" oder „Wearing of the Green". Von den eingesetzten Instrumenten steht die Harfe in keltischer Tradition, das Akkordeon spielt in der anglo-schottischen Volksmusik eine Rolle. Ein Beipiel für die zweite Form ist die Platte „Branduardi canta Yeats", auf welcher der italienische Liedermacher Angelo Branduardi zehn Balladen nach Gedichten von Yeats aufgenommen hat, darunter etwa italienische Übersetzungen von „The Wild Swans at Coole", „The Song of Wandering Aengus" oder „The Lake Isle of Innisfree". Von der seit 1968 erfolgreichen britischen Rockband Jethro Tull mit Sänger und Flötist Ian Anderson gibt es Plattentitel mit fantasy-haft keltischem Anklang wie „The Broadsword and the Beast". Andersons für U-Musik ungewöhnliche Flötenimprovisationen gehen bisweilen klanglich in (keltisch?)-folkloristische Richtung. Ein Kuriosum außer der Reihe ist das französische Volkslied der „Chevaliers de la table ronde", in dem die edle Ritterriege zu einer bechernden Kneipenrunde geworden ist.

Bildende Kunst

In der bildenden Kunst sind Spuren der Kelten bereits früh erhalten, schon in etruskischer, griechischer und römischer Kunst. Eine Zusammenstellung[672] erweist, dass Darstellungen seit dem frühen 4. Jh. v. Chr. auf Keramik und seit dem 3. Jh. als Reliefs und Plastiken vorkamen. Die größte Gruppe sind Bronzeskulpturen und Marmorreliefs der pergamenischen Schule, die der Verherrlichung der erwähnten Siege der Könige Attalos I. und Eumenes II. von Pergamon über die Galater dienten. Es handelte sich um eine nach 235–230 entstandene Gruppe großer Bronzestatuen auf der Akropolis von Pergamon, eine um 180–160 gestiftete Gruppe unterlebensgroßer Statuen auf der Südmauer der Athener Akropolis, den etwa zeitgleichen Pergamonaltar und Waffenreliefs von Brüstungsplatten einer Stoa, ebenfalls in Pergamon. Von den Statuen sind Originalteile und römische Marmorkopien erhalten, die angeblich Caesar nach seinen Siegen über die gallischen Kelten anfertigen ließ[673], der Altar befindet sich heute in Berlin. Außerdem gab es pergamenische Malereien von Keltenschlachten, die nach der Mitte des 2. Jh. v. Chr. für Darstellungen auf römischen Reliefsarkophagen Pate standen. Unter den pergamenischen Skulpturen befindet sich auch eine Gruppe mit einer Keltin, die in einer römischen Kopie im Museo Nazionale Romano in Rom erhalten ist. Ansonsten stellen die antiken Keltenbilder fast ausschließlich Krieger zu Fuß und zu Pferde dar, die meist auf der Flucht oder als Unterliegende dargestellt sind, wobei keltische Ausrüstungsgegenstände, wallendes Haar und langer Schnurrbart ihr Ethnikon bezeichnen. Auch auf römischen Münzen finden sich Darstellungen besiegter Kelten und ihrer Waffen[674].

Die beginnende Beschäftigung mit antiken Texten in Humanismus und Renaissance führte, wohl auch unter dem Eindruck tätowierter „Wilder" aus Übersee, zu Mutmaßungen über das Aussehen der darin beschriebenen altweltlichen „Barbaren". So inspirierten wohl die erwähnten antiken Berichte über blau bemalte Britannier z. B. Lucas de Heere, John White und Jacques le Moyne de Morgues in der zweiten Hälfte des 16. Jhs. zu antikisierend-renaissancehaft dekorierten Figurinen, darunter auch Frauen. Caesars Nachricht (Gall. 6, 16, 4) von Menschenopfern in großen aus Ruten geflochtenen Götterbildern, die verbrannt wurden, regte z. B. Ende des 17. Jhs. die Phantasie von Aylett Sammes zu einem Stich an. Auch der Stich eines mistelschneidenden Druiden vor dem Hintergrund des viel älteren Steinkreises von Stonehenge von Francis Grose (1773) gehört zu den frühen Entwürfen[675]. Eine weitere Gattung stellen archäologisch inspirierte Gemälde des 19. Jhs. dar, die unter dem Eindruck erster großer wissenschaftlicher Ausgrabungen entstanden. Zu nennen wäre z. B. eine tschechische Darstellung hallstattzeitlicher Menschenopfer in der Býči Skála-Höhle bei Brünn[676], deren Keramik- und Metallgefäße, Waffen, Wagen- und Trachtbestandteile unverkennbar an den archäologischen Realien orientiert sind. Auf sachliche und künstlerische Qualität sowie Vorbilder archäologischer Rekonstruktionen und Lebensbilder in zwei oder drei Dimensionen in heutigen Museen und Publikationen einzugehen, würde zu weit führen.

Das wohl beliebteste historisch-keltische Sujet in der neuzeitlichen Plastik war die Figur des Arvernerfürsten Vercingetorix. Das Interesse an seiner Person als tragischer Figur und Vorkämpfer eines geeinten Galliens kam in der ersten Hälfte des 19. Jhs. auf und wuchs durch die auf Geheiß Napoleons III. im Oppidum von Alesia durchgeführten Ausgrabungen. Auf seine Veranlassung schuf auch der Bildhauer Aimé Millet (1819–91) die in Kupfer getriebene Kolossalstatue des Vercingetorix, die heute auf dem Berg von Alesia, dem Mont Auxois, steht und die Gesichtszüge des Auftraggebers trägt. Wie einige frühe Gemälde ist sie irrtümlich mit bronzezeitlichen Waffen ausgestattet, die man zufällig in der Nähe von Alesia gefunden hatte und noch nicht genau datieren konnte. Stellvertretend für das Oppidum von Gergovia steht seit 1903 ein bronzenes Reiterstandbild des Vercingetorix von Frédéric-Auguste Bartholdy (1834–1904) in Clermont-Ferrand. Statuen von Emile-François Chatrousse (1829–96), Eugène-Ernest Chrétien (1840–1909) und Max Claudet (1840–93) befinden sich in Museen in Clermont-Ferrand und Besançon, drei weitere von Jules Bertin (1826–92), François Mouly (1846–86) und Victor-Joseph Ségoffin (1867–1925) wurden während der deutschen Besatzung in Saint-Denis, Bordeaux und Rodez eingeschmolzen[677]. Der Eburonenkönig Ambiorix ist in Tongern mit einer Bronzestatue von Jules Bertin aus dem Jahre 1866 verewigt. Der irische Sagenheld Cuchullain wurde 1911/12 von Oliver Sheppard mit einer Bronzeplastik bedacht, die später zur Erinnerung an den Beginn des Osteraufstandes von 1916 und die Ausrufung der Republik erst vor dem und heute im General Post Office in Dublin plaziert wurde[678]. Das Südufer der Themse unweit der Westminster-Brücke in London ziert seit 1902 eine monumentale Bronzeskulptur von Thomas Thornycroft (1815–1885), welche die Ikenerfürstin Boudicca als „Queen Boadicea" in ihrem nach Mela (3, 52) mit Sicheln bewehrten Streitwagen darstellt*. Eine weitere Boudicca-Statue zeigt die Herrscherin mit ihren beiden Töchtern und ziert die Civic Hall von Cardiff[679].

Auch auf Ölgemälden wurden Themen der keltischen Geschichte verewigt. Brennus, der Eroberer Roms ist auf einem Bild von Sebastiano Ricci (1659–1734) mit dem Titel „Camillus und

---

* Tatsächlich existierten die Sichelwagen nur in Persien (Brodersen 1998, 80, 110).

Brennus" zu sehen. Den Keltensieg über Cassius Longinus von 107 v. Chr. malte Charles Gleyre (19. Jh.). Der letzte Tag des belagerten Numantia wurde als „Ultimo dia Numancia" von Alejo Vera (1834–1923) verewigt. Vercingetorix wurde von Théodore Chassériau (1855) als Verteidiger Galliens auf dem Höhepunkt seines Erfolges, umgeben von Frauen, Kindern, verletzten Keltenkriegern und toten Römern, dargestellt. Seine Kapitulation ist Thema je eines Gemäldes von Henri-Paul Motte (1846–1922), bei dem der Kelte auf einem Rappen allein ins römische Feldlager reitet, und Lionel Royer (1852–1926), der ihn von einem Schimmel herab, umgeben von Gefangenen, Caesar seine Waffen zu Füßen werfen lässt. Auf beiden ist Vercingetorix wiederum anachronistischerweise bronzezeitlich bewaffnet[680].

Außerdem kann man auf der Suche nach der Keltenrezeption in der bildenden Kunst nach Themen und Figuren aus der keltischen Literatur Ausschau halten. Darstellungen im Umkreis von König Artus finden sich bereits im Mittelalter, eine der ältesten an der „Porta delle Peschiere" des Doms von Modena um 1106, von der angenommen wird, dass sie eine Szene aus der Lanzelotsage zeige. Ebenfalls aus dem Mittelalter stammen Buchmalereien in Handschriften einschlägiger Texte aus dem Artus-Sagenkreis. Ein Hinweis auf anglo-normannische bestickte Textilien desselben Inhalts wird nicht weiter ausgeführt[681]. Entsprechende Literatur wie der Iwein des Hartmann von Aue fand binnen kürzester Zeit nach ihrer Entstehung auch großmaßstäblichen Widerhall in der bildenden Kunst. Das bislang älteste Zeugnis in der Profankunst ist der Iwein-Zyklus auf Schloss Rodenegg in Südtirol aus der Zeit um 1210/20, der erst in den 1970er Jahren durch Abbruch eines nachträglich eingezogenen Gewölbes freigelegt wurde und die oberen Wandflächen eines kleinen heizbaren Zimmers bedeckt. Die elf dargestellten Szenen beziehen sich auf Vers 282–2360 von Hartmanns Iwein und tragen Namensbeischriften der dargestellten Personen, darunter „Ywain". Im ersten Viertel oder Drittel des 13. Jhs. wurde ein Raum im Hessenhof im thüringischen Schmalkalden mit 24 Bildern desselben Themas ausgeschmückt, von denen 22 erhalten sind. Auch in die Textilkunst fand das Sujet Eingang, wie zwei Szenen auf dem sog. Freiburger Malerertertteppich erweisen[682]. In die frühe Neuzeit datiert eine überlebensgroße Bronzestatue König Artus' des Nürnberger Erzgießers Peter Vischer d. Ä. (um 1460–1529) aus dem Jahre 1512/13 am Grab Kaiser Maximilians I. (1459–1519) in der Innsbrucker Hofkirche, die vielleicht auf einen Entwurf Albrecht Dürers (1471–1528) zurückgeht. Ihr Vorhandensein erklärt sich dadurch, dass Maximilian König Arthur als Inbegriff des edlen Ritters und guten Herrschers in seine Ahnenreihe aufgenommen hatte. König Ludwig II. von Bayern (1845–1886) ließ als Bewunderer der Opern Wagners und Mittelalterenthusiast entsprechende Ausstattungen für seine Schlösser anfertigen, z. B. einen 1869 von Eduard Ille ausgeführten Parzival-Bilderbogen als Wandschmuck in Schloss Berg[683]. Auch Designer greifen keltische Motive auf, z. B. für Aushängeschilder irischer Hotel- und Gastronomiebetriebe, irische Banknoten, englische Briefmarken, Bierflaschenetiketten[684] oder die bekannte französische Zigarettenmarke mit Flügelhelm.

Auch Ossian fand entsprechenden bildlichen Nachhall. So malte Nicolai Abraham Abildgaard (1743–1809) einen „Ossian zur Harfe singend" und Jean Auguste Dominique Ingres (1780–1867) einen „Traum des Ossian". Auf Baron François Gérard (1770–1837) geht ein Gemälde mit dem Titel „Ossian am Ufer des Lora beschwört die Geister beim Klang der Harfe" zurück, auf Jean-Baptiste Isabey (1767–1855) eines zum Thema „Ossian, einsam und blind, singt von vergangenen Zeiten". Anne-Louis Girodet de Roussy Trioson (1767–1824) fertigte ein Bild vom „Tod des Ossian", ein weiteres entstand im Auftrage Napoleon I. und zeigt, wie die Geister gefallener französischer Soldaten von der Siegesgöttin ins Paradies geleitet und von Ossian und seinen Kriegern empfangen werden[685].

Zahlreich sind Geschichts- und Sagenstoffe, darunter häufig keltische, in Werken der englischen Malerbruderschaft der Präraffaeliten aus dem 19. Jh. So gibt es von Sir Edward Burne-Jones viele Darstellungen aus dem Artus-Sagenkreis, etwa ein Glasfenster „The wedding of Sir Tristram" (1862), einen Wandteppich „The Arming and Departure of the Knights of the Round Table on the Quest of the Holy Grail" (um 1890), Gemälde wie „The Last Sleep of Arthur in Avalon" (1881–98), „The beguiling of Merlin" (1874) oder „Merlin and Nimuë"[686]. Arthur Hughes malte „The brave Geraint (Geraint and Enid)" (1860), William Morris eine „Belle Iseult" (1858)[687], Dante Gabriel Rossetti ein „Arthur's Tomb" (1855) und „Sir Launcelot in the Queen's Chamber". Auch von Morris stammen entsprechende Glasfenster, z. B. „The Recognition of Sir Tristram" (1862)[688]. Ein unvollendetes präraffaelitisches Gemeinschaftswerk von Edward Burne-Jones, Dante Gabriel Rossetti, William Morris und sechs weiteren Künstlern aus dem Jahr 1857 sind die berühmten, aber schlecht erhaltenen Fresken („Murals") an der Decke der „Old Debating Chamber" der „Oxford Union Society". Sie zeigen zehn Szenen aus der Artuslegende, nämlich Artus' Erziehung durch Merlin, Artus' Hochzeit, Lanzelot und den Gral, Pelleas und Ettarde, die Seefrau mit Excalibur, Artus' ersten Sieg, Palomydes und Tristan, Merlin und die Seefrau, Gawain und die drei

Frauen, sowie Artus in Avalon und Excalibur zurück im See[689]. Der Illustrator Arthur Rackham (1867–1939) machte 1917 seinem Vornamen mit 30 entsprechenden Illustrationen Ehre. Edward Henry Corbould (1815–1905) wurde durch Tennysons „Idylls of the King" zu einem Gemälde „King Arthur's Charge to the Nuns respecting Guinevere" (1865) angeregt[690]. Von Gustave Doré (1832–83) stammt eine große Illustrationsfolge zum selben Werk. Etwas jünger ist Eleanor Fortescue-Brickdales Darstellung der Königin „Guenevere" (1911), die wiederum eine Passage der „Idylls of the King" umsetzt. In München war 1995 eine ganze Ausstellung dem Nachleben der Artusromantik in der Kunst des 19. Jhs. gewidmet[691]. Vieles weitere findet sich wiederum auf der Homepage des „Camelot project"[692], wo geordnet nach Künstlern wohl einige hundert Darstellungen mit Abbildung und erläuterndem Text erfasst sind.

Last but not least findet man heute in keltischen Landen eine Fülle kunsthandwerklicher Gebrauchs- und Schmuckartikel aus Materialien aller Art, die Ornamente und andere Motive aus Latènestil und inselkeltischer Buchmalerei verarbeiten, auch auf dem Umweg über William Morris' (1834–1896) „Arts and Crafts"-Bewegung. Sie werden teilweise in spezialisierten Laden- und Versandhandelsketten vertrieben und umfassen Artikel wie „Lindisfarne Wollstrickjacken" oder „Book of Kells Manschettenknöpfe". Das Angebot reicht von qualitativ und optisch Ansprechendem bis zu „keltisch-arthurischem Touristenramsch"[693]. Auch an Anleitungen für eigene Handarbeiten fehlt es nicht. So gibt es etwa Bücher mit keltisch inspirierten Zählmustern, die sich in Stickerei, Knüpftechnik, Strick- und Häkelarbeiten, Geweben, Mosaiken u. a. umsetzen lassen[694].

Photographie und Film

Auch frühe englische Photographen wurden von der Artusthematik inspiriert, so Julia Margaret Cameron (1815–79), die 1874 eine Illustrationsfolge zu Tennysons „Idylls of the King" mit aufwändig kostümierten Darstellern inszenierte[695]. Von Henry Peach Robinson (1830–1091) existiert ein Photo „Elaine Watching the Shield of Lancelot" (1859), von dem Amerikaner Frank Eugene (1865–1936) eines mit „Arthur and Guinevere" (1900)[696].

Im modernen amerikanischen Film wurde des Keltentums immer wieder in seiner schottischen Form gedacht, was neben dem folkloristischen Reiz der Schottentracht und spannungsträchtigen Schwertkampfszenen vor allem mit dem Selbstverständnis vieler Nordamerikaner schottischer Abstammung als potentielle Kinobesucher und Käufer von Videos und Fanartikeln zu tun haben dürfte. Häufig sind keltisch inspirierte Fantasy-Verfilmungen, sowohl mit realen Darstellern als auch als Animations- und Zeichentrickfilme. Auch Artusstoffe wurden immer wieder – mit mehr oder weniger Fantasyelementen – verfilmt, z. B. 1981 von John Boorman unter dem Titel „Excalibur". Druidische Menschenopfer bilden den Plot für „The Wicker Man" von Robin Hardy aus dem Jahre 1973[697]. Die gezeichneten Abenteuer von Asterix und Obelix existieren auch als Zeichentrickfilme. Selbstverständlich gibt es zahlreiche Verfilmungen keltisch inspirierter Literaturstoffe, man denke nur an Roman Polanskis legendären „Macbeth" von 1971 oder Peter Jacksons aktuelle Trilogie des „Lord of the Rings" von 2001, die mit über 60 Sprechrollen, 15.000 Statisten, 2.500 Mitarbeitern, 300 Millionen Dollar Etat und über 400 Websites alle Rekorde schlägt.

Einer der berühmtesten eigenständigen Schottenfilme ist zweifellos der 1986 entstandene Fantasy-Kultfilm „Highlander". Christopher Lambert verkörpert darin die Rolle des unsterblichen Connor McLeod, der von der Vorzeit bis zur Gegenwart immer wieder geboren wird. In einer je nach Geschmack als phantastisch, kurios oder unsäglich zu bezeichnenden Mischung aus Fantasy, Action und Keltenklischee muss er unentwegt böse Unsterbliche besiegen, damit diese nicht die Weltherrschaft erlangen. Immerhin konnte ein echter Schotte, Oskarpreisträger Sir Sean Connery, für die Rolle von McLeods ebenfalls unsterblichem Lehrmeister Ramirez gewonnen werden. Als Schauplatz der Handlung diente u. a. Glencoe, das heute im Besitz des National Trust for Scotland und mit einem Besucherzentrum ausgestattet ist[698]. Dass die Produzenten des ursprünglichen Films nicht dem Motto des Helden folgten – „there can be only one" (es kann nur einen geben) – sondern 1990, 1993 und 2000 drei Fortsetzungen drehten, hat in der Kinowelt geteiltes Echo gefunden. Immerhin läßt der Untertitel „Endgame" des vierten Teiles erwarten, dass keine weiteren Episoden geplant sind. Zusammen mit einer Fernsehserie von über 100 Teilen gilt die „Highlander-Saga" als eine der erfolgreichsten Serien der Filmgeschichte überhaupt, was man angesichts der Zahl der Fanartikel, Veranstaltungen und Internetlinks gerne glaubt.

1995 könnte man als das „Jahr des schottischen Films" in den USA bezeichnen, weil gleich zwei hochrangig besetzte Filme mit großem Budget zu Themen der schottischen Geschichte in Schottland gedreht wurden. Es handelt sich einerseits um „Rob Roy" mit Liam Neeson, Jessica Lange und Tim Roth in den Hauptrollen, der die Geschichte des Volkshelden Rob Roy McGregor (1671–1734) aus Balquhidder erzählt, der als Viehdieb und ehrbarer Ganove im

Hochland legendär und von Sir Walter Scott (1771–1832) wie erwähnt in einer Novelle verewigt wurde. Sein Grab ist noch heute auf dem Ortsfriedhof zu sehen, und im 20 km entfernten Callander nördlich von Glasgow gibt es ein „Rob Roy and Trossachs Visitor Centre", das seiner Lebensgeschichte und der Frage gewidmet ist, ob er ein Held oder ein Schurke gewesen sei. Die Dreharbeiten zum Film fanden in Perthshire, besonders in Megginch Castle bei Perth und Drummond Castle bei Crieff, sowie in den Highlands in Glen Navis nahe Fort William statt. Tim Roths darstellerische Leistung wurde mit einer Oskarnominierung honoriert[699].

Der zweite Film erzählt unter dem Titel „Braveheart" die weitaus dramatischere Lebensgeschichte des als Helden und Widerstandskämpfer gegen England verehrten William Wallace († 1305), der von Mel Gibson unter eigener Regie verkörpert wird. Der Film mit Sophie Marceau in der weiblichen Hauptrolle als Isabelle, Gattin des späteren englischen Königs Edward II., wurde mit fünf Oskars prämiert. Die Highlandszenen der Originalversion sind in schottischem Akzent gesprochen und stellen eine sprachliche Prüfung für jeden Nichtschotten dar. Gedreht wurde der Film wiederum in Glen Nevis und Glencoe, die Schlachtszenen in Irland. Am Rand von Stirling befindet sich heute hoch auf dem Felsen von Abbey Craig, wo Wallace 1297 lagerte, das Vorrücken der Engländer erwartete und seinen ersten Sieg errang, das „National Wallace Monument". Dieses enthält eine audiovisuelle Ausstellung mit historischen Gegenständen, z. B. Waffen, darunter angeblich Wallace eigener Zweihänder, im Schottischen claymore (gälisch: claidheamh mòr = großes Schwert) oder broadsword genannt[700]. Nachdem diese Waffen erst im Spätmittelalter von der Schweiz her aufkamen und ihre Blüte im 16./17. Jh. hatten, ist zu bezweifeln, dass Wallace mit einer solchen Waffe focht, zumal ihr Gefechtswert heute als gering eingeschätzt wird[701].

7 Zusammenfassung

Es fällt schwer, nach diesem Potpourri von Keltischem und vielleicht Nicht-So-Keltischem aus Vergangenheit und Gegenwart
etwas Allgemeingültiges zu sagen. Zwei Dinge standen immer wieder im Vordergrund, Vielfalt in jeder Hinsicht und kulturelle Güter
wie Sprache und meisterliches Kunsthandwerk. Durch alle Zeiten
fiel die Abwesenheit größerer hegemonialer Bestrebungen auf, sei
es, weil sie kein Teil der altüberlieferten Lebensweise waren, sei es,
weil angesichts machtpolitisch und militärisch überlegener Gegner
keine Gelegenheit dazu bestand. Außerdem bewiesen keltische
Populationen immer wieder ihre extreme Anpassungsfähigkeit an
unterschiedlichste Umfelder, die wie erwähnt vom antiken Galatien
bis ins moderne Patagonien reichen, bei zugleich großer Treue
gegenüber der eigenen kulturellen Identität, in die immer wieder
Fremdes schöpferisch vereinnahmt wurde. Heute findet das keltische Erbe in kuriosesten Ausprägungen immer neuen Anklang,
während das griechisch-römische und christliche sich in der breiteren Öffentlichkeit durch geänderte Schullehrpläne und Weltbilder
seit Jahrzehnten auf dem Rückzug befindet[*]. Kelten haben die europäische Entwicklung mindestens vom 6.–1. Jh. v. und 6.–9. Jh. n. Chr.
wesentlich bestimmt, jedoch nicht im Sinne einer „europäischen
Einheit", wie enthusiastische Ausstellungsmacher bisweilen glauben
machen wollen, sondern allenfalls im Sinne eines „Europa der Regionen", in dem bei aller Verschiedenheit in der gemeinsamen Kultur und Überlieferung ein einendes Band bestand. Dem Europa-
und Keltenbegeisterten bleibt zu hoffen, dass in einem dezentrali-
sierten Europa mit sozialem Ausgleich auch der jahrhundertealte
Zwist zwischen Kelten und Nichtkelten in einem friedlichen
Neben- und Miteinander gegenseitiger Achtung beigelegt werden
kann.

---

[*] Dies belegen, von Statistiken und wissenschaftlichen Studien abgesehen,
drastisch die beliebten Quizsendungen im Fernsehen, bei denen insbesondere jüngere Kandidaten oft an Gemeinplätzen der abendländischen Kulturgeschichte scheitern.

8 Anhang

8.1 Literaturverzeichnis

Antike und frühmittelalterliche Quellen (im Text abgekürzt nach DklP):

Aelian, On the characteristics of animals. Griech.-Engl. hrsg. u. übers. A. F. Scholfield (1958–1959).

Ammian, Das römische Weltreich, Dt. O. Veh/G. Wirth (1974).

Appian, Wars of the Romans in Iberia – Iberike. Griech.-Engl. eingel., übers. u. komm. J. S. Richardson (2000).

Aristoteles, Werke in deutscher Übersetzung.
  Bd. 7 = Eudemische Ethik. Dt. hrsg. H. Flashar, übers. F. Dirlmeier ^{4}(1984).
  Bd. 9, 1–4 (erschienen 1–3) = Politik. Dt. hrsg. H. Flashar, übers. u. erl. E. Schütrumpf u. a. (1991 ff.).
  Die Nikomachische Ethik. Gr.-Dt. hrsg. R. Nickel, übers. O. Gigon (2001).

Arrian, Der Alexanderzug – Anabasis. Gr.-Dt. hrsg. u. übers. G. Wirth (1985).

Athenaeus, Das Gelehrtenmahl – Deipnosophistae. Gr.-Dt. eingel. u. übers. C. Friedrich, komm. Th. Nothers (1998–2001).

Augustus, Meine Taten – Res gestae divi Augusti. Lat.-Griech.-Dt. hrsg. E. Weber ^{5}(1989).

Avienus, Ora maritima or Description of the seacoast. Lat.-Engl. hrsg., übers. u. komm. J. P. Murphy (1977).

Beda, Kirchengeschichte des englischen Volkes – Historia Ecclesiastica Gentis Anglorum. Lat.-Dt. hrsg. u. übers. G. Spitzbart nach B. Colgrave/R. A. B. Mynors (1997).

Caesar, Der Gallische Krieg – De bello Gallico. Lat.-Dt. hrsg., übers. u. eingel. O. Schönberger ^{2}(1999).

Caesar, Der Bürgerkrieg – De bello civile. Lat.-Dt. hrsg., übers. u. eingel. O. Schönberger ^{3}(1999).

Cassius Dio, Römische Geschichte. Dt. übers. O. Veh, eingel. G. Wirth (1985–1987).

Cicero, Über die Wahrsagung. Lat.-Dt. hrsg. u. übers. Ch. Schäublin (1991).

Diodorus, Griechische Weltgeschichte. Dt. übers. u. komm. Th. Nothers (1992–2001).

Ennius: Annalen. In: Die frühen römischen Historiker. Bd. 1: Von Fabius Pictor bis Cn. Gellius. Gr.-Lat.-Dt. hrsg., übers. u. komm. H. Beck/U. Walter (2001).

Frontin, Kriegslisten – Strategemata. Lat.-Dt. hrsg. u. übers. G. Bendz ^{3}(1987).

Gildas, De Excidio et Conquestu Britanniae. The Ruin of Britain and other Works. Lat.-Engl., hrsg. u. übers. M. Winterbottom (1978).

Hekataios, Erdbeschreibung – Periegesis. In: GLQFM 1 (1988) 44 f. und 430.

Herodian, Geschichte des Kaisertums nach Marc Aurel. Griech.-Dt. hrsg. u. übers. F. L. Müller (1996).

Hieronymus, Werke – Sancti Eusebii Hieronymi opera omnia. Patrologiae cursus completus. Patrologia Latina 22–30. Lat. hrsg. J.-P. Migne ²(1965–1990).

Historia Augusta. Dt. übers. E. Hohl (1976–1985).

Homer, Odyssee. Griech.-Dt. hrsg. u. erl. A. Weiher ¹¹(2000).

Isidor, Werke – Sancti Isidori Hispalensis episcopi opera omnia. Patrologiae cursus completus. Patrologia Latina 83. Lat. hrsg. F. Arevalo/J.-P. Migne ²(1989).

Justin, Weltgeschichte von den Anfängen bis Augustus im Auszug – Epitoma historiarum Philippicarum Pompei Trogi. Lat.-Dt. hrsg. u. übers. O. Seel ²(1972).

Juvenal, Die Satiren. Lat.-Dt. hrsg., übers. u. komm. J. Adamietz (1993).

Lukan, Der Bürgerkrieg – Pharsalia. Lat.-Dt. hrsg. u. übers. G. Luck (1985).

Martial, Epigramme. Lat.-Dt. hrsg. u. übers. P. Barié/W. Schindler (1999).

Mela, Kreuzfahrt durch die Alte Welt. Lat-Dt. hrsg. u. übers. K. Brodersen (1994).

Nennius, The historia Brittonum. Lat.-Engl. hrsg. u. übers. D. N. Dumville (1985).

Palladius, Opus agriculturae. Lat. hrsg. R. H. Rodgers (1975).

Panegyrikus VIII (auf Constantius). In: XII panegyrici Latini. Lat. hrsg. R. A. B. Mynors (1973).

Pausanias, Reisen in Griechenland. Dt. übers. F. Eckstein/E. Meyer, Nachtr. K. Brodersen ²(2001).

Platon, Werke in acht Bänden. 8, 1–2 = Nomoi – Gesetze. Griech.-Dt. hrsg. K. Schöpsdau u. a. (1990).

Plinius, Naturkunde – Naturalis historia. Lat.-Dt. hrsg. u. übers. R. König/ G. Winkler u. a. (1975–1997).

Polybios, Geschichte. Griech.-Dt. eingel. u. übers. H. Drexler ²(1978–1979).

Poseidonios. In: GLQFM 1 (1988) 66 ff. und 440 ff.

Ptolemaeus, Geographia. Bd. 1.1–3. Griech. hrsg., eingel. u. komm. K. Müller (1883–1901).

Seneca, Naturales quaestiones – Naturwissenschaftliche Untersuchungen. Lat.-Dt. hrsg. u. übers. M. F. A. Brok (1995).

Sidonius, Sidonie Apollinaire. Lat.-Franz. hrsg. u. übers. A. Loyen (1960, 1970).

Silius Italicus, Punica. Das Epos vom Zweiten Punischen Krieg. Lat.-Dt. hrsg. u. übers. H. Rupprecht (1991).

Strabon, Géographie (erschienen Buch 1–12). Griech.-Franz. hrsg. u. übers. G. Aujac/F. Lasserie/R. Baladié (1966–1996).

Sueton, Kaiserviten. Lat.-Dt. hrsg. u. übers. H. Martinet (1997).

Tacitus, Agricola/Germania. Lat.-Dt. eingel., hrsg. u. übers. A. Städele (1991).

Tacitus, Annalen. Lat.-Dt. hrsg. E. Heller ³(1997).

Tacitus, Historien. Lat.-Dt. hrsg. J. Borst u. a. ⁵(1984).

Theopomp, Hellenika. Dt. übers. E. Meyer (1909).

Velleius Paterculus, Compendium of Roman history. Lat.-Engl. F. W. Shipley (1979).

Vergil, Aeneis. Lat.-Dt. hrsg. u. übers. J. Götte ⁹(1997).
Xenophon, Hellenika. Griech.-Dt. hrsg. u. übers. G. Strasburger ³(2000).
Zosimos, Neue Geschichte. Dt. O.Veh/St. Rebenich (1990).

Sammelwerke und Zusammenfassungen:

CIIC: R. A. S. Mac Alister (Hrsg.), Corpus Inscriptionum Insularum Celti-
carum (Dublin 1940/45, Nachdruck 1996).

CIH: D. A. Binchy (Hrsg.), Corpus Iuris Hibernici. 6 Bde. (Dublin 1978).

FHRC: J. Zwicker (Hrsg.), Fontes Historiae Religionis Celticae (Berlin
1934–1936).

GLQFM 1988: J. Herrmann (Hrsg.), Griechische und lateinische Quellen
zur Frühgeschichte Mitteleuropas 1. Von Homer bis Plutarch. Schr. u.
Quellen Alte Welt 37, 1 (Berlin 1988).

GLQFM 1990: J. Herrmann (Hrsg.), Griechische und lateinische Quellen
zur Frühgeschichte Mitteleuropas 2. Tacitus: Germania. Schr. u. Quellen
Alte Welt 37, 2 (Berlin 1990).

GLQFM 1991: J. Herrmann (Hrsg.), Griechische und lateinische Quellen
zur Frühgeschichte Mitteleuropas 3. Von Tacitus bis Ausonius. Schr. u.
Quellen Alte Welt 37, 3 (Berlin 1991).

GLQFM 1992: J. Herrmann (Hrsg.), Griechische und lateinische Quellen
zur Frühgeschichte Mitteleuropas 4.Von Ammianus Marcellinus bis Zosimos. Schr. u. Quellen Alte Welt 37, 4 (Berlin 1992).

Goetz/Welwei 1995: H.-W. Goetz/K.-W. Welwei (Hrsg.), Altes Germanien.
Auszüge aus den antiken Quellen über die Germanen und ihre Bezie-
hungen zum römischen Reich. Quellen der alten Geschichte bis zum
Jahre 238 n. Chr. Ausgewählte Quellen zur dt. Gesch. des Mittelalters.
Freiherr von Stein-Gedächtnisausgabe 1a. 2 Bde. (Darmstadt 1995).

Koch 1995: J. T. Koch (Hrsg.), The Celtic heroic age. Literary sources for
ancient Celtic Europe and early Ireland and Wales. Celtic Stud. Publ. 1
(Malden, Mass. 1995).

Poppi 1991: L. Kruta Poppi, The Ancient Writers. In: Moscati u. a. 1991,
683–689.

Rankin 1987: D. Rankin, Celts and the classical world (London, Sydney
1987; ²1996).

RIG: P.-M. Duval (Hrsg.), Recueil des inscriptions gauloises. 4 Bde. (Paris
1985, 1986, 1988, 1998).

Lexika und Handbücher:

AuhV: L. Lindenschmit, Die Alterthümer unserer heidnischen Vorzeit. 5 Bde.
(Mainz 1858–1911).

Bray/Trump 1982: W. Bray/D. Trump, The Penguin Dictionary of Archaeology ²(London 1982).

Déchelette: J. Déchelette, Manuel d'Archéologie préhistorique et celtique. 4 Bde.
(Paris 1908–1927).

DklP: K. Ziegler/W. Sontheimer/H. Gärtner (Hrsg.), Der Kleine Pauly. 5
Bde. (München 1964–1975, Nachdruck 1979).

226

Kindler: W. Jens (Hrsg.), Kindlers neues Literatur-Lexikon. 22 Bde. (München 1988–1998).

LexMA: R.-H. Bautier/Ch. Bretscher-Gisiger (Hrsg.), Lexikon des Mittelalters. 10 Bde. (München 1980–1999).

Maier 1994: B. Maier, Lexikon der keltischen Religion und Kultur. Kröners Taschenausgabe 466 (Stuttgart 1994).

RE: L. Pauly/G. Wissowa/W. Kroll/K. Mittelhaus/K. Ziegler (Hrsg.), Paulys Realencyclopädie der classischen Altertumswissenschaft (München 1893–1980).

RGA: H. Beck (Hrsg.), Reallexikon der Germanischen Altertumskunde ²(Berlin 1973 ff.) – bis 2001 waren 19 Bde. erschienen (bis Stichwort Metrum).

Thieme/Becker 1999: U. Thieme/F. Becker (Hrsg.), Allgemeines Lexikon der bildenden Künstler von der Antike bis zur Gegenwart. 25 Bde. (Leipzig 1999).

Verwendete und weiterführende Literatur
(zitiert und abgekürzt nach Bericht der Römisch-Germanischen Kommission 71, 1990, 973–998 und 73, 1992, 477–540):

Abels 1991: B.-U. Abels, Ein frühhallstattzeitliches Heiligtum in Litzendorf-Naisa, Kr. Bamberg, Oberfranken. Arch. Jahr Bayern 1991, 86–89.

Agache 1981: R. Agache, Le problème des fermes indigènes pré-romaines et romaines en Picardie. In: O. Büchsenschütz (Hrsg.), Les structures d'habitat à l'âge du Fer en Europe tempérée. Kongressber. Bouges-le-Château 1978 (Paris 1981) 45–50.

Alcock 1974: L. Alcock, Camelot: Die Festung des Königs Artus? Ausgrabungen in Cadbury Castle 1966–1970 (Bergisch-Gladbach 1974).

Allen 1978: D. F. Allen, An Introduction to Celtic Coins (London 1978).

Allen/Nash 1980: D. F. Allen/D. Nash, The coins of the ancient Celts (Edinburgh 1980).

Almagro 1991: M. Almagro-Gorbea, The Celts of the Iberian Peninsula. In: Moscati u. a. 1991, 389–405.

Almagro 1997: M. Almagro-Gorbea, Die Kelten auf der Iberischen Halbinsel. In: Bader 1997, 73–83.

Almagro/Zapater 1993: M. Almagro-Gorbea/G. Ruiz Zapater (Hrsg.), Los Celtas. Hispania y Europa (Madrid 1993).

Altjohann 1995: M. Altjohann, Bemerkungen zum Ursprung des gallo-römischen Umgangstempels. In: W. Czysz u.a. (Hrsg.), Provinzialrömische Forschungen. Festschrift G. Ulbert 65. Geburtstag (Espelkamp 1995) 169–203.

Andreae 1991: B. Andreae, The Image of the Celts in Etruscan, Greek and Roman Art. In: Moscati u. a. 1991, 61–69.

Angenendt 1995: A. Angenendt, Das Frühmittelalter. Die abendländische Christenheit von 400 bis 900 ²(Stuttgart, Berlin, Köln 1995).

Argente 1990: J. L. Argente Oliver, Museo Numantino. Guía del Museo (Soria 1990).

Arslan 1994: E. Arslan, I Celti nella Padania. In: P. G. Guzzo/S. Moscati/G. Susini (Hrsg.), Antiche genti d' Italia. Ausstellungskat. Rimini 1994 (Roma 1994) 63–66.

Ash 1997: R. Ash, Sir Edward Burne-Jones ²(London 1997).

Audouze/Büchsenschütz 1991: F. Audouze/O. Büchsenschütz, Towns, villages and countryside of Celtic Europe. From the beginning of the second millennium to the end of the first century BC (London, New York, Sydney, Toronto 1991).

Avery 1968: M. Avery, Excavations at Meare East 1966. Proc. Somersetshire Arch. Soc. 112, 1968, 21–39.

Bader 1997: T. Bader (Hrsg.), Die Welt der Kelten. Dia-Vortragsreihe in Hochdorf/Enz 1991–1997. Schriftenr. Keltenmus. Hochdorf/Enz 2 (Eberdingen 1997).

Banck-Burgess 1997: J. Banck-Burgess, Prähistorische Textiltraditionen. In: B. Fritsch/M. Maute/I. Matuschik/J. Müller/C. Wolf (Hrsg.), Tradition und Innovation. Prähistorische Archäologie als historische Wissenschaft. Festschr. Christian Strahm. Internat. Arch. Stud. Honoraria 3 (Rahden 1998) 469–478.

Banck-Burgess 1999: J. Banck-Burgess, Hochdorf IV. Die Textilfunde. Forsch. u. Ber. Vor- u. Frühgesch. Baden-Württemberg 70 (Stuttgart 1999).

Barbier 2000: M.-A. Barbier-Le Déroff, Des fesses interdites ... ou de quelques formes et contenus de violence imposée au „corps". In: Carluer 2000, 359–377.

Barth 1992: Barth, F.-E., Prähistorisches Schuhwerk aus den Salzbergwerken Hallstatt und Dürrnberg/Hallein. In: A. Lippert/K. Spindler (Hrsg.), Festschrift zum 50-jährigen Bestehen des Institutes für Ur- und Frühgeschichte der Leopold-Franzens-Universität Innsbruck. Universitätsforsch. Prähist. Arch. 8 (Bonn 1992) 25–35.

Bartram 1985: M. Bartram, The Pre-Raphaelite Camera. Aspects of Victorian Photography (London 1985).

Bauer/Kuhnen 1995: S. Bauer/H.-P. Kuhnen, Ein „Starker Ort". Der frühkeltische Opferplatz bei Egesheim, Kr. Tuttlingen. In: Haffner 1995, 51–54.

Baum 1999: N. Baum, Die Dietersberghöhle bei Egloffstein, Kr. Forchheim. Von der Opferhöhle zum Bestattungsplatz. Prähist. Zeitschr. 74, 1999, 79–121.

Baumstark 1995: R. Baumstark (Hrsg.), Der Gral. Artusromantik in der Kunst des 19. Jh. Ausstellungskat. München 1995/96 (München 1995).

Bausinger 1999: H. Bausinger, Grundzüge der Volkskunde (Darmstadt 1999).

Becker 1984: C. J. Becker, s. v. Dejbjerg. RGA 5 (1984) 308–309.

Bender Jørgensen 1986: L. Bender Jørgensen, Forhistoriske textiler i Skandinavien. Prehistoric Scandinavian Textiles. Nordiske Fortidsminder B9 (Copenhagen 1986).

Bender Jørgensen 1992: L. Bender Jørgensen, North European Textiles until AD 1000 (Aarhus 1992).

Biel 1985: J. Biel, Der Keltenfürst von Hochdorf ²(Stuttgart 1985).

Biel 1987: J. Biel, Vorgeschichtliche Höhensiedlungen in Südwürttemberg-Hohenzollern. Forsch. u. Ber. Vor- u. Frühgesch. Baden-Württemberg 24 (Stuttgart 1987).

Biel 1995: J. Biel, Die Siedlung der Späthallstatt-/Frühlatènezeit von Hochdorf/Enz, Kreis Ludwigsburg. In: J. Biel (Hrsg.), Fürstensitze, Höhenburgen, Talsiedlungen. Arch. Inf. Baden-Württemberg 28 (Stuttgart 1995) 30–37.

Birkhan 1997: H. Birkhan, Kelten. Versuch einer Gesamtdarstellung ihrer Kultur ²(Wien 1997).

Birkhan 1999: H. Birkhan, Kelten. Bilder ihrer Kultur (Wien 1999).

Bittel u. a. 1981: K. Bittel/W. Kimmig/S. Schiek, Die Kelten in Baden-Württemberg (Stuttgart 1981).

Bittel u. a. 1990: K. Bittel/S. Schiek/D. Müller, Die keltischen Viereckschanzen. Atlas Arch. Geländedenkmäler Baden-Württemberg 1/1. 2 Bde. (Stuttgart 1990).

Blázquez 2001: J. M. Blázquez, Influencias entre la Meseta y Oretania. Toponimia, Broches, Indumentaria militar. In: D. Büchner (Hrsg.), Studien in memoriam Wilhelm Schüle. Internat. Arch. Stud. Honoraria 11 (Rahden 2001) 40–52.

Blech u. a. 2001: M. Blech/M. Koch/M. Kunst (Hrsg.), Denkmäler der Frühzeit. Hispania Antiqua 5 (Mainz 2001).

Bockisch/Zeitler 1996: Ch. Bockisch-Bräuer/J. P. Zeitler (Hrsg.), Kulthöhlen. Funde – Deutungen – Fakten. Ausstellungskat. Naturhist. Ges. Nürnberg 1996 (Fürth 1996).

Bökönyi 1991: S. Bökönyi, Agriculture. Animal Husbandry. In: Moscati u. a. 1991, 429–435.

Bogdanor 1999: V. Bogdanor, Devolution in the United Kingdom (Oxford 1999).

Bolus 1999: M. Bolus, Eisenzeitliche Silexartefakte aus der Siedlungsgrabung „Angerbogen I" in Duisburg-Huckingen. Arch. Korrbl. 29 (1999) 61–68.

Bosinski/Herrmann 1998/99: M. Bosinski/F.-R. Herrmann, Zu den frühkeltischen Statuen vom Glauberg. Ber. Komm. Arch. Landesforsch. Hessen 5, 1998/99, 41–48.

Bottigheimer 1985: K. S. Bottigheimer, Geschichte Irlands (Stuttgart, Berlin, Köln, Mainz 1985).

Bouët/Perrin 1835: A. Bouët/O. Perrin, Breiz-Izel ou vie des Bretons de l'Armorique (Mayenne 1835, kommentierter Nachdruck Quimper 1977).

Bougeard/Capdevila 2000: Ch. Bougeard/L. Capdevila, Violence et répression en Bretagne sous l'Occupation et la Liberation. In: Carluer 2000, 429–446.

Bradbury 1997: J. Bradbury, Introduction. In: Bradbury/Mawson 1997, 3–31.

Bradbury/Mawson 1997: J. Bradbury/J. Mawson (Hrsg.), British Regionalism and Devolution. The Challenges of State Reform and European Integration. Regional Policy and Development Series 16 (London, Bristol/PA 1997).

Brand/Mitchell 1997: J. Brand/J. Mitchell, Home Rule in Scotland. The Politics and Bases of a Movement. In: Bradbury/Mawson 1997, 35–54.

Brandt 1998: H. Brandt, Frauen in der keltischen Eisenzeit. In: B. Auffermann/G.-Ch. Weniger (Hrsg.), Frauen – Zeiten – Spuren. Ausstellungskat. Neanderthal-Museum 1998 (Bielefeld 1998) 271–301.

Breeze 1991: A. Breeze, The Arthurian Cycle and Celtic Heritage in European Culture. In: Moscati u. a. 1991, 663–670.

Breeze/Dobson 1978: D. J. Breeze/B. Dobson, Hadrian's Wall (Harmondsworth 1978).

Bretagne 1998: Le breton, deuxième langue de la République. Revue de la Presse Août 45, 1998, 4–6 (nach Aujourd' hui/Le Parisien 10.5.1998).

Bretagne 1999a: La Charte européenne pour les langues régionales et minoritaires. L'engagement prudent de la France. Revue de la Presse Septembre 46, 1999, 1, 8 (nach „Libération" vom 5.7.1999).

Bretagne 1999b: Le débat régionaliste. La Charte européenne sur les langues régionales divise les Français. Revue de la Presse Septembre 46, 1999, 5.

Bretagne 1999c: Bretagne: les jours meilleurs. Revue de la Presse Septembre 46, 1999, 7–8.

Bretagne 1999d: Le „Gwen ha Du" drapeau breton. Revue de la Presse Octobre 46, 1999, 6.

Brodersen 1998: K. Brodersen, Das römische Britannien. Spuren seiner Geschichte (Darmstadt 1998).

Brodersen 2001: K. Brodersen (Hrsg.), Asterix und seine Zeit. Die große Welt des kleinen Galliers (München 2001).

Brunaux 1989: J.-L. Brunaux, Les enceintes carrées sont-elles des lieux de culte. In: O. Büchsenschütz/L. Olivier (Hrsg.), Les Viereckschanzen et les enceintes quadrilaterales en Europe Celtique. Kongressber. Châteaudun 1985 (Paris 1989) 11–14.

Brunaux 1995: J.-L. Brunaux, Die keltischen Heiligtümer Nordfrankreichs. In: Haffner 1995, 55–74.

Brunaux 1999: J.-L. Brunaux, Die keltischen Heiligtümer im Nordwesten Galliens. In: Wieland 1999b, 91–104.

Büchsenschütz/Méniel 1994: O. Büchsenschütz, P. Méniel (Hrsg.), Les Installations Agricoles de l'Age du Fer en Ile-de-France. Kongressber. Paris 1993. Études d' histoire et d' archéologie 4 (Paris 1994).

Bulleid/Gray 1911/17: A. Bulleid/H. St. G. Gray, The Glastonbury Lake Village. 2 Bde. (Glastonbury 1911, 1917).

Bulleid/Gray 1948/53: A. Bulleid/H. St. G. Gray, The Meare Lake Village. 2 Bde. (Taunton 1948, 1953).

Bushe-Fox 1926–49: J. P. Bushe-Fox, Excavations at Richborough, Kent. 4 Bde. (London 1926–1949).

Calkin 1953: J. B. Calkin, Kimmeridge Coal-Money. The Romano-British Shale Armlet Industry. Proc. Dorset Natural Hist. Soc. 75, 1953, 45–71.

Calvez 2000: R. Calvez, Violence et Pangée. Du bon usage de la violence écrite dans la presse en langue bretonne 1940–1944. In: Carluer 2000, 411–428.

Cardozo 1993: M. Cardozo, Citânia de Briteiros e Castro de Sabroso. Notícia descritiva para servier de guia ao visitante (Guimarães 1993).

Carluer 2000: J.-Y. Carluer (Hrsg.), Violence et Société en Bretagne et dans les pays celtiques. Kongreßber. Brest 1999. Kreiz 13 (Brest 2000).

Céramique 1991: La céramique peinte celtique dans son contexte européen. Kongreßber. Hautvillers 1987. Mem. Soc. Arch. Champenoise 5 (Reims 1991).

Challet 1992: V. Challet, Les Celtes et l'émail. Doc. prehist. 3 (Paris 1992).

Chapman 1992: M. Chapman, The Celts. The construction of a myth (London 1992).

Chapman 1995: M. Chapman, „Freezing the Frame". Dress and Ethnicity in Brittany and Gaelic Scotland. In: Eicher, J. B. (Hrsg.), Dress and ethnicity. Change across space and time (Oxford 1995) 7–28.

Chytráček 1999: M. Chytráček, Grabbau und Bestattungssitten der Hallstatt- und Frühlatènezeit in Westböhmen. In: M. Chytráček/J. Michálek/K. Schmotz (Hrsg.), Archäologische Arbeitsgemeinschaft Ostbayern/West- und Südböhmen. 8. Treffen 1998 Běšiny bei Klatovy (Rahden 1999) 18–35.

Coles 1986: B. Coles, Sweet track to Glastonbury. The Somerset levels in prehistory (London 1986).

Colllis 1997a: J. Collis, The European Iron Age (London 1997).

Collis 1997b: J. Collis, The Celts in Britain? In: Bader 1997, 85–87.

Collis 1993: J. Collis, Die Oppidazivilisation. In: Dannheimer/Gebhard 1993, 102–106.

Collis 2001: J. Collis, Society and Settlement in Iron Age Europe. Kongreßber. Winchester 1994 (Sheffield 2001).

Colpe 1970: C. Colpe, Theoretische Möglichkeiten zur Identifizierung von Heiligtümern und Interpretation von Opfern in ur- und parahistorischen Epochen. In: H. Jankuhn (Hrsg.), Vorgeschichtliche Heiligtümer und Opferplätze in Mittel- und Nordeuropa. Symposium Reinhausen 1968. Abhandl. Akad. Wiss. Göttingen Phil.-Hist. Kl. 3 f. 74 (Göttingen 1970) 18–39.

Combot 2000: P. Combot, Jean Conan (1765–1834). Réponses d'un homme du peuple à quelques formes de violence. In: Carluer 2000, 405–409.

Cordie 1989: R. Cordie-Hackenberg, Eine latènezeitliche Doppelbestattung mit Holzmöbel. In: A. Haffner, Gräber – Spiegel des Lebens. Zum Totenbrauchtum der Kelten und Römer am Beispiel des Treverer-Gräberfeldes Wederath-Belginum. Schriftenr. Rhein. Landesmus. Trier 2 (Mainz 1989) 187–196.

Cordie u. a. 1992: R. Cordie-Hackenberg/R. Geiß-Dreier/A. Miron/A. Wigg (Hrsg.), Hundert Meisterwerke keltischer Kunst. Schmuck und Kunsthandwerk zwischen Rhein und Mosel. Ausstellungskat. Trier (Trier 1992).

Craig-Smith 1996: C. Craig-Smith, Schottland auf der Leinwand. In: Schottland. Ausflugsziele und Sehenswürdigkeiten. Scottish Tourist Board Publications (Edinburgh, London 1996) 62–63.

Čremošnik 1964: I., Čremošnik, Die einheimische Tracht Noricums, Pannoniens und Illyricums und ihre Vorbilder. Latomus 23, 1964, 760–773.

Crummy 1984: Ph. Crummy, Excavations at Lion Walk, Balkerne Lane and Middleborough, Colchester, Essex. Colchester Arch. Report 3 (Colchester 1984).

Cunliffe 1971: B. Cunliffe, Excavations at Fishbourne. 2 Bde. (London 1971).

Cunliffe 1972: B. Cunliffe, Saxon and Medieval Settlement Pattern in the Region of Chalton, Hants. Medieval Arch. 16, 1972, 1–12.

Cunliffe 1980: B. Cunliffe, Die Kelten und ihre Geschichte (Bergisch Gladbach 1980).

Cunliffe 1984: B. Cunliffe, Iron Age Wessex. Continuity and Change. In: B. Cunliffe/D. Miles (Hrsg.), Aspects of the Iron Age in Central Southern Britain. Oxford Univ. Com. Arch. Monogr. 2 (Oxford 1984)12–45.

Cunliffe 1988: B. Cunliffe, Greeks, Romans and Barbarians. Spheres of Interaction (London 1988).

Cunliffe 1991: B. Cunliffe, Iron Age Communities in Britain ³(London, Boston 1991).

Cunliffe 1993: B. Cunliffe, Wessex to A. D. 1000. A regional history of England (London, New York 1993).

Cunliffe 1997: B. Cunliffe, The Ancient Celts (London 1997).

Dämmer 1978: H.-W. Dämmer, Die bemalte Keramik der Heuneburg. Die Funde aus den Grabungen von 1950–1973. Heuneburgstud. 4. Röm.-German. Forsch. 37 (Mainz 1978).

Dal Ri 1995/96: L. Dal Ri, I ritrovamenti presso il rifugio Vedretta di Ries/Rieserferner nelle Alpi Aurine (2850 m s.l.m.). Notizia preliminare. Riv. Scien. Preist. 47, 1995/96, 367–396.

Dalyell 1977: T. Dalyell, Devolution. The end of Britain? (London 1977).

Danaher 1972: K. Danaher, The Year in Ireland (Dublin 1972).

Dannheimer/Gebhard 1993: H. Dannheimer/R. Gebhard, Das keltische Jahrtausend. Ausstellungskat. Prähist. Staatsslg. München 23 (Mainz 1993).

Davies 1999/00: L. M. Davies, The Tregaer Manuscript. An Elegy for Charles I. National Library of Wales Journal 31, 1999/00, 243–270.

Dehn 1972: W. Dehn, „Transhumance" in der westlichen Späthallstattkultur? Arch. Korrbl. 2, 1972, 125–128.

Dehn 1973: W. Dehn, Einige Bemerkungen zu Gesellschaft und Wirtschaft der Späthallstattzeit. „Transhumance" in der westlichen Späthallstattkultur? In: H. Beumann (Hrsg.), Festschrift für Walter Schlesinger. Mitteldt. Forsch. 74, 1 (Köln 1973) 1–18.

Dehn 1976: W. Dehn, s. v. Bibracte. RGA 2 (1976) 510–513.

Dehn/Frey 1979: W. Dehn/O.-H. Frey, Southern Imports and the Hallstatt and Early La Tène Chronology of Central Europe. In: D. Ridgway/F. R. Ridgway (Hrsg.), Italy before the Romans. The Iron age, orientalizing and Etruscan periods (London 1979) 489–511.

Demandt 1998: A. Demandt, Die Kelten. C. H. Beck Wissen in der Beck'schen Reihe 2101 (München 1998).

Demetz 1999: St. Demetz, Fibeln der Spätlatène- und frühen römischen Kaiserzeit in den Alpenländern. Frühgesch. u. Provinzialröm. Arch. 4 (Rahden 1999).

Deyts 1983: S. Deyts, Les bois sculptés des sources de la Seine. Gallia Suppl. 42 (Paris 1983).

Dobesch 1999: G. Dobesch, s. v. Helvetiereinöde. RGA 14 (1999) 351–374.

Dolley 1966: M. Dolley, The Hiberno-Norse coins in the British Museum. Sylloge of coins of the British Isles 8 (London 1966).

Van Doorselaer u. a. 1987: A. van Doorselaer/R. Putman/K. van der Gucht/ F. Janssens, De Kemmelberg, een keltische Bergvestning. Westvlaamse Arch. Monogr. 3 (Kortrijk 1987).

Drda 1997: P. Drda, Die Kelten in Böhmen – Zavist. In: Bader 1997, 63–67.

Von den Driesch 1993: A. von den Driesch, Haustierhaltung und Jagd bei den Kelten in Süddeutschland. In: Dannheimer/Gebhard 1993, 126–133.

O'Driscoll 1981: R. O'Driscoll (Hrsg.), The Celtic Consciousness. Kongressber. Toronto 1978 (New York 1981).

Drude 1998: O. Drude (Hrsg.), Mit Fontane durch England und Schottland (Frankfurt, Leipzig 1998).

Düwel u. a. 1985: K. Düwel u. a. (Hrsg.), Untersuchungen zu Handel und Verkehr der vor- und frühgeschichtlichen Zeit in Mittel- und Nordeuropa. 1. Methodische Grundlagen und Darstellungen zum Handel in vorgeschichtlicher Zeit und in der Antike. Abhandl. Akad. Wiss. Göttingen Phil.-Hist. Kl. 3. f. 143 (Göttingen 1985).

Dumville 1981: D. N. Dumville, „Beowulf" and the Celtic world. The uses of evidence. Traditio 37, 1981, 109–160.

Dumville 1983a: D. N. Dumville, Ekiurid's Celtica lingua: an ethnological difficulty in Waltharius. Cambridge Medieval Stud. 6, 1983, 87–93.

Dumville 1983b: D. N. Dumville, Brittany and „Armes Prydein Vawr". Etudes Celtiques 20, 1983, 145–158.

Dumville 1984a: D. N. Dumville, The chronology of „De Excidio Britanniae", Book I. In: M. Lapidge/D. N. Dumville (Hrsg.), Gildas. New Approaches (Woodbridge 1984) 61–84.

Dumville 1984b: D. N. Dumville, On the dating of the early Breton lawcodes. Etudes celtiques 21, 1984, 207–221.

Dumville 1988: D. N. Dumville, Early Welsh poetry. Problems of historicity. In: B. F. Roberts (Hrsg.), Early Welsh Poetry. Studies in the Book of Aneirin (Aberystwyth 1988) 1–16.

Dumville 1993: D. N. Dumville, Britons and Anglo-Saxons in the Early Middle Ages. Variorum Collected Studies Series CS 379 (Aldershot, Brookfield/Vermont 1993 – mit Wiederabdruck aller zitierten Aufsätze).

Dupuy 1982: R. Dupuy, La chouannerie (Rennes 1982).

Duval/Pinault 1986: P.-M. Duval/G. Pinault, Recueil des inscriptions gauloises III. Les calendriers. Coligny, Villards d' Héria. Gallia Suppl. XLV (Paris 1986).

Echt 1999: R. Echt, Das Fürstinnengrab von Reinheim. Studien zur Kulturgeschichte der Frühlatènezeit. Saarbrücker Beitr. Altkde. 69 (Bonn 1999).

Egg 1989: M. Egg, Hallstattzeitliche Wagen (Mainz 1989).

Egg 1996: M. Egg, Das hallstattzeitliche Fürstengrab von Strettweg. RGZM Monogr. 37 (Mainz 1996).

Eggers 1986: H. J. Eggers, Einführung in die Vorgeschichte 3 (München 1986).

Eggert 1991: M. K. H. Eggert, Prestigegüter und Sozialstruktur in der Späthallstattzeit. Eine kulturanthropologische Perspektive. Saeculum 42, 1991, 1–28.

Eggert 1999: M. K. H. Eggert, Der Tote von Hochdorf: Bemerkungen zum Modus archäologischer Interpretation. Arch. Korrbl. 29, 1999, 211–222.

Eggert 2001: M. K. H. Eggert, Prähistorische Archäologie. Konzepte und Methoden. Uni-Taschenbücher 2092 (Tübingen, Basel 2001).

Ellis 1974: P. Berresford Ellis, The Cornish language and its literature (London 1974).

Ellis 1993: P. Berresford Ellis, Celt and Saxon. The struggle for Britain A. D. 410–937 (London 1993).

Ellis 1994: P. Berresford Ellis, The Druids (London 1994).

Ellis 1997: P. Berresford Ellis, Celt and Greek. Celts in the Hellenic world (London 1997).

Ellis 1998: P. Berresford Ellis, Celt and Roman. The Celts of Italy (New York 1998).

Ellmers 1974: D. Ellmers, Vor- und frühgeschichtliche Schiffahrt am Nordrand der Alpen. Helvetia Arch. 5, 1974, 94–104.

Farwell/Molleson 1993: D. E. Farwell/T. I. Molleson, Excavations at Poundbury, Dorchester, Dorset, 1966–1982. 2. The Cemeteries. Dorset Natural Hist. Soc. Monogr. Ser. 11 (Dorchester 1993).

Fatás 1989: G. Fatás (Hrsg.), Los Celtas en el valle medio del Ebro (Zaragoza 1989).

Fath 1994: R. Fath, Reclams Opernführer [34](Stuttgart 1994).

Feugère/Rolley 1991: M. Feugère/C. Rolley (Hrsg.), La vaisselle tardo-républicaine en bronze. Kongressber. Lattes 1990. Université de Bourgogne 13 (Dijon 1991).

Fischer 1959: F. Fischer, Der spätlatènezeitliche Depot-Fund von Kappel, Kr. Saulgau. Urk. Vor- u. Frühgesch. Südwürttemberg-Hohenzollern 1 (Stuttgart 1959).

Fischer 1972: F. Fischer, Die Kelten bei Herodot. Bemerkungen zu einigen geographischen und ethnographischen Problemen. Madrider Mitt. 13, 1972, 109–124.

Fischer 1973: F. Fischer, KEIMHΛIA. Bemerkungen zur kulturgeschichtlichen Interpretation des sogenannten Südimports in der späten Hallstatt- und frühen Latène-Kultur des westlichen Mitteleuropa. Germania 51, 1973, 436–459.

Fischer 1976: F. Fischer, s. v. Bewaffnung. § 7. Die B. der Latènezeit. RGA 2 (1976) 409–416.

Fischer 1982: F. Fischer, Frühkeltische Fürstengräber in Mitteleuropa. Mit zwei Beiträgen von J. Biel. Ant. Welt 13 (Sonderh.), 1982, 3–22.

Fischer 1983: F. Fischer, Das Handwerk bei den Kelten zur Zeit der Oppida. In: Jankuhn u. a. 1983, 34–49.

Fischer 1985: F. Fischer, Der Handel der Mittel- und Spät-Latène-Zeit in Mitteleuropa aufgrund archäologischer Zeugnisse. In: Düwel u. a. 1985, 285–298.

Fischer 1990: J. Fischer, Zu einer griechischen Kline und weiteren Südimporten aus dem Fürstengrab Grafenbühl, Asperg, Kr. Ludwigsburg. Germania 68, 1990, 115–127.

Fischer 1997: F. Fischer, Die ältesten Nachrichten über die Kelten und ihre Herkunft. In: Bader 1997, 129–134.

Fischer 1998: F. Fischer, s. v. Fürstensitze. § 2. Jüngere Hallstattzeit und Frühlatènezeit. RGA 10 (1998) 221–225.

Fischer 2000: F. Fischer, Zum „Fürstensitz" Heuneburg. In: Kimmig 2000, 215–227.

Fischer/Schickler 1993: F. Fischer/H. Schickler, Das reliefverzierte Gefäßfragment vom Lochenstein. In: A. Lang u. a. (Hrsg.), Kulturen zwischen Ost und West. Das Ost-West-Verhältnis in vor- und frühgeschichtlicher Zeit und sein Einfluß auf Werden und Wandel des Kulturraums Mitteleuropa. Festschr. G. Kossack (Berlin 1993) 193–202.

Fitz 1979: J. Fitz, s. v. Scordisci. DklP 5 (1979) 51–52.

Foster 1986: J. Foster, The Lexden Tumulus. A re-appraisal of an Iron Age burial from Colchester, Essex. BAR British Ser. 156 (Oxford 1986).

Fox 1955: C. F. Fox, Offa's Dyke (London 1955).

Fox/Ravenhill 1972: A. Fox/W. L. D. Ravenhill, The Roman Fort at Nanstallon, Cornwall. Britannia 3, 1972, 56–111.

Freigang 1997: Y. Freigang, Die Grabmäler der gallo-römischen Kultur im Moselland. Studien zur Selbstdarstellung einer Gesellschaft. Jahrb. RGZM 44, 1997, 277–440.

Frere 1991: S. Frere, Britannia. A History of Roman Britain ³(London 1991).

Frey 1980: O.-H. Frey, Die keltische Kunst. In: Pauli 1980, 76–92.

Frey 1981: O.-H. Frey, s. v. Chronologie. § 25. Vorrömische Eisenzeit. RGA 4 (1981) 648–653.

Frey 1985: O.-H. Frey, Zum Handel und Verkehr während der Frühlatènezeit in Mitteleuropa. In: Düwel u. a. 1985, 232–257.

Frey 1997: O.-H. Frey, Die Kelten in Italien. In: Bader 1997, 141–142.

Frey 1998: O.-H. Frey, s. v. Fürstengräber. § 3. Hallstatt- und Frühlatènezeit. RGA 10 (1998) 178–185.

Frey 2000: O.-H. Frey, s. v. Keltische Großplastik. RGA 16 (2000) 395–407.

Frey 2001: O.-H. Frey, Kompositpanzer der frühen Kelten. In: E. Pohl u. a. (Hrsg.), Archäologisches Zellwerk. Festschr. H. Roth 60. Geburtstag. Internat. Arch. Stud. Honoraria 16 (Rahden 2001) 201–208.

Friedrich/Hennig 1995: M. Friedrich/H. Hennig, Dendrochonologische Untersuchung der Hölzer des hallstattzeitlichen Wagengrabes 8 aus Wehringen, Kr. Augsburg und andere Absolutdaten zur Hallstattzeit. Bayer. Vorgeschbl. 60, 1995, 289–300.

Fries 1995: J. Fries, Vor- und frühgeschichtliche Agrartechnik auf den Britischen Inseln und dem Kontinent. Eine vergleichende Studie. Internat. Arch. 26. Diss. München 1995 (Espelkamp 1995).

Fries-Knoblach 1997: Keltische und römische Pflüge im bayerischen Raetien. Zeitschr. Hist. Ver. Schwaben 90, 1997, 7–30.

Fries-Knoblach 1998: Rezension: O. Buchsenschutz, P. Méniel (Hrsg.), Les Installations Agricoles de l'Age du Fer en Ile-de-France. Kongressber. Paris 1993. Études d' histoire et d' archéologie 4 (Paris 1994). Germania 76, 1998, 355–358.

Fries-Knoblach 1999: Sheet metal working in the Bronze Age and Iron Age in southern Central Europe. In: M. Geiger u. a. (Hrsg.), Sheet Metal 1999. Proceedings of the 7th International Conference on Sheet Metal Erlangen 1999 (Bamberg 1999) 23–34.

Fries-Knoblach 2001: J. Fries-Knoblach, Gerätschaften, Verfahren und Bedeutung der eisenzeitlichen Salzsiederei in Mittel- und Nordwesteuropa. Leipziger Forsch. Ur- u. Frühgesch. Arch. 2 (Leipzig 2001).

Fries-Knoblach im Druck: J. Fries-Knoblach, Von Kopf bis Fuß. Zu Vorkommen und Deutung von Fundkomplexen mit Schädel und Extremitätenenden von Haustieren. In: R. Teegen u. a. (Hrsg.), Studien zur Lebenswelt der Eisenzeit. Festschrift für Rosemarie Müller (im Druck).

Furger-Gunti 1991: A. Furger-Gunti, Basle: The Oppidum of Münsterhügel and the Gasfabrik Settlement. In: Moscati u. a. 1991, 523.

Furger/Müller 1991: A. Furger/F. Müller, Gold der Helvetier. Keltische Kostbarkeiten aus der Schweiz. Ausstellungskat. Zürich 1991 (Zürich 1991).

Furmánek/Pieta 1985: V. Furmánek/K. Pieta, Počiatky odievania na Slovensku (Anfänge der Bekleidung in der Slowakei). Ars Slovaca antiqua 19 (Tatran 1985).

Le Gall 2000a: J.-A. Le Gall, La Bretagne et la violence du préjugé. In: Carluer 2000, 285–295.

Le Gall 2000b: M. Le Gall, Les Bretons et la violence à travers le prisme de la bande dessinée. In: Carluer 2000, 311–325.

Garbsch 1965: J. Garbsch, Die norisch-pannonische Frauentracht im 1. und 2. Jahrhundert. Münchener Beitr. Vor- u. Frühgesch. 11 (München 1965).

Garbsch 1985: J. Garbsch, Die norisch-pannonische Tracht. In: ANRW II 12,3 (Berlin, New York 1985) 546–577.

Gebhard 1989: R. Gebhard, Der Glasschmuck aus dem Oppidum von Manching. Ausgr. Manching 11 (Stuttgart 1989).

Gebhard 1991: R. Gebhard, Die Fibeln aus dem Oppidum von Manching. Ausgr. Manching 14 (Stuttgart 1991).

Geißlinger 1984: H. Geißlinger, s. v. Depotfund. RGA 5 (1984) 320–338.

Gersbach 1989: E. Gersbach, Ausgrabungsmethodik und Stratigraphie der Heuneburg. Heuneburgstud. 6. Röm.-German. Forsch. 45 (Mainz 1989).

Gersbach 1995: E. Gersbach, Baubefunde der Perioden IVc–IVa der Heuneburg. Heuneburgstud. 9. Röm.-German. Forsch. 53 (Mainz 1995).

Gersbach 1996: E. Gersbach, Baubefunde der Perioden IIIb–Ia der Heuneburg. Heuneburgstud. 10. Röm.-German. Forsch. 56 (Mainz 1996).

Giraudon 2000: D. Giraudon, Complaintes criminelles sur feuilles volantes au XIXe siècle en Basse-Bretagne. In: Carluer 2000, 169–198.

Glasperlen 1983: H. Matthäus/Ch. Braun, Glasperlen der vorrömischen Eisenzeit 1. Perlen mit Zickzackzier. Nach Unterlagen von Th. E. Haevernick. Marburger Stud. Vor- u. Frühgesch. 5 (Mainz 1983).

Glasperlen 1987: C. Dobiat/H. Matthäus/B. Raftery/J. Henderson, Glasperlen der vorrömischen Eisenzeit 2. Ringaugenperlen und verwandte Perlengruppen. Nach Unterlagen von Th. E. Haevernick. Marburger Stud. Vor- u. Frühgesch. 9 (Marburg 1987).

Glasperlen 1993: M. A. Zepezauer, Glasperlen der vorrömischen Eisenzeit 3. Mittel- und spätlatènezeitliche Perlen. Nach Unterlagen von Th. E. Haevernick. Marburger Stud. Vor- u. Frühgesch. 15 (Marburg 1993).

Glasperlen 1995: K. Kunter, Glasperlen der vorrömischen Eisenzeit 4. Schichtaugenperlen. Nach Unterlagen von Th. E. Haevernick. Marburger Stud. Vor- u. Frühgesch. 18 (Espelkamp 1995).

Le Glay 1979: M. Le Glay, s. v. Gallia. DklP 2 (1979) 679–680.

Green 1998b: M. Green, Human sacrifice in Iron Age Europe. British Arch. 38 (Okt.), 1998, 8–9.

Groß 1979a: R. Groß, s. v. Celtiberi und Keltiberer. DklP 1 (1979) 1102–1103 und 3, 1979, 181.

Groß 1979b: R. Groß, s. v. Numantia. DklP 4 (1979) 187–188.

Groß 1979c: R. Groß, s. v. Lusitania, -i. DklP 3 (1979) 786–787.

Grünewald 2000: Th. Grünewald, s. v. Kelten. II. Historisches. RGA 16 (2000) 372–388.

Goudineau u.a. 2000: Ch., Goudineau/V. Guichard/M. Reddé/S. Sievers/H. Soulhol, Caesar und Vercingetorix. Antike Welt Sonderh. 6 (Mainz 2000).

Guin 1982: Y. Guin, Histoire de la Bretagne. Contribution à la critique de l'idéologie nationaliste (Paris 1982).

Guštin 1984: M. Guštin, Die Kelten in Jugoslawien. Übersicht über archäologisches Fundgut. Jahrb. RGZM 31, 1984, 305–363.

Guštin 1992: M. Guštin, Die adriatischen Kelten. Mitt. Berliner Ges. Anthr. 13, 1992, 71–76.

Haffner 1995: A. Haffner, Heiligtümer und Opferkulte der Kelten. Sonderh. Arch. Deutschland (Stuttgart 1995).

Haffner/von Schnurbein 2000: A. Haffner/S. von Schnurbein (Hrsg.), Kelten, Germanen, Römer im Mittelgebirgsraum zwischen Luxemburg und Thüringen. Akten des Internationalen Kolloquiums zum DFG-Schwerpunktprogramm „Romanisierung" in Trier 1998. Koll. Vor- u. Frühgesch. 5 (Bonn 2000).

Hahn 1993: E. Hahn, Die Kelten aus anthropologischer Sicht. In: Dannheimer/Gebhard 1993, 134–136.

Hamlyn u. a. 1993: R. Hamlyn/Ch. Heilmann/Ch. Newall/J. Treuherz, Viktorianische Malerei. Von Turner bis Whistler. Ausstellungskatalog München, Madrid 1993 (München, London 1993).

Harbison 1992: P. Harbison, The high crosses of Ireland. An iconographical and photographic survey. Monogr. RGZM 17. 3 Bde. (Bonn 1992).

Hatt 1980a: J.-J. Hatt, Die keltische Götterwelt und ihre bildliche Darstellung in vorrömischer Zeit. In: Pauli 1980, 52–67.

Hatt 1980b: J.-J. Hatt, Eine Interpretation der Bilder und Szenen auf dem Silberkessel von Gundestrup. In: Pauli 1980, 68–75.

Hawkes/Hull 1947: Ch. F. C. Hawkes/M. R. Hull, Camulodunum. First Report on the Excavations at Colchester 1930–1939. Reports Research Committee Soc. Antiquaries London 14 (London 1947).

Hechter 1999: M. Hechter, Internal Colonialism. The Celtic Fringe in British National Development ²(London, New Brunswick 1999).

Hees 1999: M. Hees, Vorgeschichtliche Salzgewinnung: Auf den Spuren keltischer Salzsieder. In: C. Jacob/H. Spatz (Hrsg.), Schliz – ein Schliemann im Unterland? 100 Jahre Archäologie im Heilbronner Raum. Museo 14 (Heilbronn 1999) 154–173.

Hencken 1950: H. O'Neill Hencken, Lagore crannog. An Irish royal residence of the seventh to tenth century A. D. Proc. Royal Irish Acad. Section C 53, 1950, 1–247.

Henderson 1987: G. Henderson. From Durrow to Kells. The insular Gospel-Books 650–800 (London 1987).

Hennig 1995: H. Hennig, Zur Frage der Datierung des Grabhügels 8 „Hexenbergle" von Wehringen. In: B. Schmid-Sikimič/Ph. Della Casa (Hrsg.), Trans Europam. Festschr. M. Primas (Zürich 1995) 129–145.

Herrmann 1998: F.-R. Herrmann, Keltisches Heiligtum am Glauberg in Hessen. Antike Welt 29, 1998, 345–348.

Herrmann/Frey 1996: F.-R. Herrmann/O.-H. Frey, Die Keltenfürsten vom Glauberg. Ein frühkeltischer Fürstengrabhügel am Hang des Glauberges bei Glauburg-Glauberg, Wetteraukreis. Arch. Denkmäler Hessen 128/129 (Wiesbaden 1996).

Herrmann/Frey 1997: F.-R. Herrmann/O.-H. Frey, Ein frühkeltischer Fürstengrabhügel am Glauberg im Wetteraukreis, Hessen. Germania 75, 1997, 459–550.

Hind 1989: J. G. F. Hind, The Invasion of Britain in AD 43. An Alternative Strategy for Aulus Plautius. Britannia 20, 1989, 1–21.

Hodson 1964: F. R. Hodson, La Tène Chronology, Continental and British. Bull. Inst. Arch. 4, 1964, 123–141.

Holder 1896: A. Holder, Alt-celtischer Sprachschatz. 3 Bde. (Leipzig 1896–1907, Nachdruck Graz 1962).

Horn 2001: H. G. Horn, Martyrium eines Bodendenkmals. Archäologie in Deutschland 4, 2001, 4–5.

Hundt 1959: H.-J. Hundt, Vorgeschichtliche Gewebe aus dem Hallstätter Salzberg. Jahrb. RGZM 6, 1959, 66–100.

Hundt 1960: H.-J. Hundt, Vorgeschichtliche Gewebe aus dem Hallstätter Salzberg. Jahrb. RGZM 7, 1960, 126–150.

Hundt 1961: H.-J. Hundt, Neunzehn Textilreste aus dem Dürrnberg bei Hallein. Jahrb. RGZM 8, 1961, 7–25.

Hundt 1967: H.-J. Hundt, Vorgeschichtliche Gewebe aus dem Hallstätter Salzberg. Jahrb. RGZM 14, 1967, 38–65.

Hundt 1987: H.-J. Hundt, Vorgeschichtliche Gewebe aus dem Hallstätter Salzberg. Jahrb. RGZM 34, 1987, 261–286.

Ingamells 1978: J. Ingamells, Painting in Wales. In: Rowan 1978, 99–117.

Jacobi 1974: G. Jacobi, Werkzeug und Gerät aus dem Oppidum von Manching. Ausgr. Manching 5 (Wiesbaden 1974).

Jacobsthal 1944: P. Jacobsthal, Early Celtic Art (Oxford 1944, Nachdruck 1969).

James 1999: S. James, The Atlantic Celts. Ancient People or Modern Invention? (London 1999).

James/Rigby 1997: S. James/V. Rigby, Britain and the Celtic Iron Age (London 1997).

Jankuhn u. a. 1981: H. Jankuhn u. a. (Hrsg.), Das Handwerk in vor- und frühgeschichtlicher Zeit. I. Historische und rechtshistorische Beiträge. Abhandl. Akad. Wiss. Göttingen. Phil.-Hist. Kl. 3. f. 122 (Göttingen 1981).

Jankuhn u. a. 1983: H. Jankuhn u. a. (Hrsg.), Das Handwerk in vor- und frühgeschichtlicher Zeit. Teil II. Archäologische und philologische Beiträge. Abhandl. Akad. Wiss. Göttingen. Phil.-Hist. Kl. 3. f. 123 (Göttingen 1983).

Jerem u. a. 1996: E. Jerem u. a. (Hrsg.), Die Kelten in den Alpen und an der Donau. Symposium St. Pölten 1992. Archaeolingua 1 (Budapest, Wien 1996).

Jezequel 1998: Y. Jezequel, Les monnaies des comtes et ducs de Bretagne: Xe au XVe siècle (Paris 1998).

Joachim 1985: H.-E. Joachim, Zu eisenzeitlichen Reibsteinen aus Basaltlava, den sog. Napoleonshüten. Arch. Korrbl. 15, 1985, 359–369.

Jones 1997: B. Jones, Welsh Politics and Changing British and European Contexts. In: Bradbury/Mawson 1997, 55–73.

Jones/Mattingly 1990: B. Jones/D. Mattingly, An Atlas of Roman Britain (Oxford 1990).

Jordá u. a. 1986: F. Jordá Cerdá/M. Pellicer Catalán/P. Acosta Martínez/M. Almagro-Gorbea, Prehistoria. Historia de España 1 (Madrid 1986).

Jud 2000: P. Jud, Zur Frage der Oppida am südlichen Oberrhein. In: V. Guichard/S. Sievers/O.-H. Urban (Hrsg.), Les processus d´urbanisation à l´âge du Fer. Eisenzeitliche Urbanisationsprozesse. Actes du colloque organisé par AG Eisenzeit, Centre archéologique européen du Mont Beuvray, Glux-en-Glenne, 8–11 Juni 1998. Collection Bibracte 4 (Glux-en-Glenne 2000) 111–118.

Kaenel/Müller 1991: G. Kaenel/F. Müller, The Swiss Plateau. In: Moscati u. a. 1991, 251–260.

Kalb 1979: Ph. Kalb, Die Kelten in Portugal. In: A. Tovar (Hrsg.), Actas del Segundo Coloquio sobre lenguas y culturas preromanas de la Península Ibérica, Tübingen 1976. Acta Salmaticensia Filosofia y letras 113 (Salamanca 1979) 209–223.

Kalb 1990: Ph. Kalb, Zum Keltenbegriff in der Archäologie der Iberischen Halbinsel. Madrider Mitt. 31, 1990, 338–347.

Karl 2001: R. Karl, Zweirädrig bis ins Frühmittelalter. Arch. Deutschland H. 4, 2001, 34–35.

Keller 1939: J. Keller, Die Alb–Hegau–Keramik der älteren Eisenzeit. Tübinger Forsch. Arch. u. Kunstgesch. 18 (Reutlingen 1939).

Keller 1984: E. Keller, Die frühkaiserzeitlichen Körpergräber von Heimstätten bei München und die verwandten Funde aus Südbayern. Münchner Beitr. Vor- u. Frühgesch. 37 (München 1984).

Kellner 1990: H.-J. Kellner, Die Münzfunde von Manching und die keltischen Fundmünzen aus Südbayern. Ausgr. Manching 12 (Stuttgart 1990).

O'Kelly 1989: M. J. O'Kelly, Early Ireland. An introduction to Irish prehistory (Cambridge 1989).

Kelly 1997: F. Kelly, Early Irish Farming. Early Irish Law Ser. 4 (Dublin 1997).

Keppie 1986: L. Keppie, Scotland's Roman Remains (Edinburgh 1986).

Kerth/Posluschny 1995/96: K. Kerth/A. Posluschny, Die Tierreste aus der späthallstattzeitlichen Siedlung auf dem Kapellenberg bei Marktbreit, Kr. Kitzingen, Unterfranken. Ber. Bayer. Bodendenkmalpfl. 36/37, 1995/96, 67–74.

Kienzle/zur Nedden 1993: S. Kienzle/O. C. A. zur Nedden (Hrsg.), Reclams Schauspielführer [19](Stuttgart 1993).

Kimmig 1940: W. Kimmig, Ein Keltenschild aus Ägypten. Germania 24, 1940, 106–111.

Kimmig 1976: W. Kimmig, s. v. Bewaffnung. § 6. Hallstattzeit. RGA 2 (1976) 389–409.

Kimmig 1982: W. Kimmig, Was ist in Süddeutschland archäologisch gesehen keltisch? 2. Archäologie-Kolloquium in Heidenheim an der Brenz 1980 (Heidenheim 1982) 13–31.

Kimmig 1983: W. Kimmig, Zum Handwerk der späten Hallstattzeit. In: Jankuhn u. a. 1983, 13–33.

Kimmig 1985: W. Kimmig, Der Handel der Hallstattzeit. In: Düwel u. a. 1985, 214–230.

Kimmig 1992: W. Kimmig, Etruskischer und griechischer Import im Spiegel westhallstättischer Fürstengräber. In: L. Aigner-Foresti (Hrsg.), Etrusker nördlich von Etrurien. Etruskische Präsenz in Norditalien und nördlich der Alpen sowie ihre Einflüsse auf die einheimischen Kulturen. Sitzber. Österr. Akad. Wiss. Phil.-Hist. Kl. 589 (Wien 1992) 281–328.

Kimmig 2000: W. Kimmig (Hrsg.), Importe und mediterrane Einflüsse auf der Heuneburg. Heuneburgstud. 11. Röm.-German. Forsch. 59 (Mainz 2000).

Kimmig/Rest 1954: W. Kimmig/W. Rest, Ein Fürstengrab der späten Hallstattzeit von Kappel am Rhein. Jahrb. RGZM 1, 1954, 179–216.

Kind 1989: C.-J. Kind, Ulm-Eggingen. Bandkeramische Siedlung und mittelalterliche Wüstung. Forsch. u. Ber. Vor- u. Frühgesch. Baden-Württemberg 34 (Stuttgart 1989).

Klamm 1993: M. Klamm, Aufbau und Entstehung eisenzeitlicher Ackerfluren („Celtic fields"). Bd. 1. Stand der Forschung. Göttinger Bodenkundl. Ber. 102 (Göttingen 1993).

Klose 1926: O. Klose, Ein buntes Gewebe aus dem prähistorischen Salzbergwerke auf dem Dürrnberge bei Hallein. Mitt. Anthr. Ges. Wien 56, 1926, 346–350.

Knight 2001: J. Knight, Roman France. An Archaeological Field Guide (Stroud 2001).

Koch/Willinghöfer 1998: M. Koch/H. Willinghöfer (Hrsg.), Die Iberer. Ausstellungskat. Paris, Barcelona, Bonn 1997–98 (Bonn 1998).

Köninger 2000: J. Köninger, Zum vorläufigen Abschluß der Sondagen in der eisenzeitlichen Fischfanganlage bei Oggelshausen-Bruckgraben, Kr. Biberach. Arch. Ausgr. Baden-Württemberg 2000, 59–62.

Kokabi u. a. 1994: M. Kokabi/B. Schlenker/J. Wahl (Hrsg.), „Knochenarbeit". Artefakte aus tierischen Rohstoffen im Wandel der Zeit. Arch. Inf. Baden-Württemberg 27 (Stuttgart 1994).

Korbel u. a. 1981: G. Korbel/H. Jankuhn/T. Capelle, s. v. Chronologie. I. Methodische Grundlagen. A. Archäologisch-historische Methode. RGA 4 (1981) 607–622.

Korfmann 1966: M. Korfmann, Zur Herstellung nahtloser Glasringe. Bonner Jahrb. 166, 1966, 48–61.

Kossack 1959: G. Kossack, Südbayern während der Hallstattzeit. Röm.-Germ. Forsch. 24 (Berlin 1959).

Kossack 1974: G. Kossack, Prunkgräber. Bemerkungen zu Eigenschaften und Aussagewert. In: G. Kossack/G. Ulbert (Hrsg.), Festschrift für Joachim Werner I (München 1974) 3–33.

Kossack 1982: G. Kossack, Früheisenzeitlicher Gütertausch. Savaria 16, 1982, 95–112.

Krämer 1949/50: W. Krämer, Zur Zeitstellung der hölzernen Schilde des Hirschsprungfundes. Prähist. Zeitschr. 34/35, 1949/50, 1. Teil 354–360.

Krämer 1961: W. Krämer, Keltische Hohlbuckelringe vom Isthmus von Korinth. Germania 39, 1961, 32–41.

Krämer 1985: W. Krämer, Die Grabfunde von Manching und die latènezeitlichen Flachgräber in Südbayern. Ausgr. Manching 9 (Stuttgart 1985).

Krause 1999: R. Krause, Viereckschanzen im spätkeltischen Siedlungsgefüge. In: Wieland 1999b, 81–90.

Krauße 1996: D. Krauße, Hochdorf III. Das Trink- und Speiseservice aus dem späthallstattzeitlichen Fürstengrab von Eberdingen-Hochdorf (Kr. Ludwigsburg). Forsch. u. Ber. Vor- u. Frühgesch. Baden-Württemberg 64 (Stuttgart 1996).

Krauße 1999: D. Krauße, Der „Keltenfürst" von Hochdorf: Dorfältester oder Sakralkönig? Anspruch und Wirklichkeit der sog. kulturanthropologischen Hallstatt-Archäologie. Arch. Korrbl. 29, 1999, 339–358.

Kremer 1994: B. Kremer, Das Bild der Kelten bis in augusteische Zeit. Studien zur Instrumentalisierung eines antiken Feindbildes bei griechischen und römischen Autoren. Historia-Einzelschr. 88 (Stuttgart 1994).

Kremer/Urban 1993: B. Kremer/R. Urban, Das vorgeschichtliche Europa und die Kelten bei griechischen Autoren bis zur Mitte des 1. Jh. v. Chr. In: Dannheimer/Gebhard 1993, 15–22.

Kromer 1959: K. Kromer, Das Gräberfeld von Hallstatt. 2 Bde. (Firenze 1959).

Kromer 1962: K. Kromer, Situlenkunst zwischen Po und Donau. Verzierte Bronzearbeiten aus dem ersten Jahrtausend v. Chr. Ausstellungskat. Padova, Ljubljana, Wien (Wien 1962).

Kruta 2000: V. Kruta, Die Kelten. Aufstieg und Niedergang einer Kultur. Herder Spektrum 4869 (Freiburg, Basel, Wien 2000).

Küster 1991: H. Küster, The history of vegetation. In: Moscati u. a. 1991, 426–428.

Küster 1993: H. Küster, Umwelt und Ackerbau. In: Dannheimer/Gebhard 1993, 122–125.

Kurz 1995: G. Kurz, Keltische Hort- und Gewässerfunde in Mitteleuropa. Deponierungen der Latènezeit. Materialh. Arch. Baden-Württemberg 33 (Stuttgart 1995).

Kurz 1997: S. Kurz, Bestattungsbrauch in der westlichen Hallstattkultur (Südwestdeutschland, Ostfrankreich, Nordwestschweiz). Tübinger Schr. Ur- u. Frühgesch. Arch. 2 (Münster, New York, München, Berlin 1997).

Kurz 2000: S. Kurz, Die Heuneburg-Außensiedlung. Befunde und Funde. Forsch. u. Ber. Vor- u. Frühgesch. Baden-Württemberg 72 (Stuttgart 2000).

Von Kurzynski 1996: K. von Kurzynski, „Und ihre Hosen nennen sie bracas." Textilfunde und Textiltechnologie der Hallstatt- und Latènezeit und ihr Kontext. Internat. Arch. 22 (Espelkamp 1996).

Lambert 1981: P.-Y. Lambert, Les littératures celtiques (Paris 1981).

Laing/Laing 1990: L. Laing/J. Laing, Celtic Britain und Ireland (Dublin 1990).

Lane/Campbell 2001: A. Lane/E. Campbell, Dunadd: an early Dalriadic capital. Cardiff Stud. Arch. 4 (Cardiff 2001).

Lang 1974: A. Lang, Die geriefte Drehscheibenkeramik der Heuneburg. Heuneburgstud. 3. Röm.-German. Forsch. 34 (Berlin 1974).

Lang 1976: A. Lang, Neue geriefte Drehscheibenkeramik von der Heuneburg. Germania 54, 1976, 43–62.

Lang im Druck: A. Lang (Hrsg.), Fernkontakte. Tagungsber. Arbeitsgemeinschaft Eisenzeit Liblice 2000 (im Druck).

Lange 1983: G. Lange, Die menschlichen Skelettreste aus dem Oppidum von Manching. Ausgr. Manching 7 (Wiesbaden 1983).

Lange 1989/90: G. Lange, Die menschlichen Skelettreste aus der Latènesiedlung von Bad Nauheim. Fundber. Hessen 29/30, 1989/90, 277–319.

Lauffer 1987: S. Lauffer, Daten der griechischen und römischen Geschichte (München 1987).

Leicht 1999: M. Leicht, Die Wallanlagen des Oppidums Alkimoennis/Kelheim. Zur Baugeschichte und Typisierung spätkeltischer Befestigungen. Arch. Main-Donau-Kanal 14 (Rahden 1999).

Leidorf 1985: K. Leidorf, Südbayerische „Herrenhöfe" der Hallstattzeit. In: M. Petzet (Hrsg.), Archäologische Denkmalpflege in Niederbayern. 10 Jahre Außenstelle des Bayerischen Landesamtes für Denkmalpflege in Landshut (1973–1983). Gedenkschr. Rainer Christlein. Arbeitsh. Bayer. Landesamt Denkmalpflege 26 (München 1985) 129–142.

Leidorf 1996: K. Leidorf, Herrenhöfe, Bauernhöfe und Tempelbezirke der frühen Eisenzeit. In: M. Petzet (Hrsg.), Archäologische Prospektion. Luftbildarchäologie und Geophysik. Arbeitsh. Bayer. Landesamt Denkmalpfl. 59 (München 1996) 33–154.

Lenerz 1977: M. Lenerz-de Wilde, Zirkelornamentik in der Kunst der Latènezeit. Münchner Beitr. Vor- u. Frühgesch. 25 (München 1977).

Lenerz 1981: M. Lenerz-de Wilde, Keltische Funde aus Spanien. Arch. Korrbl. 11, 1981, 314–319.

Lenerz 1991: M. Lenerz-de Wilde, Iberia Celtica. 2 Bde. (Stuttgart 1991).

Lenneis 1972: E. Lenneis, Die Frauentracht des Situlenstiles. Ein Rekonstruktionsversuch. Arch. Austriaca 51, 1972, 16–42.

Lescure 1995: B. Lescure, Das kelto-ligurische „Heiligtum" von Roquepertuse. In: Haffner 1995, 75–84.

Lorentzen 1993: A. Lorentzen, Frauen in keltischer Zeit. In: Dannheimer/ Gebhard 1993, 47–53.

Lorenz 1978: H. Lorenz, Totenbrauchtum und Tracht. Untersuchungen zur regionalen Gliederung in der frühen Latènezeit. Ber. RGK 59, 1978, 1–380.

Lorenz 1980: H. Lorenz, Bemerkungen zum Totenbrauchtum. In: Pauli 1980, 138–148.

Louda 1972: J. Louda, Flaggen und Wappen der Welt von A–Z (Gütersloh, Berlin, München, Wien 1972).

Lucke/Frey 1962: W. Lucke/O.-H. Frey, Die Situla in Providence (Rhode Island). Röm.-Germ. Forsch. 26 (Berlin 1962).

Luley 1992: H. Luley, Urgeschichtlicher Hausbau in Mitteleuropa. Grundlagenforschungen, Umweltbedingungen und bautechnische Rekonstruktion. Universitätsforsch. Prähist. Arch. 7 (Bonn 1992).

Luyken 1996: R. Luyken, Keltisch als Geheimwaffe. Die Zeit 30 (19. Juli), 1996, 30.

Luyken 1999: R. Luyken, Wenn Beltane ruft. Die Zeit 21 (20. Mai), 1999, 63–64.

Mac Eoin 1991: G. Mac Eoin, The modern Celts. In: Moscati u. a. 1991, 671–674.

MacKie 1965: E. W. MacKie, The Origin and Development of the Broch and Wheelhouse Building Cultures of the Scottish Iron Age. Proc. Prehist. Soc. 31, 1965, 93–146.

Maclean 1986: F. Maclean, Kleine Geschichte Schottlands (Herford 1986).

Mac Mullen 1965: R. Mac Mullen, The Celtic renaissance. Historia 14, 1965, 93–104.

O' Madagáin 1981: B. O' Madagáin, Irish Vocal Music of Lament and Syllabic Verse. In: Driscoll 1981, 311–332.

Maier 1970: F. Maier, Die bemalte Spätlatène-Keramik von Manching. Ausgr. Manching 3 (Wiesbaden 1970).

Maier 1973: F. Maier, Keltische Altertümer in Griechenland. Germania 51, 1973, 459–477.

Maier 1990: F. Maier, Das Kultbäumchen von Manching. Ein Zeugnis hellenistischer und keltischer Goldschmiedekunst aus dem 3. Jh. v. Chr. Germania 68, 1990, 129–165.

Maier 1998: F. Maier, Manching und Tarent. Zur Vergoldungstechnik des keltischen Kultbäumchens und hellenistischer Blattkränze. Germania 76, 1998, 177–216.

Maier 2000a: B. Maier, s. v. Keltische Religion. RGA 16 (2000) 413–420.

Maier 2000b: B. Maier, Die Kelten. Ihre Geschichte von den Anfängen bis zur Gegenwart (München 2000).

Maier 2000c: B. Maier, s. v. Kelten. § 5. Keltomanie und Keltenideologie. RGA 16 (2000) 369–372.

Maier 2001: B. Maier, Die Religion der Kelten. Götter – Mythen – Weltbild (München 2001).

Mallory 1992a: J. P. Mallory (Hrsg.), Aspects of the Táin (Belfast 1992).

Mallory 1992b: J. P. Mallory, The World of Cú Chulainn. The Archaeology of the Táin Bó Cúailnge. In: Mallory 1992a, 103–159.

Mansfeld 1973: G. Mansfeld, Die Fibeln der Heuneburg 1950 – 1970. Ein Beitrag zur Geschichte der Späthallstattfibel. Heuneburgstud. 2. Röm.-German. Forsch. 33 (Berlin 1973).

Mansfeld u. a. 1994: G. Mansfeld/R. Müller/E. Maute, s. v. Fibel und Fibelmode. C. Ältere Eisenzeit im südlichen Mitteleuropa. E. Latènezeit. RGA 8 (1994) 434–444 und 456–467.

Marienfeld 1997: W. Marienfeld, Ur- und Frühgeschichte im Kinder- und Jugendbuch. Kunde 48, 1997, 109–136.

Marsh 1987: J. Marsh, Pre-Raphaelite Women. Images of Femininity in Pre-Raphaelite Art (London 1987).

Martine 1987: R. Martine, Scottish Clan and Familiy Names. Their Arms, Origins and Tartans (Edinburgh 1987).

Martínez u. a. 1993: A. J. Martínez/J. J. Fernández Moreno/M. L. Revilla Andía, Numancia. Guía del yacimiento (Soria 1993).

Masurel 1984: H. Masurel, Les tissus à l'Âge du Fer. Archéologia 189, 1984, 43–55.

Masurel 1987: H. Masurel, Les vestiges textiles de la motte d'Apremont. In: Trésors des Princes Celtes. Ausstellungskat. Paris 1987 (Paris 1987) 79–85.

Maxfield 1987: V. A. Maxfield, The Army and the Land in the Roman Southwest. In: R. A. Higham (Hrsg.), Security and Defence in Southwest England before 1800. Exeter Stud. Hist. 19 (Exeter 1987) 1 ff.

Megaw 1991: J. V. S. Megaw, Music Archaeology and the Ancient Celts. In: Moscati u. a. 1991, 643–648.

Meid 1997: W. Meid, Die keltischen Sprachen und Literaturen. Ein Überblick. Archaeolingua Ser. Minor 8 ²(Budapest 1997).

Menez 1994: Y. Menez, Les enclos de type „ferme indigène" en Bretagne. Quelques réflexions issues de treize ans de fouilles. In: Büchsenschütz/Méniel 1994, 255–276.

Menez 1996: Y. Menez, Une ferme de l'Armorique gauloise. Le Boisanne à Plouër-sur-Rance (Côtes-d'Armor). Documents d' archéologie française 58 (Paris 1996).

Menez/Arramond 1997: Y. Menez/J.-C. Arramond, L'habitat aristocratique fortifié de Paule (Côtes-d'Armor). Gallia 54, 1997, 119–155.

Metzler 1991: J. Metzler (Hrsg.), Clemency et les tombes de l'aristocratie en Gaule Belgique. Doss. Arch. Mus. Nat. Hist. et Art 1 (Luxembourg 1991).

Meyer-Sickendiek 1996: I. Meyer-Sickendiek, Gottes gelehrte Vaganten. Die Iren im frühen Europa ²(Düsseldorf 1996).

Mihovilić 1992: K. Mihovilić, Die Situla mit Schiffskampfszene aus Nesactium. Arh. Vest. 43, 1992, 67–78.

Miron 1991: A. Miron, Die späte Eisenzeit im Hunsrück-Nahe-Raum. In: A. Haffner/A. Miron (Hrsg.), Studien zur Eisenzeit im Hunrück-Nahe-Raum. Symposium Birkenfeld 1987 (Trier 1991) 151–169.

Moore 1978: D. Moore, Early Christian Wales. In: Rowan 1978, 67–83.

Moosleitner 1980: F. Moosleitner, Handwerk und Handel. In: Pauli 1980, 93–100.

Moosleitner 1985: F. Moosleitner, Die Schnabelkanne vom Dürrnberg. Ein Meisterwerk keltischer Handwerkskunst (Salzburg 1985).

Morris 1985: E. Morris, Prehistoric Salt Distributions. Two Case Studies from Western Britain. Bull. Board Celtic Stud. 32, 1985, 336–379.

Moscati u. a. 1991: S. Moscati/O.-H. Frey/V. Kruta/B. Raftery/M. Szabó (Hrsg.), The Celts. Ausstellungskat. Venedig 1991 (Milano 1991).

Mozota u. a. 1988: F. Burillo Mozota/J. Angel Pérez Casas/M. L. de Sus Gimenez (Hrsg.), Celtíberos. Ausstellungskat. Zaragoza 1988 (Zaragoza 1988).

Müller 1993: F. Müller, Kultplätze und Opferbräuche. In: Dannheimer/Gebhard 1993, 177–188.

Müller 1995: F. Müller, Keltische Wagen mit elastischer Aufhängung: Eine Reise von Castel di Decima nach Clonmacnoise. In: B. Schmid-Sikimič/ Ph. Della Casa (Hrsg.), Trans Europam. Festschr. M. Primas (Zürich 1995) 165–275.

Müller 1997: F. Müller, Die Helvetier und die Keltenwanderung. In: Bader 1997, 143–145.

Müller-Karpe 1956: H. Müller-Karpe, Das urnenfelderzeitliche Wagengrab von Hart a. d. Alz, Obbay. Bayer. Vorgeschbl. 21, 1956, 46–75.

Müller-Karpe 1988: A. Müller-Karpe, Neue galatische Funde aus Kleinasien. Istanbuler Mitt. 38, 1988, 189–199.

Müller-Wille 1979: M. Müller-Wille, Flursysteme der Bronze- und Eisenzeit in den Nordseegebieten. Zum Stand der Forschung über „Celtic fields". In: H. Beck/D. Denecke/H. Jankuhn (Hrsg.), Untersuchungen zur eisenzeitlichen und frühmittelalterlichen Flur in Mitteleuropa und ihrer Nutzung. Bd. 1. Abhandl. Akad. Wiss. Göttingen Phil.-Hist. Kl. 3. f. 115 (Göttingen 1979) 196–239.

Nagler-Zanier 1999: C. Nagler-Zanier, Die hallstattzeitliche Siedlung mit Grabenanlage von Geiselhöring, Niederbayern. Das Projekt Geiselhöring-Süd Beitrag 1. Arbeiten Arch. Süddt. 7 (Büchenbach 1999).

De Navarro 1955: J. M. de Navarro, A doctor's grave of the Middle Latène Period from Bavaria. Proc. Prehist. Soc. 21, 1955, 231–248.

Neugebauer 1980: Neugebauer, J.-W., Tönerne Leisten für Schnabelschuhe der Hallstattkultur aus Sommerein, Niederösterreich. Arch. Korrbl. 10, 1980, 331–336.

Nothdurfter 1999: H. Nothdurfter, St. Prokulus Naturns (Lana 1999).

Oeftiger 1984: C. Oeftiger, Mehrfachbestattungen im Westhallstattkreis. Zum Problem der Totenfolge. Antiquitas 3, 26 (Bonn 1984).

Olmsted 1992: G. Olmsted, The Gaulish Calendar (Bonn 1992).

Päffgen 1992: B. Päffgen, Die Ausgrabungen in St. Severin zu Köln. Kölner Forsch. 5, 1–3 (Mainz 1992).

Pätzold/Schwarz 1961: J. Pätzold/K. Schwarz, Ein späthallstattzeitlicher Herrensitz am Kyberg bei Oberhaching im Landkreis München. Kurzer Vorbericht zu den Ausgrabungen 1959 bis 1961. Jahresber. Bayer. Bodendenkmalpfl. 2, 1961, 5–15.

Pare 1987: Ch. F. E. Pare, Wagenbeschläge der Bad Homburg-Gruppe und die kulturgeschichtliche Stellung des hallstattzeitlichen Wagengrabes von Wehringen, Kr. Augsburg. Arch. Korrbl. 17, 1987, 467–482.

Pare 1992: Ch. F. E. Pare, Wagons and wagon-graves of the Early Iron Age in Central Europe. Oxford Univ. Committee Arch. Monogr. 35 (Oxford 1992).

Parzinger 1988: H. Parzinger, Chronologie der Späthallstatt- und Frühlatène-Zeit. Studien zu Fundgruppen zwischen Mosel und Save. Quellen u. Forsch. Prähist. u. Provinzialröm. Arch. 4 (Weinheim 1988).

Parzinger 1992: H. Parzinger, Zwischen „Fürsten" und „Bauern". Bemerkungen zu Siedlungsform und Sozialstruktur unter besonderer Berücksichtigung der älteren Eisenzeit. Mitt. Berliner Ges. Anthr. 13, 1992, 77–89.

Parzinger 1998: H. Parzinger, Der Goldberg. Die metallzeitliche Besiedlung. Röm.-German. Forsch. 57 (Mainz 1998).

Parzinger u. a. 1995: H. Parzinger/J. Nekvasil/F. E. Barth, Die Býčí Skála-Höhle (Mainz 1995).

Pauli 1975a: L. Pauli, Die Gräber vom Salzberg zu Hallstatt. Erforschung – Überlieferung – Auswertbarkeit (Mainz 1975).

Pauli 1975b: L. Pauli, Keltischer Volksglaube. Amulette und Sonderbestattungen am Dürrnberg bei Hallein und im eisenzeitlichen Mitteleuropa. Münchener Beitr. Vor- u. Frühgesch. 28 (München 1975).

Pauli 1980: L. Pauli (Hrsg.), Die Kelten in Mitteleuropa. Kultur – Kunst – Wirtschaft. Ausstellungskat. Hallein 1980 (Salzburg 1980).

Pauli 1983: L. Pauli, Eine frühkeltische Prunktrense aus der Donau. Germania 61, 1983, 459–486.

Pauli 1985: L. Pauli, Einige Anmerkungen zum Problem der Hortfunde. Arch. Korrbl. 15, 1985, 195–206.

Pertlwieser 1987: M. Pertlwieser, Prunkwagen und Hügelgrab. Kultur der frühen Eisenzeit von Hallstatt bis Mitterkirchen. Kat. Oberösterr. Landesmus. N. F. 13 (Linz 1987).

Pingel 1971: V. Pingel, Die glatte Drehscheiben-Keramik von Manching. Ausgr. Manching 4 (Wiesbaden 1971).

Pitts/St Joseph 1985: L. F. Pitts/J. K. St Joseph, Inchtuthil. The Roman legionary fortress excavations 1952–65 (Gloucester 1985).

Planck 1988: D. Planck (Hrsg.), Archäologie in Württemberg. Ergebnisse und Perspektiven archäologischer Forschung von der Altsteinzeit bis zur Neuzeit (Stuttgart 1988).

Polenz 1978: H. Polenz, Gedanken zu einer Fibel vom Mittellatèneschema aus Káyseri in Anatolien. Bonner Jahrb. 178, 1978, 181–216.

Polenz 1982: H. Polenz, Münzen in latènezeitlichen Gräbern Mitteleuropas aus der Zeit zwischen 300 und 50 v. Chr. Geb. Bayer. Vorgeschbl. 47, 1982, 27–222.

Potter 1997: T. W. Potter, Roman Britain. Museumskat. British Museum London ²(London 1997).

Pryce 1998: H. Pryce, Literacy in Medieval Celtic Societies. Cambridge Stud. Medieval Literature 33 (Cambridge 1998).

Quéniart 2000: J. Quéniart, Militarisation et violence en Bretagne au XVIIIe siècle. In: Carluer 2000, 395–404.

Radke 1979: G. Radke, s. v. Ligures. DklP 3 (1979) 648–649.

Raftery 1991: B. Raftery, The Island Celts. In: Moscati u. a. 1991, 555–571.

Raftery 2001: B. Raftery, Celts and „Celts". In: D. Büchner (Hrsg.), Studien in memoriam Wilhelm Schüle. Internat. Arch. Stud. Honoraria 11 (Rahden 2001) 376–378.

Raßhofer 1998: G. Raßhofer, Untersuchungen zu metallzeitlichen Grabstelen. Internat. Arch. 48 (Rahden 1998).

Raßhofer 1999: G. Raßhofer, „Kleine Brandgräber" der Hallstattzeit. In: M. Chytráček/J. Michálek/K. Schmotz (Hrsg.), Archäologische Arbeitsgemeinschaft Ostbayern/West- und Südböhmen. 8. Treffen 1998 Běšiny bei Klatovy (Rahden 1999) 44–53.

Reinecke 1902: P. Reinecke, Zur Kenntnis der La Tène-Denkmäler der Zone nordwärts der Alpen. In: Festschrift RGZM (Mainz 1902) 53–108.

Reinecke 1911a: P. Reinecke, Grabfunde der dritten Hallstattstufe aus Süddeutschland. In: AuhV 5 (1911) 399–408 Taf. 69.

Reinecke 1911b: P. Reinecke, Funde der Späthallstattstufe aus Süddeutschland. In: AuhV 5 (1911) 5, 144–150 Taf. 27.

Reinecke 1911c: P. Reinecke, Grabfunde der ersten La Tènestufe aus Nordostbayern. In: AuhV 5 (1911) 281–287 Taf. 50.

Reinecke 1911d: P. Reinecke, Grabfunde der zweiten La Tènestufe aus der Zone nordwärts der Alpen. In: AuhV 5 (1911) 330–337 Taf. 57.

Reinecke 1911e: P. Reinecke, Grabfunde der dritten La Tènestufe aus der Zone nordwärts der Alpen. In: AuhV 5 (1911) 288–294 Taf. 51.

Reinecke 1911f: P. Reinecke, Funde vom Ende der La Tènezeit aus Wohnstätten bei Karlstein unweit Reichenhall, Oberbayern. In: AuhV 5 (1911) 364–369 Taf. 63.

Reitinger 1975: J. Reitinger, Das goldene Miniaturschiffchen vom Dürrnberg bei Hallein. Mitt. Ges. Salzburger Landeskde. 115, 1975, 383–404.

Renfrew 1987: C. Renfrew, Archaeology and Language. The Puzzle of Indo-European Origins (London 1987).

Renton 1983: J. D. Renton, The Oxford Union Murals (Oxford 1983).

Richmond 1968: I. Richmond, Hod Hill. Excavation carried out between 1951 and 1958 (London 1968).

Richter 1996: M. Richter, Irland im Mittelalter. Kultur und Geschichte ²(München 1996).

Rieckhoff 1992: S. Rieckhoff, Überlegungen zur Chronologie der Spätlatènezeit. Bayer. Vorgeschbl. 57, 1992, 103–121.

Rieckhoff 1995: S. Rieckhoff, Süddeutschland im Spannungsfeld von Kelten, Germanen und Römern. Studien zur Chronologie der Spätlatènezeit im südlichen Mitteleuropa. Trierer Zeitschr. Beih. 19. Habil. Marburg 1992 (Trier 1995).

Rieckhoff 1998: S. Rieckhoff, Ein „keltisches Symposion". Spätrepublikanisches Bronzegeschirr vom Mont Beuvray als wirtschaftlicher und gesellschaftlicher Faktor. In: A. Müller-Karpe/H. Brandt/H. Jöns/D. Krauße/A. Wigg (Hrsg.), Studien zur Archäologie der Kelten, Römer und Germanen in Mittel- und Westeuropa. Festschr. Alfred Haffner 60. Geburtstag. Internat. Arch. Stud. Honoraria 4 (Rahden 1998) 489–517.

Rieckhoff/Biel 2001: S. Rieckhoff/J. Biel, Die Kelten in Deutschland (Stuttgart 2001).

Rieder 1992: K. H. Rieder, Ein umfriedeter „Tempelbau" der älteren Eisenzeit beim Erlachhof, Gde. Kösching, Kr. Eichstätt, Oberbayern. Arch. Jahr Bayern 1992, 74–77.

Riederer 1987: J. Riederer, Archäologie und Chemie. Einblicke in die Vergangenheit (Berlin 1987).

Rind 1996: M. M. Rind, Menschenopfer. Vom Kult der Grausamkeit (Regensburg 1996).

Rio 2000: J. Rio, Mythes fondateurs de la Bretagne. Aux origines de la Celtomanie (Rennes 2000).

Ritchie 1988: J. N. G. Ritchie, Brochs of Scotland. Shire Arch. 53 (Aylesbury 1988).

Rochna 1962: Rochna, O., Hallstattzeitlicher Lignit- und Gagat-Schmuck. Zur Verbreitung, Zeitstellung und Herkunft. Fundber. Schwaben 16, 1962, 44–83.

Rochna 1984: Rochna, O., Urgeschichtlicher Schmuck aus Tonschiefer, Gagat und Lignit. Helvetia Arch. 15, 1984, 93–96.

Rothmann 1982: K. Rothmann, Kleine Geschichte der deutschen Literatur ⁵(Stuttgart 1982).

Rottländer 1981: R. Rottländer, s. v. Chronologie. B. Naturwissenschaftliche Methoden. RGA 4 (1981) 623–634.

Le Roux 1961: F. Le Roux, Études sur le festiaire celtique. Ogam 13, 1961, 481–506.

Le Roux 1962: F. Le Roux, Études sur le festiaire celtique. Ogam 14, 1962, 174–184 und 343–372.

Rowan 1978: E. Rowan (Hrsg.), Art in Wales 2000 BC to AD 1850 (Cardiff 1978).

Royen/Vegt 1998: R. van Royen/S. van der Vegt, Asterix. Die ganze Wahrheit (München 1998).

Ruzé 1994: A. Ruzé, Vestiges celtiques en Roumanie. Archéologie et linguistique (Bern, Frankfurt, New York, Paris, Wien 1994).

Ryan 1991: M. Ryan, The Early Medieval Celts. In: Moscati u. a. 1991, 621–637.

Ryder 1990: M. L. Ryder, All wool textile remains from Hallstatt, Austria. Oxford Journal Arch. 9, 1990, 37 ff.

Salač im Druck: V. Salač, Zentralorte und Fernkontakte. In: A. Lang (Hrsg.), Fernkontakte. Tagungsber. Arbeitsgemeinschaft Eisenzeit Liblice 2000 (im Druck).

Sangmeister 1960: E. Sangmeister, Kelten in Spanien. Madrider Mitt. 1, 1960, 75–100.

Sangmeister 1994: E. Sangmeister, Einige Gedanken zur Sozialstruktur im Westhallstattgebiet. In: C. Dobiat (Hrsg.), Festschrift für Otto-Herman Frey zum 65. Geburtstag. Marburger Stud. Vor- u. Frühgesch. 16 (Marburg 1994) 523–534.

Schaaff 1966: U. Schaaff, Zur Belegung latènezeitlicher Friedhöfe der Schweiz. Jahrb. RGZM 13, 1966, 49–59.

Schaaff 1985: U. Schaaff, Neuerwerbungen für die Sammlungen. Jahrb. RGZM 32, 1985, 735–736.

Schaaff 1987: U. Schaaff, Vierrädrige Wagen der Hallstattzeit. Monogr. RGZM 12 (Mainz 1987).

Schaaff 1990: U. Schaaff, Keltische Waffen. Kulturstiftung Länder 16 (Mainz 1990).

Schaich/Rieder 1998: M. Schaich/K. H. Rieder, Eine hallstattzeitliche Siedlung mit „Herrenhof" im Anlautertal bei Enkering, Gde. Kinding, Kr. Eichstätt, Oberbayern. Arch. Jahr Bayern 1998, 48–50.

Schauberger 1960: O. Schauberger, Ein Rekonstruktionsversuch der prähistorischen Grubenbaue im Hallstätter Salzberg. Prähist. Forsch. 5 (Horn, Wien 1960).

Schauberger 1968: O. Schauberger, Die vorgeschichtlichen Grubenbaue im Salzberg Dürrnberg/Hallein. Prähist. Forsch. 6 (Horn, Wien 1968).

Schefzik 1996: M. Schefzik, Große Kreise von Eching und Neufahrn. Arch. Landkreis Freising 1996, 138–150.

Schefzik 2001: M. Schefzik. Die bronze- und eisenzeitliche Besiedlungsgeschichte der Münchner Ebene. Eine Untersuchung zu Gebäude- und Siedlungsformen im süddeutschen Raum. Internat. Arch. 68 (Rahden 2001).

Schier 1998: W. Schier, Fürsten, Herren, Händler? Bemerkungen zu Wirtschaft und Gesellschaft der westlichen Hallstattkultur. In: H. Küster/A. Lang/P. Schauer (Hrsg.), Archäologische Forschungen in ungeschichtlichen Siedlungslandschaften. Festschr. G. Kossack 75. Geburtstag. Regensburger Beitr. Prähist. Arch. 5 (Regensburg 1998) 493–514.

Schlabow 1976: K. Schlabow, Textilfunde der Eisenzeit in Norddeutschland. Göttinger Schr. Vor- und Frühgesch. 15 (Neumünster 1976).

Schmidt 1981: K. H. Schmidt, Handwerk und Handwerker in altkeltischen Sprachdenkmälern. In: Jankuhn u. a. 1981, 751–763.

Schmidt 1986: K. H. Schmidt (Hrsg.), Geschichte und Kultur der Kelten (Heidelberg 1986).

Schmidt 2000: K. H. Schmidt, s. v. Kelten. I. Philologisches und Ideologisches. RGA 16 (2000) 364–369.

Schmidt 2002: W. G. Schmidt, „Wirst du denn bleiben, o alter Barde?". James Macphersons Ossian und seine Rezeption in der deutschen Literatur. Masch. Diss. (Saarbrücken 2002).

Von Schnurbein 1993: S. von Schnurbein, Nachleben in römischer Zeit? In: Dannheimer/Gebhard 1993, 244–248.

Schönfelder 2001: M. Schönfelder, Selbstdarstellung der keltischen Elite. Arch. Deutschland H. 4, 2001, 30–32.

Scholz u. a. 1999: M. Scholz/J. Hald/P. Dicke/S. Hengst/C. M. Pusch, Das frühlatènezeitliche Gräberfeld von Gäufelden-Nebringen. Neue Erkenntnisse zur inneren Gliederung unter Anwendung archäobiologischer Analyseverfahren. Arch. Korrbl. 29, 1999, 223–234.

Schröter 1993: P. Schröter, Ausssehen der Kelten. In: H. Bender/L. Pauli/I. Stork, Der Münsterberg in Breisach II. Hallstatt- und Latènezeit. Münchner Beitr. Vor- u. Frühgesch. 40 (München 1993) 377–390.

Schupp/Szklenar 1996: V. Schupp/H. Szklenar, Ywain auf Schloß Rodenegg. Eine Bildergeschichte nach dem „Iwein" Hartmanns von Aue (Stuttgart 1996).

Schußmann 1996: M. Schußmann, Die hallstattzeitliche Sumpfbrücke bei der Feldmühle im Wellheimer Tal und ihre Einbindung in das archäologische Umfeld. Arch. Austriaca 80, 1996, 204–208.

Schußmann 2000: M. Schußmann, Die Kelten in Bayern. Mit Bodendenkmälern und Museen [2](Treuchtlingen 2000).

Schwarz 1959: K. Schwarz, Atlas der spätkeltischen Viereckschanzen Bayerns (München 1959).

Schwinden 1989: L. Schwinden, Gallo-römisches Textilgewerbe nach den Denkmälern aus Trier und dem Trevererland. Trierer Zeitschr. 52, 1989, 279–318.

Seaby 1984: P. Seaby, Coins of Scotland, Ireland and the Islands (Jersey, Guernsey, Man & Lundy). Standard catalogue of British coins 2 (London 1984).

Sellin 1985: V. Sellin, Mentalität und Mentalitätsgeschichte. Hist. Zeitschr. 241, 1985, 555–598.

Severin 1978: T. Severin, The Brendan Voyage (London 1978).

Shefton 1995: B. B. Shefton, Die griechische Keramik aus der Siedlung Hochdorf. In: Trenschel 1995, 75, 142–144.

Sievers 1993: S. Sievers, Krieger der Latènezeit. In: Dannheimer/Gebhard 1993, 54–59.

Sievers 1999: S. Sievers, Manching. Aufstieg und Niedergang einer Keltenstadt. Ber. RGK 80, 1999, 1–24.

Sievers 2000: S. Sievers, Alesia und die Werkzeuge des Krieges. In: Goudineau u. a. 2000, 63–66.

Sievers u. a. 1991: S. Sievers/R. Pleiner/N. Venclová/U. Geilenbrügge, Handicrafts. In: Moscati u. a. 1991, 436–450.

Sievers u. a. 1998: S. Sievers/R. Gebhard/E. Hahn/H. Küster/M. Leicht/H. Manhart/M. Trappe/B. Ziegaus, Vorbericht über die Ausgrabungen 1996–1997 im Oppidum von Manching. Germania 76, 1998, 619–672.

Simon 2000: J.-F. Simon, Les armes de la violence paysanne. Faux et pennbaz. Usages anciens et représentations contemporaines. In: Carluer 2000, 151–168.

Spindler 1991: K. Spindler, Die frühen Kelten [2](Stuttgart 1991).

Spinhoven 1987: C. Spinhoven, Celtic charted designs (New York 1987).

Stampfer 1998: H. Stampfer, Schloß Rodenegg. Geschichte und Kunst (Bozen 1998).

Stary 1982: P. Stary, Keltische Waffen auf der Iberischen Halbinsel. Madrider Mitt. 23, 1982, 114–144.

Stary 1994: P. Stary, Zur eisenzeitlichen Bewaffnung und Kampfesweise auf der Iberischen Halbinsel. Madrider Forsch. 18 (Berlin 1994).

Stead 1965: I. M. Stead, The La Tène Cultures of East Yorkshire (York 1965).

Stead 1967: I. M. Stead, A La Tène III burial at Welwyn Garden City. Archaeologia 101, 1967, 1–62.

Stead 1979: I. M. Stead, The Arras Culture (York 1979).

Stead 1996: I. M. Stead, Celtic Art in Britain before the Roman conquest [2](London 1996).

Stephens 1986: M. Stephens (Hrsg.), The Oxford companion to the Literature of Wales (Oxford 1986).

Steuer/Zimmermann 1993: H. Steuer/U. Zimmermann (Hrsg.), Alter Bergbau in Deutschland. Sonderh. Arch. Deutschland 1993 (Stuttgart 1993).

Stika 1996: H.-P. Stika, Keltisches Bier aus Hochdorf. In: J. Biel (Hrsg.), Experiment Hochdorf. Keltische Handwerkskunst wiederbelebt. Schr. Keltenmus. Hochdorf/Enz 1 (Stuttgart 1996) 64–75.

Stöllner 1999a: Th. Stöllner, s. v. Hallstattkultur und Hallstattzeit. RGA 13 (1999) 446–453.

Stöllner 1999b: Th. Stöllner, Der prähistorische Salzbergbau am Dürrnberg bei Hallein I. Forschungsgeschichte – Forschungsstand – Forschungsanliegen. Dürrnberg-Forsch. 1 (Rahden 1999).

Strobel 1996/97: K. Strobel, Die Galater. Geschichte und Eigenart der keltischen Staatenbildung auf dem Boden des hellenistischen Kleinasien. 2 Bde. (Berlin 1996, 1997).

Stroh 1986: A. Stroh, Beobachtungen zur Tierwelt im hallstattzeitlichen Gräberfeld Schirndorf i. d. Oberpfalz. Germania 64, 1986, 573–583.

Sturm 1981: R. Sturm, Nationalismus in Schottland und Wales 1966–1980. Eine Analyse seiner Ursachen und Konsequenzen. Politikwiss. Paperbacks 1 (Bochum 1981).

Sullivan 1989: C. W. Sullivan, Welsh Celtic Myth in Modern Fantasy (New York, Westport, London 1989).

Szabó 1976: M. Szabó, Auf den Spuren der Kelten in Ungarn (Budapest 1976).

Szabó 1991: M. Szabó, Mercenary Activity. In: Moscati u. a. 1991, 333–336.

Szabó 1997: M. Szabó, Die Wanderung der Kelten nach Ost- und Südosteuropa. In: Bader 1997, 147–150.

Szilágyi 1979: J. Szilágyi, s. v. Dalmatae, -ia. DklP 1 (1979) 1364–1368.

Thomas 1966: A. Ch. Thomas, The Character and Origins of Roman Dumnonia. In: A. Ch. Thomas (Hrsg.), Rural Settlement in Roman Britain. Council British Arch. Research Report 7 (London 1966) 74 ff.

Thomas 1986: A. Ch. Thomas, Celtic Britain (London 1986).

Thomas 1998: A. Ch. Thomas, Christian Celts. Messages and Images (London 1998).

Timpe 1981: D. Timpe, Das keltische Handwerk im Lichte der antiken Literatur. In: Jankuhn u. a. 1981, 36–62.

Timpe 1985: D. Timpe, Der keltische Handel nach historischen Quellen. In: Düwel u. a. 1985, 258–284.

Topping 1989: P. Topping, Early cultivation in Northumberland and The Borders. Proc. Prehist. Soc. 55, 1989, 161–179.

Torbrügge 1985: W. Torbrügge, Über Horte und Hortdeutung. Arch. Korrbl. 15, 1985, 17–23.

Tratman 1970: E. K. Tratman, The Glastonbury Lake Village. A reconsideration. Proc. Bristol Univ. Spelaeological Soc. 12, 1970, 143–67.

Trauner 2000: Th. Trauner, Das Bild vom Menschen in der Bronzezeit. In: B. Mühldorfer/J. P. Zeitler (Hrsg.), Mykene-Nürnberg-Stonehenge. Handel und Austausch in der Bronzezeit. Ausstellungskat. Nürnberg 2000/2001 (Nürnberg 2000) 189–196.

Trenschel 1995: H.-P. Trenschel (Hrsg.), Luxusgeschirr keltischer Fürsten. Griechische Keramik nördlich der Alpen. Ausstellungskat. Mainfränk. Mus. Würzburg und Antikenabt. Martin-von-Wagner-Mus. Univ. Würzburg 1995 (Würzburg 1995).

Trillmich u. a. 1993: W. Trillmich/Th. Hauschild/M. Blech/H.-G. Niemeyer/A. Nünnerich-Asmus/U. Kreilinger (Hrsg.), Denkmäler der Römerzeit. Hispania Antiqua 2 (Mainz 1993).

Tripier 2000: Y. Tripier, La répression au Moyen Âge à travers la „très ancienne coutume de Bretagne" et les anciennes coutumes de Bourgogne. In: Carluet 2000, 449–462.

Trunz 1985: E. Trunz (Hrsg. und Komm.), Johann Wolfgang Goethe, Die Leiden des jungen Werther [7](München 1985).

Tweddle 2001: D. Tweddle, The Glory that was York. British Arch. 59, 2001, 14–19.

Uenze 1993a: H. P. Uenze, Ein keltisches Jahrtausend? Kontinuität und Diskontinuität. In: Dannheimer/Gebhard 1993, 7–14.

Uenze 1993b: H. P. Uenze, Symbolgut. In: Dannheimer/Gebhard 1993, 189–192.

Untermann 1979: J. Untermann, s. v. Kelten. DklP 5 (1979) 1612–1622.

Upchurch 1992: D. A. Upchurch, Wilde's use of Irish Celtic elements in The Picture of Dorian Gray (New York 1992).

Venclová 1984: N.Venclová, On the problem of celtic glass vessels. Pam. Arch. 75, 1984, 445–457.

Vitali 1985: D.Vitali, Monte Bibele (Monterenzio) und andere Fundstellen der keltischen Epoche im Gebiet von Bologna. Kl. Schr. Vorgesch. Seminar Marburg 16 (Marburg 1985).

Vitali 1992: D.Vitali,Tombe e necropoli galliche di Bologna e del Territorio (Bologna 1992).

Volkmann 1979: H.Volkmann, s. v. Galatia. DklP 2 (1979) 666–670.

Völling 1994: Th.Völling, Studien zu Fibelformen der jüngeren vorrömischen Eisenzeit und ältesten römischen Kaiserzeit. Ber. RGK 75, 1994, 147–282.

Vorlauf 1997: D.Vorlauf, Die etruskischen Bronzeschnabelkannen. Internat. Arch. 11 (Espelkamp 1997).

Vosteen 1999: M. U. Vosteen, Urgeschichtliche Wagen in Mitteleuropa. Eine archäologische und religionswissenschaftliche Untersuchung neolithischer bis hallstattzeitlicher Befunde. Freiburger Arch. Stud. 3 (Rahden 1999).

Vouga 1923: P. Vouga, La Tène. Monographie de la Station (Leipzig 1923).

Waldhauser 1987: J. Waldhauser, Keltische Gräberfelder in Böhmen. Ber. RGK 68, 1987, 25–179.

Wamser 2001: L. Wamser, Magisches Heidengold – vom Papst geweiht. Die spätkeltischen Regenbogenschüsselchen in Volksglaube, Brauchtum und Poesie. In: L. Wamser/R. Gebhard (Hrsg.), Gold. Magie, Mythos, Macht. Gold der Alten und Neuen Welt. Ausstellungskat. München 2001/02. Schriftenr. Arch. Staatsslg. 2 (München 2001) 154–177.

Warneke 1999: Th. F. Warneke, Hallstatt- und frühlatènezeitlicher Anhängerschmuck. Studien zu Metallanhängern des 8.–5. Jh. v. Chr. zwischen Main und Po. Internat. Arch. 50 (Rahden 1999).

Warner 1996: R. Warner, Yes, the Romans did invade Ireland. British Arch. 14, 1996, 6.

Warren 1987: F. E. Warren, The Liturgy and Ritual of the Celtic Church ²(Woodbridge 1987 – Nachdruck von 1881 mit aktueller Einleitung und Bibliographie von J. Stevenson).

Weisgerber 1930: L. Weisgerber, Die Sprache der Festlandskelten. Ber. RGK 20, 1930, 147–226.

Weisgerber 1931: L. Weisgerber, Galatische Sprachreste. In: R. Helm (Hrsg.), Natalicium J. Geffcken zum 70. Geburtstag (Heidelberg 1931) 151–175.

Weiss 1997: R.-M. Weiss, Prähistorische Brandopferplätze in Bayern. Internat. Arch. 35 (Rahden 1997).

Werner 1954: J. Werner, Die Bronzekanne von Kelheim. Bayer. Vorgeschbl. 20, 1954, 43–73.

Wernicke 1991: I. Wernicke, Die Kelten in Italien. Die Einwanderung und die frühen Handelsbeziehungen zu den Etruskern. Palingenesia 33 (Stuttgart 1991).

Wheeler 1943: R. E. M. Wheeler, Maiden Castle Dorset (London 1943).

Whimster 1981: R. Whimster, Burial Practices in Iron Age Britain. BAR 90 (Oxford 1981).

Wiedmer-Stern 1908: J. Wiedmer-Stern, Das gallische Gräberfeld bei Münsingen (Bern 1908).

Wieland 1993: G. Wieland, Spätkeltische Traditionen in Form und Verzierung römischer Grobkeramik. Fundber. Baden-Württemberg 18, 1993, 61–70.

Wieland 1999a: G. Wieland, Mittelmeer-Wein an der oberen Donau. Zeugnisse des europaweiten Fernhandels in keltischer Zeit. In: J. Biel (Hrsg.), Archäologie im Umland der Heuneburg. Neue Ausgrabungen und Funde an der oberen Donau zwischen Mengen und Riedlingen. Arch. Inf. Baden-Württemberg 40 (Stuttgart 1999) 69–76.

Wieland 1999b: G. Wieland (Hrsg.), Keltische Viereckschanzen. Einem Rätsel auf der Spur (Stuttgart 1999).

Wild 1968: J. P. Wild, Die Frauentracht der Ubier. Germania 46, 1968, 67–73.

Wild 1985: J. P. Wild, The clothing of Britannia, Gallia Belgica and Germania Inferior. In: ANRW II 12, 3 (Berlin, New York 1985) 362–422.

Williams 1933: W. S. G. Williams, Welsh National Music and Dance (London 1933).

Williams 1971: J. E. C. Williams, Literature in Celtic countries (Cardiff 1971).

Williams 1998: G. Williams, Valleys of Song, Music and Society in Wales 1940–1914 (Cardiff 1998).

Winghart 1996: S. Winghart, Einige Überlegungen zu Ursprung und Herleitung des keltischen Gastmahls. Arch. Landkreis Freising 1996, 121–137.

Wiseman/Wiseman 1980: A. Wiseman/P. Wiseman (Übers.), The Battle for Gaul (London 1980).

Wörrle 1975: M. Wörrle, Antiochos I., Achaios der Ältere und die Galater. Eine neue Inschrift in Denizli. Chiron 5, 1975, 59–87.

Woolf 1993: G. Woolf, Rethinking the oppida. Oxford Journal Arch. 12, 1993, 223–234.

Woźniak 1997: Z. Woźniak, Die Kelten in Polen. In: Bader 1997, 69–70.

Youngs 1989: S. Youngs (Hrsg.), The work of Angels. Masterpieces of Celtic Metalwork, 6th–9th centuries A. D. Ausstellungskat. London 1989 (London 1989).

Zeller 1980: K. W. Zeller, Kriegswesen und Bewaffnung der Kelten. In: Pauli 1980, 111–132.

Zemmer-Plank 1997: L. Zemmer-Plank (Hrsg.), Kult der Vorzeit in den Alpen. Opfergaben – Opferplätze – Opferbrauchtum. Ausstellungskat. Innsbruck, Augsburg (Innsbruck 1997).

Ziegaus 1993: B. Ziegaus, Das keltische Münzwesen. In: Dannheimer/Gebhard 1993, 220–227.

Ziegaus 1994: B. Ziegaus, Das Geld der Kelten und ihrer Nachbarn. Sammlung Josef Schörghuber. Ausstellungskat. Prähist. Staatsslg. 26 (München 1994).

Ziegenrücker 1993: W. Ziegenrücker, Allgemeine Musiklehre. Serie Musik Piper-Schott 8201 [15](Mainz, München 1993).

Ziegler 1994: S. Ziegler, Die Sprache der altirischen Ogam-Inschriften. Diss. Erlangen (Göttingen 1994).

Ziegler 1996: S. Ziegler, s. v. Gallien. §5 Sprachliches. RGA 10 (1996) 370–376.

Zippelius 1954: A. Zippelius, Vormittelalterliche Zimmerungstechnik in Mitteleuropa. Rhein. Jahrb. Volkskde. 5, 1954, 7–52.

Zirra 1971: V. Zirra, Beiträge zur Kenntnis des keltischen Latène in Rumänien. Dacia 15, 1971, 171–238.

Zöller 1995: H. Zöller, Frühkeltische Fürstensitze. Machtzentren der Späthallstattzeit. In: Trenschel 1995, 13–24.

Zürn 1952: H. Zürn, Zum Übergang von Späthallstatt zu Latène A im südwestdeutschen Raum. Germania 30, 1952, 38–45.

Zürn 1964: H. Zürn, Eine hallstattzeitliche Stele von Hirschlanden, Kr. Leonberg. Germania 42, 1964, 27–36.

8.2 Zeittafel

1200 v. Chr.	Urnenfelderzeit		letzte Phase der Bronzezeit
800	Hallstattzeit		Werkstoff Eisen
		ab ~ 600	Fürstengräber
450	Latènezeit	ab ~ 400	Keltische Wanderungen
		225–190	römische Eroberung Oberitaliens
		218–19	römische Eroberung Spaniens
		ab ~ 200	Oppida
		58–52	römische Eroberung Galliens
		16–15	römischer Alpenfeldzug
0	Röm. Kaiserzeit	ab 43	römische Eroberung Englands
		ab 122	Hadrianswall
		ab. 3. Jh.	Iren in Dalriada (Schottland)
		407	Abzug der Römer aus Großbritannien
400	Frühmittelalter	4.–6. Jh.?	Briten in der Bretagne
		ab 400	Iren in Dési (Wales)
		um 500	König Arthur
		ab 793	Wikingereinfälle
800	Mittelalter	843	Einigung Schottlands
		944	englische Eroberung Cornwalls abgeschlossen
		ab 1169	englische Eroberungen in Irland
		1409	englische Eroberung von Wales abgeschlossen
1500 n. Chr.	Neuzeit	1532	Bretagne wird Teil Frankreichs
		1534–1607	Unterwerfung Irlands
		1536	Unionsvertrag England–Wales
		1603	Personalunion England–Schottland
		1707	Unionsvertrag England–Schottland
		1801	Unionsvertrag Großbritannien–Irland
		1921	Unabhängigkeit Irlands
		1982	Dezentralisierungsgesetze in Frankreich
		1998	Devolution von Wales, Schottland, Nordirland
		1999	Schutz des Bretonischen durch Europa-Charta

8.3 Wichtige Geländedenkmäler und Museen

Verzeichnisse von archäologischen Museen und Geländedenk-
mälern mit Keltenbezug:
Maier 1994, 344 ff.; Rieckhoff/Biel 2001, 284 ff.; Schußmann 2000.
Siehe auch Abs. 6.2 dieses Buches.

Volkskundliche Museen:

– Wales: „Amgueddfa Genedlaethol Cymru/Museum of Welsh Life
  St. Fagans" bei Cardiff unter http://www.nmgw.ac.uk/ (National
  Museums and Galleries of Wales)
– Schottland: „The Highland Folk Museum" in Kingussie und
  Newtonmore unter http://www.highlandfolk.com/
– Irland: etliche „Folk Museums", z. B. in Knock, Co. Mayo,
  Cashel, Co. South-Tipperary, Glencolumkille, Co. Donegal, oder
  auf Inishere, Aran, Co. Galway, unter http://www.goireland.com
– Nordirland: Ulster Folk and Transport Museum bei Belfast unter
  http://www.nidex.com/uftm/index.htm
– Bretagne: verstreute kleine Volkskundemuseen z. B. die Maison
  Cornec und die Maisons du Nion Huella unter http://parc-na-
  turel-armorique.fr/fr/expositions/index.html, das Écomusée von
  Plouguerneau unter http://perso.club-internet.fr/bezhin/ oder
  das Musée de la Fraise et du Patrimoine in Plougastel unter
  http://www.musee-fraise.infini.fr/

außerdem nützlich:

– http://www.ufg.uni-freiburg.de/digger.html (archäologische Such-
  maschine „Digger")
– http://www.links2go.com/more/members.aol.com/VLMuseen/
  index.html (Virtual Library der Freilicht- und Archäologiemu-
  seen)
– http://www.gallica.co.uk („World of the Celts" mit Fundstellen
  der britischen Inseln)
– http://www.schule-bayern.de (viele Links von historischem Interesse)
– http://www.cadw.wales.gov.uk/ und http://www.castlewales.com/
  (Homepages von Cadw, Welsh Historic Monuments)

8.4 Anmerkungen

[1] Renfrew 1987, 214; Raftery 2001, 377.

[2] Collis 1997a; 1997b; James/Rigby 1997; James 1999.

[3] Fischer 1997, 132.

[4] Sangmeister 1960; Lenerz 1981; 1991; Stary 1982; 1994; Kalb 1979.

[5] Kalb 1990, 344 f.

[6] James 1999, 44 ff.; Raftery 2001, 378; Richter 1996, 14.

[7] Maier 1994, 191, 206; 2000c, 370.

[8] Hahn 1993; Birkhan 1997, 26.

[9] Meid 1997, 5; ähnlich Fischer 1997, 132.

[10] Kimmig 1982.

[11] Uenze 1993a.

[12] Kromer 1959; Vouga 1923.

[13] Pauli 1975a, 2 f., 14.

[14] Eggers 1986, 158; Vouga 1923.

[15] Reinecke 1902; 1911a–f; für ältere Versuche, z. B. von O. Tischler siehe Frey 1981, 648; zur Methode Korbel u. a. 1981.

[16] Kossack 1959.

[17] Zürn 1952; Kimmig/Rest 1954; Mansfeld 1973; Dämmer 1978, Abb. 11.

[18] Dämmer 1978, 64 ff.

[19] Parzinger 1988, 109 ff., 86 f.

[20] Wiedmer-Stern 1908.

[21] Krämer 1961; 1985; Schaaff 1966; Maier 1970; Pingel 1971; Gebhard 1991.

[22] Gebhard 1991.

[23] Miron 1991; Rieckhoff 1992.

[24] Frey 1981.

[25] Eindrucksvoll: Déchelette 4 (1927) Abb. 385 und 386.

[26] Moscati u. a. 1991, 46 f.; für Frankreich: Déchelette 4 (1927) 436 ff. mit Lt I–III, bzw. IV für Großbritannien.

[27] Hodson 1964, 138; siehe allg. auch Cunliffe 1991, 4 ff.

[28] Frey 1981, 649; Spindler 1991, 335 f.

[29] Rottländer 1981.

[30] Stöllner 1999a, 451; Friedrich/Hennig 1995.

[31] Parzinger 1988, 123.

[32] Stöllner 1999a, 451; Parzinger 1988, 123 ff.; Rieckhoff 1995, 170 f.; Gebhard 1991, 95.

[33] Rieckhoff 1995, 185 ff.

[34] Gebhard 1991; Völling 1994; Demetz 1999.

[35] Ryan 1991, 627; Thomas 1986, 57 f.; 76; Cunliffe 1972, 5.

[36] Maier 1994, 23, 25, 42, 44 f., 121, 173, 183, 188 f., 191 f., 277, 342 f.

[37] Birkhan 1997, 10; Luyken 1996.

[38] Wernicke 1991, 27 ff.; 34.

[39] Fischer 1997, 129; Kremer/Urban 1993, 15; Gersbach 1989, 93 f.

[40] Kremer/Urban 1993, 15.

[41] Wernicke 1991, 23.

[42] Kremer/Urban 1993, 22.

[43] Zusammenstellungen Wernicke 1991, 24 ff.; GLQFM 1988–1992.

[44] Maier 1994, 143.

[45] Ellis 1993, 32.

[46] Kelly 1997, 6 ff.; vgl. auch Richter 1996, 77 ff.; Maier 1994, 20, 272; Zusammenstellung von Quellen z. B. Ellis 1993, 269–272; Richter 1996, 201 ff.

[47] Bausinger 1999; Eggers 1986; Eggert 2001; Rottländer 1981; Riederer 1987.

[48] Gleirscher in: Dannheimer/Gebhard 1993, 232 ff.

[49] Frey 1997, 141; Strobel 1996, 158; Vitali 1985, 26, 58–68.

[50] Szabó 1997, 148 f.; Guštin 1992, 71.

[51] Kremer/Urban 1993, 18; Fischer 1997, 132.

52 Z. B. Rieckhoff 1995; Haffner/von Schnurbein 2000.
53 Ellis 1993, 42, 79 f.; Ritchie 1988, 43; keltisch nach Richter 1996, 38; nichtkeltisch nach Maier 1994, 227, 267.
54 Fischer 1997, 130; Koch/Willinghöfer 1998.
55 Radke 1979, 648.
56 Le Glay 1979, 679; Wernicke 1991, 124.
57 Fischer 1997, 130.
58 http://www.unet.univie.ac.at/ ~a8700035/gaeilge.html.
59 Grünewald 2000, 372, 386; Lauffer 1987, 225, 230, 263.
60 Grünewald 2000, 384; Müller 1997, 143 f.; Dobesch 1999, 361.
61 Rieckhoff 1995, 197; Furger-Gunti 1991.
62 Dobesch 1999, 354 ff.; 363.
63 Rieckhoff 1995, 197–200; Dobesch 1999, 362 f., 369; von Schnurbein 1993, 246; Küster 1991, 428; 1993, 125; Ber. RGK 81, 2000, 235 ff.
64 Rieckhoff 1995, 197 ff.; Keller 1984, 51 ff.; Wieland 1993, 61; von Schnurbein 1993, 246, 248.
65 Wieland 1993, 62, 68.
66 Demandt 1998, 23; Dobesch 1999, 351.
67 Szabó 1997, 147, 149.
68 Rieckhoff 1995, 190 ff.
69 Lauffer 1987, 245, 268.
70 Wieland 1993, 62; Dobesch 1999, 351 f.
71 Woźniak 1997, 69 Abb. 1; Demandt 1998, 19; Lauffer 1987, 231.
72 Woźniak 1997, 70.
73 Brunaux 1999, 91.
74 Hatt 1980a, 52.
75 Le Glay 1979, 679.
76 Lauffer 1987, 230 ff.; Demandt 1998, 23 f.
77 Lauffer 1987, 245 f.
78 Goudineau u. a. 2000, 10; Maier 1994, 44; Lauffer 1987, 242, 246.
79 Lauffer 1987, 246 f.; anschauliches Kartenmaterial je Kriegsjahr in Wiseman/Wiseman 1980, 16, 42, 58, 72, 88, 99, 114, 134 und 178.
80 Goudineau u. a. 2000, 10 ff.
81 Goudineau u. a. 2000.
82 Lauffer 1987, 262, 267; Le Glay 1979, 680.
83 Dumville 1983a, 91.
84 Ellis 1993, 95 f., 101 ff.; Meyer-Sickendiek 1996, 203–206; generell ablehnend Rieckhoff/Biel 2001, 17.
85 Ellis 1993, 102 ff.; Brodersen 1998, 44.
86 Dumville 1984b, 211.
87 Ellis 1993, 105 ff.; Dumville 1983a, 92.
88 Dumville 1983b, 151 und 1993, Nr. XIV, 2, 9; Ellis 1993, 177 f.
89 Rio 2000, 139, 331.
90 Rio 2000, 16, 125, 134 ff., 327 ff.
91 Quéniart 2000.
92 Ellis 1993, 105 ff.; Guin 1982, 41.
93 Guin 1982, 48–82, 91 ff.; siehe auch Dupuy 1982.
94 Chapman 1995, 20.
95 Guin 1982, 115 ff.; Chapman 1995, 22.
96 Bougeard/Capdevila 2000, 430; Guin 1982, 187 f.
97 Calvez 2000, 411 f., 417 f., 420, 423.
98 Bretagne 1999d.
99 Bougeard/Capdevila 2000, 430 f.
100 Calvez 2000, 419 ff., 423, 425, 427 f.; Guin 1982, 229 weist darauf hin, daß die Deutschen die Separation der Bretagne jedoch von Anfang an ausschlossen.
101 Bougeard/Capdevila 2000, 432, 435, 437.
102 Bougeard/Capdevila 2000, 438 f., 442.
103 Guin 1982, 10, 229, 331 ff.; 339 f.
104 Bogdanor 1999, 1; Bretagne 1999b.
105 Guin 1982, 332; Bretagne 1999d.
106 Wernicke 1991, 84 f. Tab. 4.
107 Demandt 1998, 19 f.; Frey 1997, 141; Zöller 1995, 21.
108 Demandt 1998, 20.
109 Frey 1997, 141.
110 Frey 1997, 141; Demandt 1998, 19; Wernicke 1991, 111, 124.
111 Zöller 1995, 21 bzw. Szabó 1997, 147.
112 Frey 1997, 141; Wernicke 1991, 119 ff., 124 f.; Vitali 1985, 9, 28 ff., 84 f.; 1992.

[113] Müller 1997, 143.
[114] Vitali 1985, 17, 26 f.; Frey 1997, 141.
[115] Demandt 1998, 20 f.
[116] Demandt 1998, 21; Maier 1994, 52.
[117] Demandt 1998, 21 f.
[118] Lauffer 1987, 210.
[119] Demandt 1998, 22; Lauffer 1987, 217, 220, 236.
[120] Lauffer 1987, 241, 256.
[121] Demandt 1998, 19; Müller 1997, 143.
[122] Szabó 1997, 147 f.; Guštin 1984.
[123] Meid 1997, 15; Demandt 1998, 23; Grünewald 2000, 374.
[124] Guštin 1992, 71; Strobel 1996, 165.
[125] Meid 1997, 15; Maier 1994, 51 f.; Szabó 1997, 148; Demandt 1998, 23.
[126] Krämer 1961; Maier 1973.
[127] Guštin 1992, 72; Lauffer 1987, 266; Strobel 1996, 156.
[128] Guštin 1992, 72–75.
[129] Szabó 1997, 148 f.; Guštin 1992, 72.
[130] Lauffer 1987, 223, 226, 231, 238; Fitz 1979.
[131] Guštin 1992, 72, 75–76; Szabó 1997, 148 f.
[132] Lauffer 1987, 119; Szabó 1997, 148; Demandt 1998, 24.
[133] Lauffer 1987, 223, 272 f.; Szilágyi 1979.
[134] Zirra 1971, 173–220.
[135] Szabó 1997, 148 f.
[136] Lauffer 1987, 119; Volkmann 1979, 667; bei Demandt 1998, 24 f. Wohnsitze der Tektosagen und Trokmer vertauscht; bei Polenz 1978, 205 Pessinus und Ankara zum Gebiet der Trokmer gezählt.
[137] Schaaff 1985; Müller-Karpe 1988, 189; Polenz 1978, 210.
[138] Polenz 1978, 182, 194, 196; Müller-Karpe 1988, 193.
[139] Polenz 1978, 196–206, 209; Müller-Karpe 1988, 193.
[140] Szabó 1997, 148; Polenz 1978, 204.
[141] Polenz 1978, 209 ff.; Müller-Karpe 1988, 196 ff.; siehe allg. auch Céramique 1991.
[142] Szabó 1991, 333.
[143] Volkmann 1979, 667.

[144] Lauffer 1987, 158; Volkmann 1979, 668; Demandt 1998, 25.
[145] Volkmann 1979, 668 ff.
[146] Weber 1989, 6 f. in: Augustus, Meine Taten.
[147] Strobel 1996, 148 f.; Almagro 1991, 389; 1997, 73.
[148] Almagro 1991, 398; 1997, 74 ff.; Koch/Willinghöfer 1998, 53; Meid 1997, 11; Groß 1979a, 181.
[149] Groß 1979c; Almagro 1991, 389 f., 401; gegen keltische Sachkultur in Portugal: Kalb 1979, 215.
[150] Lauffer 1987, 210 ff.; 217; Groß 1979c.
[151] Groß 1979a, 1103; Lauffer 1987, 217, 220.
[152] Lauffer 1987, 223–227; Groß 1979b; Argente 1990; Martínez u. a. 1993.
[153] Almagro 1997, 78; Groß 1979a, 1103.
[154] Groß 1979a, 1103; 1979c; Lauffer 1987, 234, 239 ff., 245, 253, 265.
[155] Ellis 1993, 100 f.; Meyer-Sickendiek 1996, 207.
[156] Jones/Mattingly 1990, 44.
[157] Cunliffe 1991, 26; Raftery 1991, 555; Jones/Mattingly 1990, 57 f. Karte 3:15.
[158] Cunliffe 1991, 40 f.; Stead 1965; 1979.
[159] Demandt 1998, 17; Jones/Mattingly 1990, 44 f.
[160] Jones/Mattingly 1990, 57; Cunliffe 1991, 79 f.
[161] Jones/Mattingly 1990, 59 ff.; Cunliffe 1991, 49 ff.
[162] Raftery 1991, 555 ff.; 2001, 378.
[163] Brodersen 1998, 9, 17.
[164] Brodersen 1998, 25 f.; Foster 1986.
[165] Jones/Mattingly 1990, 43.
[166] Brodersen 1998, 57 f., 61 ff., 70.
[167] Bushe-Fox 1926–49; Richmond 1968; Wheeler 1943; Maxfield 1987.
[168] Thomas 1966; Fox/Ravenhill 1972.
[169] Brodersen 1998, 72, 77 f.; 81 f.; Cunliffe 1971.
[170] Brodersen 1998, 86 ff.
[171] Brodersen 1998, 94, 121.

[172] Brodersen 1998, 98 ff.; Lauffer 1987, 287.
[173] Hawkes/Hull 1947.
[174] Brodersen 1998, 111 ff.
[175] Brodersen 1998, 124 ff.
[176] Jones/Mattingly 1990, 23, 106 Karte 4:39; Pitts/St Joseph 1985; Brodersen 1998, 134 ff.
[177] Jones/Mattingly 1990, 76 f., 79 f.; Brodersen 1998, 143 ff.
[178] Pitts/St Joseph 1985; Brodersen 1998, 155, 157.
[179] Breeze/Dobson 1978; Brodersen 1998, 167 ff., 178; Keppie 1986.
[180] Brodersen 1998, 179, 182, 206 ff.
[181] Brodersen 1998, 210 ff.; 226 ff.; 228 f.
[182] Brodersen 1998, 231 ff.
[183] Brodersen 1998, 240 ff.; 245.
[184] Ellis 1993, 12, 16, 98, 125 ff.; Dumville 1984a, 83; siehe auch Laing/Laing 1990; skeptisch zu Holzbüchern: Maier 1994, 254.
[185] Brodersen 1998, 248 f.; Thomas 1986, 41.
[186] Ellis 1993, 29, 253; zu Siedlungsgrabungen in Dalriada siehe z. B. Lane/Campbell 2001.
[187] Thomas 1986, 76.
[188] British Arch. 12, 1996, 4; Warner 1996.
[189] Ellis 1993, 17 f., 21 f., 28, 30 ff.; Dumville 1984a, 83; Thomas 1986, 42.
[190] Ellis 1993, 36–44, 48, 98.
[191] Ellis 1993, 56–67; Maier 1994, 26, 34, 67, 325.
[192] Ellis 1993, 69–81; Thomas 1986, 49 f., 52.
[193] Ellis 1993, 88–92, 109 ff.; Maier 1994, 62 f.
[194] Ellis 1993, 114 ff.
[195] Pro: Ellis 1993, 152 f.; Tweddle 2001; contra: Dumville 1981, 120 (Datierungen bis hinauf ins 11. Jh.), 125.
[196] Ellis 1993, 157, 160 ff., 185, 200; Fox 1955.
[197] Ellis 1993, 164 ff.; 172 ff., 180, 190, 226.
[198] Ellis 1993, 174 f., 213.
[199] Bogdanor 1999, 15; Ellis 1993, 188 f.; 201 f.

[200] Ellis 1993, 164, 191 ff., 197 ff., 207.
[201] Ellis 1993, 202 ff., 205, 209, 221.
[202] Dumville 1983b, 147 f.; Ellis 1993, 206 ff.
[203] Dumville 1983b, 147–150; Maier 1994, 24.
[204] Ellis 1993, 207, 213; Thomas 1986, 47.
[205] Hechter 1999, 64 f., 97, 101; Ellis 1993, 221 f.
[206] Die historischen Fakten wurden hier und in den folgenden Abschnitten zu Schottland und Irland über die zitierte Literatur hinaus mit den Zusammenstellungen der Brockhaus Enzyklopädie Stand 1989 abgeglichen.
[207] Bogdanor 1999, 6; Hechter 1999, 56, 74, 87.
[208] Hechter 1999, 59, 67, 69 f., 101, 114.
[209] Bogdanor 1999, 6 f.; Hechter 1999, 74, 110.
[210] Bogdanor 1999, 6 f., 144.
[211] Bogdanor 1999, 145 ff.; Ellis 1993, 223 f.
[212] Bogdanor 1999, 146, 149 f., 157; Ellis 1993, 223 f.
[213] Bogdanor 1999, 147 f.
[214] Bogdanor 1999, 148, 152, 154 f., 158 f.; Ellis 1993, 223 f.; Bradbury 1997, 10.
[215] Bogdanor 1999, 154 ff., 161, 164; Hechter 1999, 309.
[216] Ellis 1993, 225, 235.
[217] Bogdanor 1999, 8.
[218] Hechter 1999, 78; Maclean 1986, 22 ff.
[219] Ellis 1993, 225 ff.; Bogdanor 1999, 8; Maclean 1986, 34 ff.
[220] Maclean 1986, 45 ff., 63 ff.
[221] Hechter 1999, 104 f.; Maclean 1986, 76 ff., 89 ff.
[222] Bogdanor 1999, 8; Maclean 1986, 109 f.
[223] Bogdanor 1999, 9; Maclean 1986, 112 ff.
[224] Hechter 1999, 108, 113 ff.; Maclean 1986, 192 f.
[225] Bogdanor 1999, 8 f.
[226] Bogdanor 1999, 9–12; Hechter 1999, 71 f.
[227] Bogdanor 1999, 11, 110 f.; Hechter 1999, 83.

228 Hechter 1999, XX, 78, 115 f.; Ellis 1993, 228 f.

229 Bogdanor 1999, 13 f.; Hechter 1999, 93 ff.

230 Bogdanor 1999, 110 f., 114 f.

231 Bogdanor 1999, 119 ff., 128, 138.

232 Hechter 1999, 309; Bogdanor 1999, 117 ff., 132, 135.

233 Bogdanor 1999, 125 f.

234 Bogdanor 1999, 118, 196 f.; Brand/Mitchell 1997, 45.

235 Hechter 1999, 72; Richter 1996, 136 ff., 147 f.

236 Richter 1996, 161 ff.; Bottigheimer 1985, 54, 58, 60.

237 Bogdanor 1999, 15; Hechter 1999, 102; Richter 1996, 177; Bottigheimer 1985, 61 f.

238 Bogdanor 1999, 16; Hechter 1999, 72, 102, 237; Richter 1996, 188; Bottigheimer 1985, 91.

239 Ellis 1993, 230.

240 Hechter 1999, 72, 93 f., 103, 270; Bottigheimer 1985, 93 ff.; Ellis 1993, 203, 230 f.

241 Hechter 1999, 77, zur Deutung 263.

242 Hechter 1999, 76 f.; Bogdanor 1999, 16.

243 Hechter 1999, 84, 103; Bogdanor 1999, 16; Bottigheimer 1985, 109.

244 Bogdanor 1999, 16; Hechter 1999, 68, 72.

245 Bodganor 1999, 20 f.; Hechter 1999, 92 f.; Ellis 1993, 228, 231 f., 249.

246 Hechter 1999, 86, 270.

247 Bogdanor 1999, 19 ff.

248 Bogdanor 1999, 17, 27 f., 33.

249 Bogdanor 1999, 19 f.; Ellis 1993, 232.

250 Bogdanor 1999, 48, 64; Bottigheimer 1985, 171 ff.

251 Bogdanor 1999, 57, 64 f., 69 ff., 72 ff.

252 Bogdanor 1999, 72 ff.; Hechter 1999, XVII.

253 Bogdanor 1999, 74 ff., 78 f.

254 Bogdanor 1999, 79; Ellis 1993, 233 f.

255 Bogdanor 1999, 53, 67 ff., 83 ff., 90 f., 96.

256 Bogdanor 1999, 64, 74.

257 Ellis 1993, 232 ff.

258 Bogdanor 1999, 80, 97 ff., 101.

259 Bogdanor 1999, 98, 103 ff., 108.

260 Umfangreicher Überblick über Geschichte, Biographien, Parteien, Organisationen, Literatur, Chronik der Gewalttaten etc. unter http://www.interconflict.de.

261 Brockhaus Enzyklopädie Stand 1988; Bradbury 1997, 9 f.

262 Bogdanor 1999, 7, 276 f.

263 Bogdanor 1999, 2 f., 6.

264 Dalyell 1977; Bogdanor 1999, 34, 182 ff., 193.

265 Bogdanor 1999, 185 f., 188, 190; leicht abweichende Zahlenangaben bei Bradbury 1997, 17.

266 Bogdanor 1999, 192 f., 196.

267 Bogdanor 1999, VII, 34, 199 ff.

268 Bogdanor 1999, 2, 105, 202 ff., 211, 221.

269 Bogdanor 1999, 209 ff., 221, 255.

270 Bogdanor 1999, 102 f., 106 f., 290.

271 Bogdanor 1999, 34, 233, 288 f.

272 Hechter 1999, 11, 264.

273 Hechter 1999, 49 ff., 59 ff., 81 ff., 88 ff., 269.

274 Hechter 1999, 117 ff., 130, 144 f., 150, 161, 191, 207, 264 f., 293.

275 Zusammenstellung der antiken Quellen nach Bender Jørgensen 1986, 349 f.; Von Kurzynski 1996, 68 ff. und Schwinden 1989, 305 ff.

276 Lenneis 1972.

277 Z. B. Kaenel/Müller 1991, 257.

278 Cřemošnik 1964; Garbsch 1965; 1985.

279 Wild 1985, 393 ff.

280 Garbsch 1965; Freigang 1997, 307; Wild 1968.

281 Lucke/Frey 1962, 11 ff.

282 Von Kurzynski 1996, 50 ff., 64 f.

283 Zürn 1964; Frey 2000, 395, 400 ff.

284 Almagro 1997, Abb. 1 und 4; Blázquez 2001, Abb. 2–15; Arch. Deutschland H. 2, 2002, 34 f.

285 Deyts 1983; Frey 2000, 399, 404; Haffner 1995, 43 ff.; Arch. Deutschland H. 2, 2002, 32 f. (Vix).

286 Moscati u. a. 1991, 407; Von Kurzynski 1996, 44 ff., 61.

287 Allgemein zu den wichtigsten Typen für jede Zeitstufe: Spindler 1991,

292 ff.; Mansfeld u. a. 1994; speziell: Mansfeld 1973; Gebhard 1991.

[288] Sie bestehen zumeist aus Bronze und können daher über die vielbändige Reihe „Prähistorische Bronzefunde" (PBF) mit ihren 21 Abteilungen ausfindig gemacht werden. Siehe z. B. für Gürtel Abt. XII, Nadeln Abt. XIII, Fibeln Abt. XIV, Schmuck Abt. X–XI.

[289] Pertlwieser 1987, 120.

[290] Müller-Karpe 1988, 193.

[291] Masurel 1984, 46; 1987, 83.

[292] Bender Jørgensen 1986, 330 ff.; 1992; Banck-Burgess 1997, 470.

[293] Banck-Burgess 1999.

[294] Klose 1926; Hundt 1959; 1960; 1961; 1967; 1987; Ryder 1990.

[295] Dal Ri 1995/96.

[296] Schlabow 1976.

[297] Banck-Burgess 1999, 39, 234 ff.; Foster 1986, 92 f.

[298] Martine 1987, 12, 26–30, 36; Chapman 1995, 8, 11.

[299] Ellis 1993, 243; Martine 1987, 26.

[300] Chapman 1995, 7 f., 20.

[301] Martine 1987, 31–36; Maclean 1986, 68.

[302] Chapman 1995, 7 f.; Martine 1987, 38 f., 152 ff.

[303] Chapman 1995, 7; Simon 2000, 156 ff.

[304] Chapman 1995, 9 ff., 24.

[305] Kimmig 1976; Sangmeister 1994, 528 ff.; Kurz 1997, 126; Krauße 1999, 353 f.; Zeller 1980, 124; Frey 2001.

[306] Fischer 1976; Zeller 1980, 116 ff.; Sievers 1993.

[307] Fischer 1976; Zeller 1980, 116 ff.; Sievers 1993; Schaaff 1990, 10; siehe auch Kimmig 1940; Krämer 1949/50.

[308] Sievers 2000.

[309] Almagro 1997, 77.

[310] Schaaff 1990, 20; bezüglich Pila überholt: Groß 1979a, 1103; RE 20, 2 (1950) 1333.

[311] Mallory 1992b, 106 ff.; 131 ff.

[312] Zippelius 1954; allgemein auch: Luley 1992.

[313] Gersbach 1996, 120 ff.; Kurz 2000; Biel 1995, 31 f.

[314] Birkhan 1999, 360, Abb. 680, 362 Abb. 683; Tratman 1970.

[315] Arch. Jahr Bayern 1994, 86 f.; Arch. Ausgr. Baden-Württemberg 1996, 79 ff.

[316] Cordie 1989; Madrider Mitt. 9, 1968, 187 ff.; H.-E. Joachim in: Pauli 1980, 306 f.

[317] Rauchabzüge: Gersbach 1995, 137; 1996, 75, 88, 114; Schlüssel und Schloss: Helvetia Arch. 12, 1981, 230 ff.; Stallhaltung: Tools and Tillage 5/1, 1984, 13 ff.

[318] Höhlen: Biel 1987, 139 f., 144 (Hallstatt- und Frühlatènezeit); Feuchtboden: Köninger 2000 (Hallstattzeit); Bulleid/Gray 1911/17; 1948/53; Tratman 1970; Avery 1968; Cunliffe 1991, 189 ff. (Latènezeit).

[319] Kritisch z. B. Woolf 1993, 226 ff.

[320] Z. B. Altendorf bei Bamberg: Bayer. Vorgeschbl. 44, 1979, 27 ff.

[321] Literatur bei Fries-Knoblach 2001, 8 f.

[322] Germania 62, 1984, 311 ff.; Arch. Jahr Bayern 1996, 100 ff.; Beitr. Arch. Oberpfalz 2, 1998, 311 ff.

[323] Salač im Druck.

[324] Schefzik 2001, 143 ff., 198 ff.; Kind 1989, 273 f.

[325] Audouze/Büchsenschütz 1991, 88 ff.; Leicht 1999, 129 ff., 136 ff.; Jones/Mattingly 1990, 46, 60 ff.; Birkhan 1997, 345 f.; 403.

[326] Biel 1987, 93 ff.; 108 ff.; Parzinger 1998.

[327] Fischer 2000, 215; Kossack 1959, 114 ff.

[328] Fischer 1997, 131; 1998, 221 ff.; Zöller 1995, 20 f. Abb. 10.

[329] Z. B. Mansfeld 1973; Lang 1974; Dämmer 1978; Gersbach 1989; 1995; 1996; Kimmig 2000.

[330] Zöller 1995, Abb. 10; Schefzik 2001, 199.

[331] Z. B. Pätzold/Schwarz 1961; Leidorf 1985; 1996; Nagler-Zanier 1999.

[332] Schaich/Rieder 1998.

[333] Agache 1981; Menez 1994, 256 f.; 1996, 202, 210 ff.; Büchsenschütz/ Méniel 1994, 11 ff.; Rieckhoff 1998, 498; Menez/Arramond 1997.

[334] Wieland 1999b, 118 ff.

[335] Krause 1999.

[336] Fries-Knoblach 1998, 356 ff.

[337] Altjohann 1995; Müller 1993, 180.

[338] Cunliffe 1984; Richmond 1968; Wheeler 1943.

[339] Ryan 1991, 626.

[340] Almagro 1991, 398, 404; 1997, 76 ff.

[341] Cardozo 1993; Trillmich u. a. 1993, 270 f.

[342] Collis 1993; kritisch z. B. Woolf 1993.

[343] Drda 1997, 64 ff.; einschränkend: Leicht 1999, 129.

[344] Collis 1993, 102.

[345] z. B. Pingel 1971; Maier 1970; Jacobi 1974; Lange 1983; Krämer 1985; Kellner 1990; Gebhard 1989; 1991.

[346] Dannheimer/Gebhard 1993, 119; Sievers 1999.

[347] Zusammenfassend Dehn 1976; für neuere Ergebnisse siehe etwa die laufenden Berichte in der Rev. Arch. Est et Centre-Est, z. B. 46/2, 1996, 217–293.

[348] Cunliffe 1984; Jones/Mattingly 1990, 46 ff. Karte 3.3.

[349] Jud 2000.

[350] Almagro 1997, 76 f.; Martinez in: Moscati u. a. 1991, 406 f.

[351] Jones/Mattingly 1990, 61 ff. mit Karte.

[352] Menez 1994, 268 ff.; Cunliffe 1991, 104, 216 ff.; Ryan 1991, 626 f.

[353] O'Kelly 1989, 308 f.; Thomas 1986, 64.

[354] Cunliffe 1991, 104; Thomas 1986, 62, 64; Ryan 1991, 626.

[355] Bray/Trump 1982, 44; Jones/Mattingly 1990, 61 ff. Karte 3.19; Ritchie 1988; MacKie 1965.

[356] Bray/Trump 1982, 206; Richter 1996, 32 f.; O'Kelly 1989, 306 ff.

[357] Bray/Trump 1982, 68; O'Kelly 1989, 298 ff.; Hencken 1950; Jones/Mattingly 1990, 63; Ryan 1991, 625.

[358] Bray/Trump 1982, 80; Jones/Mattingly 1990, 61 ff. Karte 3.19; O'Kelly 1989, 309 f., 319 ff.; Ryan 1991, 624 f.

[359] Ryan 1991, 626; Alcock 1974; Maier 1994, 62, 66 f.

[360] Maier 1994, 63; Thomas 1986, 70 ff.

[361] Ryan 1991, 627; Thomas 1986, 151 Abb. 95; Richter 1996, 58, 61 Abb. 2.

[362] Ryan 1991, 627, 635; Thomas 1986, 149 f.

[363] Vouga 1923; Jacobi 1974; Spindler 1991, 302 f. Taf. 18.

[364] Fries 1995; Fries-Knoblach 1997; Kelly 1997, 469 ff.

[365] RE 8, 1 (1955) 291 f.; Arch. Deutschland 4, 1998, 68 f.; Trierer Zeitschrift 27, 1964, 151 ff.; Germania 36, 1958, 386 ff.

[366] Müller-Wille 1979, 198; Klamm 1993; Fries 1995; Fries-Knoblach 1997; Topping 1989; Crummy 1984, 138 ff.

[367] Küster 1991; 1993, 124 f.; Stika 1996, 66.

[368] Bökönyí 1991; Von den Driesch 1993; Kerth/Posluschny 1995/96, 71; Méniel in: Büchsenschütz/Méniel 1994, 125 ff.; Wieland 1999b, 61 ff.

[369] Küster 1991, 427; Bökönyí 1991, 429.

[370] Küster 1993, 124.

[371] Rieckhoff 1998, 489 f.; Kohler in: Kimmig 2000, 206; Fischer 1990; Biel 1985.

[372] Kremer/Urban 1993, 20.

[373] Rieckhoff 1998, 491 ff.; Krauße 1996, 321 ff.; zu Obeloi: Kohler in: Kimmig 2000, 197 ff.; siehe auch Winghart 1996.

[374] Rieckhoff 1998, 494 ff.

[375] Kelly 1997, 357 ff.

[376] Kelly 1997.

[377] Siehe auch Kimmig 1983 und Fischer 1983.

[378] Moosleitner 1985, 93 ff.; 1985; Steuer/Zimmermann 1993.

[379] Fries-Knoblach 1999.

[380] Moosleitner 1980, 93 f.; Sievers u. a. 1991, 442 ff.; Fries-Knoblach 1999.

[381] Moosleitner 1980, 94; Hofmann in: Furger/Müller 1991, 35 ff.; Fries-Knoblach 1999.

[382] Moosleitner 1980, 94 f.; Sievers u. a. 1991, 445 ff.; Geiß-Dreier in:

Cordie u. a. 1992, 193 ff.; Glasperlen 1983; 1987; 1993; 1995; Armringe: Gebhard 1989; Korfmann 1966; Gefäße: Venclová 1984; Email: Challet 1992; Stead 1996, 19.

[383] Moosleitner 1980, 95; Rochna 1962; 1984; Calkin 1953; Cunliffe 1991, 277; Wigg in: Cordie u. a. 1992, 207 f.

[384] Joachim 1985; Calkin 1953; Bolus 1999.

[385] Salzbergwerke: Schauberger 1960; 1968; Stöllner 1999b; Salzsiederei: Fries-Knoblach 2001.

[386] Keller 1939; hierzu und zur weiteren Keramikentwicklung zusammenfassend Spindler 1991, 257 ff.

[387] Moosleitner 1980; Sievers u. a. 1991; Lang 1974; 1976; Pingel 1971.

[388] Kokabi u. a. 1994, 57 ff.; Spindler 1991, 231 ff.; Cordie u. a. 1992, 50 Abb. 25; Krauße 1996; Fischer 1990.

[389] Moosleitner 1980, 97, 310; Spindler 1991, 251; Barth 1992; Neugebauer 1980.

[390] Moosleitner 1980, 97 f., 269 f.; H.-E. Joachim in: Pauli 1980, 306 f.; Spindler 1991, 244 ff.; Sievers u. a. 1991, 436 ff.; Jacobi 1974.

[391] Moosleitner 1980, 98, 310 f.; De Navarro 1955.

[392] allgemein: Kimmig 1985; Frey 1985; Fischer 1985; Lang im Druck; Salz: Hees 1999; Morris 1985; Fries-Knoblach 2001; Mühlsteine: Joachim 1985.

[393] Salač im Druck; Timpe 1985; Jones/Mattingly 1990, 57 Taf. 3:10.

[394] Frey 1981, 651; Rieckhoff 1998, 512.

[395] Wieland 1999a; Trenschel 1995, 14 f.

[396] Dehn/Frey 1979; Frey 1981, 649.

[397] Zöller 1995; Dehn/Frey 1979; Kimmig 1992; Parzinger 1988, 123 ff.; Spindler 1991, 325 ff.

[398] Spindler 1991, 338 f.; Vorlauf 1997, 179 f.

[399] Shefton 1995.

[400] Kimmig 2000; Zöller 1995, 20; Van Doorselaer u. a. 1987.

[401] Fischer 1973; siehe auch Cunliffe 1988, 31; Kossack 1982, 106; Spindler 1991, 317 ff., 345; Eggert 1991.

[402] Fischer 1973, 442.

[403] Dehn 1972; 1973; Wernicke 1991, 140 ff.

[404] Sievers 1999, 21; Rieckhoff 1998, 506, 500 ff. Abb. 3; Werner 1954; Feugère/Rolley 1991.

[405] Ellmers 1974; Mihovilić 1992; Moscati u. a. 1991, 617; Reitinger 1975.

[406] Wieland 1999a, 74 f.

[407] Birkhan 1999, 56, 372 f., Abb. 716–718.

[408] Ellis 1993, 132, 186; Severin 1978; Bottigheimer 1985, 27.

[409] Coles 1986; Vosteen 1999, 116 Tab. 57.

[410] Schußmann 1996; Kurz 1995, 138 Nr. 220.

[411] Müller-Karpe 1956; Vosteen 1999, Tab. 40–47.

[412] Egg 1989; Schaaff 1987; Pare 1992; Vosteen 1999, 119.

[413] Pare 1987; Hennig 1995; Friedrich/Hennig 1995; Egg 1996.

[414] Becker 1984; Schönfelder 2001; Karl 2001; Fischer 1959; Müller 1995; Untermann 1979, 1615, 1621.

[415] Stead 1965; 1979; Raftery 2001, 376.

[416] Biel in: Dannheimer/Gebhard 1993, 45 f. Abb. 23.

[417] Ziegaus 1993, 220, 226 f.; Polenz 1982; Kellner 1990.

[418] Ziegaus 1993, 222 ff.; Allen 1978, 15, 52 f., 59, 60; Ziegaus in: Sievers u. a. 1998, 645 ff.

[419] Ziegaus 1993, 224; Allen 1978, 14, 25, 39.

[420] Allen 1978, 14 f.; Jones/Mattingly 1990, 50.

[421] Kurz 1995, 118 f.

[422] Ziegaus 1993, 221 f.; Allen 1978, 13, 58.

[423] Polenz 1978, 196; Allen 1978, 17.

[424] Allen 1978, 13 f., 56, 63 ff.; Jones/Mattingly 1990, 50 ff.

[425] Maclean 1986, 29; Jezequel 1998; Maier 1994, 240; Dolley 1966; Seaby 1984.

426 Kromer 1962; Lucke/Frey 1962.

427 Kromer 1962, 127 f.;
Fischer/Schickler 1993; Biel 1987,
134.

428 Maier 1994, 183; Frey 1980; Moscati u. a. 1991, 47; Zirkelornamentik: Lenerz 1977.

429 Stead 1996, 20–35; Maier 1994,
212.

430 Ryan 1991, 628 f., 635 f.

431 Maier 1994, 59; Henderson 1987;
Ryan 1991, 630 f., 634.

432 Moore 1978, 67, 71, 81 ff.; Nothdurfter 1999, 1 f., 15.

433 Ryan 1991, 628 ff.; Youngs 1989,
77 ff., 91 ff., 110 ff.

434 Ryan 1991, 631 f., 635 ff.; Youngs
1989, 130 ff., 134 ff., 160 f., 66 ff.

435 Ryan 1991, 634; Ritchie 1988, 43;
Thomas 1986, 162 ff. mit
Abb.103–110.

436 Ryan 1991, 634; Moore 1978, 72;
Harbison 1992.

437 Meyer-Sickendiek 1996, 136;
Moore 1978, 67 ff., 74 ff.; Ryan
1991, 635.

438 Ryan 1991, 637.

439 Ingamells 1978, 99 ff.; Birkhan
1999, 307 Abb. 530; Bouët/Perrin
1835; Barbier 2000.

440 Meid 1997, 9 f., 20, 22.

441 Maier 1994, 56, 136; Ellis 1993, 80.

442 Meid 1997, 25 ff.

443 Maclean 1986, 110, 167; Ellis 1993,
218.

444 Ellis 1993, 242, 250; nach Cunliffe
1980, 199 noch 4 Millionen.

445 Meid 1997, 11 f.; Untermann 1979,
1619–1620; Almagro 1991, 396.

446 Meid 1997, 11, 13; Maier 1994,
205; Strobel 1996, 146; Wernicke
1991, 120 ff.

447 Untermann in: Dannheimer/Gebhard 1993, 23 ff.; Weisgerber 1931.

448 Maier 1994, 75, 202; siehe auch
Ziegler 1996.

449 Dumville 1983a, 91; Ellis 1993, 18.

450 Meid 1997, 15; Maier 1994, 56.

451 Maier 1994, 198 f.; Ellis 1993,
213.

452 Ellis 1993, 205, 222; Meid 1997, 8;
Demandt 1998, 117.

453 Ellis 1993, 225; Cunliffe 1980, 199.

454 Guin 1982, 174 f.; Chapman 1995,
22; Ellis 1993, 107; Bretagne
1999b, 1999c; ähnlich Birkhan
1997, 66.

455 Hechter 1999, 195 ff., 204 ff.

456 Ellis 1993, 223 f., 227; Cunliffe
1980, 199; Birkhan 1997, 65.

457 Ellis 1993, 234; Birkhan 1997, 65.

458 Birkhan 1997, 65 f.

459 Meid 1997, 8; Maier 1994, 52;
Birkhan 1997, 11.

460 Bretagne 1998.

461 Bretagne 1999a.

462 Http://www.breizh.de,
http://www.bretagneworld.com,
http://parc-naturel-armorique.fr/
fr/culture/index.html,
http://www.arbedkeltiek.com oder
die Suchmaschinen
http://www.breizhoo.fr und
http://www.breizhat.com.

463 Bretagne 1999c.

464 Stevenson in: Warren 1987, XX-
XIII.

465 Williams 1933, 26 ff.

466 Hechter 1999, 75, 110 f., 168.

467 Siehe http://www.cymdeithas.com
und http://www.nlw.org.uk/
ymgyrchu/index-e.htm.

468 Bogdanor 1999, 153; Ellis 1993,
223 f.; Maier 1994, 46.

469 Jones 1997, 57 f.

470 Siehe http://www.llgc.org.uk.

471 Maier 1994, 110, 337; Birkhan
1997, 13.

472 Hechter 1999, 168; Ellis 1993, 227,
242.

473 Hechter 1999, 196; Meid 1997, 8,
12.

474 Hechter 1999, XVIII; Maier 1994,
174 f., 192, 233, 286; Ellis 1993,
234.

475 Meid 1997, 7; Mac Eoin 1991, 674.

476 Meid 1997, 27, 29.

477 Von Kurzynski 1996, 45 Abb. 38;
Megaw 1991, 643; Menez/Arramond 1997.

478 Megaw 1991, 644; Andreae 1991,
66, 70; Hatt 1980b, 71 Abb. 7.

479 Maier 1994, 241 ff.; Megaw 1991,
643 ff.

480 Für Literatur und Beispiele siehe
etwa Madagáin 1981.

481 Siehe http://www.dastum.com/
dastum_uk/home.htm.
482 Williams 1933; 1998.
483 Martine 1987, 38 f.; Maier 1994,
243; Louda 1972, Taf. 32, 40;
Maclean 1986, 65.
484 Http://www.bagadoo.tm.fr/fc/.
485 Bretagne 1999c.
486 Meid 1997, 27.
487 Maier 1994, 254; Ellis 1993, 108;
Ziegler 1994; Meid 1997, 15;
Richter 1996, 39.
488 Dumville 1981, 121.
489 Meid 1997, 30 ff.
490 Meid 1997, 34 ff., 41, 45 ff.; Maier
1994, 18, 32.
491 Meid 1997, 48 ff.; Mallory 1992a.
492 Meid 1997, 60 ff.
493 Bottigheimer 1985, 209 f.; Ó Madagáin 1981, 312.
494 Maier 1994, 89, 186 f.
495 Maier 1994, 58 f.
496 Maier 1994, 67, 69.
497 Meid 1997, 69 f.; Moore 1978, 83.
498 Meid 1997, 69 ff.; Maier 1994, 93,
146, 210 ff.; 247; Dumville 1988,
1 ff.
499 Davies 1999/00.
500 Stephens 1986; Maier 1994, 152.
501 Meid 1997, 72; Maier 1994, 29, 52.
502 Chapman 1995, 19, 22.
503 Maier 1994, 216; Chapman 1995,
14 Anm. 2; Giraudon 2000, 171 ff.,
197 f.
504 Combot 2000.
505 Williams 1971; Lambert 1981.
506 Ellis 1974.
507 Duval/Pinault 1986; Maier 1994,
81 f., 124.
508 Olmsted 1992, XI, 25–29.
509 Maier 1994, 81 f.; Olmsted 1992,
12 ff.
510 Olmsted 1992, 13.
511 Olmsted 1992, XI, 1 f., 11, 16–29,
129 ff.
512 Olmsted 1992, 20, 130.
513 Le Roux 1961, 485 ff.
514 Le Roux 1962, 174 ff.
515 Le Roux 1962, 178 ff.
516 Le Roux 1962, 343 ff.; siehe auch
Maier 1994, 42, 55, 124, 215 f.,
282; Danaher 1972.
517 Maier 2000a, 414.
518 Colpe 1970, 27, 29 ff., 35 ff.
519 Brunaux 1989, 12; Haffner 1995, 10.
520 Abels 1991; vgl. auch Schefzik
1996.
521 Rieder 1992.
522 Parzinger u. a. 1995; Vosteen 1999,
269.
523 Bockisch/Zeitler 1996, 49, 72 ff.;
Baum 1999; Haffner 1995, 37 ff.
524 Bauer/Kuhnen 1995; Kurz 1995,
141; Bockisch/Zeitler 1996, 75 f.
525 Zemmer-Plank 1997, 25.
526 Weiss 1997; Fries-Knoblach im
Druck.
527 Kurz 1995, 115 f.; Birkhan 1999,
309 Abb. 536.
528 Zemmer-Plank 1997, 39 f.; Kurz
1995, 116, 121, 155 f.
529 Haffner 1995, 42; Pauli 1983.
530 G. Kossack in: Zemmer-Plank
1997, 18.
531 Drda 1997, 63 f.
532 Brunaux 1995; 1999, 92 ff.
533 Haffner 1995, 37.
534 Müller 1993, 180 ff., 187; Maier
1990; 1998; Haffner 1995, 35 ff.;
Sievers 1993, 57 f.
535 Cardozo 1993, 38 ff. und Taf. 15 ff.;
Jordá u. a. 1986, 530 f.; Almagro
1997, 74.
536 Brunaux 1999, 104; Lange 1983;
1989/90.
537 Hahn 1993.
538 Brunaux 1995; 1999, 98 ff.
539 Uenze 1993b; Pauli 1975b;
Warnecke 1999.
540 Bockisch/Zeitler 1996, 65 ff.
541 Warnecke 1999; Haffner 1995, 28.
542 Frey 2000.
543 Maier 1994, 96, 202.
544 Maier 2000a, 416; 2001, 91 f., 175.
545 Hatt 1980a, 53; Guštin 1992, 75;
Bökönyí 1991, 431 f.; Maier 2001,
80, 287 f.
546 Hatt 1980a, 54 ff.; 1980b.
547 Maier 2001, 103, 106.
548 Maier 2000a, 415; 2001, 55 ff.;
Haffner 1995, 15.
549 Fischer 1997, 131; Kremer/Urban
1993, 22; siehe ausführlich auch
Ellis 1994.
550 Maier 2000a, 417 ff.; 2001, 147,
159 f.

551 Maier 2001, 91; Hatt 1980a, 53; Rind 1996; Green 1998.

552 Brunaux 1999, 103; Hatt 1980a, 62; Maier 2001, 175.

553 Strobel 1996, 117; Stevenson in: Warren 1987, XVI.

554 Stevenson in: Warren 1987, XVII; Angenendt 1995, 328 f.

555 Stevenson in: Warren 1987, XI ff., Index XCVII f.; Warren 1987, 65.

556 Maier 1994, 77; Knight 2001, 101 f., 109, 110, 112, 201.

557 Maier 1994, 77 f.; Richter 1996, 37.

558 Potter 1997, 83 ff.; Farwell/Molleson 1993.

559 Warren 1987, 91; Stevenson in: Warren 1987, XXIX.

560 Angenendt 1995, 86 ff., 204, 224; Ellis 1993, 85.

561 Warren 1987, 64.

562 Atlas von 3.000 Kreuzen mit Abbildungen unter http://www.croix-finistere.com/index.html.

563 Ellis 1993, 100 f.; Meyer-Sickendiek 1996, 207.

564 Stevenson in: Warren 1987, LIV, LXXIII; Ellis 1993, 119 f.

565 Ellis 1993, 120 ff. 130, korrigiert durch Warren 1987, 63 ff., 94, 100, 111, 140, 147 ff.

566 Angenendt 1995, 204; Maier 1994, 77; Ellis 1993, 23; Richter 1996, 51.

567 Meyer-Sickendiek 1996, 54 ff., 65, 326.

568 Ellis 1993, 27 f.; Angenendt 1995, 204; Richter 1996, 52 f.

569 Ellis 1993, 27, 125; Angenendt 1995, 227; Richter 1996, 57 f.

570 Meyer-Sickendiek 1996, 127; Maier 1994, 77.

571 Ellis 1993, 24 f.; 78 f.; Angenendt 1995, 205; Maier 1994, 82 f.; Richter 1996, 51, 60 ff.

572 Angenendt 1995, 205, 213, 270; Richter 1996, 64 ff.

573 Angenendt 1995, 216, 220; Ellis 1993, 131.

574 Meyer-Sickendiek 1996, 269 ff., 289 ff.; 320 ff.

575 Angenendt 1995, 224; Ellis 1993, 86, 142.

576 Angenendt 1995, 225 f.

577 Hechter 1999, 66.

578 Warren 1987, 76 f.; Richter 1996, 131 ff.; Ellis 1993, 149, 155, 171.

579 Stevenson in: Warren 1987, XXXIV; Hechter 1999, 102, 168, 268.

580 Ellis 1993, 205; Warren 1987, 81; Hechter 1999, 100.

581 Angenendt 1995, 299 f.; Ellis 1993, 134; Meyer-Sickendiek 1996, 262 f.

582 Angenendt 1995, 204, 222, 270 f., 275 f.

583 Lorenz 1980, 138 ff.; Biel in: Planck 1988, 199 ff.; Kurz 1997, 41 ff., 133.

584 Frey 2000; Raßhofer 1998; Bosinski/Herrmann 1998/99; zum Glauberg jetzt auch: Arch. Deutschland H. 2, 2002, 18 ff.; Lorenz 1980, 141.

585 Z. B. Stroh 1986; von den Driesch 1993, 130.

586 Kurz 1997, 119 ff., 131.

587 Kurz 1997, 122; Fischer 2000, 215; Frey 1998, 178 ff; reich bebilderter Überblick: Fischer 1982.

588 Banck-Burgess 1999; Herrmann/Frey 1996; 1997; Herrmann 1998; für ein wichtiges Frauengrab siehe z. B. Echt 1999.

589 Lorenz 1980, 142 f.; Chytráček 1999, 33.

590 Lorenz 1980, 139 f.; Klein in: Planck 1988, 215 ff.; Krämer 1985.

591 Almagro 1997, 74; Blázques 2001, 51.

592 Lorenz 1980, 144; Kurz 1995, 114 ff.

593 Metzler 1991; Cunliffe 1991, 79.

594 Scholz u. a. 1999.

595 Z. B. Cunliffe 1993, 195.

596 Lorenz 1980, 144; Kurz 1997, 121; Rieckhoff/Biel 2001, 183; Oeftiger 1984.

597 Almagro 1991, 393; 1997, 76.

598 Cunliffe 1991, 75 ff.; 1993, 193 ff., 231 ff.; Whimster 1981, 41.

599 Mallory 1992b, 129 ff.

600 Birkhan 1997, 847 ff.

601 Z. B. Krauße 1999 versus Eggert 1999.

602 Fischer 1997, 131.

603 Zusammenfassend Schier 1998, 498.

[604] Eggert 1991, 27; 1999, 214.
[605] Schier 1998, 506 ff.; Kossack 1959, 114 f.; 1974; Parzinger 1992; zur Priesterfunktion: Krauße 1999, 354.
[606] Birkhan 1997, 1035; Maier 1994, 293.
[607] Birkhan 1997, 998 f.
[608] Fischer 1997, 131.
[609] Maier 1994, 143; Thomas 1986, 22 ff.; Richter 1996, 27 ff.; Kelly 1997, 423 ff.
[610] Maier 1994, 88; Kelly 1997, 7; Ellis 1993, 139 f.
[611] Birkhan 1997, 1022 ff.; Maier 1994, 132 f.; Brandt 1998, 276, 280; Lorentzen 1993, 49; Ellis 1993, 54.
[612] Maier 1994, 193 f., 293, 342 f.; Brandt 1998, 276.
[613] Ellis 1993, 138, 198; Maier 1994, 45, 51, 272.
[614] Tripier 2000, 453, 455 ff.
[615] Chapman 1992; 1995, 16.
[616] Meid 1997, 7.
[617] Meid 1997, 7.
[618] Sellin 1985, 562–565, 587.
[619] Maier 1994, 276.
[620] Sellin 1985, 569, 572, 574.
[621] Z. B. die bretonischen http://www.breizh.de und http://www.bretagneworld.com, die des walisischen Fernsehsenders S4C unter http://www.s4c.co.uk/e-index.html oder eine Liste keltischer Organisationen unter http://www.uk.emb.gov.au/CARRIERS/celts.html in Australien, um beliebige Beispiele herauszugreifen.
[622] Carluer 2000.
[623] Martine 1987, 38 f.
[624] Siehe http://www.wasnc.org, http://home.att.net/~trefor/cws.html und http://www.korrnet.org/welsh/.
[625] Siehe beispielsweise http://canterbury.cyberplace.org.nz/community/welshsociety/wwwpage1.htm. und http://www.wss.org.au/.
[626] Http://www.skcldv.demon.co.uk/iafintro.htm mit Nachweis von Publikationen.
[627] Http://www.archeodrome-bourgogne.com.
[628] Http://www.omagh.gov.uk/historypark.htm.
[629] Http://www.gabreta.de.
[630] Http://www.liptov.sk/muzea/kelt.htm.
[631] Http://www.keltenmuseum.de.
[632] Http://www.volkskulturnoe.at/museen/0186.htm; Birkhan 1999, 62, 401, Abb. 783–784.
[633] Allen 1978, 44, 46; Wamser 2001.
[634] Hilfreich zum Auffinden von Autoren erwiesen sich die Einträge zu englischer und irischer Literatur der Brockhaus Enzyklopädie.
[635] Meid 1997, 68.
[636] Upchurch 1992.
[637] Maier 1994, 151 f., 256, 298, 338 f.; Birkhan 1997, 15.
[638] H. Daiber in: Kienzle/zur Nedden 1993, 708 ff.
[639] H. Daiber in: Kienzle/zur Nedden 1993, 710 ff.
[640] Maier 1994, 64, 80.
[641] Maier 1994, 26 f.
[642] Ellis 1993, 60, 67.
[643] Maier 1994, 76 f., 109, 323.
[644] Ellis 1993, 67 f.; siehe auch Breeze 1991, 663 ff.
[645] Http://www.lib.rochester.edu/camelot/cphome.stm.
[646] Meid 1997, 65; Rothmann 1982, 92 f., Maier 1994, 219 f.
[647] Erwähnt in Zeilen 37, 17 und 82, 9 der Ausgabe Trunz 1985.
[648] Trunz 1985, 197–200; Rothmann 1982, 95; Maier 1994, 220; Demandt 1998, 114 ff.; Birkhan 1997, 7 f.
[649] Schmidt 2002.
[650] Sullivan 1989, 8; Cunliffe 1980, 204.
[651] Schmidt 2002; Chapman 1995, 22.
[652] Sullivan 1989, 6; Maier 1994, 91.
[653] Maier 1994, 38, 48 f., 52, 83, 327.
[654] Fath 2994; Birkhan 1997, 8.
[655] Le Gall 2000a.
[656] Schöne bebilderte Zusammenstellung bei Drude 1998.
[657] Birkhan 1997, 10, 16, 45.
[658] Marienfeld 1997, 133 ff.
[659] Chapman 1995, 18.
[660] Maier 1994, 30 f.; Royen/Vegt 1998; Brodersen 2001.

[661] Demandt 1998, 119; Le Gall 2000b.
[662] Brockhaus-Enzyklopädie, Stand 1988.
[663] Maier 1994, 20.
[664] Sullivan 1989.
[665] Meid 1997, 5.
[666] Luyken 1999; Maier 1994, 188 f.
[667] Http://www.druidry.com.
[668] Demandt 1998, 118.
[669] „Von Kelten und Druiden. Das große Weisheitsspiel" 2001.
[670] Horn 2001; Birkhan 1997, 13.
[671] Fath 1994; Demandt 1998, 117; Birkhan 1997, 4; Schmidt 2002.
[672] Andreae 1991.
[673] Demandt 1998, 26.
[674] Andreae 1991; Overbeck in: Dannheimer/Gebhard 1993, 228 ff.
[675] Birkhan 1999, 370 Abb. 713, 388 Abb. 753–755, 389 Abb.756, 391 Abb. 760.
[676] Birkhan 1999, 314 Abb. 546.
[677] Maier 1994, 327; Birkhan 1999, 221 Abb. 299; Sievers 2000, 63 Abb. 70; 86.
[678] Birkhan 1999, 61, 219 Abb. 292, 399 Abb. 779.
[679] Maier 1994, 49, 52; Birkhan 1999, 224 Abb. 307 und 309.
[680] Trauner 2000, 192 f. Abb. 3; Sievers 2000, 63 Abb. 8 und 93; Maier 1994, 52, 327; Birkhan 1999, 218 Abb. 290, 223 Abb. 306; Cunliffe 1980, 144 f.
[681] Breeze 1991; Textilien: Thomas 1986, 46.

[682] Stampfer 1998, 20–35 Abb. 14–28.; Schupp/Szklenar 1996.
[683] Birkhan 1999, 60, 395 Abb. 772–776.
[684] Birkhan 1999, 61, 243 Abb. 358, 269 Abb. 428, 393 Abb. 766, 399 Abb. 780–781.
[685] Maier 1994, 262.
[686] Ash 1997, 8, 13, Taf. 10; Marsh 1987, 103 ff. Abb. 88, 109 Abb. 91.
[687] Marsh 1987, 95 Abb. 79, 100 Abb. 85.
[688] Bartram 1985, Abb. 176; Hamlyn u. a. 1993, Nr. 63; Marsh 1987, 103 Abb. 87.
[689] Erklärungen und Informationsmaterial erhält man bei der Besichtigung; siehe auch Renton 1983.
[690] Hamlyn u. a. 1993, 208 Nr. 29.
[691] Marsh 1987, 41 f. Abb. 33; Baumstark 1995.
[692] Http://www.lib.rochester.edu/camelot/cphome.stm.
[693] Birkhan 1997, 14.
[694] Spinhoven 1987.
[695] Marsh 1987, 95 f. Abb. 80–81; Bartram 1985, 182 f. Abb. 166, 175, 177.
[696] Bartram 1985, 185, 189 Abb. 165, 179.
[697] Birkhan 1997, 7.
[698] Craig-Smith 1996, 62.
[699] Martine 1987, 146; Craig-Smith 1996, 62 f.
[700] Craig-Smith 1996, 62 f.
[701] Brockhaus Enzyklopädie s. v. Bidenhänder und s. v. Claymore.

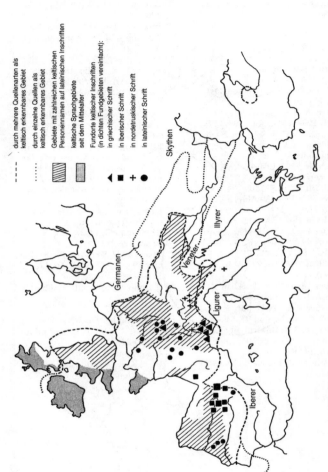

270

Karte 1: Ausdehnung des keltischen Gebietes nach verschiedenen Quellengattungen (verändert nach Untermann 1979, 1619–1620).

durch mehrere Quellenarten als
keltisch erkennbares Gebiet

durch einzelne Quellen als
keltisch erkennbares Gebiet

Gebiete mit zahlreichen keltischen
Personennamen auf lateinischen Inschriften

keltische Sprachgebiete
seit dem Mittelalter

Fundorte keltischer Inschriften
(in dichten Fundgebieten vereinfacht):

in griechischer Schrift

in iberischer Schrift

in nordetruskischer Schrift

in lateinischer Schrift

Germanen

Veneter

Illyrer

Skythen

Ligurer

Iberer

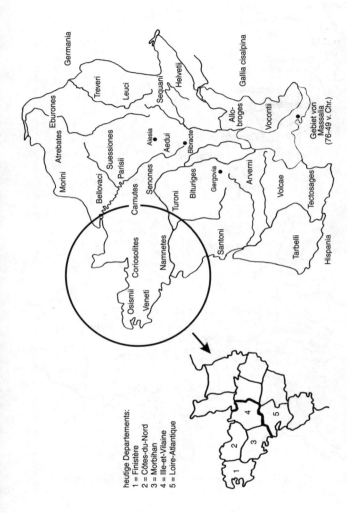

heutige Departements:
1 = Finistère
2 = Côtes-du-Nord
3 = Morbihan
4 = Ille-et-Vilaine
5 = Loire-Atlantique

Karte 2: Wichtige gallische Stämme und Orte im 1. Jh. v. Chr. und Binnengliederung der Bretagne.

Karte 3: Wichtige eisen- und römerzeitliche Stämme Britanniens.

Karte 4: Binnengliederung Irlands.

Karte 5: Keltische (Norden, Westen) und angelsächsische (Süden, Osten) Königreiche im 6. Jh. und Binnengliederung von Wales nach Gebietsreform von 1974.

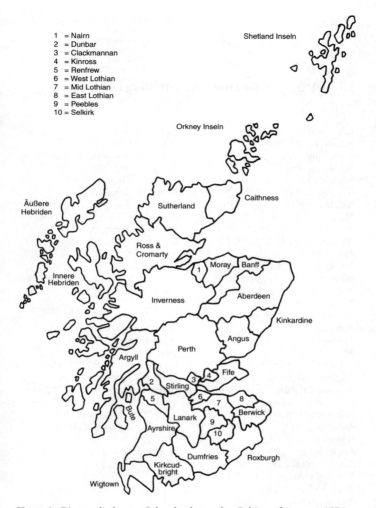

1 = Nairn
2 = Dunbar
3 = Clackmannan
4 = Kinross
5 = Renfrew
6 = West Lothian
7 = Mid Lothian
8 = East Lothian
9 = Peebles
10 = Selkirk

Shetland Inseln

Orkney Inseln

Äußere Hebriden

Caithness

Sutherland

Innere Hebriden

Ross & Cromarty

Nairn · Moray · Banff

Inverness

Aberdeen

Kinkardine

Argyll

Perth

Angus

Fife

Stirling · Clackmannan · Kinross

Bute

Renfrew · West Lothian · Mid Lothian · East Lothian

Berwick

Lanark

Peebles

Selkirk

Ayrshire

Dumfries

Roxburgh

Kirkcud-bright

Wigtown

Karte 6: Binnengliederung Schottlands vor der Gebietsreform von 1974.

275

8.5 Orts-, Sach- und Personenregister